아, 육아란 원래 이런 거구나!

자율적인 아이와 단단한 부모를 위한 천년의 육아법

마이클렌 다우클레프 지음 | 이정민 옮김

아, 육아란 원래 이런 거구나!

시프

차례

Prologue 나는 육아가 주도권 싸움인 줄 알았다

12월의 어느 추운 새벽이었다. 나는 전날 입었던 스웨터 차림 그대로 침대 위에 웅크리고 있었다. 머리는 언제 감았는지 기억도 나지 않았다. 창밖은 아직 컴컴한 가운데 가로등 불빛이 노랗게 빛났다. 집 안에는 으스스한 정적만이 감돌았다. 들리는 소리라고는 셰퍼드 망고가 우리 침대 밑에서 쌔근쌔근 자고 있는 소리뿐이었다. 모두 단잠에 빠져 있었다. 나만 빼고. 나는 정신이 또렷했다. 나는 전투를 준비하는 중이었다. 다음번에 적과 대치할 시에는 어떻게 대응하는 게 좋을지 머릿속으로 전략을 짰다. 아이가 또다시 공격하면 어떻게 해야 할까? 때리면? 깨물면?

내 딸을 '적'이라고 불러야 한다니 끔찍하기 짝이 없다. 맹세컨대 나는 딸아이를 죽을 만큼 사랑한다. 그 아이는 영리하고 용감하며 들소의 강인함을 지녔다. 놀이터에서 넘어져도 즉시 일어나는 게 내 딸 로지다. 호들갑 떨지 않으며 흐트러지는 법도 없다. 그리고 로지의 냄새는 또 어떤지. 정말이지 나는 로지의 냄새를 사랑한다. 특히 정수리 냄새. 출장을 가면 그 냄새만큼 그리운 게 없다. 꿀과 백합, 그리고 진흙을 섞은 듯한 냄새. 그 달콤한 향기에는 묘한 매력이 있다. 그래서 이따금 큰코다치기도 한다. 로지의 배 속에는 불덩이가 들어 있다. 이글이글 타오르는 그 불덩이는 로지가 흉악한 목표를 품고 온 세상을 휘젓고 다니게 만든다.

로지가 아기일 때는 정말 많이 울었다. 저녁만 되면 몇 시간이나 쉬지 않고 울어댔다. "먹거나 잘 때를 빼고는 계속 울어요. 남편이 새파랗게 질린 채 소아과 의사에게 토로했지만 의사는 어깨를 으쓱할 뿐이었다. "네, 뭐, 아기니까요." 그렇게 끈질기게 울던 로지는 세 살로 접어들자 막무가내로 떼를 쓰는가 하면 폭력까지 휘둘렀다. 제풀에 지쳐 쓰러질 때 내가 붙들기라도 하면 따귀까지 때렸다. 어떨 땐 빰에 벌건 손바닥 자국이 난 그대로 출근해야 했는데 아프고 너무 속상했다.

정적만이 감돌던 12월의 그날, 나는 마침내 고통스러운 진실을 인정하기로 했다. 로지와 나 사이에 벽이 생기고 있었다. 우리가 함께 보내는 시간이 두려워지기 시작했다. 또 어떤 일이 벌어질지 무서웠다. 내가 이성을 잃고, 로지를 또 울게 만들고, 로지의 행동을 악화시키기만 할까봐 무서웠다. 그리고 그 결과 로지와 내가 적이 되어가는 게 두려웠다.

나는 화가 많은 가족 사이에서 자랐다. 부모님, 그리고 나를 포함한 사 남매는 고함치거나 문을 쾅 닫거나 심지어 신발 던지는 것을 일상적 소통 수단으로 여겼다. 그래서 로지가 처음 폭발했을 때 나는 부모님처럼 화내고 호통치고 겁을 주기도 했다. 하지만 역효과만 났다. 로지는 등을 둥그렇게 구부리고 매처럼 날카로운 소리를 내며 바닥으로 떨어지는 등 더 이해할 수 없는 행동을 보인 것이다. 나는 내 부모님보다는 잘하고 싶었다. 평화로운 가정을 만들고 싶었다. 적어도 누군가에게 신발을 던지는 것보다는 생산적으로 소통하는 방법을 가르쳐주고 싶었다.

그래서 열심히 인터넷을 뒤진 결과, 로지의 불같은 성격을 길들이는 데 '권위적인 태도'가 가장 적합하다는 결론을 내렸다. 내가 알기로 권위적이라는 단어는 '단호하면서도 친절한' 태도를 뜻한다. 그리고 나는 그대로 하고자 최선을 다했다. 하지만 단 한 번도 성공하지 못했다. 권위적 태도를 끝까지 유지하는 데 번번이 실패했기 때문이다. 내가 여전히 화가 났다는 사실을 로지가 눈치채면서 우리는 같은 패턴을 반복할 수밖에 없었다. 나는 화내고 로지의 행동은 악화되고 그래서 나는 더 화가 나는 패턴 말이다. 결국 아이는 폭발했다. 날 깨물고 마구 때리다 집 안의 가구를 쓰러뜨리고 다녔다. 아침에 유치원 갈 채비를 하는 것처럼 기본적인 일상도 치열한 전투로 돌변하기 일쑤였다. "제발 부탁인데 신발 좀 신어줄 수 있을까?" 다섯 번씩 말해도 로지는 싫다고 소리치며 치마는 물론 속옷까지 벗어던졌다. 몸 상태가 엉망이었던 어느 아침에는 주방 싱크대 밑에 주저앉아 소리 없는 비명을 질렀다. "왜 이렇게 하나같이 힘들지? 로지는 왜 내 말을 듣지 않는 거야? 내가 뭘 그렇게 잘못했는데?"

솔직히 나는 로지를 어떻게 대하면 좋을지 감조차 잡을 수 없었다. 로지가 따뜻한 마음과 배려심을 갖춘 사람이 되도록 가르치는 건 고사하고 더 이상 난동을 부리지 않게 하는 방법조차 몰랐다. 나는 좋은 엄마가 되는 방법도 몰랐다. 내가 잘하고 싶은 일에 이토록 엉망이었던 적은 난생처음이었다. 내가 원하는 능력치와 실제 능력치 사이의 격차가 이렇게나 벌어진 적도 처음이었다. 그래서 그 꼭두새벽, 지난 수년간 그토록 원했던 사랑스러운 딸이 잠에서 깨는 순간을 두려워하며 침대에 웅크리고 있었던 것이다. 오랜 기간 마치 미친 사람처럼 날뛰던 아이와 연결감을 구축할 방법을 고민하면서, 나 스스로 뛰어든 이 지옥에서 빠져나갈 길을 모색하면서. 나는 막막하고 피곤하고 암담했다. 애써 앞날을 상상해봐도 같은 날이 계속되는 일상만 떠올랐다. 로지는 키도 자라고 힘도 세질 텐데 우리는 끝도 없는 전투를 여전히 반복하고 있을 것 같았다.

하지만 우려는 현실로 이어지지 않았고 그 변화의 여정이 이 책에 담겨 있다. 모든 건 멕시코 여행에서 시작됐다. 그곳에서 나는 육아에 눈을 떴고 로지와 함께 다른 지역으로 여행을 떠났다. 그리고 각 여행지에서 특별한 부모들을 만나 육아에 대해 배웠다. 놀라운 경험이었다. 그들은 로지의 불같은 성질을 길들이는 방법은 물론, 소리치거나 잔소리하거나 벌주지 않고 소통하는 법도 가르쳐주었다. 아이에게 긴장과 갈등을 경험하게 하는 대신 자신감을 구축하는 방법을 알려준 것이다. 그리고 무엇보다 로지가 친절하고 상냥한 사람으로 성장하려면 내가 어떻게 해야 하는지도 배웠다. 이 모든 게 가능했던 이유는 아이를 사랑하고 감싸주는 완전히 새로운 방식을 그들이 몸소 보여준 덕분이다.

육아는 지극히 사적인 영역이다. 세부적인 부분은 각 문화뿐 아니라 지역사회, 심지어 가족에 따라서도 다양하게 나타난다. 하지만 오늘날 세계 각국을 여행하다 보면 대다수 문화권을 관통하는 하나의 줄기를 발견할 수 있다. 북극 툰드라나 멕시코 유카탄, 탄자니아 사바나, 혹은 필리핀 산악지대를 막론하고 아이들과 관련된 공통점이 존재하는 것이다. 특히, 놀라울 정도로 친절하고 배려심이 뛰어난 아이들, 이를테면 아침에 눈 뜨자마자 설거지를 하는 아이나 형제자매와 사탕을 나눠 먹는 아이를 길러내는 문화권에서는 그 공통점이 더 두드러지게 나타난다.

이 육아 방식에는 네 가지 핵심 요소가 존재한다. 이 요소들은 오늘날 유럽에서 산발적으로 찾아볼 수 있을 뿐더러 얼마 전까지만 해도 미국 전역에 널리 퍼져 있었다. 이를 속속들이 이해하고 우리 집에도 정착시켜 삶을 수월하게 만드는 것이 이 책의 첫 번째 목표다. 이 육아 방식이 전 세계, 그중에서도 수렵 채집 사회에 널리 퍼져 있다는 사실을 감안하면 수만, 심지어 수십만 년 전부터 이어져 왔을 확률이 높다. 생물학자들 역시 부모 자녀 관계가 진화를 거쳐 현재의 방식으로 확립됐다는 과학적 근거를 갖추고 있다. 마야인 마을에서 토르티야를 만들든, 북극해에서 곱사연어 낚시를 하든 실제로 이 방식을 목격하면 무릎을 치며 감탄할 게 분명하다. "아, 육아란 원래 이런 거구나!"

나는 이런 육아 방식을 처음 목격한 순간을 결코 잊지 못할 것이다. 마치 몸 안의 중력이 통째로 이동하는 듯한 충격을 느꼈다. 그때 난 내셔널 퍼블릭 라디오(NPR)의 6년 차 기자였다. 그전에 약사로 7년간 일한 터여서 주로 전염병, 백신, 어린이 건강 등 의학 분야를 다뤘다. 대개는 샌프란시스코 지사의 내 책상에서 기사를 작성했는데 때때로 외국의 고립된 지역에 출장 나가 외래병에 대해 취재하기도 했다. 에볼라 바이러스의 확산이 절정에 달했을 때 라이베리아를 방문했고, 한 바이러스 사냥꾼이 코로나 바이러스가 대유행할 거라고 경고했을 때(2017년 가을이었다)는 보르네오섬의 박쥐 동굴 안에 서 있었다.

이런 여행은 로지가 삶에 등장함과 동시에 전혀 새로운 의미를 띠게 됐다. 기자나 과학자가 아니라 육아의 지혜를 찾아 헤매는 피곤한 엄마로서 전 세계 부모를 관찰하기 시작한 것이다. 내가 하는 것보다는 나은 방식이 분명 존재할 것이며 존재해야만 한다고 생각했다. 그리고 유카탄을 여행하던 중 마침내 볼 수 있었다. 육아의 보편적 방식을, 그것도 아주 면밀하게. 덕분에 나를 둘러싼 세상의 지각변동을 경험했고 여행에서 돌아와 커리어의 무게중심 자체를 옮기기 시작했다. 바이러스와 생화학을 연구하는 대신 이 작은 인간과 관계 맺는 방식에 대해 최대한 많이 배우고 싶었다. 남을 배려하고 스스로 알아서 하는 아이로 길러내는, 이 다정한 듯 엄격하고 따뜻한 듯 냉정한 방식에 대해서 말이다.

우선 이 책을 들고 있는 당신에게 감사를 표한다. 관심을 가지고 시간을 투자해 준 것에 감사드린다. 이 두 가지가 부모에게 얼마나 소중한 자원인지 잘 아는 만큼 이 책이 당신과 당신의 가족에게 그만한 가치를 지닐 수 있도록 열심히 노력했다.

당신도 나나 내 남편과 같은 입장일 수 있다. 더 실질적인 조언과 도구가 절실히 필요한 것이다. 책이라면 이미 수도 없이 읽었고, 과학자라도 된 양 자녀를 상대로 여러 가지 방법을 실험해 봤을 것이다. 처음에는 실험이 성과를 거두는 듯해 신났다가 불과 며칠 뒤 실패하면서 결국에는 진이 더 빠지고 말았을 것이다. 나는 로지를 낳고 처음 2년 반 동안 이렇게 절망적인 주기를 반복해야 했다. 실험은 실패하고, 또 실패했다. 이 책의 주요 목표 중 하나는 이 실패에서 벗어나도록 돕는 것이다. 우리는 보편적 육아 방식을 통해 지난 수만 년간 부모가 아이를 어떻게 키워 왔는지 알아볼 것이다. 그 과정에서 아이가 잘못된 행동을 하는 이유를 이해하기 시작하고 원인을 바로잡을 힘을 얻게 될 것이다. 또한 전 세계 여섯 개 대륙의 부모들이 수천 년에 걸쳐 검증한 방법을 배우게 될 것이다. 오늘날의 육아서에서는 찾을 수 없는 비법을 말이다.

오늘날 육아와 관련해 쏟아지는 조언에는 한 가지 결정적 문제점이 존재한다. 대다수가 유럽이나 미국의 관점만을 반영하고 있다는 사실이다. 물론, 에이미 추아(Amy Chua)는 저서 《타이거 마더(Battle Hymn of the Tiger Mother)》를 통해 아이를 성공하는 인재로 키우는 중국의 비법을 소개해 눈길을 사로잡았다. 하지만 현대의 육아 방식은 서구 이론에 전적으로 의존하고 있다고 해도 과언이 아니다. 그 결과 미국 부모들은 그야말로 거대한 육아의 세계를 고작 열쇠 구멍으로 들여다볼 수밖에 없는 처지가 됐다. 이렇게 좁디좁은 시야에 갇혀 있다 보니 정작 매혹적인 (그리고 유용한) 부분들을 놓치는 건 물론 상당한 부작용까지 겪게 된다. 이는 아이를 키우면서 엄청난 스트레스로 이어지고 어린이와 청소년은 점점 더 외롭고 불안하며 우울한 나날을 보내고 있는 이유이기도 하다.

하버드 연구진의 보고에 따르면 오늘날 청소년의 3분의 1가량이 불안장애에 해당하는 증상을 보이고 있다. 대학교 재학생의 60% 이상이 '압도적' 불안을 호소하며 1990년대 중반에서 2000년대 초반 사이 태어난 Z세대는 가장 외로운 세대로 평가받는다. 하지만 미국 부모 대다수는 이 같은 추세를 꺾는 게 아니라 더 확산시키는 방식으로 육아를 하고 있다. "부모들의 통제 심리가 강해졌어요." 2019년, 심리치료사 자넷 힙스(Janet Hibbs)가 말했다. "예전에는 아이들의 자율성을 키워주는 게 가장 중요했죠. 그런데 지금은 점점 더 통제하려 들어요. 그 결과 아이들은 더 불안해졌고 돌발 상황에 대한 대처 능력도 떨어졌어요."

만약 현대 서구 문화에서 불안과 외로움이 청소년의 '일반적' 심리로 규정된다면 지금이야말로 '일반적' 육아가 무엇인지 다시 한 번 고민해야 할 때다. 우리 아이들을 제대로 이해하고 진심으로 교감하길 원한다면 마냥 익숙하고 편안한 문화권에서 빠져나와 좀처럼 만나기 힘든 부모들의 이야기에 귀 기울여야 한다. 이제 좁디좁은 시야에서 벗어나 육아가 얼마나 아름답고 또 강력한 힘을 지닐 수 있는지 직시할 때다.

이처럼 우리의 육아 상식에 가득한 균열을 메우는 것, 이것이 이 책의 또 다른 목표다. 이를 위해 유용한 육아 지식을 방대하게 갖춘 여러 문화권, 즉, 수렵 채집 문화권이나 그와 비슷한 가치관을 지닌 여러 토착 문화권을 연구할 것이다. 이들 문화권에서는 육아 전략이 정비된 기간만 해도 무려 수천 년에 이른다. 할머니 할아버지 세대가 항상 다음 세대로 육아의 지혜를 전수해 주는 만큼 초보 부모들은 다양하고 강력한 도구로 무장할 수 있었다. 따라서 부모들은 아이들 스스로 집안일 하게 만드는 법, 형제자매들이 (싸우지 않고) 서로 협조하게 만드는 법, 또 소리치거나 꾸짖거나 벌주지 않고 훈육하는 법을 잘 알고 있다. 자녀들이 회복 탄력성, 인내심, 그리고 분노 조절 능력을 포함한 상위 기술을 구축하도록 동기를 부여하는 데 그야말로 전문가인 것이다.

여러 수렵 채집 문화권에서 맞닥뜨리는 가장 놀라운 사실은 부모와 어린 자녀들이 미국 부모와는 전혀 다른 관계성을 구축한다는 점이다. 그들은 갈등이 아닌 협력, 두려움이 아닌 신뢰, 발달 표준 대신 개인적 특성을 바탕으로 관계를 다져나간다. 내가 선택의 여지 없이 '시끄러운 잔소리'만으로 로지를 키우는 동안 전 세계의 수많은 부모들은 드라이버, 도르래, 수평자 등의 정밀 도구를 갖추고 이를 적재적소에 활용하고 있었다. 이 책에서 우리는 이 특급 도구의 사용법을 배울 것이다.

그리고 이를 위해 나는 정보의 출처라 할 수 있는 부모들을 직접 만났다. 서구인들은 계속 헤매고 있는 육아 부문에서 완벽한 기량을 발휘하는 마야, 하드자베, 그리고 이누이트까지 세 개의 문화권을 방문했다. 마야 엄마들은 자녀를 배려할 줄 아는 사람으로 키우는 데 달인이다. 정교한 협력망을 구축해 형제자매가 싸우지 않고 잘 지내는 데 그치지 않고 협력할 수 있도록 가르쳐왔다. 하드자베 부모는 자녀를 자신감 있고 자기주도적인 사람으로 키우는 데 전문가다. 미국에서 흔히 볼 수 있는 유아기 불안이나 우울증 등은 하드자베 사회에서 찾으려야 찾아볼 수 없다. 마지막으로 이누이트는, 분노 조절이나 타인 존중을 위해 필수인 감정 지능을 기르는 데 상당히 효과적인 접근법을 자랑한다.

이 책에서는 각 문화권의 여러 가족을 만나 그들의 일상에 대해 알아볼 것이다. 매일 아침 부모는 아이를 어떻게 깨우는지, 밤에는 어떻게 잠자리에 들게 하는지, 또 각자의 속도에 맞춰 새로운 책임을 다하도록 하는 법은 무엇인지 알아볼 것이다.

덧붙여 나는 이 슈퍼맘, 슈퍼대디에게 내 눈앞에서 풀 수 있는 수수께끼를 내줄 예정이다. 로지를 상대하도록 하는 것이다. 그렇다, 제대로 읽었다. 이 책을 쓰기 위해 나는 미쳤다는 소리를 듣고도 남을 대장정을 시작했다. 아직 걸음마도 못 뗀 아이를 끌고 수렵 채집 사회 세 군데를 방문해 그곳의 가족들과 함께 지내며 육아의 면면을 살펴봤다. 마야에서는 로지와 해먹에 누워 보름달을 바라보며 잠들었고 북극해에서는 일각고래를 사냥하는 이누이트 할아버지를 도왔으며 탄자니아에서는 하드자베 엄마들과 함께 덩이줄기 캐는 법을 배웠다. 그 과정에서 내가 목격한 육아 전략이 비단 한 가족이나 하나의 문화권에 한정된 것이 아니라 전 세계적으로 광범위하게 시행되고 있으며 심지어 인류의 오랜 역사를 통해서도 찾아볼 수 있다는 사실을 인류학자 및 진화 생물학자와 함께 확인했다. 나는 심리학자 및 신경과학자와의 대화를 통해 이런 도구와 조언이 아이들의 정신건강과 발달에 어떤 영향을 미치는지 배워나갈 것이다.

각 파트에는 아이와 함께 시도해 볼 수 있는 실질적 육아 지침들이 담겨 있다. 우리 아이에게 잘 맞는 방법인지 가늠해 볼 수 있는 맛보기 조언뿐 아니라 해당 전략을 일상에 적용시키는 방법까지 제공한다.

우리는 이제 미국을 벗어나 새로운 눈으로 육아를 대하는 관점을 바라볼 것이다. 육아와 관련해서는 서구 문화가 얼마나 후진적인 면이 많은지 확인하게 될 것이다. 우리는 지나치게 관여한다. 우리 아이들을 충분히 믿지 못하고, 스스로 성장해 나갈 수 있는 힘이 아이들에게 내재돼 있다고 믿지 않는다. 대부분의 경우, 아이들의 눈높이조차 맞춰주지 않는다. 특히, 서구 문화에서는 부모 자녀 관계의 단 한 가지 측면만이 강조된다. 바로 통제다. 부모가 자녀를 얼마나 잘 통제하는지, 또 자녀는 부모에게 통제력을 얼마나 발휘하는지 말이다. 통제권을 중심으로 돌아가는 육아 유형이야말로 가장 흔하다. 실제로 헬리콥터 부모들은 극도의 통제를 가하는 반면 방임형 부모들은 통제를 최소화한다. 통제권을 부모가 잡거나 아이가 잡거나, 둘 중 하나라는 게 우리의 사고방식이다.

이런 식으로 육아를 바라보는 관점에는 결정적 문제점이 존재한다. 부모와 자녀가 서로 주도권을 잡기 위해 싸우고 소리치고 눈물 흘릴 수밖에 없다는 점이다. 통제받고 싶어 하는 사람은 아무도 없다. 누구나 통제에는 반기를 든다. 따라서 부모가 자녀를 통제하든 아니면 그 반대든 통제권을 사이에 두고 있으면 적대적인 관계가 구축될 수밖에 없다. 특히 감정 조절이 안 되는 두세 살배기들은 이 같은 주도권 싸움에서 긴장감을 견디지 못하고 물리적으로 폭발하게 된다.

이 책은 미국에서 지난 반세기를 지나오며 버려지고만 육아의 다른 측면을 소개할 것이다. 통제권을 쥐든 말든 상관없는 방식으로 아이들과 관계 맺는 방법이다. 지금까지 아이들을 키우며 유독 애먹었던 경우의 대다수가 결국 통제권 때문이었다. 하지만 육아 공식에서 통제권을 삭제하면 (혹은 그 비중을 줄이면) 달군 프라이팬에서 버터가 녹듯 싸움과 저항도 눈 깜짝할 새 사라져버린다. 한번 해보자! 이 책에서 소개하는 조언을 시도하면 아이가 신발을 던지고, 마트에서 드러눕고, 자기 싫다고 버티는 순간들이 점차 줄어들다 결국에는 완전히 사라지게 될 것이다.

마지막으로 이 책의 기획 의도에 대해 짧게 이야기하고자 한다. 나는 이 책의 어느 부분에서든 부모가 죄책감에 빠지는 상황을 결코 원하지 않는다. 우리는 부모라는 이유만으로 이미 너무 많은 의심과 불안에 시달리고 있는데 더 보태고 싶은 생각은 추호도 없다. 이 책을 통해 내가 이루고자 하는 바는 오히려 정반대로, 새로운 도구와 조언을 제시함과 동시에 우리가 부모로서 다시 힘차게 일어설 수 있도록 돕는 것이다.

또 한 가지 바라는 게 있다면 로지와 내게 자신들의 집과 삶을 열어준 이들, 즉 이 책에 소개된 수많은 부모들에게 감사를 표하는 것이다. 이 가족들은 나, 그리고 아마 당신이 속한 곳과도 전혀 다른 문화권에서 살아왔다. 그리고 거기서 비롯되는 차이를 탐색하는 방법은 다양하다. 미국의 경우에는 주로 이들 문화권의 문제점에 주목하고 심지어 자신들의 규칙에 따르지 않는다고 비난한다. 그러다 또 어떤 때는 전혀 반대되는 어조로 미화하는 데 몰두하며 그들이 어떤 '고대 마법'을 갖고 있다거나 '잃어버린 파라다이스'에 살고 있다고 맹신한다. 하지만 둘 다 틀렸다.

여느 문화권처럼 이들 문화권의 삶 역시 힘들 수 있다는 데는 의문의 여지가 없다. 수많은 지역사회와 가족들이 온갖 비극, 질병과 고난의 시간을 (때로는 서구 문화권의 손에) 겪어왔고 또 지금도 겪고 있다. 이곳의 부모들도 우리처럼 열심히 일한다. 자녀를 키우는 과정에서 실수하기도 하고 결정을 후회하기도 한다. 그들도 결코 완벽하지 않다. 뿐만 아니라 이들 문화권에 고대의 문화나 생활방식이 시간 속에 얼어붙은 듯 고스란히 남아 있을 거라고 기대한다면 오산이다. 이 책에 나오는 가족들도 우리와 함께 현대를 살아간다. 그들도 스마트폰을 사용하고 페이스북을 하며 〈겨울왕국〉과 〈코코〉를 사랑한다.

하지만 이들 문화권에는 오늘날 서구권에서 찾아볼 수 없는 뭔가가 있다. 바로 육아의 뿌리 깊은 전통과 거기서 비롯되는 풍부한 지식이다. 아이들과 소통하고 동기를 부여하며 협력하는 데 이 책에 등장하는 부모들만큼 노련한 이들은 없을 것이다. 이는 한두 시간만 같이 있어봐도 분명히 알 수 있다. 그래서 이 책에서는 그들의 완벽한 능력을 중점적으로 다룰 것이다. 나는 사람들과 최대한 진실하게 소통하며 그들의 방대한 경험을 배우고 싶었다. 그리고 독자인 당신과 공유하고 싶었다.

세계에서 가장 명망 높은 문화권에 스며들기 전 마지막으로 한 가지만 더 살펴보자. 본격적인 작업에 들어가려면 먼저 스스로를 돌아보고 아이를 왜 지금과 같은 방식으로 키우고 있는지 알아봐야 한다. 우리가 이미 너무 당연하게 여기는, 심지어 상당한 자부심까지 느끼는 수많은 기술과 도구가 사실 얼마나 어이없게 시작됐는지부터 살펴보자.

Part 1 이상하고 황량한 오늘날의 육아

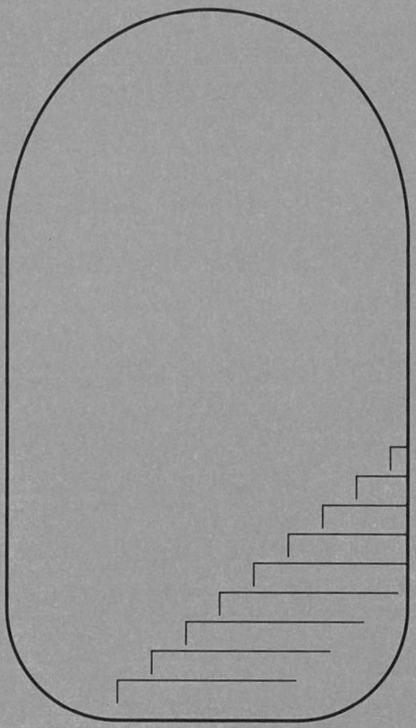

세상에서 가장

이상한 부모

2018년 봄, 나는 정신이 나간 상태로 칸쿤 공항에 앉아 있었다. 비행기를 바라보며 머릿속으로는 조금 전까지 목격한 상황을 계속 곱씹었다. 정말 가능한 일인가? 육아가 그렇게 쉬울 수 있나?

며칠 전 나는 유카탄반도 한가운데 위치한 마야인의 작은 마을을 여행했다. 아이들의 주의집중 지속 시간을 다룬 짧은 기사를 쓰기 위해서였다. 특정한 상황에서 마야의 아이들이 미국 아이들보다 주의집중을 더 잘한다는 연구 결과를 읽었고 그 이유를 알고 싶었다. 하지만 마을에서 지낸 지 불과 하루 만에 이곳은 더 큰 이야기를 품고 있다는 사실을 깨달았다. 훨씬 더 큰 이야기를 말이다.

나는 마야의 엄마와 할머니를 취재하며 아이들을 어떻게 키우는지 인터뷰하고 실제로 어떻게 다루는지도 지켜보았다. 아이가 떼를 부릴 때 어떻게 대처하는지, 스스로 숙제하도록 어떻게 독려하는지, 그만 들어와서 저녁 식사를 하도록 어떻게 꼬드기는지 등 기본적으로 온 가족에게 반복되는 고단한 일상을 들여다본 것이다. 아침에는 어떻게 나갈 채비를 시키고 밤에는 어떻게 잠자리에 들게 하는지, 고비가 찾아오는 순간의 비법 역시 물었다.

내가 목격한 장면은 충격 그 자체였다. 이들의 접근법은 내가 지금껏 보아온 그 어떤 방식과도 달랐다. 내가 어릴 적 경험한 방식도 아니었으며, 내가 로지를 키울 때 사용한 방식과도 달랐다. 나의 육아는 공포에 질린 나머지 눈물과 비명이 절로 나오는 위험도 최상 수준의 급류 타기와 같았다. 이에 비해 마야 엄마들의 육아를 지켜보고 있으면 넓고 고요한 강 위에 떠 있는 기분이었다. 심지어 계곡을 지날 때도 부드럽고 안정적인 흐름을 잃지 않았으며, 온화하고 편안해서 극적 상황 따위 끼어들 틈이 없었다. (어느 누구도) 소리치거나 지시하지 않았고, 잔소리도 거의 없었다. 그럼에도 이들의 육아는 효율적이었다. 그것도 너무나! 아이들은 부모뿐 아니라 형제에게도 친절하며 협조적이었다. 동생과 과자를 나눠 먹으라고 부탁할 필요조차 없었다. 아이들이 자발적으로 그렇게 했기 때문이다. 하지만 단연 돋보였던 건 기꺼이 돕는 아이들의 태도였다. 아이들은 연령대를 막론하고 부모를 열심히 도왔다. 아홉 살짜리 여자아이는 자전거를 타다 말고 달려가 엄마를 위해 호스로 물을 뿌려주었다. 네 살배기 여자아이는 길모퉁이 슈퍼에 가서 토마토를 사 왔다. (물론, 상으로 사탕을 주겠다는 약속이 있기는 했다).

그리고 여행 마지막 날 아침, 나는 궁극의 배려를 목격했다. 그 주인공은 한창 봄방학 중인 십 대 소녀였다. 소녀의 엄마인 마리아 부르고스가 석탄불로 검정콩을 요리하는 사이 나는 그 옆에 앉아 함께 이야기 나눴다. 까맣고 긴 머리를 매끈한 포니테일로 묶은 마리아는 남색의 원피스를 허리춤에서 단단히 묶고 있었다. "큰딸하고 둘째 딸은 아직 꿈나라예요." 마리아가 해먹에 걸터앉으며 말했다. 전날 밤 아이들은 늦은 시각까지 상어가 나오는 공포영화를 본 터였다. "한밤중에 나와 보니 해먹 하나에 다 뒤엉켜 자고 있더라고요." 그녀가 부드럽게 웃으며 말했다. "그래서 좀 더 자게 놔두려고요." 마리아는 허리 한 번 펼 새 없이 열심히 일했다. 집안일은 모조리 도맡아 하고, 옥수수로 직접 토르티야를 만들며 가족의 먹거리 또한 손수 만들고, 가업을 돕기도 한다. 게다가 우리가 머무는 동안 집 안에서 어떤 아수라장이 벌어져도 늘 침착한 태도를 유지했다. 심지어 숯불에 손대지 말라고 막내딸 알렉사를 꾸짖을 때조차 목소리는 차분했고 표정에는 여유가 넘쳤다. 급하거나 불안하거나 스트레스를 받는 기색은 전혀 찾아볼 수 없었다. 아이들 또한 마리아에게 놀랍도록 잘했다. 마리아의 요구 사항은 (대부분) 존중하고 말싸움하거나 말대답하지 않았다.

대화를 마치고 내가 자리를 뜨려는 찰나 마리아의 열두 살 난 딸 안젤라가 침실에서 나왔다. 검정 7부 바지와 빨간 티셔츠를 입고 골드 링 귀걸이를 한 모습이 캘리포니아의 십 대 소녀와 다를 바 없었다. 하지만 안젤라는 캘리포니아에서는 구경도 못한 행동을 보여주었다. 엄마를 지나쳐 주방으로 들어가더니 말 한마디 없이 아침 식사 설거지를 시작한 것이다. 어느 누구도 이 아이에게 설거지를 부탁한 적이 없었다. 집안일 차트가 벽에 걸려 있는 것도 아니었다. (집안일 차트는 오히려 자발적인 행동을 방해한다.) 안젤라는 단지 싱크대에 더러운 식기들이 가득해서 일했을 뿐이다. 그것도 봄방학 중에 말이다.

"어머, 세상에!" 나는 소리쳤다. "안젤라는 이렇게 자발적으로 집안일을 도울 때가 많은가요?" 나는 진심으로 놀랐지만 마리아는 무덤덤해 보였다. "매일은 아닌데 그럴 때가 많기는 해요." 마리아가 답했다. "뭔가 처리할 일이 눈에 보이면 지체 없이 움직여요. 한번은 제가 동생을 데리고 병원에 다녀왔더니 집을 깨끗이 치워놨더라고요." 나는 안젤라에게 다가가 왜 설거지를 시작했는지 물어봤다. 안젤라의 대답에 내 마음이 사르르 녹았다. "저는 엄마를 돕는 게 좋아요." 안젤라가 노란 접시를 닦으며 부드러운 스페인어로 말했다. "그럼 엄마를 돕지 않을 때는 뭘 하는 게 좋아?" "동생을 보는 거요." 그녀가 자랑스럽게 말했다. 나는 입을 벌린 채 한동안 얼어붙어 있었다. 대체 어느 열두 살짜리가 아침에 눈뜨자마자 설거지부터 한단 말인가? 그것도 봄방학에?

그로부터 며칠 후, 나는 붐비는 칸쿤 공항에서 비행기를 바라보면서도 안젤라 생각을 멈출 수 없었다. 가족을 돕는 그 아이의 진실한 욕구와 따뜻한 사랑이 머릿속에서 떠나질 않았다. 마리아를 비롯한 마야 엄마들은 어떻게 아이를 그렇게 키웠을까? 어떻게 하면 아이들을 그렇게 협조적이고 예의 있게 키울 수 있는 걸까? 이 여성들을 보고 있으면 육아가 (감히 말하건대) 별거 아닌 것처럼 느껴졌다. 난 그들의 비밀을 배우고 싶었다. 나도 로지와 그렇게 고요하고 편안한 관계를 유지하고 싶었다. 공포에 질리게 만드는 급류에서 빠져나와 완만하게 굽이치는 넓은 강으로 가고 싶었다.

비행기에서 고개를 돌려 샌프란시스코행 비행기 탑승을 기다리는 맞은편의 미국 관광객을 바라봤을 때. 문득 이런 생각이 들었다. 로지를 키우는 게 이토록 버거운 이유는 내가 나쁜 엄마여서가 아니라 어떻게 하면 좋은 엄마가 될 수 있는지 아무도 가르쳐주지 않아서가 아닐까?

간단한 실험을 한번 해보자. 아래 두 개의 선을 들여다보라.

어느 쪽이 더 짧은가? A인가 B인가?

정답은 자명하다. 케냐에서 소 떼를 모는 사람에게 이 질문을 하면 어떨까? 필리핀의 작은 섬에서 수렵 채집 활동을 하는 사람에게 질문하면? 누가 정답을 맞히고 누가 눈속임에 넘어갈 것인가?

1880년대, 독일의 정신과 전문의 프란츠 칼 뮐러라이어(Franz Carl Müller-Lyer)는 인간의 뇌가 세상을 인식하는 방식에 대해 연구하고 싶었다. 삼십 대 초반에 이미 자신의 분야에서 록스타 못지않은 명성을 누리던 그는 스스로 커다란 족적을 남길 수 있다고 생각했고, 당시 심리학계의 가장 뜨거운 감자였던 착시 현상으로 눈을 돌렸다. 그는 동일한 길이의 선 두 개를 그린 뒤 그중 하나는 A처럼 화살표가 바깥으로 향하도록, 또 하나는 B처럼 안으로 향하도록 그렸다. 그러고는 선의 길이가 정확히 동일해도 다르게 보인다는 사실을 깨달았다. 우리 두뇌는 순전히 화살표 모양 때문에 B가 A보다 길다고 인식하는 것이다. 마치 낙서 같은 이 그림으로 그는 역사상 가장 유명한 착시 현상을 창조해 냈다.

1889년 프란츠가 이 같은 시각 자료를 발표하자 과학자들은 즉각 우리의 눈, 혹은 두뇌가 우리를 속이는 이유가 무엇인지 밝혀내려 애썼다. 왜 우리는 두 개의 동일한 선을 있는 그대로 보지 못할까? 이 자료는 인간의 인식과 관련해 보편적인 무언가를 드러내는 것처럼 보였다. 이로부터 백여 년 뒤, 한 연구진은 심리학 분야를 완전히 뒤집어놓는 이론을 발표해 우리가 프란츠의 착시 자료를 바라보고 인간의 뇌를 이해하는 방식을 영원히 바꿔놓았다.

2006년, 밴쿠버의 브리티시 컬럼비아 대학에 새로 부임한 조지프 헨리히(Joseph Henrich)는 아래층의 심리학 교수와 친분을 쌓게 됐다. 이 우정을 발판으로 심리학계에 근본적 지각변동을 일으킬 줄은, 혹은 조지프의 말대로 "심리학의 심장에 칼을 꽂아 넣게 될 줄"은 그 또한 까맣게 모르고 있었다.

조지프는 훌륭한 사상가다. 사람들이 서로 협력하도록 동기를 부여하는 게 뭔지, 혹은 반대로 서로 싸우게 만드는 건 뭔지, 그리고 우리 인간이 지구에서 가장 지배적인 종이 되는 데 협력이 어떤 기여를 했는지를 연구했다. 그는 이른바 '문화적 다양성'을 중시하는 심리학계의 이단아이기도 하다. 단순히 미국인이나 유럽인을 대상으로 실험을 할 뿐 아니라 피지나 아마존 등 고립된 지역으로 여행을 떠나 다른 문화권의 사람들은 동일한 실험에서 어떤 반응을 보이는지 연구했다. 조지프의 연구실 아래층에는 문화적 다양성을 존중하는 또 다른 심리학자 스티븐 하이네(Steven Heine)가 있었다. 그는 사람들이 살아가면서 어떤 것에 '의미'를 부여하는지, 그리고 그 내용이 문화적으로 어떻게 다르게 나타나는지 연구했다. 조지프처럼 스티븐 역시 유럽인이나 미국인에서 벗어나 인간의 뇌가 어떻게 작용하는지 알고자 했다.

조지프와 스티븐은 이처럼 다른 문화권에 대한 공통 관심사를 기반으로 매달 만나 점심 식사를 함께했다. 학교 급식실에 가거나 중국 요리를 포장해 먹으며 각자 진행 중인 연구에 대해 논의했다. 그때마다 조지프와 스티븐은 한 가지 패턴을 확인할 수 있었다. 유럽인이나 미국인이 다른 여러 문화권의 사람들과는 다르게 행동하는 경향이 있는 것이다. "실험에 따르면 우리는 아웃사이더였어요." 조지프는 말했다. "저와 스티븐은 깜짝 놀라 한 가지 의문을 품지 않을 수 없었죠. 미국인이야말로 세상에서 가장 이상한 사람들이 아닐까?" 이런 생각은 점심 먹다 문득 떠오른 가정에 지나지 않았다. 하지만 이들은 강한 호기심에 이끌려 몇 가지 실험을 실시해 보기로 했다. 동료들 중 종교가 어떻게 협력을 일으키고 확산시키는지 연구하는 아라 노렌자얀(Ara Norenzayan)을 포섭해 심리학, 인지과학, 경제학, 그리고 사회학 분야의 수십 가지 연구 결과를 방법론적으로 검토했다.

그런데 세 사람은 작업에 착수하기 무섭게 난관에 봉착했다. 심리학계에는 거대한 선입견이 존재한다. 연구의 무려 96%가 유럽 출신인 사람들을 대상으로 이루어지지만 전 세계 인구에 비춰보면 유럽의 후손은 불과 12%에 지나지 않는다. "결국 심리학 분야 전체가 인류라는 몸통에서 가느다란 실가닥 하나만 연구하고 있는 것과 같다"고 조지프는 말했다. 만약 연구 목표가 서구 사람들이 생각하고 행동하는 방식을 밝혀내는 것이라면 대상이 편중돼 있더라도 문제 될 게 없다. 하지만 인간이 생각하고 행동하는 방식을 이해하는 게 목표라면 정말 심각한 문제다. 특히 그 편중된 대상이 이상하기 짝이 없는 서구인이라면 더하다. 이는 말하자면 배스킨라빈스 매장에 들어가 서른 가지의 다른 메뉴를 무시하고 분홍 풍선껌 맛만 먹어본 뒤 배스킨라빈스의 아이스크림에는 껌이 들어 있다고 주장하는 것과 같다. 다른 서른 가지 맛을 모두 먹어보면 어떤 결과가 나올까?

그것을 알아보기 위해 조지프, 스티븐과 아라는 미국을 제외한 지역에서 시행된 몇 가지 연구 결과를 분석한 뒤 서구인들을 대상으로 실시한 다른 연구 결과와 비교했다. 그랬더니 꽤 높은 빈도로 전혀 다른 양상이 나타났다. 행동 스펙트럼을 기준으로 봤을 때 서구인들이 한쪽 끝에 치우쳐 있다면 토착 문화권의 사람들은 좀 더 중심부에 모여 있는 경향이 강했다.

이 같은 분석을 통해 연구진이 지난 2010년 도출한 결론은 놀라웠다. "어린이를 포함한 서구 사회 사람들은 인류를 대변할 보편성이 가장 낮은 축에 속하는" 것으로 밝혀진 것이다. 이들은 이 같은 서구인의 특징을 조합해 기억하기 쉬운 약어를 만들기도 했다. 'Western(서구의) Educated'(교육받은) Industrialized(산업화된) Rich(부자의) Democratic(민주주의)의 첫 음을 따 만든 WEIRD(이상한) 사회가 그것이다.

그들은 〈세계에서 가장 이상한 사람들?〉이라는 제목으로 23페이지 분량의 논문을 발표했다. 그러자 민족 중심적인 심리학계의 관점에 즉각 균열이 일어났다. 그동안 심리학계에서 '벌거벗은 임금님'에 버금가는 거짓을 자행했다고 할 수는 없다. 그보다는 서구식 의복을 입고 자신이 모든 인류를 대변한다며 설레발을 쳤다고 하는 게 좀 더 정확할 것이다.

연구에 따르면 이상한(WEIRD) 사람들은 이상한 점이 열 가지도 넘는다. 이를테면 서로 협력하는 방식, 처벌을 내리는 방식, 공정함이나 자신을 바라보는 관점, 선택이나 삼차원 공간에 대한 이해 등이다. 일례로 앞서 살펴본 착시 현상에 대해 생각해 보자. 1950~1960년대, 과학자들은 나이지리아의 낚시꾼, 칼라하리 사막의 약탈자, 오스트레일리아 시골 지역의 수렵채집민을 포함해 최소 열네 개 문화권에서 뮐러라이어 착시를 실험해 보았다. 또한 유럽계 남아프리카인, 일리노이 에번스턴에 사는 성인과 어린이를 대상으로도 실험을 실시했다.

실험은 간단했다. 사람들에게 착시를 일으키는 두 개의 선을 보여준 뒤 두 선이 같은지 다른지 질문한 것이다. 그런데 결과가 너무 놀라워서 일부 심리학자들은 믿기 힘들어한 데다 지금까지도 근본적 이유에 대한 논란이 이어지고 있다. 특히 미국인들이 착시에 취약했다. 20%나 되는 일리노이 사람들은 A보다 B가 더 길다고 여겼다. 물론, 이 같은 결과는 이전 연구들과 같은 선상에 있을 뿐 새로울 건 전혀 없다고 할 수도 있겠다. 하지만 다른 문화권을 대상으로 한 연구 결과를 보면 얘기가 달라진다. 남아프리카의 수렵채집민이나 코트디부아르의 농사꾼처럼 일부 토착 문화권의 주민들은 착시를 전혀 일으키지 않았던 것이다. 이들은 두 개의 선이 그려져 있는 그대로 길이가 같다고 보았다. 그밖에 다른 문화권의 사람들은 이 같은 양극단, 즉 눈속임에 완전히 넘어간 미국인과 전혀 반응하지 않은 아프리카인 사이 어딘가의 반응을 보였다. 두 선의 길이가 다르기는 하지만 미국인처럼 차이가 크다고 보지는 않은 것이다.

이처럼 미국인이 눈속임에 가장 취약한 이유에 대해 연구가들은 '재단된 환경', 혹은 여러 직각 속에 살고 있기 때문이라고 가정했다. 여러 상자에 둘러싸여 살고 있기 때문이라는 것이다. 실제로 우리는 어느 쪽으로 눈을 돌리든 상자를 볼 수 있다. 우리는 상자 속에 살고(집), 상자 위에서 자며(침대), 상자로 요리하고(각종 요리 기구), 상자를 타고 이동하며(기차), 집을 상자로 채워간다(서랍, 책상, 소파, 장식장 등). 이처럼 상자에 지속적으로 노출되다 보면 결국 우리의 뇌는 뮐러라이어 착시 자료를 이상한 방식으로 인식하게 된다고 과학자들은 전제했다. 두 개의 화살표를 보면 우리 두뇌는 좀 더 쉽고 빠르게 인식할 수 있는 방법을 택한다. 이차원 평면 위의 선을 삼차원 상자의 모서리로 (좀 더 구체적으로 말하자면 모서리 그림으로) 무심코 전환시키는 것이다. 그렇다고 해서 왼쪽의 선이 오른쪽의 선보다 짧다고 믿게 되는 이유는 무엇일까? 여기서 두 개의 선이 건물 모서리라고 상상해 보자. 화살표가 바깥을 향하고 있는 선은 우리가 보고 있는 곳에서 멀찍이 떨어져 있는 모서리와 비슷해 보인다. 반면 보통의 화살표를 가진 선은 우리를 가리키는, 다시 말해 우리와 좀 더 가까운 모서리 같다. 결과적으로 두뇌는 오른쪽의 선이 왼쪽의 선보다 멀리 떨어져 있으며 따라서 길이가 더 길다고 인식하는 것이다.

하지만 상자와 직각에 둘러싸여 있지 않은 사람들도 많다. 이들은 오히려 부드러운 곡선 모양에 더 많이 노출돼 있다. 집과 건물이 돔형으로 디자인됐거나 갈대나 점토 등 유연한 재료로 만들어졌다. 게다가 외출하더라도 (직각을 이루는) 가로등 기둥이 늘어선 인도를 이용하지 않는다. 대신 나무, 풀, 동물, 토양으로 풍요로운 자연을 거닌다. 그리고 자연은 직각을 그다지 좋아하지 않는다. 곡선을 사랑한다. 그래서 칼라하리 사막지대의 산족 여성은 뮐러라이어 착시 자료 속 두 개의 선을 보고도 화살표에 전혀 현혹되지 않았다. 그녀의 두뇌는 두 개의 선이 삼차원 상자의 모서리를 나타낸다는 결론에 도달하지 않은 것이다. 그보다 그녀는 종이 위에 그려진 그림을 있는 그대로 바라보았다. 동일한 길이의 선 두 개를 말이다.

연구가들은 다양한 문화권에서 뮐러라이어 실험을 실시함으로써 심리학계 저변의 거대한 균열을 드러냈다. 이들의 연구 결과는 우리가 나고 자란 문화와 환경에 따라 시각적 인식 같은 두뇌의 기본 기능이 얼마나 다르게 작동할 수 있는지 잘 보여준다.

문화는 또 어떤 방식으로 우리의 두뇌를 변화시킬 수 있을까? 심리학에서 말하는 '보편적 인류'나 '일반적 원칙'이 사실은 전혀 보편적이지 않으며 '이상한(WEIRD)' 환경에서 나고 자란 서구 문화권에서 나타날 뿐이라면 어떻게 되는 것일까?

이렇게 한번 생각해 보자. 만약 이차원 평면 위의 검은 선 두 개를 바라보는 방식처럼 두뇌 기능이 특정 문화권의 구성원이라는 사실만으로 수정된다면 이보다 훨씬 복잡한 심리 절차에는 얼마나 많은 영향을 끼친다는 말인가? 우리의 육아 철학이나 아이들의 행동을 바라보는 방식에 문화는 어떤 식으로 관여하고 있을까? 자녀를 키우는 '보편적' 방식이라고 생각해 온 일들이 사실 서구 문화가 창조한 '착시 현상'에 불과하다면 어떨까?

✚

유카탄의 마야인 마을에서 집으로 돌아왔을 때 나는 엄청난 동기와 에너지로 충만해 있었다. 실로 몇 년 만에 가져보는 희망이었다. 나도 언젠가는 육아에 길을 찾아서 우리 집의 야생 하이에나를 길들일 뿐 아니라 남을 배려하고 존중할 줄 아는 사람으로 가르칠 수 있겠다고 생각했다. 그런 날을 떠올리는 것만으로 가슴이 부풀어 올랐다.

그래서 나는 내 주특기인 연구에 착수했다. 마야인의 육아 방식에 대해 최대한 많이 배우고 싶었다. 과학 서적을 뒤지고, 과학자를 인터뷰하고, 학술 서적을 독파했다. 시중에 나와 있는 육아서 역시 모조리 공들여 읽었다. 하지만 얼마 못 가 좌절하고 말았다. 베스트셀러 육아서를 아무리 뒤져도 마야의 육아에 대한 정보를 찾을 수 없었다. 사실, 비서구권의 육아 방식에 대해 찾아내기란 하늘의 별 따기였다. 이따금 다른 문화권의 방식이 언급돼 있더라도 힘겨운 부모에게 실질적으로 도움이 될 정보라기보다 지적 호기심에서 비롯된 단순 지식에 불과했다. 그 순간 오늘날 육아와 관련해 쏟아지는 조언에 얼마나 거대한 격차가 존재하는지 깨달았다. 우리가 귀 기울이는 온갖 지침과 설명에는 철저히 서구의 관점만이 반영돼 있다. 다양한 문화권의 목소리와 관점은 빠져 있는 것이다. 하지만 아기들을 어떻게 재워야 하는지, 아이들에게 어떻게 동기부여를 하면 좋은지, 또 어린아이들이 길가에 드러누워 떼쓸 때는 어떻게 해야 하는지 등의 질문에 답을 구할 상대가 서구권만은 아닐 것이다.

무엇보다 서구 문화권은 육아라는 것을 해온 기간이 비교적 짧다. 전 세계인의 육아 경력에 비춰보면 생초보나 다름없다. 서구의 육아 방식이 생긴 지는 불과 백 년 남짓이며 그중에는 몇십 년에 지나지 않는 것들도 있다. 따라서 이 방식들은 어떤 식으로든 '세월의 검증을 거치지' 못한 게 사실이다. 실제로 육아 지침은 세대 교체 주기에 따라 달라져서 가끔은 어지러울 지경이다. 아기의 이상적인 수면 자세를 예로 보자. 내 어머니가 날 출산했을 때만 해도 의사들은 신생아를 배 위에 올려두고 재우라고 조언했지만 오늘날 이는 극도로 위험하고 심지어 무식한 발상으로 비난받기 십상이다. 아이를 배 위에 올려 재우면 영아돌연사증후군(SIDS)의 위험이 급증하는 것으로 증명됐기 때문이다. 게다가 서구식 육아 전략을 다른 문화권, 혹은 역사상 존재해 온 전략들과 비교해 보면 대개 이상하다는 사실을 발견할 수 있다.

조지프, 스티븐과 아라가 서구권을 세계에서 가장 이상한 문화권으로 분류한 기념비적 연구 결과를 발표하기에 훨씬 앞서 인류학자 데이비드 랜시(David Lancy) 또한 서구권의 육아 방식이 이상한 게 아닐지 궁금했다. "우리의 육아 방식이 특이한가? 우리는 아웃사이더인가?" 이후 데이비드는 수십 년에 걸쳐 인류학 데이터, 민족지학 기록과 역사 기록을 분석해 그 사실이 맞다는 것을 확인했다. 서구권에서 아이를 키우는 데 핵심적이고 중요하다고 믿어온 수많은 일상적 행위들이 다른 문화권에는 아예 존재하지 않거나 최근에야 생겨나기 시작했던 것이다. 그는 기념비적 저서 《유년기의 인류학(The Anthropology of Childhood)》에서 그와 같은 차이를 잘 보여준다. "다른 점은 모두 나열할 수 없을 정도로 많아요. 우리가 하는 행위 중 40~50가지는 다른 문화권에서 찾아볼 수 없어요."

예를 들어 칭찬은 과연 아이들에게 동기를 부여하는 최고의 방법일까? 아이들을 끊임없이 자극하고 즐겁게 해주는 게 부모의 의무일까? 언어는 어린아이와 소통하는 이상적 수단일까? 설교를 늘어놓는 게 아이들을 가르치는 최고의 방법일까? 이 같은 서구권의 발상 중 상당수가 육아를 더 힘들게 만들고 심지어 아이들의 본능에 거스르는 경우도 많다고 데이비드는 말한다.

핵가족을 예로 들어보자. 서구 문화권에서는 엄마 한 명, 아빠 한 명, 그리고 그들의 어린 자녀가 한 지붕 아래 함께 사는 것이야말로 이상적인 가족 형태라고 믿는다. 심지어 더 이상적인 가족을 꾸리려면 엄마가 전업주부로 집에 머물면서 아이를 돌보는 데 전념해야 한다는 주장도 나온다. 그래야 가장 '전통적인' 가족 형태가 완성된다는 것이다.* 하지만 이는 전혀 근거 없는 얘기다. 전 세계를 돌아보고 인류의 역사를 연구해 보면 핵가족(그리고 육아에만 전념하는 엄마)은 가장 비전통적인 가족 구조 중 하나다. 인류가 생겨난 이래 99.9%에 이르는 기간 동안 핵가족은 존재조차 하지 않았다. "인류의 역사를 통틀어 봤을 때 핵가족이 존재한 기간은 찰나에 지나지 않아요." 럿거스 대학교에서 30년 넘게 서구식 가족 형태의 진화에 대해 연구해 온 사학자 존 길리스(John Gillis)가 말했다. "오래되지도 않았고 전통적인 형태도 아니에요. 과거에서는 뿌리를 찾아볼 수가 없죠."

따라서 서구의 육아 방식은 결코 예로부터 진화해 왔다고 할 수 없다. 핵가족에는 아이들의 삶에 핵심적이라고 할 수 있는 교사가 부족하다. 육아는 수십만 년간 여러 세대가 함께한 일로 아이들은 증조부모, 조부모, 삼촌, 이모, 가족 구성원의 친구, 이웃, 사촌, 그리고 이들의 자녀 등 다양한 연령의 많은 사람으로부터 배우도록 진화해 왔다.

지난 한 세기 동안 서구권의 가족들은 다세대가 공존하는 '뷔페형'에서 엄마, 아빠와 두 아이, 그리고 강아지나 고양이로 구성된 '간단한 애피타이저'로 서서히 쪼그라들었다. 우리는 할머니, 할아버지, 페이 이모, 빌 삼촌뿐 아니라 유모 레나, 요리사 댄, 심지어 현관 앞 테라스에서 담소를 나누거나 소파에서 잠자는 여러 이웃과 방문객도 잃었다. 이들이 각

* 이 책을 읽는 순간 당신의 가정환경에 따라 엄마는 전업주부여야 한다는 발상이 고지식하게 여겨질 수도 있다. 하지만 퓨 리서치 센터의 2007년 보고에 따르면 불과 14년 전까지만 해도 엄마가 일하는 게 사회에 악영향을 미친다고 여기는 이들의 비율이 41%나 됐다.

가정에서 자취를 감추자 육아의 부담은 엄마와 아빠가 오롯이 떠맡게 됐다. 그 결과, 세상의 수많은 엄마와 아빠는 육아라는 이 미치도록 힘든 일을 인류 역사상 최초로 둘이서만 (혹은 혼자서만) 하고 있다. "아이 한 명을 두 사람만의 힘으로 키운다는 건 말도 안 되는 일이에요. 정말이지 터무니없죠." 존이 덧붙였다. "여러 명이 달려들어도 될까 말까 한 일을 둘이서 하고 있는 거예요."

데이비드 랜시는 이 같은 육아 방식을 눈보라로 엄마와 아이만 집에 고립된 상황에 비유한다. 외부와 단절된 만큼 아이와 놀아주거나 사회적 연결감, 사랑과 자극을 느끼게 줄 원천이라고는 엄마가 유일해지고 결과적으로 엄마의 긴장감과 피로도는 높아진다. "편부모나 핵가족 형태로 인해 갓난아기와 유아가 또래로부터 고립돼 있는 현대의 생활 여건은 평행 효과를 일으킨다고 볼 수 있다." 데이비드가 저서를 통해 밝혔다.

이처럼 눈보라로 온 가족이 고립된 것이나 다를 바 없는 현대의 상황이 부모와 자녀의 정신건강에 좋은 영향을 미칠 리 없다. 내가 인터뷰한 수많은 심리학자는 대가족이 사라져가는 현상이야말로 미국 어린이와 청소년 사이에 우울증과 불안감이 급증하고 엄마의 산후우울증이 치솟고 있는 데에도 근본적 원인이라고 지목했다.

고립으로 생기는 악영향은 이뿐만이 아니다. 부모 역시 조언을 구할 선배를 잃고 만 것이다. 심지어 우리는 이 같은 선배가 얼마나 중요한지 잊어버렸다. 존 길리스는 서구 문화권에서는 모성애를 "남성들의 성욕만큼이나 여성들에게는 자연스러운 본능"으로 여기는 경향이 있다고 저서《그들이 직접 만든 세계(A World of Their Own Making)》에서 말했다. 하지만 육아는 학습되는 기술이다. 그리고 그 지식의 전통적 원천은 천

방지축인 아이들을 직접 키운 경험이 있는 남성과 여성, 즉 할머니, 할아버지, 이모, 삼촌, 그리고 오지랖 넓고 잘 도와주는 이웃이다. 그런데 손위 세대가 집에서 사라지자 이들의 육아 지식과 기술도 덩달아 사라져버렸다. 초보 부모들은 어떻게 해야 밤에 아기가 잘 잘 수 있는지, 떼쓰는 아이를 어떻게 진정시킬지, 그리고 누나가 남동생을 아끼도록 하려면 어떻게 가르쳐야 하는지 등 육아의 기본을 스스로 깨치는 수밖에 없었다.

그 결과 현대의 부모들은 흔들요람과 유모차 사이에서 옴짝달싹하지 못하고 있다. 부모들은 전례를 찾아볼 수 없을 만큼 막대한 육아 부담에 시달리는데 그에 대한 대비는 전례 없이 되어 있지 않다. "엄마들이 엄마라는 굴레에 이렇게까지 짓눌렸던 적이 없다"고 존은 결론 내렸다. 이러니 로지와 함께 보내는 주말, 일요일 오후쯤이면 어김없이 진이 빠지는 게 당연했다. 혼자서 이틀 연속으로 서너 명의 몫을 해내야 했으니 말이다. 난 로지의 엄마뿐 아니라 할머니, 사촌, 그리고 오빠 언니 노릇을 심지어 별 준비도 못한 채 하고 있었다.

다시 말해 핵가족이 탄생하면서 우리의 육아 방식뿐 아니라 육아를 배우는 방식까지 개조됐다. 육아 지식과 기술, 또 안아주고 요리하고 잠자리에서 등을 문질러주던 수많은 도움의 손길에 작별인사를 고하고 대신 고립과 피로, 스트레스를 맞이하는 게 우리의 운명이 되고 말았다.

그간 얼마나 이상한 방식으로 육아를 해왔는지 깨달은 뒤 이렇게 된 데는 분명 근본 원인이 있을 거라는 의구심을 떨칠 수가 없었다. 물론, 육아처럼 복잡다단한 일에 이유를 찾자면 끝도 없을 것이다. 하지만 아무리 그래도 서구권에 거대한 변화의 바람을 일으킨 한 가지 핵심 사건이 존재하는 게 아닐지 찾고 싶었다. 그 사건의 영향이 수백 년간 지속되면서 부모라면 완전히 진이 빠지고 스트레스에 탈탈 털리는 게 당연한 현상이 된 것은 아닌지 말이다.

그래서 몇 개월 동안 수많은 사학자와 심리학자에게 일일이 전화를 걸어 똑같은 질문을 던졌다. "대체 우리는 왜 이렇게 이상한 방식으로 아이를 키우는 걸까요?" 이에 그들은 계몽시대부터 자본주의, 산업혁명, 아동 사망률 감소, 가족당 자녀 수 감소, 그리고 사생활에 대한 높은 애착에 이르기까지 각기 다른 답변을 내놓았다. 분명한 건 이 모든 요인이 복합적으로 작용했다는 사실이다.

그러다 'WEIRD'라는 용어를 처음 만든 심리학자 중 한 명인 조지프에게 전화하기에 이르렀고 그의 답변은 나를 충격에 빠트렸다. "아, 사실 제가 요즘 'WEIRD'라는 제목으로 책을 쓰고 있어요. 서구인들의 심리가 어쩌다 이렇게 이상해졌는지 설명해 보려고요." 그가 말했다. "사실 그 핵심에는 가톨릭교가 있습니다."

이후 조지프는 새로운 연구를 통해 밝혀낸 놀라운 사실에 관해 20여 분에 걸쳐 설명해 주었다. 불과 2, 3천 년 전까지 유럽인들은 오늘날 다른 문화권의 사람들처럼 여러 세대가 친밀하게 어울려 사는 대가족 형태를 유지했다. 그에 따라 집은 방과 문이 여럿인 구조로 되어 있어서 친척, 일꾼은 물론 오랜 이웃과 친구도 수선 떨지 않고 드나들 수 있었다.

한편 아이들은 상당히 자율적인 생활을 영위했다. 무엇보다 가족 구성원이 많은 것 자체가 유아와 어린이 주위에 거대한 보호막을 형성해 주었다. 부모가 굳이 따라다니지 않아도 다른 어른, 혹은 똘똘하고 세심

한 형 누나가 늘 가까이서 지켜볼 수 있었기 때문이다. 그 결과 중세(그리고 대부분의 서구 역사 기간 동안)의 어린이들은 여섯 살만 넘어도 어른들의 지시나 훈계로부터 자유로운 삶을 누릴 수 있었다. 물론 집 안에서 수행할 각종 의무와 책임은 있었겠지만 그날그날 무엇을 할지, 또 어떤 규칙에 따라 움직일지 대개 스스로 결정했다.

하지만 부모들이 적극적으로 관여하는 일생의 거사가 한 가지 있었으니 바로 결혼이었다. 지금으로서는 살짝 황당한 발상일 수 있지만 일단 진정하고 살펴보자. 부모가 자녀의 결혼에 관여한 데에는 그만한 이유가 있었다. 조지프에 따르면 당시 부모들은 자녀가 먼 사촌, 친척이나 사돈처럼 가족과 가까운 사람을 배우자로 맞이하도록 강하게 부추겼다. (혹은 꼬드겼다.) 이 같은 결혼을 사람들은 '근친혼'으로 여겼지만 그렇다고 해서 반대하고 나설 '생물학적' 근거는 없는 경우가 대다수였다. 신랑 신부가 같은 핏줄이나 가까운 촌수는 아니어서 자녀의 건강에 문제가 생길 확률이 희박했기 때문이다.

반면 이 같은 결혼은 아주 중요한 기능을 수행했다. 대가족을 하나로 묶어주는 일종의 끈 역할을 한 것이다. 이 끈으로 가족들은 다채롭고 튼튼한 태피스트리를 엮어나갔다. 덕분에 각 일가에 소속된 토지와 자산을 온전히 지킬 수 있게 됐고 돈과 명예, 그리고 권력의 축적이 가능했다. 한편 우리의 연구 맥락에서 살펴보면 이런 환경은 부모에게 상당한 의지가 됐다. 가족의 규모가 워낙 커 아이들은 (비교적) 안전한 방식으로 자율적인 생활을 누릴 수 있었다.

그러다 서기 600년경, 가톨릭교가 이 '태피스트리'를 헤집어놓는 바람에 점차 구멍이 생기기 시작했다. "가톨릭교가 근친상간에 집착하기 시작했어요.” 조지프가 말했다. 교회가 혼인 상대를 규제하기 시작한 것이다. 가장 먼저 사촌 간 결혼을 금했는데 유전자의 12%를 공유하는 사촌 사이에서는 건강하지 않은 자녀가 생길 수 있다는 점을 감안하면 합리적 규제라고도 볼 수 있다.

하지만 7세기 들어 교회는 금혼의 범위를 촌수 상관없이 일가 전체로 확대했다. 그로부터 50년 뒤에는 대부(代父)나 대모(代母)로 엮인 가족, 혹은 사돈과의 결혼까지 금했다. 예를 들면 남편이 사망하더라도 더 이상 남편의 남자 형제와 재혼할 수 없게 된 것이다. (남편의 남자 형제와의 재혼은 당시 미망인들에게는 꽤 일반적이고 생물학적으로도 안전한 선택이었다.) 이 같은 법을 어길 경우에는 재산 몰수라는 가혹한 형벌이 내려졌다. 11세기경 교황과 유럽 전역의 국왕들은 금혼 조건을 어지간히 많이 도입해 무려 14촌 간에도 결혼을 할 수 없었다. 14촌이면 8대 조부모를 통해 연결된 친척으로 그 사이에 거쳐야 하는 조부모만 해도 무려 128명에 이르고 공유하는 DNA라고는 0.01%에 불과하다. 생물학적으로 전혀 '연관되지 않은' 사이다.

조지프와 동료들의 2019년 연구에 따르면 이들 법안이 도입된 여파는 상상을 초월했다. 종전의 대가족이 뿔뿔이 흩어진 것이다. 그러다 서기 1500년경 서구권의 가족들이 오늘날과 비슷한 형태를 띠기 시작했다. “영국, 그리고 아마 독일에서도 핵가족이 주류를 이뤘을 거예요.” 조지프가 말했다. 하지만 이때까지만 해도 부모를 도와 아이들을 돌봐줄 사람은 충분했다. 부유층이나 중산층에서는 입주 유모, 요리사와 청소부를 고용했고 형편이 여의치 않은 가족들은 이후로도 수백 년간 대가족을 고수했다. 하지만 가톨릭교가 막강한 권력을 누리는 가족과 가문을 해체

함으로써 사람들의 사고방식 혹은 가치관 변화에 불을 지핀 것은 분명해 보인다. 조지프와 동료들은 가톨릭교의 혼인 규제에 오랫동안 따른 사회일수록 현대 서구인들과 유사한 사고방식을 지녔다는 사실을 발견했다. 개인주의나 비협조적 태도 등 현대 서구에서 나타나는 여러 심리적 특징들이 그대로 나타난 것이다.

서구권의 부모가 이토록 이상해진 핵심 원인이 과연 가톨릭교 때문인지는 확신할 수 없다. 두 개의 변화가 시공간이 맞물려 나타났다는 이유만으로 한 가지가 반드시 다른 한 가지를 유발했다고 볼 수는 없기 때문이다. 그리고 서구권 부모의 육아 방식 중에서도 가장 이상하다고 할 수 있는 일부는 사실 최근에야 생겨났다. 조금만 생각해 보면 확대가족의 해체가 현대의 이상한 사회에서 보여주는 극도의 개인주의를 꽃피우는 씨앗이 됐다는 사실만큼은 분명히 알 수 있다. 그 결과 우리가 아이들을 대하는 방식도 극적으로 달라졌다.

대가족 사이에서 성장하면 내가 아닌 다른 사람을 위한 의무와 책임에 둘러싸이게 된다. 어린 동생을 돌보고 할머니를 도우며 사촌을 위한 식사 준비도 해야 한다. 다른 이들의 욕구를 충족시키고 분위기도 맞추는 등 교류와 협력에 힘써야 하다 보니 개인적 욕구 따위는 뒷전으로 밀려나기 십상이다. 말하자면 누구든 물고기가 넘쳐나는 연못의 작은 물고기 한 마리가 되는 것이다. 똑같이 생긴 용기가 놓인 식탁에 온 가족이 둘러앉아 똑같은 음식을 먹어야 할 뿐 다른 방식은 생각할 수 없다.

하지만 가족 형태를 두 명의 부모와 두 명의 자녀로 구성된 핵가족으로 변경하는 순간 많은 의무가 증발해 버린다. 협력할 필요도 없고 사생활도 누릴 수 있다. 우리는 타인을 상대하고 포용하는 데 필요한 기술을 완전히 잊어버리고 말았다. 개인의 욕구와 취향을 충족시키기 위한 시간과 공간만 존재할 뿐이다. 결국 수백 년이 지난 지금 당신 역시 우리 가족이 직면하고 있는 상황과 맞닥뜨렸다. 한 식탁에 둘러앉았지만 다른 소스를 곁들인 다른 음식을 먹고 심지어 음식에 대한 가치관도 완전히 다른 사람들이 되어버린 것이다. 개인주의가 왕좌를 차지했다. 그리고 아이들은 뭐든지 자기 맘대로인 천방지축이 될 수밖에 없다.

우리는 왜
아이를

이렇게
키우는가?

로지가 생후 6개월이 될 무렵 나는 아이의 건강검진 및 예방접종을 위해 남편 매트와 소아과를 방문했다. 진료를 마친 의사는 우리가 작은 공주님을 건강하게 키울 수 있도록 '육아 지침'이 적힌 팸플릿을 건네주었다. 거기엔 수면 훈련 및 수유 스케줄에 관한 정보, 그리고 아기에게 말을 많이 해주는 게 얼마나 중요한지 등이 적혀 있었다. "어머님의 행동을 모두 말로 설명해 주세요." 의사가 말했다. "예를 들어 손 씻을 땐 '엄마는 지금 물과 비누로 손을 씻고 있어' 이렇게 얘기해 주는 거죠." 이에 매트가 날 향해 고개 돌렸다. "당신은 잘할 거야, 말하는 게 직업이잖아." 사실이었다. 라디오 기자였던 터라 말이라면 잘할 자신이 있었다.

집에 돌아와 육아 지침을 냉장고에 붙여 놓고 미국의 수백만 부모처럼 일상에 특정한 짜임새와 리듬을 구축하기 시작했다. 무엇을 하든 설명을 계속 덧붙였다. 식은 죽 먹기지, 이렇게 생각하며 냉장고에서 한 발 물러나 지침을 바라보았다. 하얀 종이에 흑백으로 인쇄된 지침을 보고 있자니 문득 인적자원부 관계자들이 필수 훈련을 마치고 건네주는 자료가 떠올랐다. 그리고 마음속에 의문의 씨앗이 자라나기 시작했다. 이런 지침은 출처가 어디지? 진짜 가장 좋은 방법이 맞는 걸까?

처음 엄마가 됐을 때 나는 우리가 예로부터 해온 방식 그대로 아이를 키우고 있다고 막연하게 생각했다. 선대의 부모도 우리처럼 아기나 어린아이에게 계속 뭔가를 이야기해 주고, 우리처럼 온갖 자극과 가르침을 주었으며, 우리처럼 각종 장난감을 사다 바치고 칭찬 세례까지 해줬다고 말이다. 다시 말해 나는 로지의 주치의가 건네준 지침이 여러 세대에 걸쳐 활용과 검증이 완료됐기에 지금까지 전해진 것이라고 믿었다. 수없이 많은 세대를 따라 수백 년을 거슬러 올라가야 등장하는 마케도니아 할머니 역시 이 육아 지침에 따라 아이를 키웠다고 말이다. 물론, 과학과 의학의 발달로 새로운 조언과 도구가 등장하면서 우리의 삶이 더 편안해지고 아이들이 더 건강해진 것도 사실이다. 이 같은 혁신은 과학적 근거가 탄탄한 만큼 역사적으로 검증된 바 없다고 해도 전혀 문제 될 게 없다.

나는 의사와 전문가가 제시하는 조언이야말로 부모가 따를 수 있는 최고의 지침이라고 믿어 의심치 않았다. 현대의 부모는 최적의 육아 체계를 향해 나아가고 있는 것이다. 의사가 준 육아 지침을 냉장고에 붙이고 1년여 뒤, 나는 깊은 감명을 준 책 한 권을 만났다. 처음에 어디서 발견했는지는 기억나지 않는다. 베스트셀러도 아니었다. 글자가 꽤 많아서 끝까지 읽는 데 한 달이나 걸렸지만 지나칠 내용은 하나도 없었다. 이 책은 '육아 지침', 그리고 서구권의 관점에 대한 내 생각을 오롯이 바꿔놓았다.

1980년대 초반, 영국 작가 크리스티나 하디멘트(Christina Hardyment)는 궁지에 몰린 자신을 발견했다. 그녀에게는 여섯 살 미만의 자녀가 네 명이나 있었다. (여섯 살 미만 자녀 네 명이라니. 상상만 해도 무섭다.) 의사, 언론인 및 작가가 너나 할 것 없이 주장하는 온갖 육아 지침에 질식할 지경이었던 그녀는 결국 그 모든 것을 의심하기 시작했고 나와 마찬가지로 이렇게 생각했다. '흠, 그런데 이런 지식은 출처가 대체 어디지?' 그래서 크리스티나는 대규모 프로젝트에 착수했다. 발간일로 따지면 1700년대 중반까지 거슬러 올라가는 육아서 및 지침서를 650권도 넘게 읽고 검토한 것이다. 1700년대에 소아과가 독립된 의학 분야로 떠오르고 이른바 '전문가'가 '지식인 부모'를 위한 육아 지침서를 쓰기 시작했다. 그 결실로 완성된 탐구서 《드림 베이비즈(Dream Babies)》는 1600년대 존 로케(John Locke)부터 시작해 시어스 부부(Bill and Martha Sears)가 명성을 얻은 1990년대에 이르기까지 육아서의 역사를 좇는다.

이 책의 결론은 놀랍기만 하다. 오늘날 회자되는 육아 지침의 대다수가 '과학 혹은 의학 연구'에 기반하고 있지 않으며, 심지어 수 세기에 걸쳐 할머니에서 엄마로 전해져 내려온 전통 지식에도 뿌리를 두고 있지 않다는 것이다. 그중 상당 부분의 기원은 수백 년간 명맥을 이어온 팸플릿이다. 수십, 심지어 수백 명의 버려진 아이를 소수의 간호사가 좀 더 수월하게 돌볼 수 있도록 주로 남성 의사가 작성한 팸플릿 말이다. 이 팸플릿을 통해 의사가 이루고자 했던 건 양육의 산업화였다. 그런데 전혀 예상 밖의 독자층이 생겨났으니 바로 지칠 대로 지친 부모였다. 심지어 팸플릿에 담는 내용의 범위와 인쇄 규모도 계속 성장했다. 그 결과 '18세기 의사들이 아동 보호소 간호사들을 위해 작성한 팸플릿의 확장판'이자 현재 우리가 열독하고 있는 지침서가 됐다고 크리스티나는 적었다. "아이들을 다루는 기술은 일부 육아 역사가들이 주장하는 것처럼 지속적으로 진화해

온 것이 아니다. 오히려 늘 그 시대에 맞게, 그래서 어떨 땐 매력적이지만 또 어떨 때는 유쾌하지 않은 방식으로 변형돼 왔다."

예를 들어 로지가 다니는 소아과 의사의 말대로라면 아기들에게는 두 시간에 한 번씩 수유해야 한다는 지침을 한번 살펴보자. 이 지침은 1748년, 그러니까 윌리엄 케도건(William Cadogan) 박사가 런던에 위치한 코람 유아 보호소의 간호사를 위해 작성한 짧은 글에서 기원을 찾을 수 있다. 이 보호소에는 매일같이 무려 백 명에 가까운 아기들이 들어왔는데 몇 안 되는 직원이 그 많은 아기가 울 때마다 수유해 주는 건 실로 불가능한 일이었다. 그래서 케도건 박사는 처음엔 하루 네 번씩 수유하다가 3개월이 지나면 그 횟수를 2~3회로 줄이도록 권고했다. 그는 1746년 딸이 태어나면서 전공 분야를 소아과로 바꾸었지만 특유의 여성 혐오 성향만큼은 바꾸지 못했다. "아이들을 보호하는 일이 마침내 합리적인 남성의 업무가 된 데 상당한 기쁨을 느낍니다. 업무에 적합한 지식이라고는 결코 갖출 수 없는 여성이 양육을 전담하면서 이 비즈니스가 너무 오랫동안 치명적으로 방치돼 있었다는 게 제 개인적인 생각입니다."

케도건 박사가 수유 스케줄과 관련된 권고안을 발표하고 몇십 년 후, 의사들은 아기의 수면에 관한 조언을 제시하기 시작했다. 아기에게 자칫 '나쁜 습관'을 들일 수 있는 행위에 대해서도 알려주었다. 일례로 1848년, 존 티커 콘퀘스트(John Ticker Conquest) 박사는 수만 년의 역사를 완전히 무시하고 아이들이 잠들 때까지 흔들어 주는 행위는 절대 하지 말라고 경고했다. 아이들이 중독될 수 있다는 이유에서였다. 흔들 요람은 '한때 성난 미치광이를 진정시키기 위한 목적으로 설계되고 제작된' 기구라고 그는 적었다. 뿐만 아니라 전문가들은 밤마다 아기를 신체적으로 분리시키고 심지어 수유도 중단하는 게 좋다고 권고하기 시작했다. "늘 엄마 곁에 있고 싶은 게 아기의 본능이라는 사실은 당시에도 잘 알려져 있었지만 편의를 위해 아기 침대에서 혼자 자는 습관을 들이는 게 더 중요했다"고 크리스티나는 적었다.

그렇다면 수면 훈련이라는 개념은 무엇일까? 이 독특한 기술을 처음 제안한 이는 과연 누구일까? 스톤헨지라는 필명으로 글을 쓰는 외과의 출신 스포츠 전문 기자다. 존 헨리 월시(John Henry Walsh) 박사는 1857년 저서 《가정 경제 설명서(Manual of Domestic Economy)》에서 아기를 "혼자 잠들 때까지 침대에 방치하고, 운다고 해서 원하는 걸 다 얻을 수 있는 건 아니라는 걸 깨닫게 내버려 둔다면 얼마 못 가 모든 것을 받아들이고 무릎 위보다 침대에서 더 잘 잠들게 될 것이다"라고 밝혔다. 존 헨리는 아기의 수면에 대한 조언뿐 아니라 총에 관한 책도 여럿 저술했다.

결국 전문의들이 발표한 이들 지침서는 아이의 수면에 대한 부모의 관점을 뒤바꿔 놓았고 아기들은 역사상 최초로 피곤하면 자고 충분히 휴식하면 일어나는 생활을 할 수 없게 됐다. 대신 부모들은 오븐에서 칠면조를 구울 때처럼 아이들의 수면 시간 역시 통제하고 규제해야 한다고 지도받았다. 이처럼 수면에 관한 온갖 규칙과 규제가 갑자기 생겨나면서 부모는 수면 감시관이 됐다. "아이들이 잠자리에 드는 시간은 이제 주도권이 누구에게 있는지 보여줄 수 있는 기회가 됐다"고 크리스티나는 적었다. 그리고 수면 규칙은 옳고 그름의 문제로까지 번지게 됐다. 만약 당신의 자녀가 매일 적절한 시각에 잠들어 적절한 양의 수면을 취하지 못한다면 당신은 나쁜 부모임에 분명한 만큼 앞으로 각오를 단단히 해야 한다. 향후 아이가 학교를 다니거나 직장을 구할 때, 그리고 그밖에 수많은 상황에서 다양한 문제를 일으킬 게 분명하기 때문이다.

크리스티나의 책을 읽은 후 나는 냉장고에 붙여놓은 지침과는 전혀 다른, 새로운 관점을 갖게 됐다. 나는 더 이상 서구의 부모들이 수 세기에 걸친 경험으로 단련되고 과학으로 정제된 최고의 조언을 실천하고 있다고 믿지 않는다. 우리는 최적의 육아를 실천하고 있지 않으며 그렇게 믿었던 내내 속아온 것이나 다름없다.

비효율성과는 무관하게 이 조언들은 여전히 육아 지침의 왕좌를 차지하고 있다. "일정한 시간에 재워라, 일정한 시간에 재워라, 일정한 시간에 재워라!" 친구들부터 로지의 주치의에 이르기까지 모두가 이렇게 말한다. 하지만 일정한 시간에 재우는 게 그렇게 좋은 거라면 우리 집은 왜 저녁 8시마다 전쟁터가 되는 것인가? 그리고《재워야 한다, 젠장 재워야 한다(Go the Fxxk to Sleep)》는 왜 지난 십여 년간 수백만 부나 되는 판매고를 올린 것인가? 현대 서구 육아를 주름잡고 있는 수많은 이론의 뿌리라는 게 얼마나 엉성한지 알게 되면 아마 깜짝 놀랄 것이다. 게다가 이런 관행이 대세가 된 이유는 효율성이 검증됐거나 아이에게 유익해서가 아니라 단순히 타이밍을 잘 잡았거나 포지셔닝을 잘했기 때문이다.

서구권 부모들은 지난 150여 년간 자녀와의 관계를 밑받침하는 관행 세 가지를 확립했다. 이는 우리가 해야만 한다고 생각하거나 무의식적으로 하게 되는 것들로, 처음에 어떻게 생겼는지 살펴봄으로써 같은 패턴이 반복되고 있음을 알게 될 것이다.

No.1: 장난감이 일으킨 대재앙

핑크, 라임, 파우더블루의 다양한 색상을 뽐내며 우리 집 거실 한편에 잔뜩 쌓여 있는 수많은 물건을 예로 들어보자. 밤마다 치우느라 애를 먹어야 하는 백여 개의 플라스틱 물건 말이다. 다들 짐작한 대로 장난감 (구체적으로 말하면 레고와 마그네틱 타일) 얘기다. 나는 레고가 로지의 인지발달을 도울 뿐 아니라 무료함을 달래줄 거라는 생각에 구입했다. 하지만 아이에게 이런 값싼 놀잇감이 필요하다는 과학적 근거는 어디에도 없다. 오히려 새로운 장난감을 집에 들이지 않을수록 로지가 대학 생활, 미래의 직장, 심지어 삶에서 전반적으로 더 잘 대처할 가능성은 높아진다.

그런데 나는 왜 로지에게 ABC 기차 퍼즐이나 장난감 차 세트, 혹은 장난감 나무 칼로 자를 수 있는 나무 과일을 사줘야 한다고 생각했을까? 왜 이런 아이템이 그렇지 않아도 비좁은 우리 아파트의 소중한 공간을 차지하고 있는 것일까? 그 답은 인지과학이나 어린이 발달이 아니라 산업혁명, 그리고 활짝 꽃피운 소비주의에 있다.

1800년대 초반, 미국의 모든 어린아이는 거의 비슷한 방식으로 놀았다. 부자든 가난하든, 그 사이 어디쯤 있든 집에 장난감이 없기는 마찬가지였기 때문에 지난 20만 년간 해온 그대로 집 근처 혹은 밖에서 주운 물건으로 자기만의 장난감을 만들었다. "매장에서 구입한 장난감이 없다고 아쉬울 건 전혀 없었다"고 역사가 하워드 추다코프(Howard Chudacoff)는 명저 《노는 아이들(Children at Play)》에 적었다. 그에 따르면 "심지어 부유한 가정에서도 정식 장난감보다 집히는 대로 갖고 노는 놀잇감을 훨씬 중요하게 여겼다." "코네티컷 출신으로 종이 공장 소유주의 딸이었던 캐롤라인 스티크니는 버려진 침대 시트를 잘라서 인형 옷을 만들었다. 남자아이들은 나뭇가지나 나뭇조각으로 장난감 배와 무기를 만들고 직접 수집한 종이, 옷감, 끈으로는 연을 만들었다."

1800년대 중반, 심리학에서 새로운 사상이 등장해 산업혁명을 뒷받침했고 서구의 어린이들은 다시는 이전과 같은 방식으로 놀지 않는다. 육아 전문가들은 "학교나 집에서 블록을 이용해 건축 기술뿐 아니라 질서의 가치를 가르쳐야" 하며 "보드게임을 통해 기획과 전략의 힘을 기를 수 있도록 해야 한다"고 주장하기 시작했다. 몇십 년 후에는 산업혁명의 영향으로 장난감, 인형, 퍼즐과 책 등 수많은 아이템을 대량 생산할 수 있게 됐다. 그 결과 가격은 전례 없이 저렴해지고 취향만큼 종류도 다양해졌다. 장난감은 한층 알록달록해지고 인형은 더 사람 같아진 데다 둘 다 전방위 광고를 통해 주머니 사정이 넉넉한 부모들을 유혹했다. 동시에 심리학자들은 이런 놀이가 아이의 발달에 중요한 역할을 한다고 여기기 시작했다. 그래서 부모에게 아이가 집안일이나 가업을 돕는 대신 놀게 해주라고 조언했다. 그 결과 현재 중산층 가정은 장난감으로 폭발할 지경에 이르렀다. 이제 '좋은 부모'는 아이가 종이와 나무로 자기만의 장난감을 설계하도록 내버려 두는 대신 새로 출시된 연, 무기, 인형, 장난감 먹거리 등을 부지런히 사다 나른다. 어느새 장난감은 육아 필수품으로 자리 잡았고 장난감 놀이도 이제 건강하고 바람직한 것으로 평가받는다.

놀랍게도 서구 육아의 핵심 요소와 관련해 이 같은 패턴이 반복되는 걸 볼 수 있다. 즉, 역사적으로 때가 되면 하나의 새로운 관행이 시작되고 이는 언론, 심리학자, 소아과 전문의 등 모두로부터 찬사를 받는다. 그리고 반드시 구입해야 하는 제품이나 읽어야 하는 자기계발서를 통해 그 중요성이 강조되면서 해당 관행은 우리 집, 학교, 교회, 의료기관 등에 침투하고, 결국 미처 알아채기도 전에 우리 육아의 결에 스며든다. 이는 육아를 밑받침하는 두 번째 '주춧돌'에서 가장 잘 나타난다. 나는 이를 '배움의 향연'이라고 명명했다.

No.2: 배움의 향연

이 관행을 향한 열기는 서구권에서 천 년 가까이 달아올라 있었지만 1950년대 들어서야 로켓처럼 폭발했다. 1957년 10월 4일, 소련은 최초의 인공위성 스푸트니크 1호를 지구 궤도로 쏘아 올려 전 세계를 충격에 빠뜨렸다. 이 성과는 "미국의 육아 전문가, 교육가, 그리고 반공 운동가들에게 충격을 안겼다"라고 언론인 바버라 에런라이크(Barbara Ehrenreich)와 디어드러 잉글리시(Deirdre English)는 공동 저서 《200년 동안의 거짓말: 과학과 전문가는 여성의 삶을 어떻게 조작하는가(For Her Own Good: Two Centuries of the Experts' Advice to Women)》에 적었다. 여러 당국은 미국 부모가 발 빠르게 움직인 소련 부모에게 뒤처졌다고 비난하면서 소련 부모야말로 자녀를 미국 아이들보다 더 혁신적이고 학문적으로도 더 뛰어나게 키웠다고 평가했다. "적어도 일부(소련 아이들)는 미국 아이들보다 더 창의적이고 상상력도 풍부했다"는 것이다.

스푸트니크 1호는 발사와 동시에 미국을 충격과 공포로 몰아넣었다. 미국 어린이는 소련 어린이에게 뒤처지고 있으며 민주주의와 자유의지가 살아남으려면 갓난아기부터 청소년에 이르는 미국 아이들이 더 빨리, 더 많이, 그리고 더 일찍 배워야만 한다는 분위기가 미국 전역을 압박했다. "조니는 읽기를 배워야 합니다. 그렇지 않으면 우리는 더 이상 영어를 쓰지 않는 세상에 살게 될 수 있습니다." 스푸트니크 발사 직후 〈뉴스

위크〉와 〈리더스 다이제스트〉에 실린 공익광고 문구다. 그렇다면 세 살배기 조니에게 읽기를 가르쳐야 하는 부담과 책임은 누가 떠맡겠는가? 당연히 엄마다. 바바라와 디어드러에 따르면 "아이의 감각기관에 끊임없이 자극을 주는 게 엄마의 임무"였다. 엄마들은 "(이제) 자극적이고 시끄러우며 알록달록하고 계속 변화하는 환경을 조성해 줘야 했다"고 말했다.

이제 네 살배기 아들과 쿠키만 만들어서는 더 이상 부모로서 소임을 다했다고 말할 수 없다. 수학도 직접 가르쳐야만 한다. 산보는 이미 과학 활동이 됐고 잠자기 전 책을 읽어주는 건 아이의 어휘력을 테스트할 기회로 자리 잡았다. 이처럼 매 순간 아이를 자극할 기회가 많을수록 좋은 게 당연하다. "아이들을 끊임없이 자극하고 훈육하며 가르쳐라." 1960년대 육아 전문가들은 죄책감, 수치심과 두려움을 이용해 미국 부모들에게 이 같은 새로운 과업을 부여했다. 에너지를 모두 쏟아부어야 하는 이 육아 방식은 초강력 접착제라도 바른 듯 미국 문화와 일체가 되어버렸다. 이제 이런 관행은 너무도 당연하게 여겨져서 갓 걷기 시작한 아이를 아빠가 놀이터로 데려가 체육 수업을 해주는 게 지극히 자연스러워졌다. 나 역시 로지 생후 2개월부터 지금까지 당연한 듯 책을 읽어주고 있고, 당연한 듯 그림책을 143권이나 들여놓았다. 게다가 이런 문화가 정상일 뿐 아니라 아주 유익하고 심지어 아이들에게 최적화된 것이라고 믿어 의심치 않았다. 하지만 (엄마, 아빠, 그리고 아이들도 비슷하게) 죽을 지경인 것도 사실이다. 그럼에도 아직 부족한 게 많다. 우리는 아이들에게 온갖 자극과 가르침뿐 아니라 다른 것들도 줘야만 한다. 심지어 끊임없이.

No.3: 끝없는 칭찬 세례

20세기 말, 이 사회는 그렇지 않아도 지친 부모들에게 또 하나의 임무를 부여했다. 게다가 이번 임무는 아주 특별했다. 요즘엔 다들 시도 때도 없이 아이들을 칭찬해서 새삼 알아차리기도 힘들다. 하지만 조금만 주의를 기울이면 (심지어 횟수라도 세어보면) 하나같이 믿을 수 없을 정도로 칭찬을 퍼붓고 있다는 걸 알게 될 것이다. 가령 우체국에 가서 로지가 편지봉투에 직접 우표를 붙이면 접수대의 남성은 아이가 중동 평화 협상이라도 이끌어낸 것처럼 호들갑을 떤다. "와, 대단해! 직접 우표를 붙이다니! 넌 정말 놀라운 아이구나." 사실 나는 한술 더 떠서 로지에게 습관적으로 칭찬부터 해준다. "와, R을 그렸네! 멋지다!." "테이블에 포크도 다 놔주고 잘했어." "혼자서 신발을 신다니! 즐거운 댄스 타임!"

나는 왜 이러고 있는가? 1980~1990년대에 온갖 책과 잡지 기사, 심리학자들과 소아과 전문의들이 지나치다 싶을 만큼 아이들을 칭찬해주지 않으면 끔찍한 일이 벌어질 거라고 입을 모았기 때문이다. 아이들의 피어나는 자아를 우리가 짓밟을 수 있다. '자존감'이라는 단어를 정의하는 건 이 책의 영역이 아니다. 하지만 이렇게 이야기해 보자. 자존감은 인간의 보편적 특성이 아니라 문화적으로 창조된 것이다. 자존감이라는 개념은 1960년대를 지나면서 미국의 대중문화로 스며들었고 20~30년 후 (수십억 달러 규모 자기계발 산업의 키워드로 급부상해) 우리의 마음, 학교, 그리고 가정을 살벌하게 장악했다. 미국의 부모는 자녀에게 '건강한' 자존감을 키워줘야만 한다. 그러지 못할 경우 아이들은 학교에서 실패하고, 술과 마약에 중독되며, 범죄, 폭력, 심지어 십 대 임신에 이르는 온갖 사회적·감정적 문제에 시달릴 거라는 게 기정사실처럼 받아들여지고 있다.

하지만 낮은 자존감과 이 같은 문제 사이의 인과관계를 조사한 데이터는 당황스러울 만큼 찾아보기 힘들다. 심지어 가벼운 연결성조차 희박하거나 엉성하거나 거의 존재하지 않는다. 그럼에도 전문가들은 자녀를 암울한 미래에서 보호하려면 자존감을 키워줘야 한다는 조언을 멈추지 않았다. 그러고는 놀라울 정도로 간단한 해결책을 제시했다. 아이들을 어마어마하게 칭찬해 주고 실수는 눈감아 주라는 것이다. "부모들은 기회가 있을 때마다 아이들을 칭찬해 주고 가급적 비판은 삼가며 훈육도 부드럽게 하도록 지도받았다. 그래야 아이들이 자존감이 높아져서 자기표현도 잘하고 새로운 것을 시도할 수 있게 된다는 얘기였다"고 심리학자 페기 밀러(Peggy Miller)와 그레이스 조(Grace Cho)는 명저 《시대와 지역에 따른 자존감(Self-Esteem in Time and Place)》에서 말한다.

두 사람은 이 같은 칭찬 세례와 더불어 비판의 종식이 아이에게 어떤 영향을 미칠지는 아무도 모른다고 적었다. 사실 칭찬에 관한 연구 결과는 말 그대로 중구난방이다. 칭찬이 아이로 하여금 배우고 행동하게 하는 동기부여제가 될 수도 있지만 사기를 저하시킬 수도 있기 때문이다. 그 결과는 환경만큼이나 천차만별이다. 어떤 행동이 칭찬받았는지, 아이 스스로 자신이 얼마나 칭찬받을 만하다고 느끼는지, 또 어떤 식으로 칭찬을 해줬는지, 아이와 어떤 관계를 맺고 있는지에 따라 다양하게 나타나는 것이다. 뿐만 아니라 아이의 나이와 성격 또한 영향을 미친다.

페기와 그레이스는 칭찬이 비판보다 압도적으로 많은 경우, 즉, 부모가 아이의 잘못된 행동이나 부족한 점은 무시하고 그냥 지나칠 경우 오히려 장기적으로 부모의 삶이 더 힘들어질 거라고 우려한다. 그럴수록 아이는 자기중심적 성향이 강해지고 어른의 칭찬과 관심을 받기 위해 형제 간에도 경쟁을 하게 된다는 것이다. 그런 환경에서 성장하는 아이들은 갈수록 우울증과 불안감에 더 취약해질 수 있다.

내 경험을 봐도 로지는 칭찬해 줄수록 더 힘들게 굴었고 점점 더 골칫거리가 됐다. 뭘 하든 반응해 주길 바라면서 졸졸 쫓아다녔다 ("엄마, 이것 좀 봐!") 게다가 로지의 자존감을 지속적으로 높여주는 일은 나를 지치게 만들었다. 페기와 그레이스가 지적했듯 칭찬 세례를 위해선 부모들이 "엄청난 시간과 에너지를 들여 아이들의 행동을 관찰해야 하기" 때문이다. 게다가 다른 문화권을 살피고 시대를 거슬러 올라가 봐도 우리 같은 육아 방식(즉, 칭찬 세례, 전무하다시피 한 비판, 그리고 아이에게 끊임없이 맞춰주기)을 취하는 곳은 찾아볼 수 없다. 상당수 문화권에서 부모들은 칭찬을 거의, 혹은 전혀 하지 않는다. 그래도 아이들은 배려심이 뛰어날 뿐 아니라 정신적으로도 건강하기만 하다. 심지어 우리가 방문한 여러 문화권을 보면 칭찬이라고는 거의 받지 않고 자란 아이들이 칭찬의 홍수 속에서 자란 미국 아이들보다 자신감이나 정신이 훨씬 강한 것을 알 수 있다.

솔직히 페기와 그레이스의 책을 읽고 나는 무척 마음이 편안해졌다. 로지가 태어나고 처음으로 로지의 모든 행동을 칭찬해 주지 않아도 괜찮다고 느꼈기 때문이다. 로지의 자존감은 내가 언제든지 깨뜨릴 수 있는 파베르제의 달걀이 아니었다. 마침내 나는 부담감을 모두 내려놓고 로지와 함께할 수 있게 됐다. 버스에 타서도 잘했다고 칭찬해야 한다는(혹은 버스 바퀴의 물리학에 대해 가르쳐야 한다는) 조바심 따위 느끼지 않고 그저 편안히 곁에 있을 수 있었다. 그러자 우리가 함께하는 시간이 어릴 적 할아버지와 함께했던 시간처럼 느껴지기 시작했다. 고요하고 조용하며 모든 압박감이 사라진 편안한 시간이 된 것이다. 그러자 재미난 일이 벌어졌다. 칭찬 따위 하지 않는 시간이 일주일 정도 지속되자 내 말이 로지에게 더 큰 효력을 발휘했다. 내가 뭔가에 반응을 보일 때마다 아이는 더 세심하게 귀 기울였다. 칭찬이나 피드백을 끊임없이 해줄 때는 정작 중요한 말이 묻혀버리기 일쑤였는데 의미 없는 말이 사라지자 로지도 진짜 들어야 할 말이나 도와줘야 할 일을 더 잘 이해하게 됐다. 잠자리에 들기 전 양치하는 일조차 훨씬 수월해졌다.

✚

전 세계적으로 공전의 히트를 기록한 《사피엔스(Sapiens)》에서 유발 하라리(Yuval Harari)는 인류의 진화란 망상에 불과하다고 주장했다. 게다가 기술과 과학은 여러 측면에서 우리 삶을 더 수월하게 만들기는커녕 오히려 더 힘들게 만들었다. 이메일을 예로 들어보자. 덕분에 더 신속하게 소통할 수 있게 됐지만 그 대가로 우리는 무엇을 잃었는가? 과연 우리의 삶은 이메일 덕분에 더 편안해졌을까? "슬프게도 아니"라고 하라리는 답한다. 이제 즉각적인 답변을 기대하는 이메일이 수신함(그리고 우리의 마음)에 매일 수백 통씩 쏟아져 들어온다. "우리는 (신기술 덕분에) 시간을 절약할 수 있다고 생각했다. 대신 일상은 전보다 열 배는 더 빠르게 돌아가고 그만큼 우리의 마음은 훨씬 초조하고 불안해졌다."

이 같은 주장은 육아에도 적용된다. 더 많은 기술과 제품, 또 심리학적 통찰이 쌓여갈수록 부모의 임무는 점점 더 힘들어졌다. 우리는 아이가 항상 뭔가에 몰두하고, 우리의 모든 요구에 즉각 순응하며, 인생의 모든 이정표에 최대한 빠르게 도달하길 기대한다. 인생이라는 트레드밀의 속도를 열 배나 높여버리고는 더 초조하고 불안해졌다. 다시 말해, 아이에게 많은 자원을 투입할수록 우리는 더 좋은 부모가 됐는가, 아니면 더 지쳐만 갔는가? 어쩌면 그 과정에서 까마득한 조상은 물론 우리의 할머니 할아버지가 갖추고 있던 중요한 기술과 지식까지 증발해 버렸을 수도 있다. 아이를 차분하며 효율적으로 키울 수 있게 해주는 기술, 그리고 부모로 살아가는 걸 훨씬 즐겁게 만들어주는 기술 말이다. 지금이야말로 그 모든 기술을 되찾음과 동시에 새로운 기술을 배워나가야 할 때다.

이를 위해 우리는 관점을 전환하고 육아 전문가의 범위를 확대할 것이다. 의사, 과학자, 혹은 외과의 출신 스포츠 전문기자를 대상으로 조언을 구하는 대신 전 세계의 슈퍼맘과 슈퍼대디, 즉 현대사회에서는 꿈도 못 꿀 '시간과 횟수'로 무장한 사람들에게 배울 것이다. 이들의 전략은 수천, 심지어 수만 년에 걸쳐 수백만 어린이를 대상으로 시행되고 보강됐다. 그 결과 부모가 활용할 수 있는 자료 중에는 유일하게 '근거에 기반해 있고' '연구가 완료된' 방식이라 할 수 있다.

우리가 처음으로 방문할 곳은? 유카탄에 위치한 마리아의 집이다. 십 대 딸 안젤라가 아침에 눈뜨자마자 스스로 설거지부터 하던 곳 말이다.

✚

처음 임신 사실을 알았을 때 나는 하늘을 둥둥 떠다녔다. 아니, 우주까지 날아올랐다고 해도 과언이 아니다. 남편과 나는 아기를 갖기 위해 6년이 넘게 노력했다. 그리고 최신 과학기술 덕분에 마침내 임신 테스트기의 선명한 두 줄을 볼 수 있었다. 8개월 후 체중이 23kg이나 늘어난 나는 스스로 엄마, 그것도 사상 최고의 엄마가 될 준비가 됐다고 믿어 의심치 않았다. 당시 에볼라 바이러스 진원지 한가운데에서 보도를 하면서도 두렵거나 막막한 감정 따위 조금도 들지 않았다. 엄마가 된다는 게 이보다 힘들 리 없다고 생각했다. (이렇게 해맑은 철부지가 또 있을까!)

게다가 내겐 실패할 리 없는 전략도 있었다. 아이를 키우다 문제가 생기면 지금껏 모든 문제를 해결한 대로 하면 그만이었다. 과학의 도움을 받는 것이다. 아기가 잠을 안 잔다고? 걱정 마라. 논문을 뒤져 가장 효과적인 전략을 찾으면 된다. 갓 걸음마를 뗀 아이가 마치 물에서 나온 물고기처럼 길거리에서 펄떡이고 있다고? 무엇이 걱정인가? 나는 심리학자가 그런 상황을 해결해 줄 지름길을 알고 있다고 확신했고, 그 방법을 뒷받침하는 자료도 넘쳐날 거라고 믿어 의심치 않았다. 그래서 로지가 태어나기 전 수많은 육아서를 사들였고 책 뒤편에 빼곡히 적힌 참고문헌을 보며 다시 한 번 확신에 찼다. 과학이 나의 구세주가 될 것이었다.

로지가 태어나고 2개월 후, 나는 예상치 못했던 심각한 장애물에 부딪히기 시작했다. 일단 모유 수유가 거의 불가능한 것으로 판명됐다. 출산 후 6주간은 그저 살아남기 위해 로지와 내가 살인적 노력을 기울여야 했는데 가까스로 이 문제를 해결하자 더 거대한 문제에 맞닥뜨렸다, 바로 수면이다. 나는 이 작은 공주님이 깨지 않고 잘 자게 할 수가 없었다. 물론, 로지는 내 가슴에 안겨 있을 때나 무릎 위에서, 심지어 등에 업혀서도 졸기는 했다. 하지만 아기 침대에 눕히기 무섭게 빽빽 울어댔다.

심지어 충분한 근거를 갖췄다는 육아법도 시간이 흐를수록 별 도움이 되지 못했다. 얼마나 충격이 컸는지 모른다. 이따금 한 주, 심지어 한 달 정도는 효과를 보는 육아법도 있었지만 이내 무용해졌고 우리는 다시 본래의 대혼돈 상태로 돌아가야 했다. 그래서 나는 구입한 책의 뒤편에 적힌 참고문헌을 직접 뒤져보기 시작했다. 얼마 못 가 잠이 부족한 내 머릿속에서 미친 듯 알람이 울리기 시작했다. 지난 한 주간 수면 시간을 다 합쳐도 20시간이 채 되지 않았지만 내 두뇌의 과학적 기능은 아직 살아 있는 모양이었다. 연구의 대다수가 중요한 문제점을 안고 있다는 사실이 눈에 보였다. 자연히 여러 연구 결과에 의문이 생겼고 이 육아법이 과연 효과가 있을지 의심이 들기 시작했다. 과학이 더 나은 양육법을 가르쳐줄 수 있을까? 물론 과학은 각종 백신과 항생제를 통해 로지의 신체 건강은 지켜줄 수 있을 것이다. 하지만 아이의 정신 건강은? 감정은? 아이가 더 쉽게 잠드는 방법을 과학이 내게 가르쳐줄 수 있을까? 저녁 식사 때 음식을 던지는 버릇을 고치려면 어떻게 해야 하는가? 어느 날 아침 눈떠 보니 두 살배기 딸이 발가벗고 거리를 질주하고 있다면? 친절하고 협력할 줄 아는 아이로 키우는 방법을 과학이 가르쳐줄 수 있을까?

나는 버지니아 대학교의 브라이언 노섹(Brian Nosek) 교수에게 이 같은 질문들을 던졌다. 그는 잠시 웃더니 잊을 수 없는 답변을 내놨다. "육아에 대한 질문은 과학 분야에서 가장 어려운 문제 중 하나예요. 이 문제에 비하면 화성에 로켓을 발사하는 일쯤은 식은 죽 먹기죠." 부모들은 떼쓰는 아이를 진정시키거나 배려할 줄 아는 아이로 키우고 싶을 때 과학에 너무 많은 것을 요구한다고 그는 말했다. 무려 21세기에도 과학자들이 이렇게 복잡한 질문에 답할 방도는 없는 것이다.

브라이언 교수는 육아 연구에는 한 가지 큰 문제점이 있다고 설명했다. 과학자들의 말을 빌자면 무력하다는 점이다. 무력함, 정확히 내가 엄마로서 느끼는 감정이다. 나는 무리하는 것도 마다하지 않고 가진 것 이상으로 많은 걸 해내려 애썼다. 그런데 이는 수많은 심리학 연구도 마찬가지다. 심리학자들은 너무 적은 정보만으로 너무 많은 결론을 도출하려 애쓴다. 특정 양육법이 효과가 있는지 알아보고자 연구를 실시할 때 연구자들은 대개 충분한 수의 아이들이나 가족들을 모집하지 않는다. 주로 몇십 명을 대상으로 할 뿐이고 '대규모' 연구라고 해도 수백 명에 지나지 않아서 진짜 결론을 도출할 수 있는 수천, 수만 명에는 비할 바가 못 된다. 그렇게 적은 수로는 해당 방식이 실제로 효과가 있는지, 혹은 다른 아이를 대상으로도 효과가 있을지 여부를 확실하게 말할 수 없다.

무력한 연구가 데이터를 어설프게 만들고 있다. 브라이언 교수의 말대로 "은하계를 연구하겠다면서 제대로 작동도 안 되는 망원경을 들여다보고 있는 것"이나 다름없다. 하늘의 물체들이 점차 흐릿해지다 하나로 합쳐지는 모습이 보인다. 토성의 고리는 토성 자체에 흡수되고 목성의 위성 중 일부는 사라진다. 그리고 소행성대는 고형의 띠가 된다. 어느 연구자가 이 같은 관찰 결과를 발표한다고 해보자. 그런데 누군가 성능이 훨씬 뛰어난 망원경으로 연구에 나선다면? 이런, 목성의 위성은 사실 그대로 있었고 소행성대 역시 고형의 띠가 되기는커녕 돌이 떠다니는 형태일 뿐이었다. 초기 연구는 완전히 빗나갔고 과학자들은 결론을 완전히 뒤집는다.

육아 연구에 있어서도 동일한 전개가 수도 없이 일어났다. 권고안을 뒷받침하는 데이터가 너무 부실한 경우가 많아 좀 더 근거가 탄탄한 연구 결과가 나오면 과학자들은 초기 권고안을 회수할 뿐 아니라 심지어 정반대의 방식을 옹호하기까지 한다. 이렇게 오락가락하는 방침은 부모를 좌절하게 할 뿐 아니라 아이에게도 심각한 영향을 미칠 수 있다.

땅콩 알레르기와 관련해서도 같은 일이 벌어졌다. 지난 2000년 미국 소아과협회는 아기에게 땅콩버터를 주지 않도록 부모에게 권고했다. 소규모로 실시된 수많은 연구 결과 어려서 땅콩버터를 접할수록 땅콩 알레르기가 생길 확률이 높은 것으로 나타났기 때문이다. 하지만 이후 대규모로 치밀하게 설계된 연구가 시행됐고 결과는 정반대였다. 땅콩을 더 어려서 접할수록 알레르기가 생길 확률이 줄어든다는 것이다. 최초의 권고안이 틀렸다. 그로부터 20년 후 의학계는 방침을 완전히 바꿔 아기가 생후 4~6개월에 불과할 때 땅콩버터를 먹여보도록 권고했다. 결국 지난 20년간 정확하지 않은 권고안으로 인해 땅콩 알레르기 환자가 증가했을 가능성이 높다. 국립보건연구소의 보고에 따르면 1999년부터 2010년 사이 땅콩 알레르기가 있는 아이들의 비율은 0.4%에서 2%로 증가했다.

심지어 연구가 탄탄하게 설계됐고 명확한 증거를 갖고 있다고 해도 부모가 진짜 알고 싶어 하는 건 말해주지 않는 경우가 많다. 바로 해당 도구나 전략이 우리의 자녀에게도 효과가 있을지 여부에 대해서 말이다. 어떤 도구가 실험실에서 혹은 소규모의 아이에게 효과가 있었다고 해서 내 아이에게도 그럴 거라고는 말할 수 없다. 연구에서 알 수 있는 건 기껏해야 평균적으로 효과가 있었다는 사실뿐이다. 따라서 어떤 도구든 25% 정도의 가구에 대해서만 상당한 효과를 거둘 수 있으며 심지어 다른 일부에게는 상황을 더 악화시킬 수도 있다. 따라서 브라이언 교수는 새로운 권고안을 경계할 줄 알아야 한다고 조언한다. 특히 근거가 탄탄하지 않고 표본 집단의 규모 역시 작을 땐 더더욱 그렇다. 더불어 소아과 전문의, 공중 보건 전문의, 기자 및 작가 등 영향력 있는 인사들 역시 이 같은 권고안을 홍보할 때 좀 더 신중을 기해야 한다. 사람들은 과학의 불확실성을 이해할 필요가 있다. "과학에서는 언제나 겸손이 미덕"이라고 브라이언 교수는 덧붙였다.

Part 2 마야의 육아법, 동기부여

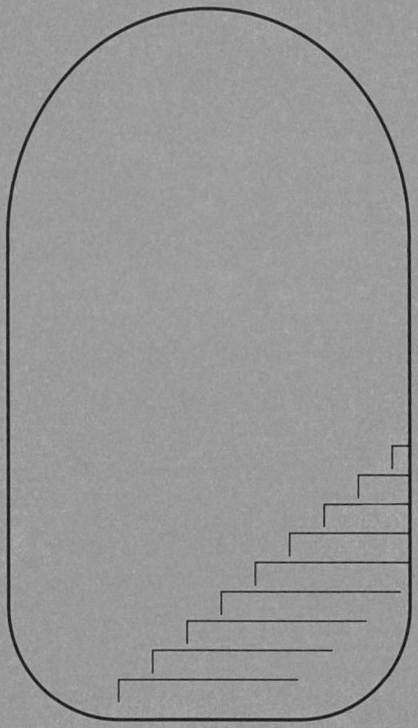

자발적으로 부모를 돕는 아이들

6월의 어느 아침, 샌프란시스코에서 비행기에 오른 로지와 나는 6시간 후 태양이 뜨겁게 작열하는 칸쿤에 내렸다. 곧장 갈색 닛산 승용차를 렌트한 뒤 유카탄반도(Península de Yucatán) 중부를 향해 서쪽으로 내달렸다. 몇 시간 후, 플라스틱 홍학 십여 개를 판매하는 가판대가 보이기 시작하자 지난번 여행이 떠올랐다. 그래, 여기가 대로(大路) 끝 지점이었지. 좌회전해 접어든 울퉁불퉁한 자갈길을 시속 20마일로 덜컹대며 달리는 동안 창밖으로는 마당에 닭이 노니는 깔끔한 초가집들이 지나쳐 갔다. 마야 꿀을 판매하는 가판대를 지나쳐 가다 염소 떼를 몰고 길을 건너려는 한 가족과 마주쳐 잠시 멈췄다가 다시 달렸다. 백미러에 비친 뒷좌석에서는 카시트 위의 로지가 파란 테디베어 인형을 안고 깊은 잠에 빠져 있었다. 금발의 곱슬머리에 부루퉁하게 내민 분홍 입술까지. 잠든 순간만큼은 천사가 따로 없다.

길이 좁아지기 시작했다. 길가의 커다란 구덩이를 피해 방향을 틀

때마다 나뭇가지와 넝쿨이 차 유리창을 긁어댔다. 게다가 눈앞에 보이는 집이라고는 없으니 점점 초조해졌다. 길을 잘못 들었나? 그 순간 길이 확 트이더니 축구 경기장 크기의 드넓은 뜰과 함께 정면에 머리 둘 달린 브론토사우루스 같은 물체가 나타났다. 분홍색 브론토사우루스였다. 알고 보니 건물 전체가 분홍색이고 두 개의 첨탑이 솟아오른 18미터 높이의 18세기 스페인 교회였지만. 얼굴에 미소가 번지는 게 느껴졌다. 드디어 도착했어, 정말 멋진 곳이야.

우리는 치첸이트사의 고대 피라미드에서 그리 멀지 않은 열대우림 안에 아늑하게 자리한 마야인들의 작은 마을 챈 카아잘(Chan Kajaal)* 의 중심부에 도착했다. 이곳에서는 온도계가 37.8도를 찍고 오후의 태양이 오븐에 버금가는 뜨거운 열을 내뿜어도 별로 문제 될 게 없다. 마을은 계속해서 사람들로 북적이니 말이다. 한쪽에선 도축업자가 갓 잡은 돼지를 부위별로 자르고 맞은편에서는 여섯 살 정도로 보이는 여자아이가 빵집에 팔 옥수수 포대를 나르고 있었다. 매끈한 파란색 픽업트럭 옆에서는 십 대 남자아이 몇몇이 이야기를 나눴는데 바지 주머니에 꽂힌 스마트폰과 이들을 둘러싼 희미한 담배 냄새가 관심을 끌었다.

우리가 있는 곳은 관광 명소 칸쿤에서 세 시간 거리도 채 안 되지만 전혀 다른 세상이라고 해도 과언이 아니다. 에어컨은 찾을 수도 없고 와이파이도 거의 안 터져서 일상이 주로 야외에서 이루어진다. 그래서인지 주변의 모든 이들이 내 가족이요, 나를 지지하고 있는 듯한 경이롭고 따뜻한 감정이 밀려든다.

* 이 책에 등장하는 가족들의 사생활을 보호하기 위해 마을 이름은 가명으로 대체한다.

어느 쪽으로 고개를 돌리든 사람들이 옹기종기 모여 함께 움직이거나 이야기하고 있었다. 언니들은 한 손으로 책을 감싸든 채 어린 동생을 데리고 하교하느라 분주하고, 희끗희끗한 머리를 단정하게 말아 올린 아부엘라(Abuela, 할머니라는 뜻의 스페인어 – 역자 주)들은 길가에 호박씨를 널어 말리는 중이다. 어린아이들은 세발자전거나 자전거를 타고 지그재그를 그리며 오가고, 언니 오빠는 오토바이를 타고 쌩하니 지나간다. 사이사이로는 화물용 삼륜 자전거를 탄 부모들이 전면 수레로 어린아이, 채소와 식수를 한가득 실어 나르고 있었다.

이 마을은 세노테라는 석회암 함몰구멍 안에 신선한 물이 고이면서 형성된 지하 연못을 둘러싸고 있다. 마야인 가족들은 수 세기 동안 이 물을 길어다 먹거나 가축에게 주거나 정원용으로 사용했다. 덕분에 마을 전역의 식물 및 동물이 무럭무럭 자라 야자수 잎의 크기가 코끼리 귀만큼이나 크다. 뒤뜰에 자리한 망고나무는 심지어 열기구만 하고 나무마다 앉은 새(세상에, 새들이 어찌나 많은지!)는 온 열정을 다 바쳐 노래한다. 집은 작은 건물 여러 채가 소규모로 붙어 있는 형태가 대부분이다. 주방 벽은 나뭇가지, 지붕은 야자 잎으로 돼 있고 침실 자재는 콘크리트 블록이다. 뒤뜰에는 옥수수 보관용 헛간과 닭을 위한 우리가 있으며, 과일나무가 여기저기 흩어져 있어 바나나, 광귤, 그리고 하얀 속살이 시큼털털한 맛을 내는 구아나바나가 땅바닥에 나뒹군다.

마을 길을 따라 좌회전 우회전을 몇 번 반복하자 거대한 불꽃나무 그늘로 어둑어둑한 길에 접어들었다가 점차 가까워지는 게 느껴졌다. 어느 뒤뜰에서는 젊은 여성 한 명이 비눗물로 청바지를 빨고 있었고 울타리 위에선 칠면조 한 마리가 꼬리털을 활짝 펼치고 있었다. 이어서 정면으로 시선을 옮기자 드디어 하얀색 창문의 청록색 집 등장, 심장이 두근댔다.

“일어나, 로지, 어서, 3천 마일을 달려온 이유가 눈앞에 나타났어.” 내가 채근하자 로지가 대답했다.

“뭐라고, 엄마? 그게 뭔데?”

“마리아의 집, 마리아가 아코메디도(Acomedido, ‘남을 돕는’이라는 의미의 스페인어 – 역자 주)에 관한 모든 걸 엄마한테 알려줄 거야. 너한테도 아코메디도를 알려줄 거고. 준비됐니?”

✚

인류학자들은 지난 40년간 챈 카아잘 마을을 방문해 아이들이 공동체에서 어떻게 자라는지 연구해 왔다. 이곳 부모들은 (나를 포함한) 미국 부모들이 유독 취약한 이슈, 즉 아이들이 집안일을 자발적으로 하게 만드는 방법을 훤히 알고 있다. 마야를 비롯한 멕시코 토착 사회의 어린이들은 집안일을 많이 도와준다. 빨래와 설거지를 하고 식사 준비를 도우며 정원 손질도 한다. 토르티야를 만들어 주말 시장에서 팔고 직접 돼지를 잡아 요리하며 연로한 친척과 어린 동생을 돌본다. 할 줄 아는 게 워낙 많아 무엇이든 혼자 해내고 남도 잘 돕는다. 심지어 이 모든 일이 부모의 부탁이나 협박, 혹은 꼬드김도 없이 이루어진다. 용돈, 아이스크림 등의 보상은 전혀 필요하지 않다.

심리학자 루시아 알칼라(Lucia Alcalá)는 처음엔 캘리포니아 산타크루즈 대학교의 대학원생으로, 지금은 캘리포니아 주립대학교 풀러턴 캠퍼스의 교수로 위의 연구에 주도적으로 참여했다. 그중 한 프로젝트에서는 동료들과 함께 멕시코의 또 다른 토착 민족인 나후아(Nahua Heritage)

의 엄마들 19명을 인터뷰했다. 6~8세 사이의 자녀들이 집안일을 어떻게 돕는지, 빈도는 얼마나 되는지, 정확히 어떤 일을 하는지, 그리고 자발적으로 돕는 횟수는 얼마나 되는지 물었는데 엄마들의 답변은 놀라웠다. 한 엄마는 여덟 살 딸이 학교에서 돌아오면 "엄마, 오늘 내가 뭐든 다 도와줄게!"라고 선포하고 스스로 온 집안을 다 치운다고 답했다. 이 연구에 따르면 아이들은 성장할수록 훨씬 복잡한 일까지 도와주는 것으로 나타났다. "엄마들은 퇴근하고 집에 돌아올 때쯤이면 완전히 녹초가 돼 있어요." 과달라하라(Guadalajara)의 나후아 출신 엄마들을 대상으로 한 연구에 참여했던 산타크루즈 대학교의 바버라 로고프(Barbara Rogoff)가 말했다. "그래서 소파에 그대로 쓰러질 수밖에 없죠. 그러면 딸이 말해요. '엄마, 진짜 피곤하겠다. 그런데 집 청소도 하기는 해야 하잖아. 우리 일단 라디오부터 켜고 내가 주방을, 엄마가 거실을 담당해서 싹 치우는 게 어때?'"

이 아이들은 보통 어른들의 감시 감독 없이 혼자 요리하거나 동생을 돌보는 등 고난이도 업무들을 일찌감치 습득했다. 게다가 아이들이 평소 집안일을 '주도적으로' 한다고 답한 엄마만 해도 75%에 달했다. 아이들 스스로 처리할 일을 파악하면 자리에서 일어나 그 일을 시작한다는 것이다. 싱크대에 접시가 쌓여 있으면 설거지를 하고, 거실이 지저분하면 청소를 하며, 어린 동생이 울기 시작하면 집 밖으로 데리고 나가 놀아준다. 이 모든 일이 엄마의 말 한마디 없이 이루어진다. 루시아에 따르면 이곳 부모들이 아이들에게 가르치는 건 단순히 설거지나 빨래하는 방법이 아니다. 그보다 훨씬 복잡한 기술, 무엇보다 주변 상황에 관심을 기울이고 처리해야 할 일이 보이면 자발적으로 하는 태도를 길러준다.

"이곳 부모들은 아이들을 책임감 있는 가족 구성원으로 키워요. 늘 주변 상황에 관심을 기울이다 누군가 도움이 필요한 상황이 되면 도울 수 있도록 가르치는 거죠." 루시아가 말했다. 그리고 여기에는 도움이 필요하지 않은 상황을 알아차리는 것 역시 포함된다. "상대방에게도 일을 처리하는 밀도나 방식이 있을 텐데 거기에 피해를 주면 안 되니까요." "내 주변 상황을 이해하고 이럴 때 내가 뭘 해야 하는지 파악하는 건 평생 가는 기술이에요." 루시아가 덧붙였다. 관심을 기울이고 행동하는 이 기술은 멕시코의 수많은 가족들에게 무척 중요한 가치이자 목표여서 별도의 용어까지 존재한다. 바로 '아코메디도'다. 이 단어에 내재된 의미는 복잡하다. 단순히 누군가의 부탁으로 일을 하는 게 아니라, 늘 관심을 기울이고 어떤 순간에 어떤 종류의 도움이 필요한지 스스로 알아채는 것이다.

루시아와 팀원들은 과달라하라에 살지만 서구 문화에 더 익숙한 엄마 14명 역시 인터뷰했다. 이들은 여러 세대에 걸쳐 도시 생활을 한 덕분에 토착 사회와 연결되는 지점은 많지 않았다. 그렇다면 이들 중에 아이들이 평소 '집안일을 주도적으로 한다'고 답한 엄마들이 과연 몇이나 될까? 제로다. 이 아이들은 집안일이나 좀 더 복잡한 일을 덜할 뿐 아니라 대개는 부탁을 해야 하는 경향이 있었다. 실제로 엄마 중 일부는 아이의 도움을 받으려면 협상부터 하거나 집안일 차트를 만드는 등 갖은 애를 써야 한다고 답했다. 아이들이 각종 보상, 용돈이나 선물을 요구하는 경우가 많기 때문이다. (TV 시청 시간을 줄이는 등 아이들이 누리는 혜택을 제한해야 할 때가 있다는 데에는 토착 문화 및 서구 문화 부모들 모두 동의했다.)

그런데 정작 놀라운 사실은 따로 있다. 마야와 나후아의 아이들은 집안일 하는 걸 실제로 좋아하는 경우가 많다는 것이다! 이들의 부모들은 아코메디도뿐 아니라 집안일에 기여하는 게 얼마나 가치 있고 자랑스러운 일인지도 가르쳤다. 그래서 아이들은 집안일 돕는 걸 특권으로 여긴다. 결국 부모들은 뇌물을 주거나 꼬드길 필요가 없다. 아이들에게 이미 돕는 행위에 대한 내적 동기부여가 있기 때문이다. 아이들은 가족을 돕고 싶어 하고 또 한 팀으로 일하고 싶어 한다.

나는 챈 카아잘로 돌아왔다. 부모들이 어떻게 이 같은 동기부여를 할 수 있는지 알아보기 위해. 남을 돕고 싶어 하는 아이들의 내재된 욕구를 대체 어떻게 끄집어낸 걸까? 시간이 흐를수록 아이들에게 내적 동기를 부여하는 방식이 마야나 나후아 사회에서만 고유하게 사용되는 게 아니라는 사실을 깨달았다. 고유하기는커녕 소속된 문화의 핵심 가치를 전수하기 위해 전 세계 부모들이 사용하는 지극히 기본적인 방법이었다. 집안일을 돕는 능력은 마야 사회에서 부모가 자녀들에게 의도적으로 전수하는 핵심 가치다. 서구 문화권에서도 이 같은 능력을 중시하지만 정작 전수하는 방법을 잊어버렸다. 그리고 그와 같은 상실이 우리의 삶을 훨씬 힘들게 만들었다. 하지만 돕는 행위의 가치를 아이에게 전수하면 그 외의 이점까지 누리게 된다. 무엇보다 아이들이 정신적으로 건강해져 골칫거리로 전락하는 경우가 줄어든다. 그 이유는 무엇일까? 돕는 방법을 배운다는 건 아이들이 당신과 협력하고 함께 일하는 법을 배우는 것이기 때문이다.

아이를 가족 구성원으로

인정해 주기

"아이가 태어난 첫날부터 부모는 남을 어떻게 돕는지 몸소 보여줘요." 마리아가 말했다. 마리아 부르고스는 아이가 집안일을 돕고, 또 거기서 자부심을 느끼도록 키우는 방법을 알려주기에 완벽한 슈퍼맘이다. 마리아는 장녀 안젤라에게 이 같은 가치를 전수하는 데 성공을 거뒀다. 안젤라는 엄마가 일하러 가고 없을 때면 설거지에 청소까지 자발적으로 해낸다. 마리아에게는 두 명의 딸(각각 5세와 9세)이 더 있는데 서로 배움의 단계가 달라서 연령대에 따라 교육 방식을 어떻게 달리하면 되는지도 볼 수 있었다. 아이들이 스스로 집안일을 하도록 배우기까지는 수년이 걸리기 때문이라고 마리아가 말했다. "아이들에게는 아주 조금씩, 천천히 가르쳐야 해요. 그러면 결국 이해하게 돼 있죠."

아이들을 가르치는 건 읽기나 수학을 가르치는 것과도 비슷하다. 말로 몇 번 설명해 주고 냉장고에 구구단표만 붙여놓고는 네 살배기가 3×3=9나 8×4=32 같은 걸 깨칠 거라고 기대해서는 안 된다. 집안일도 마찬가지다. 어딘가에 집안일 차트를 붙인다고 해서 네 살배기가 화요일과 목요일에 스스로 설거지할 수 있는 게 아니다. 마리아 말대로 아이들은 천천히 가르치고 훈련해야 한다. 집안일 하는 방법뿐 아니라 언제 해야 하는지, 이 일이 어째서 중요하고 또 어째서 가족과 자신에게 이로운 일인지 이해시키는 게 중요하다.

생각해 보면 집안일 차트는 아이들이 아코메디도를 배우는 데 방해가 될 뿐이다. 왜냐고? 사실, 아코메디도의 핵심은 아이들이 스스로 주변 환경에 관심을 기울여 언제 어떤 일을 해야 하는지 알 수 있게 하는 것이기 때문이다. 집안일 차트에 화요일에는 설거지를 하고, 수요일에는 청소를 하며 금요일에는 쓰레기를 내다버리라고 적혀 있으면 아이들은 그것만 하면 된다고 결론 내려버린다. 다른 때에는 아예 신경을 안 쓰고 심지어 차트에 적혀 있지 않은 일은 무시하는 지경에 이를 수 있다. 결국 집안일 차트로는 아코메디도의 정반대 개념, '차트에 적혀 있는 것만 책임지면 된다'고 가르치는 것이나 다름없다.

부모가 자녀에게 수학을 가르치듯 마리아 역시 의도된 절차를 이용해 아코메디도를 가르친다. 이 절차는 세 가지 핵심 요소로 구성되는데, 이들을 모두 합치면 아이들에게 뭔가를 가르치는 데 막강한 효과를 발휘하는 레시피가 탄생한다. 서구권을 포함해 전 세계의 모든 문화권에서 이 레시피를 활용해 필요한 기술이나 가치를 아이들에게 전수하고 있다. 이 절차는 무척 중요한 만큼 한 가지씩 차근차근 배우고 복습까지 할 것이다. 우리는 아마 기존 상식과는 정반대로 행동해야 할 것이다. 가족 중 뭔가를 해낼 수 있는 능력이 가장 뒤처지는 구성원에게 일을 맡겨야 하니 말이다.

1단계: 유아 도우미를 존중하라

자녀를 이렇게 잘 돕는 아이로 키운 비결이 뭔지 단도직입적으로 물었을 때 마리아는 내가 '유아 도우미'라고 이름 붙인 개념에 대해 소개해 주었다. 그렇다, 나는 지금 말은 잘 못하지만 시끄럽기 짝이 없으며 제대로 걷지도 못하는 1~4세 사이의 아이들을 말하고 있는 것이다. 보통은 '도움이 되기'보다 '곤란하게 만들기' 마련인 작은 인간들 말이다.

마리아는 이렇게 어설프고 어린아이야말로 도울 줄 아는 성인을 키우는 씨앗이라고 말한다. 그리고 막내딸 알렉사를 가리키며 무슨 말인지 설명해 주었다.

"알렉사는 제가 하는 건 무엇이든 해보고 싶어 해요. 제가 토르티야를 만들면 알렉사는 제가 말리기라도 한 것처럼 울기 시작하죠. 나중엔 빗자루 들고 청소까지 하고 싶어 하고요."

"그러면 어떻게 반응하세요?" 내가 물었다.

"토르티야를 직접 만들어보게 하고 청소할 빗자루도 쥐어 줘요."

"그러면 알렉사가 진짜 청소를 하나요? 도움이 되기는 하고요?"

"상관없어요. 알렉사는 어떻게든 돕고 싶어 하고 난 그걸 허용해 주는 것뿐이니까요." 마리아가 해먹에 앉아 말했다.

"알렉사가 돕고 싶어 할 때는 항상 허락해 주세요?" 여전히 이해할 수 없었던 내가 물었다. "알렉사가 온 집안을 엉망으로 만들어도요?"

"네, 그게 아이들을 가르치는 방법이니까요."

유카탄에서 옥수수를 수확하든, 탄자니아에서 얼룩말을 사냥하든, 혹은 실리콘밸리에서 책을 쓰든 전 세계 아이들에게선 두 가지 공통점을 찾아볼 수 있다. 그중 첫 번째는 떼쓰는 성향이다. 실제로 아이들은 어디에 살든 하나같이 떼를 쓴다고 민족지학 기록에도 적혀 있다. 그런데 정작 놀라운 건 두 번째 공통점이다. 돕고 싶어 한다는 점이기 때문이다. 세계 어느 곳에서든 아이들은 돕고 싶어 안달이다. 그것도 아주. 어린아이는 타고난 도우미다. 어떤 일이든 자기도 합류해 '혼자 힘으로' 임무를 완수하고 싶어 한다. 주방 청소를 해야 한다고? 설거지를 하고 달걀을 깨뜨려야 한다고? 걱정할 필요 없다. 유아 도우미가 즉각 출동할 게 분명하기 때문이다. 봐라. 벌써 왔지 않은가.

한 연구에 따르면 생후 20개월에 불과한 아이가 바닥에서 뭔가를 줍고 있는 어른을 보면 새 장난감도 마다하고 방을 가로질러 가서 돕는 것으로 나타났다. 아무도 그 아이에게 도움을 요청하지 않았고 아이 역시 자신의 행동을 보상받으려 하지 않았다. 연구 결과 아이들이 장난감 등으로 보상받을 경우 다음에 또 도울 확률은 오히려 줄어드는 것으로 나타났다. 이것이 바로 아코메디도다!

돕고자 하는 욕구가 유아들에게서 강하게 나타나는 이유(혹은 보상이 오히려 이 같은 욕구를 떨어뜨리는 이유)는 어느 누구도 정확히 설명하지 못한다. 하지만 가족들 곁에서 부모, 형제 및 자신을 돌봐주는 누군가와 연결되고 싶은 욕구가 강해서일 수 있다. "저는 이것이 핵심이라고 생각해요." 과달라하라 ITESO 대학의 심리학자 레베카 메지아아로즈(Rebeca Mejía-Arauz)가 말한다. "다른 사람과 함께 뭔가를 하는 건 아이들을 행복하게 만들고 감정 발달에도 아주 중요하니까요." 내가 유카탄에서 마리아의 집에 머무는 동안 마리아 역시 이 점을 강조했다. "아이가 어릴 땐 엄마가 하는 걸 하고 싶어 해요. 알렉사는 장난감과 인형으로 엄마 놀이를 하는 걸 좋아하죠." 마리아가 말했다.

다시 말해 전 세계, 심지어 이곳 미국에서도 유아들은 아코메디도에 필요한 모든 요소를 갖추고 태어난다. 다른 점이라면 부모가 이 작은 아이들의 아코메디도를 대하는 태도뿐이다. 그리고 그 차이는 아주 중요하다고 레베카는 말한다. 아이들이 성장해도 계속 자발적으로 돕는지, 아니면 성장하면서 손을 놓게 되는지가 결정되기 때문이다. 서구권의 수많은 부모들은 도와주겠다는 아이들의 제안을 거부하는 경향이 강하다. 솔직히 얘기해 보자. 유아들은 돕고 싶을지 모르겠지만 사실 도움은 안 된다. 로지가 그렇다는 걸 나는 안다. 로지가 집안일에 나서면 오히려 치울 거리만 더 늘어난다. 그래서 내가 집을 치우는 동안 로지는 거실에서 놀거나 주방 바닥에서 색칠하는 게 낫다고 생각한다. 그리고 이는 비단 나만의 생각은 아닐 것이다.

레베카는 말한다. "엄마들은 이래요, '집안일을 후딱 해치워야 하는데 아기가 도와주려 하면 더 엉망이 돼. 그러느니 그냥 혼자 하는 게 낫지.'" 보통 서구권의 엄마들은 집안일을 하는 동안 어린 자녀들은 가서 놀거나 영상을 보라고 한다. 아이들에게 주변 상황에 관심 갖지 말고 돕지도 말라고 이야기하는 거나 마찬가지다. 무심코 이런 집안일은 너희들이 할 게 아니라는 인식을 심어주고 있다. 돕고 싶은 아이들의 욕구를 꺾고 유용한 활동에서 떼어놓는 것이다.

하지만 멕시코 토착 사회의 엄마들은 이와 정반대로 행동한다. "저희 엄마들은 도와주겠다는 아이들을 환영할 뿐 아니라 먼저 부탁하기도 해요." 레베카가 말한다. 심지어 아이가 버릇없이 굴 때도 마찬가지다. 아이가 일을 빼앗으려고 도구를 낚아채 가면(어디서 많이 들어본 얘기인가?), 부모는 아이가 그 일을 해볼 수 있도록 그냥 내준다.

멕시코 북서부의 마자후아 부족(Mazahua) 사회에서 옥수수밭에서 일하는 엄마를 열렬히 돕고 싶어 하는 두 살배기의 사례를 보자. 엄마가 밭에서 잡초를 뽑기 시작하면 딸아이도 곧장 따라 한다. 이내 혼자 하겠다고 고집부리는 아이를 엄마는 그대로 허용해 주고 기다려준다. 결국 엄마의 일을 혼자 도맡은 아이. 엄마가 다시 시작하려 하면 완강히 거부하며 자기가 할 수 있게 해달라고 호소한다. 오롯이 혼자서 말이다! 그러면 엄마는 똥고집 부리는 이 작은 아이에게 또다시 항복할 수밖에 없다.

로지 역시 이렇게 행동할 때가 많다. 내 일을 자기가 하겠다고 나서는 것이다. 아침에 내가 달걀 스크램블을 만들려고 하면 로지는 포크를 손에 쥔다. 내가 저녁에 양파를 썰려고 하면 로지는 칼을 손에 쥔다. 내가 개밥을 주려고 하면 자기가 개밥 그릇을 잡고, 내가 청소할 때는 빗자루를, 그리고 내가 기사를 쓰려고 할 때는 내 노트북을 집어 든다. (그리고 키보드의 모든 키를 최대한 빠른 속도로 눌러댄다.) 로지가 무엇이든 집어 들 때마다 나는 어릴 적 내 부모님이 하셨던 그대로 반응했다. 아이의 통통하고 작은 손을 뿌리치며 이렇게 쏘아붙인 것이다. "엄마 거야!" 그리고 아이가 너무 많은 걸 요구한다거나 자기 멋대로 하려고 든다고 해석했다.

하지만 토착 사회의 수많은 부모는 의욕 충만한 아이들이 돕겠다고 나설 때마다 반갑게 맞아준다. 아이가 주도적으로 나서는 걸 반기고, 고집부리는 태도조차 가족에 기여하고 싶은 욕구로 받아들인다. 유일한 문제는 제대로 돕는 방법을 배우기에 아이가 너무 어리다는 것뿐, 그 외엔 다 배우면 그만이다. 레베카가 과달라하라의 나후아 엄마들과 인터뷰한 내용을 예로 들며 말했다. "한 엄마가 이렇게 이야기했어요. '아이가 설거지를 하겠다고 나서면 처음엔 온 사방에 물이 튀지만 그래도 저는 내버려 둬요. 그래야 배울 수 있으니까요.'"

부모는 이 같은 번거로움을 투자로 생각한다. 능력은 안 되지만 진심으로 설거지하고 싶어 하는 아이를 계속 격려해 주면 돕고 싶은 마음은 여전한데 그럴 수 있는 능력까지 갖춘 아홉 살 어린이로 성장한다. 진짜 도움을 줄 수 있는 사람이 되는 것이다. "일례로 정육점을 운영하는 한 가족을 인터뷰한 적이 있었어요." 레베카가 설명했다. 그 가족의 아들 중 한 명은 아주 어려서부터 돼지고기 요리를 하고 싶어 했다. "엄마는 항상 아이를 안고 요리했어요." 한 번씩 아이가 요리를 접시에 담게 해주기도 했다. "아이가 델 수 있어서 위험하기도 했지만 그만큼 더 주의 깊게 지켜봤다고 하셨죠." 그런데 가업에 대한 아이의 흥미와 능력은 점점 성장했고 아홉 살쯤 됐을 땐 실제 기여까지 할 수 있었다. "심지어 도축까지 직접 했다니까요." 레베카가 덧붙였다.

여기서 몇 가지 유의할 게 있다. 아이가 돕겠다고 나설 때마다 무조건 받아주고 원하는 걸 다 해보게 할 필요는 없다는 것이다. 아이 수준엔 너무 어려운 일이라고 판단되면 요구를 들어주지 않거나 할 수 있을 만큼만 나눠 주는 것도 좋다. 또, 아이가 아까운 자원을 낭비한다고 판단되면 부모가 제대로 할 수 있도록 이끌어주거나 그만하도록 해야 한다.

멕시코 치아파스(Chiapas)의 한 마야 사회에서는 아이들이 돕겠다고 나서면 부모들이 일부러 허락을 안 해준다. 그 일을 하고자 하는 아이들의 욕구를 더 강하게 만드는 것이다. 일례로 두 살배기 남자아이 비토는 바닥에 시멘트를 바르는 아빠를 돕고 싶었지만 어린아이에겐 너무 어려운 일이었다. 그래서 아빠는 돕겠다는 비토의 제안을 일단 무시한 뒤 1년은 더 있어야 이 일을 할 수 있다고 말했다. 이 말에 내재된 거절의 의미가 오히려 아이의 욕구에 불을 당겼다. 결국 비토는 도구를 들고 시멘트를 고르게 칠하기 시작했고 심혈을 기울이는 아이를 보면서 아빠도 흐뭇하게 미소 지었다. "아가, 그렇게 하는 게 아니란다"라며 제대로 하는 방법을 알려주기도 했다. 비토가 실수로 아직 굳지 않은 시멘트를 밟았을 땐 무엇이 문제인지 명확히 일러주고 ("아이고, 시멘트를 밟았구나. 그럼 바닥을 망치게 돼.") 엄마가 찾는다고 말해주며 이제 그만하도록 했다.

아이들은 아주 어렸을 때부터 가족 내에서 자신의 위치가 어디인지 배우고 연습하기 시작한다. 이제 갓 걸음마를 뗀 아이에게 어떤 일을 허용해 줄 때는 이 같은 메시지도 함께 전달할 수 있다. "너는 이 가족을 돕고 기여할 수 있는 유능한 구성원이야."

심리학자들은 자녀가 어릴 때부터, 심지어 걸음마를 시작할 때부터 가족을 도우면 자라서도 당연히 집안일을 돕는 십 대가 될 확률이 높다고 믿는다. 일찍부터 집안일에 참여하면 자연스럽게 스스로 돕는 경지에 이르는 것이다. 그 결과, 가족은 물론 지역사회 내에서도 책임감 있고 기여할 줄 아는 구성원이 탄생한다. 반면, 돕고 싶어 하는 아이의 욕구가 지속적으로 좌절되면 아이들은 자신의 역할이 다른 데 있다고 믿게 된다. 계속 놀거나 방해가 안 되도록 비켜주는 게 자기 역할이라고 생각하는 것이다. 다시 말해, 자녀에게 "아냐, 이건 네 일이 아니야"라고 계속 말하면 아이는 당신 말만 믿고 돕고 싶은 마음을 버리게 된다. 결국 돕는 건 자신의 책임이 아니라고 배우는 것이다.

심리학자 루시아와 그녀의 동료들은 연구를 통해 이 같은 효과를 증명했다. 함께 협력해서 해결해야 하는 일, 즉, 식료품점에서 장보기 미션을 형제에게 주고 반응을 지켜본 것이다. 유럽계 미국인 형제의 경우

동생이 이것저것 제안하며 계속 무엇을 사면 좋을지 물었다. "동생은 도우려고 노력했어요." 루시아가 말했다. "하지만 형이 계속 밀어냈죠. 나중엔 동생 팔을 밀치면서 아예 가리키지도 못하게 하더라고요." 몇 번의 시도 끝에 동생은 결국 흥미를 잃었고 그냥 포기하고 테이블 밑으로 들어가 버렸다. "다른 형제는 동생이 실험에 참여하고 싶은 마음이 없는지 그냥 가버렸죠. 어차피 자기가 끼어들 틈은 없다고 생각했나 봐요." 루시아는 부모가 집안일을 할 때 아이들에게 계속 가서 놀라고만 하면 동일한 상황이 벌어질 거라고 생각했다. 그렇게 하면 부모가 요리하고 청소하는 동안 아이들은 레고를 갖고 놀거나 비디오를 보는 게 자신의 역할이라고 믿게 될 수밖에 없다. 다행히 아직 늦지 않았다. 아이들은 몇 살이든 (심지어 성인이 되어서도) 놀라울 만큼 유연하고 돕고자 하는 욕구가 강해서 이 같은 패턴이 이미 구축됐다고 해도 쉽게 바꿀 수 있다. 핵심은 부모가 아이를 바라보는 관점을 바꾸는 것이다. 아이가 몇 살이든 함께할 수 있도록 이끌어주고 다음의 방식대로만 따르면 자기밖에 모르던 어린이를 지칠 줄 모르는 도우미로 탈바꿈시킬 수 있다.

최근 나는 아홉 살 여자아이 한 명을 일주일간 우리 집에서 돌보는 기쁨을 누리며 이 아이디어를 실험해 봤다. 틱톡에 푹 빠진 아이는 휴대폰에 코를 처박고 온 집안을 돌아다녔다. 첫날 저녁엔 내가 감자를 좀 깎아달라고 부탁하자 화성에서라도 온 사람처럼 쳐다봤다. 하지만 다음 장에서 소개할 전략을 계속해서 사용했더니 불과 2~3일 만에 집안일을 돕고 싶어 하는 욕구가 무척 커졌다. (그리고 로지의 완벽한 역할 모델이 됐다.) 잠자리 준비를 도와주는가 하면 저녁엔 주방으로 달려와 채소 써는 것도 도왔다. 5일째 되던 날 아이는 새끼 오리처럼 나를 졸졸 쫓아다니며 물었다. "아줌마, 이제 뭐 할까요?" 그래서인지 아이와 나 사이에 신실한 연결감이 생겼다. 나는 아이가 우리 가족의 일원이 된 걸 기뻐하고 서로 도우며 함께 일하는 데서 자부심을 느낀다는 걸 알 수 있었다.

돕는 아이로 키우는 첫 번째 단계는 단 하나의 문구로 요약할 수 있다. "해보게 해라." 청소, 요리, 세탁을 해보게 해라. 당신 손에서 숟가락을 빼앗아 냄비를 휘젓게 하라. 청소기를 들고 카펫을 청소하게 하라. 어릴 땐 그야말로 난장판을 만들더라도 자랄수록 조금씩 나아져 좀 더 크면 굳이 이야기하지 않아도 그 난장판 치우는 걸 도와줄 것이다.

아이들도 함께할 수 있게 해주는 데 너무 이른 (혹은 너무 늦은) 때란 없다고 레베카는 말한다. "아이들은 당신이 생각하는 것보다 훨씬 일찍 집안일에 참여할 수 있고 또 훨씬 잘해요." 우리는 아이가 몇 살이든 가족을 돕지는 못할 거라고 단정 짓는 경우가 많다. 일단 기대를 높이고 아이가 할 수 있는 것을 해보게 해라. ("그런데 엄마, 나도 할 수 있어!" 로지가 매일 하는 말이다.) 그 과정에서 아이, 그리고 당신 자신에 대해 배우는 게 있을 것이다. 공동의 목표를 위해 함께 일하는 법을 깨닫게 될 것이다.

돕는 습관 만들기

아이에게 도움을 요청하는 문화에 있어서라면 서구권은 낙후된 편이다. 우리는 유아나 어린이가 집안일을 함께할 수 있다고는 생각조차 하지 못한다. 이들이 실질적 도움은 줄 수 없는 존재라고 생각하는 것이다. 나 역시 로지를 그렇게 여겼다. 어느 정도 크면 집안일을 맡길 예정이었지만 유아 시절엔 도움을 요청할 꿈조차 꿔본 적 없다. 하지만 여러 수렵 채집 문화권의 부모들은 정반대 방식을 취한다. 아이가 걸음마를 떼기 무섭게 아주 사소한 심부름부터 시키기 시작한다. 그렇게 시간이 흐르면서 아이는 어떤 집안일을 해야 하는지 스스로 파악할 줄 알게 되고 커갈수록 부모가 먼저 뭔가를 요청하는 횟수는 줄어든다. 사실, 열 살도 안 된 아이에게 도움을 청할 땐 부탁보다 지시의 형태를 띠는 경우가 많다. 여기엔 아이를 성숙하거나 배우지 못한 어린애로 바라보는 시선이 담겨 있다.

심리학자 셰이나 루레비(Sheina Lew-Levy)는 콩고공화국 내 수렵 채집 문화권인 바야카(BaYaka) 부모들의 전략에 대해 기록했다. 셰이나는 먼저 이 부족의 언어를 이해하고 말하는 법부터 배웠다. 이후 매일 이곳의 부모와 아이를 따라다니며 부모 혹은 다른 어른이 아이에게 도움을 구하는 횟수를 세어보았다. 이를테면 꿀을 채집하러 같이 가자거나, 사냥 도구를 들어달라거나, 동생이 옷 입는 걸 도와주라는 등의 요구였다. 그리고 셰이나는 자신이 목격한 사실에 놀라움을 금치 못했다. 가장 많은 요청을 받은 게 불과 서너 살의 어린아이였던 반면 정작 십 대의 아이들은 요청을 거의 받지 않았기 때문이다. 이유인즉슨 아이가 자랄수록 뭘 해야 하는지 먼저 파악하고 알아서 처리했기 때문이었다. 이처럼 어릴 때부터 사소하고 쉬운 일을 맡기기 시작하면 아이는 자연스레 자신의 역할에 대해 배우게 된다. 돕는 행위의 가치를 성공적으로 전수할 수 있는 것이다. 셰이나는 "아이들은 커가면서 협력하는 태도 역시 키워나간다. 자신에게 요구된 일을 해내는 방법을 배우고 무의식적으로 이건 자신의 일이라고 생각하게 된다"라고 결론 지었다.

다시 말해 십 대의 아이들은 일찌감치 아코메디도를 배웠다. 다른 사람에게 관심을 기울여 필요한 게 뭔지 파악하는 건 물론 어떻게 도와야 하는지도 알고 있었다. 부모가 굳이 이야기할 필요가 없는 것이다. 오히려 해달라고 말하면 믿지 못하는 것으로 여겨 열네 살짜리한테서 황당하다는 반응만 얻을 뿐이다. "뭐지? 나도 알아, 엄마."

그렇다면 아코메디도라는 개념을 우리 가족의 일상에 어떻게 도입하면 좋을까? 사실 그리 어려울 건 없다. 집안일을 할 때 그냥 도와달라고 말하면 된다. 일단 아이를 가까이서 지켜볼 수 있는 상황을 만들어라. 이제 아코메디도를 아이들에게 효율적으로 전수할 방법을 연령별로 알아보도록 하겠다. 여기서 내가 나눈 연령대가 절대적인 기준은 아니다. 사실 아이의 나이보다는 일을 도운 경험이 얼마나 있느냐에 따라 기대치를 달리 하는 게 좋다. 아홉 살이라도 당신이 요리나 빨래를 할 때 도운 경험이 별로 없다면 이 정도는 할 거라고 기대해선 안 된다. 일단 사소한 일거리(예를 들어 양파를 썰거나 세탁기에 셔츠를 넣는 등)를 시키는 것부터 시작하라. 영아기는 건너뛰고 유아기부터 시작해도 좋다. (나도 성인을 대상으로 남을 돕는 방법을 가르칠 때는 그렇게 한다.)

여기서 제시하는 지침은 단순히 아이디어임을 기억하라. 그리고 아이들이 무엇을 원하는지, 혹은 어떻게 반응하는지 잘 지켜보아라. 가장 효과적인 방법은 아이의 흥미와 취향에 따라 움직이는 것이다.

돕는 습관 만들기_영아기 (0세부터 걸을 때까지)

이때 부모가 할 일은 가까이서 지켜보게 해주는 것이다. "아기가 혼자 앉기 시작할 때부터 일하는 당신 곁에 앉혀두면 일하는 모습을 지켜볼 수 있어요." 유카탄의 엄마 루시아 알칼라와 동료들이 말했다.

태어난 지 얼마 안 된 아기들이 돕는 걸 '연습할' 수 있는 중요한 방법은 부모 가까이에 머물면서 일하는 모습을 지켜보는 것이다. 온갖 장난감과 다른 '자극' 용품으로 아기를 '즐겁게' 해야 한다는 생각 따위는 버려라. 당신의 일상적 노동이 아기에게는 충분히 즐거운 오락거리다. 아기를 데리고 온갖 일을 처리하되 가능하면 당신이 뭘 하고 있는지 아기가 볼 수 있게 해라. 아기를 의자에 앉혀둔 채 설거지하고 채소를 썰고 빨래 개는 모습을 보여줘라. 아기 띠를 맨 채로 비질하고 청소기를 돌리거나 장을 보아라. 어떤 일을 하든 아기도 함께할 수 있도록 하라.

돕는 습관 만들기_유아기 (1세부터 6세까지)

이때 부모가 할 일은 보여주고 격려하며 도움을 요청하는 것이다. "아이가 걷기 시작하면 도움을 요청할 수 있어요. 아이들은 (예를 들어) 방 저편에 있는 내 신발을 가져다줄 수 있죠." 나후아의 엄마 레베카 메지아아로즈가 말했다. "아침에 일어나면 저는 청소와 식사 준비를 하고 아이들은 그런 저를 지켜봐요. 매일같이 어떻게 하는 건지 보여주면 결국 아이들이 스스로 하게 돼 있죠." 한 마야의 엄마가 말했다.

이 시기의 목표는 돕고자 하는 아이들의 열정의 불꽃을 꺼뜨리지 않고 더 활활 타오르도록 부채질하는 것이다. 방법은 다음과 같다.

보여주기

이 시기의 아이들도 아기들처럼 일상적으로 집안일을 접할 수 있어야 한다. 방에 들어가 있으라거나 나가서 놀라고 하지 마라. 그보다 당신이 일할 때마다 가까이 와서 지켜보고 한 번씩 거들면서 배울 수 있도록 하라. "엄마들은 대개 '아가, 이리 와서 엄마 설거지하는 것 좀 도와주렴' 하고 말해요." 레베카가 나후아 엄마들을 언급하며 말했다. "항상 집안일을 함께하자고 초대하는 거죠."

격려하기

아이가 자기도 돕고 싶다고 하면 도울 수 있게 해라! 만약 간단한 일이라면 한발 물러서서 아이 혼자 해볼 수 있게 하는 것도 좋다. 처음부터 말로 설명해 주는 건 바람직하지 않다. 어린아이에게 말은 잔소리요, 혼란만 가중시킬 뿐이다. 아이들이 어떻게 하는지 지켜보고 더 노력할 수 있도록 격려해라. 만약 아이들이 크게 실수하거나 일을 더 벌이더라도 다시 제대로 할 수 있게 차분히 일러준다. 일례로 치아파스의 마야인 사회에서 두 살배기 비토는 할머니가 콩 껍질 까는 걸 도와드리고 싶었지만 손놀림이 엉성하기 그지없었다. 콩을 한 움큼 쥐고는 냅다 던지기 일쑤였다. 그래서 할머니는 비토에게 그게 아니라고 알려주고 어떻게 하는 건지 몸소 보여주었다. 아이가 콩을 던져버리기 전에 이건 던지려고 있는 게 아니라고 말해주고, 제대로 듣지 않을 땐 한 번 더 이야기했다.

만약 아이가 하기엔 일이 너무 어렵거나 위험하더라도 긴장하지 말고 침착함을 유지하라. 아이에게 겁줄 필요는 없다. 대신 당신이 일하는 모습을 지켜보라고 말해주어라. 실제로 마야의 한 엄마는 토르티야를 구울 때 아이에게 보고 배우라고 말한다. 아니면 어린아이도 할 수 있는 안전한 일을 찾아보라. 일례로 로지는 접시를 들고 내가 그릴에서 꺼내는 치킨을 받거나 파스타를 요리할 냄비에 소금과 기름을 뿌리고는 했다.

"일의 종류에 따라 아이들이 지켜볼 때도 있고 도와줄 때도 있어요." 루시아가 말했다. "아이가 이 일을 할 수 있을지 없을지 엄마들은 다 알죠." (어떻게 알까? 아이가 돕는 동안 엄마가 하는 일이 무엇이겠는가? 지켜보고, 지켜보고, 또 지켜보는 것이다. 이제 좀 감이 오는가?)

도움 요청하기

"이제 갓 걸음마를 뗀 아기에게 엄마가 식탁 맞은편의 아빠에게 컵을 가져다주라고 부탁한다." 데이비드 랜시(David Lancy)가 저서《유년기의 인류학》에 적었다.

전 세계 대다수의 문화권(몇몇 이상한(WEIRD) 문화권을 제외한 모든 지역)에서 부모는 온종일 유아나 어린아이에게 여러 가지 일을 도와달라고 요청하게 된다. 데이비드는 이를 '집안일 교육과정'이라고 부르지만 서구 문화권에 속한 우리는 '협력 교육과정'이라고 불러야 할 것이다. 이런 일이 아이에게 가족과 협력하는 법을 가르쳐주기 때문이다. 여기서 말하는 건 혼자 옷을 입거나 양치를 하는 등 아이가 이미 스스로 하고 있는 일이 아니다. 쉽고, 빨리 끝나고, 사소하지만 다른 사람이나 온 가족을 도울 수 있는 일을 의미한다. 부모와 공동의 목표를 갖고 곁에서 함께 수행할 수 있는 일들 말이다. 이는 (부모가 쓰레기를 버릴 때 문을 붙들고 있는 것처럼) 더 큰 일을 해내기 위한 작은 일일 수도 있고, (주방 반대편의 수납장에서 냄비나 그릇을 꺼내오는 것처럼) 사소하기 그지없는 일일 수 있다. 하지만 이런 일도 실로 큰 도움이 된다.

그렇다고 해서 도움을 지나치게 요청할 필요는 없다. 하루 서너 번이면 충분하다. 이를테면 양손에 뭔가를 들고 있거나 몸이 피곤해 도움이 필요할 때 아이가 어떤 일에 관심을 갖는지 지켜보아라. 아마 다음과 같은 일들을 시도해 보면 도움이 될 것이다.

가져오기

"나한테 좀 가져다줘"는 솔로몬 제도 티코피아의 어린아이들이 가장 많이 듣는 말 중 하나다. 인류학자 레이몬드 퍼스(Raymond Firth)가 말했다.

어린아이는 훌륭한 심부름꾼이다. 자동차, 창고, 혹은 마당에서 무엇이든 가져다줄 수 있다. "위층에 가서 휴지 좀 가져다줘." "저 방에 가서 베개 하나만 가져다줘." "밖에 나가서 민트잎 좀 따다 줘." 방 맞은편으로 가서 신발을 가져다주는 단순한 행위조차 유아에겐 엄청난 일이다. 가고, 가고, 또 가고. 어린아이는 어디로든 가는 걸 좋아한다. 이런 식으로 타인의 상황에 관심을 가지는 법을 가르침과 동시에 넘쳐나는 에너지를 쓸 수 있게 해주자.

잡고 있기

당신이 작업하는 동안 뭔가를 잡고 있는 행위 역시 모든 연령대의 아이들에게 훌륭한 업무다. 덕분에 아이가 곁에서 꼼짝하지 못하고 지켜보며 배울 수 있는 건 물론 당신의 손도 자유로워진다. 몇 가지 상황을 예로 들어보자. ('우리'라는 대명사에 유념하라. 여기서 가장 중요한 건 함께한다는 사실이다.)

- 우리가 난로를 고치는 동안 전등을 좀 잡고 있어.

- 우리가 팬케이크를 꺼내는 동안 접시를 들고 있어.
- 우리가 쓰레기를 버리는 동안 문을 좀 잡고 있어.

휘젓기

어린아이는 훌륭한 부주방장으로 다음의 일도 할 수 있다.

- 소스, 케이크믹스, 드레싱 휘젓기
- 달걀 깨기
- 허브잎 찢기
- 절구로 반죽 치대기
- 채소를 자르거나 껍질 벗기기 (칼에 대해서는 뒤에서 더 이야기하겠지만 유아는 일단 스테이크용 칼이나 작은 필러를 쓰는 걸로 시작할 수 있다.)

옮기기

뭔가를 옮기는 데에는 온 가족의 노력이 필요하다. 만약 당신이 양손 가득 뭔가를 들었다면 자녀의 양손에도 뭔가를 들려줄 수 있다. 장을 본 뒤에는 아이의 가방에 물건을 가득 채우고 아이 스스로 차나 집까지 들고 가도록 하라. 이를 통해 아이는 주방에 식료품 정리하는 방법뿐 아니라 가족과의 식사를 계획하는 법 또한 배우게 된다. 여행 시에는 아이가 들고 다닐 만한 작은 여행 가방에 아이의 물품을 챙겨라. 우리 가족의 경우, 여행이나 쇼핑을 할 때, 혹은 학교 갈 때 모두가 뭔가를 들고 다닌다.

뭔가를 사랑해 주기

어린아이들은 '엄마' '아빠' 혹은 '형이나 언니' 노릇하는 걸 좋아한다. 우선 이들에게 형제자매를 잘 챙기는 것부터 가르쳐보자. 이를테면 동생을 위해 새 기저귀를 가져오고 더러운 기저귀는 버리며, 아기 장난감은 치우도록 하는 것이다. 직접 아기와 놀아주거나 밥을 먹여주고, 심지어 엄마가 요리하고 우유 탈 때 같이 해볼 수도 있다. 또, 아기가 울면 엄마가 곧장 달려가 안아주는 대신 잠시 기다리며 아이가 나서서 도와주는지 지켜보자.

드디어 치우고, 치우고, 또 치우기

어린아이는 유능한 청소부다. 접시를 헹구고, 식기세척기나 세탁기에 세제를 넣고, 테이블을 닦고, 청소기를 돌리는 등 당신이 말만 하면 무엇이든 해낼 수 있다. 물론, 일을 깔끔하게 처리하지는 못하겠지만 관심과 열정만큼은 어느 누구도 따를 수 없다. 결과물이 완벽하지 않더라도 아이 딴에는 완벽하게 하기 위해 엄청난 노력을 쏟은 것이다. 그러니 아이가 일할 때는 관여하지 마라. 아이 손에 도구만 쥐어 주고 원하는 대로 청소하도록 내버려 둬라. 아주 사소한 일도 어린아이에겐 충분하다. 다시 한 번 말하지만 아이가 어떤 일에 관심을 보이는지 지켜보고 기꺼이 도움을 받아라. 여기서 명심해야 할 원칙이 몇 가지 있다.

✦ **가짜가 아니라 실제로 가족에게 도움이 되는 집안일을 나눠 준다.** 반드시 중요한 일은 아니어도 되지만 그렇다고 불필요한 일을 시켜선 안 된다. 예를 들어 당신이 이미 청소를 마친 바닥을 아이가 또 쓸도록 하는 건 진짜 일이 아니다. 버릴 채소를 썰게 하는 것도 마찬가지다. 아이가 썬 채소를 당신이 다시 다듬거나 아이가 청소하는 걸 곁에서 도와줘야 하더

라도 아이가 엄연히 집안일에 기여할 수 있도록 해야 한다.

주의해야 할 또 한 가지 사항은 가짜 음식, 가짜 요리 도구 혹은 가짜 원예 장비 등 '가짜' 도구를 아이에게 주는 것이다. 아이는 그 차이를 안다. 자신이 '진짜' 일을 배우는 게 아니며 이렇게 '가짜로' 해서는 공동의 목표에 기여할 수 없다는 사실도 안다.

뜨거운 가스레인지를 이용해 요리하거나 뾰족한 바늘로 바느질하는 등 아이가 아직 할 준비가 안 된 일을 위해서는 도움이 필요한 게 당연하다. 먼저 아이에게 당신이 일하는 모습을 지켜보라고 말하라. 혹은 진짜 도구를 쥐어 주고 곁에서 연습할 수 있도록 하라. 예를 들어 돕고 싶어 안달 난 아이가 바느질을 해볼 수 있도록 여분의 천을 주거나 휘젓는 걸 연습할 수 있도록 냄비와 숟가락을 주는 것이다. 유카탄의 한 엄마는 로지에게 마사 반죽 한 덩어리를 주면서 토르티야를 함께 만들도록 해주었다. 아이를 위한 가짜 일을 만들어내는 것과는 전혀 다른 일이다.

✦ **아이도 (거의) 할 수 있는 일이어야 한다**. 중요한 건 아이의 숙련도에 따라 어느 정도 할 수 있는 일을 주는 것이다. 그리고 지나치게 어려운 일보다는 지나치게 쉬운 일을 주는 게 낫다. 만약 일이 너무 어려우면 아이는 낙담해 금세 흥미를 잃기 마련이다. (혹은 당신이 지나치게 관여하거나 감시해야 한다.) 하지만 (식료품점에서 산 빵을 들어주는 것처럼) 가장 쉬운 일조차 어린아이에게는 신나는 일이 될 수 있다. 예를 들어 내가 로지에게 스테이크칼을 주며 감자를 썰어달라고 하면 아이는 결국 좌절해 관두기 일쑤였다. 스테이크칼로 썰기에는 감자가 너무 단단했던 것이다. (그렇다고 좀 더 날카로운 칼을 주면 아이가 다칠까 봐 너무 걱정돼 우리 둘 다 마음을 놓을 수가 없었다.) 하지만 감자 대신 바나나를 주면서 썰라고 하면 아이는 순식

간에 해치운 뒤 다른 일도 더 하고 싶다고 흥미를 보였다.

✦ **절대 강요해선 안 된다**. 이 부분에 대해서는 추후 더 얘기할 테니 우선 이것만 기억하자. 아이에게 어떤 일을 강요할 경우 하고 싶은 마음을 심각하게 훼손할 수 있다. 향후 말도 안 듣고 돕지도 않는 아이를 회유할 여러 비법을 배우겠지만 집안일을 강요하는 건 아코메디도의 학습을 방해하고 갈등만 야기할 뿐이다. 아이가 싫다고 하거나 못 들은 척하면 그냥 내버려 뒀다가 나중에 한 번 더 시도해 보라. 우리가 아이한테 가르쳐야 하는 건 부모한테 복종하는 법이 아니라 협력하는 법이며, 아이가 돕지 않는 걸 선택했을 때 그 의사를 존중해 주는 것 역시 협력의 일부다.

돕는 습관 만들기_아동기 (6세에서 12세까지)

이때 부모가 할 일은 격려를 통해 아이가 움직이고 또 주도하게 만드는 것이다. "이런 식으로 아이에게 할 일이 뭔지 가르칠 수 있어요." 마리아가 아홉 살 딸 젤미를 가리키며 말했다. "아이에게는 엄마가 할 일 말고 그보다 가벼운 일을 줘야 해요. 그러면 첫 번째는 물론이고 심지어 두 번째, 세 번째까지 별 신경 안 쓸 수 있죠. 그래도 결국엔 이해하게 돼 있어요."

아이가 더 자라더라도 일단은 유아기의 지침대로 계속해 나가도록 하라. 돕고자 하는 아이의 마음이 커질 수 있도록 작은 일부터 도움을 요청해야 한다. 그러다 아이가 할 줄 아는 게 많아지면 그 속도에 맞춰 차츰 복잡한 일을 할당해 줄 수 있다. 아이가 어떤 일에 흥미를 보이는지, 뭘 자꾸 시도하는지 지켜보고 있다가 먼저 나선다 싶으면 한발 물러나 마음껏 할 수 있게 해주어라. 괜히 끼어들지 않고 아이들이 기여하는 대로 받아들이면 자발적으로 돕는 아이로 키우는 초석을 놓을 수 있다.

✦ **초점은 계속 함께하는 데 두어라**. 아이를 불러 당신 곁에서 집안일을 함께할 수 있도록 하라. "저녁을 다 먹으면 접시를 담가두렴" 혹은 "빨래 개야지"가 아니라 "저녁 식사가 끝나면 같이 주방을 정리해 볼까?" 혹은 "온 가족이 함께 빨래를 개자"처럼 집안일을 공동의 활동으로 규정하는 것이다. "뭔가를 같이 하자고 초대하는 거예요." 레베카가 설명했다. "서구 문화권에서 아이들은 대개 혼자서 일하죠. 형은 목요일에 하고 동생은 금요일에 하는 식으로요. 하지만 여기서는 '같이 하면 일이 더 빨리 끝난다'는 식으로 접근해요."

우리 집은 토요일마다 외출하기 전에 이른바 청소 파티라고 하는 재밌는 일을 벌인다. 로지와 남편을 불러 음악을 튼 뒤 다 같이 1층을 청소하는 것이다. 그리고 청소가 끝나면 꼭 이렇게 말한다. "같이 하니까 청소가 진짜 빨리 끝났네." 빨래를 개기 위해서도 일요일마다 같은 방법을 쓴다. 빨래가 다 마르면 로지와 남편까지 다 같이 모여서 서로의 옷을 개주는 것이다. 그리고 나는 같이 개니까 혼자 갤 때보다 훨씬 빨리 끝난다고 강조한다. 또, 다음 주에 입을 깨끗한 옷이 준비돼 있는 게 얼마나 좋은지, 혹은 중요한지 상기시켜 준다.

✦ **사소한 일부터 맡겨라**. 아이들이 자라고 할 줄 아는 게 많아지면 집안일을 더 많이 맡길 수 있다. "설거지할 때 젤미(아홉 살)가 비누칠을 하면 안젤라(열두 살)가 물로 헹궈요." 마리아가 말했다. "그게 제 교육 방식이에요. 어떤 일에 일단 부분적으로 참여하게 하는 거죠. 그러다 보면

젤미도 혼자 처음부터 끝까지 할 수 있게 될 거예요."

✦ **도움을 끌어내라**. 아이에게 뭘 하라고 말하는 대신 당신은 이제 집안일을 시작할 거라거나 해야 할 일을 귀띔해 주는 방법으로 아이의 도움을 '끌어내' 보자. 루시아의 연구에 따르면 나후아 출신 엄마 중 50%가 이런 식으로 아이들의 도움을 유도했다. 예를 들어 한 엄마는 저녁 식사 준비를 시작할 때마다 딸한테 알려주었다. 그러면 딸아이가 자신도 함께할 시간임을 알고 "엄마, 도와줄까?" 하며 묻는다는 것이다. 이에 엄마는 "응, 토마토랑 재료를 좀 갖다줘. 양파나 콩도" 하고 대답한다. 자기한테 무엇이 필요한지 딸아이는 이미 알고 있다는 게 엄마의 말이다.

나 역시 우리 집 개한테 밥 줄 시간이 되면 로지에게 "망고 배고프겠다" 혹은 "망고 밥그릇이 비었네"라고 말하며 관심을 기울일 수 있도록 유도한다. "쓰레기 버릴 시간이네"라고 하면서 문을 잡고 있어달라는 신호를 보내기도 하고 "장 보러 갈 시간이야"라고 말해 로지가 먼저 장바구니를 가져올 수 있도록 한다. 물론 로지가 나의 기대나 계획에 매번 부응하는 건 아니다. 하지만 떼쓰거나 말싸움하는 일 없이 조금씩 천천히 배워가고 있다.

✚

자, 여기서 잠시 솔직해져 보자. 지금쯤이면 '세상에, 집안일 도움 좀 받겠다고 훈련시키는 게 훨씬 번거롭겠어. 아이들 다 내보내고 설거지하면 5분이면 끝날 텐데 말이야' 하고 생각할 수도 있다. 사실이다. 이건 작은 일 하나를 위해 꽤 많은 인내심을 발휘해야 하는 과정이다. 나 역시 예상한 것보다 더 많이 참아야 했다. 로지가 그 작은 손으로 설거지나 빨래를 돕겠다고 나설 때마다 모든 일이 훨씬 오래 걸렸다. 로지는 심지어 저녁 먹은 접시를 식기세척기에 어떤 식으로 배열할지 고민하는 데만 1~2분이 걸릴 때도 있었다. 자신의 옷을 잘 개서 옷장에 넣었다가도 갑자기 하나씩 꺼내 바닥에 던지며 이렇게 소리치기도 했다. "전부 다시 개자, 엄마!" "아니, 로지, 그건 좀." 이럴 때면 내 얼굴은 절로 일그러졌다.

내 안에서는 로지에게 당장 나가라고 소리치고 싶은 마음, 또 한편으로는 두 손 두 발 다 들고 난장판이 되도록 내버려 두고 싶은 마음이 공존한다. 하지만 두 가지 다 로지를 성숙한 가족 구성원으로 성장시킬 수 있는 방법이 아니다. 그래서 나는 숨을 깊이 들이마신 후 남자아이에게 콩을 던지지 말라고 가르치던 치아파스의 마야인 할머니를 떠올린다. 그 할머니였다면 어떻게 하셨을까 자문하고 로지가 다시 옳은 길을 찾을 수 있도록 이끌어주셨을 것이라고 결론 내린다. 그래서 부드러운 태도로 로지의 손에 들린 옷을 가져다 서랍에 다시 넣고는 차분하게 말한다. "다 갠 옷은 서랍에 있어야지. 다음 주에 또 개자." 그리고 방을 나선다.

내가 이 같은 육아 방식을 고수하는 (그리고 나의 인내심을 강화하는) 데는 또 한 가지 이유가 있다. 실제로 엄청난 시간을 절약해 주기 때문이다. 나중에 로지가 실질적으로 도울 수 있을 만큼 크면 시간을 절약할 수 있을 거라는 얘기가 아니다. 바로 지금, 로지가 여전히 작고 서툰 병아리일 때조차 시간을 절약해 준다. 다음 장에서 이 원리가 어떻게 작용하는지 설명하도록 하겠다. 이 원리가 실생활에서 진가를 발휘하는 걸 목격한 뒤 나는 가족 내 로지의 역할에 대한 생각을 완전히 바꿨다. 이는 아이들이 자발적으로 돕도록 훈련시킬 뿐 아니라 형제자매를 포함한 가족 구성원과 협력하도록 가르치는 데도 아주 중요하다.

요약

잘 돕는 아이로 키우는 방법

기억하자

- 아이에게는 부모를 돕고자 하는 본능이 내재돼 있다. 사람은 그렇게 타고 난다. 겉으로 보기엔 아니더라도 가족에 소속되고 싶은 욕구가 상당히 크며 가족을 도움으로써 가족 내 자신의 위치를 확보하고 싶어 한다.
- 아이들은 어떻게 돕는 게 가장 좋은지 알지 못할 때가 많다. 그래서 아직 능력이 안 되거나 엉성해 보이는 것이다. 결국 이들을 훈련시키는 게 부모의 임무다.
- 처음으로 뭔가를 도울 때 아이는 서툴기 짝이 없어서 아마 일을 더 만들 것이다. 하지만 연습을 거듭할수록 빠르게 배워나가고 돕고 싶은 마음 또한 키워갈 수 있다.
- 아이가 몇 살이든 부모나 다른 가족을 도우려 할 때 못하게 해서는 안 된다. 아이를 밀어냈다가는 자기도 나서서 함께 일하고 싶어 하는 욕망의 불씨를 꺼뜨릴 수 있다. 일이 너무 어렵거나 아이에겐 위험하더라도 곁에서 지켜보고 이야기하라. 혹은 아이의 수준에 맞춰 일을 세분한 뒤 맡겨보라.

오늘 해보자

어린아이(유아부터 6~7세까지)의 경우:

- 한 번씩 아이에게 당신과 다른 가족을 도와달라고 요청해 보자. 지나치게

많이 하려고 하지 말고 한 시간에 한 가지 정도면 충분하다. 이를테면 물건을 가져다주는 일, 장바구니를 들어주는 일, 조리 중인 음식을 저어주는 일, 채소를 썰어주는 일, 문을 잡아주는 일, 호스를 틀어주는 일 등이다.

아이에게 하는 요청은 다음의 요건을 갖춰야 한다:

- 흉내만 내는 일이 아니라 가족에게 실제로 도움이 되는 일이어야 한다.
- 아이 혼자 하는 일이 아니라 팀으로 함께하는 일이어야 한다.
- 아이가 쉽게 이해하고 당신의 도움 없이도 할 수 있는 간단한 일이어야 한다. (예: 거실을 치우라고 말하는 대신 바닥의 책을 집어주며 책장에 꽂아달라고 말한다.) 여기서 중요한 건 일을 제시하는 방식이다.

큰 아이들(7세 이상)의 경우:

- 만약 아이가 돕는 데 익숙하지 않다면 조금씩 편안하게 시도할 수 있도록 하라. 위에서 제시한 팁을 활용하되 인내심을 갖고 기다려라. 곧장 도움이 되지는 않겠지만 결국 다 배우게 돼 있다.
- 만약 아이가 아코메디도를 이미 배웠다면 점차 능숙해지는 속도에 맞춰 일의 난이도 또한 높여보라. 단, 어떤 일을 부탁할지 선택할 때는 철저하게 아이의 흥미와 능력이 기준이 돼야 한다.
- 뭘 해야 하는지 단도직입적으로 말해주는 대신 은근히 암시함으로써 아이 스스로 할 일을 찾을 수 있게 해보자. (예: "개 밥그릇이 비었네"라고 말해 개에게 밥을 줄 시간임을 알려주거나 "저녁 식사 준비할 시간이야"라고 말해 아이가 먼저 냉장고에서 재료를 꺼낼 수 있도록 유도한다.)

아이를 유연하고 협조적으로 키우기

"마야 문화에는 모든 사람에게 목표가 있다는 믿음이 있어요." 심리학자 바버라 로고프가 내게 말했다. "어린아이도요?" 내가 물었다. "네, 그럼요. 모두에게 있죠. 사회적 교류의 목표 중 하나가 바로 모두 자신의 목표를 실현할 수 있도록 돕는 거예요."

흠, 우리 가족 안에서 로지에게 주어진 목표는 무엇일까?

✚

챈 카아잘에서 지낸 지 나흘째 되던 밤, 나는 너무 신나서 잠을 이룰 수가 없었다. 해먹 위에서 계속 뒤척이고 멍하니 선풍기를 바라보고 개 짖는 소리에 귀를 기울였다. 새벽 2시임에도 무려 35도에 육박하는 기온조차 날 차분하게 만들어주지는 못했다.

드디어 새벽 5시, 닭이 첫 울음을 울기 직전 트럭이 천천히 진입로에 들어서는 소리가 들렸다.

나는 재빨리 해먹에서 내려와 분홍색 사롱 스커트를 대충 걸치고, 자는 동안 끈적해진 로지의 이마에 키스하며 다녀오겠다는 인사를 했다. 오늘은 드디어 1년도 넘게 기다려온 것을 보러 가는 날이다.

내가 마야의 슈퍼맘은 자녀와 거의 언쟁을 벌이지 않는다고 미국의 친구와 가족에게 이야기할 때마다 대부분 동일한 반응을 보였다. "뭐, 그럴 수도 있지. 하지만 아침에 아이 등교 준비시키는 건 너도 못 봤잖아. 다시 가서 그걸 봐봐. 분명 싸움이 생길걸."

오늘 바로 그 모습을 목격하러 가는 것이다. 두렵기만 한 아침의 일상에 마야 가족들은 어떻게 대처하는지 말이다. 나는 픽업트럭에 올라탔다. 운전석에는 이 모든 일정을 가능하게 만들어준 로돌포 푸치가 앉아 있었다. 30대 초반의 로돌포는 두껍고 짙은 눈썹에 윤이 나는 검은 머리칼을 마치 높은 파도처럼 부풀려 세우고 다니는 아주 인상적인 남성이다. 오늘은 빳빳한 셔츠의 윗단추를 여유롭게 풀어헤친 모습이다.

"디아스." "디아스." 그의 인사에 나도 화답한다. "테레사가 해먹 흔드는 모습을 보러 갈 준비 됐어요?" 그가 환하게 웃으며 묻는다. 나는 테레사 가족을 방문하는 게 너무 기대된다고 말하면서 인터뷰를 성사시켜 준 데 다시 감사를 표했다. 우리가 마을을 가로질러 달리는 동안에도 해는 아직 나올 생각을 하지 않은 채 하늘만 밝은 오렌지색으로 물들여 잘 익은 복숭아를 떠올리게 했다.

로돌포는 챈 카아잘과 비슷한 마을에서 자랐고 현재는 여행사를 운영 중이다. 나는 로돌포에게 인터뷰할 가족 섭외, 그리고 마야어와 영어의 통역을 의뢰해 상당한 도움을 받았다. 내가 아무리 터무니없는 요구를 해도 그는 언제나 한결같이 고개를 끄덕이며 이렇게 말했다. "네, 가능합니다. 할 수 있어요." 그러고는 나의 요구를 실현시킬 해결책을 어떻게든 찾아냈다.* 오늘도 마찬가지다.

로돌포는 이 마을에 사는 부부 마리아 테레사 카말 이차와 베니토 쿠물 찬이 우리의 제안을 받아들이도록 설득해 주었다. 우리가 새벽같이 그들의 집을 방문해 부부가 아이들 학교 갈 채비를 시키는 상황을 녹음하겠다는 부담스러운 계획에 승낙을 따낸 것이다. 그 집은 아침 7시도 되기 전에 무려 네 명의 아이들을 옷 입히고 밥 먹이고 출발시켜야 하는 만큼 스케일도 남달랐다. "만약 7시가 다 됐는데 아이들이 준비를 마치지 못하면 그날은 학교에 못 가는 거예요." 로돌포가 덧붙였다. 혹시 내가 부모와 자녀 간의 신경전이나 말다툼을 목격하게 된다면 그야말로 결정적 순간이 될 것이다.

로돌포와 나는 테레사 부부의 집 앞에 주차를 하고 라이트를 껐다. 아직은 온 세상이 정적에 휩싸여 있었다. 모두들 꿈속에서 빠져나오지 못한 것이다. 테레사만 빼고. 그녀는 흠잡을 데 없는 옷차림을 하고 현관 앞에 서서 우리를 기다리고 있었다. 연보라색 펜슬스커트에 레이스가 달린 분홍색 블라우스 차림이 마치 맨해튼에서 열리는 비즈니스 만찬에 참석하는 사람 같았다. 긴 머리칼은 살짝 헐렁하게 말아 올린 채였다.

"디아스." 집에 들어서려는 우리에게 테레사가 살짝 고갯짓하며 조용한 인사를 건넸다. "디아스." 로돌프와 나도 차분히 인사했다. 그녀의

* 다음 장에서 배우겠지만 이 방법은 이따금 말도 안 되는 생각을 하는 어린아이에게도 놀라울 만큼 효과가 좋다. 아이들의 황당한 발상에 "말도 안 돼. 그건 못하지"라며 거부하는 대신 그저 고개를 끄덕이며 "그럼, 할 수 있지"라고 대답하고는 아이가 하는 얘기에 귀기울여 보자.

세 딸은 거실에 설치된 해먹에서 여전히 꿈속을 헤매고 있었다. 테레사는 해먹을 잡아당기며 아이들을 깨우는 것으로 업무에 착수했다. "일어나, 일어나야지, 클라우디아. 학교 갈 시간이야." 테레사가 아직 깊은 잠에 빠져 있는 여섯 살배기 막내딸에게 부드럽게 속삭였다. "일어나, 일어나렴, 이런." 그녀의 목소리는 여전히 차분했지만 나는 미세한 초조함을 감지할 수 있었다.

그렇지! 시작됐어. 엄마와 딸의 신경전! 나는 마이크를 단단히 쥔 채 테레사가 말을 듣지 않는 아이에게 어떻게 반응하는지 녹음할 만반의 태세를 갖추었다. 그런데 테레사는 그냥 돌아서 버렸다. 클라우디아를 흔들어 깨우는 대신 뒤돌아서서 거실 맞은편 끝으로 걸어갔다. 그곳에서 잠시 숨을 고르더니 서구권 엄마들에게서는 한 번도 보지 못한 방식으로 행동하는 것 아닌가! 지휘자, 혹은 선수 대기석에서 말없이 지시를 내리는 야구 코치로 변신한 것이다. 아이들에게 온갖 지시와 협박, 설명을 퍼부어대는 게 아니라 표정과 손의 움직임만으로 의사를 전달했다. 코를 잡아당기는 건 "옷 입어라", 귀를 잡아당기는 건 "머리 빗어라", 그리고 고개를 짧게 끄덕이는 건 "잘하고 있어"라는 뜻이었다. 온전히 집중하지 않으면 지시를 놓쳐버리기 십상이었다.

테레사는 1번 타자인 열한 살 아들 에르네스토부터 시작했다. 에르네스토는 학교를 워낙 좋아해 일찌감치 일어나 옷도 다 챙겨입고 문을 나서는 참이었다. "돌아와. 신발부터 찾아야지, 에르네스토." 테레사가 지극히 사무적인 태도로 말했다. 하지만 에르네스토는 그대로 문밖으로 뛰어나갔다. 엄마의 말을 무시한 것일까? 잘 모르겠다. 하지만 테레사는 개의치 않는 듯 보였다. 얼굴색 하나 안 변하고 자신의 오른팔 로라에게로 관심을 돌렸다. 열여섯 살 로라는 이 게임에 이미 도가 튼 터였다. "동생 머리 빗겨줘야지." 테레사가 로라에게 말했다. 이번에도 테레사의 말투는 딱딱하기만 했다. 조급하거나 짜증 나는 기색은 전혀 없었지만 일부러 다정하게 굴지도 않았다. "동생 머리 좀 빗겨주지 않을래?"라거나 "동생 머리 좀 빗겨줄 수 있겠어?" 같은 식으로 굳이 듣기 좋게 말하지도 않았다. 그냥 직설적으로 "동생 머리 빗겨줘야지"라고 말하면 아이들은 그대로 따랐다.

아직 잠이 완전히 깨지 않은 로라는 마치 좀비처럼 걸어가 막냇동생을 다정하게 깨워 일으키고 머리를 빗겨주기 시작했다. 테레사가 클라우디아에게 교복을 건네주자 클라우디아는 방에 들어가 갈아입고 나왔고, 그런 동생에게 로라는 내가 살면서 목격한 중 최고로 다정한 언니의 모습을 보여주었다. 누가 해달라고 하지도 않았는데 대야에 물을 담아와 동생의 발을 씻겨주기 시작한 것이다. 섬세하고 사랑스러운 손짓으로 클라우디아의 발가락과 발꿈치에서 흙을 털어내 씻고 닦아주기까지 했다. 마지막으로는 궁극의 애정을 담아 클라우디아가 신발 신는 걸 도와주었다.

문득 테레사의 아이들이 이토록 차분하고 서로에게 친절한 이유가 로돌포와 내가 지켜보고 있기 때문이라는 생각이 들었다. 그래서 테레사에게 혹시 우리 때문에 아이들이 평소와 다르게 행동하고 있는 건 아닌지 물었고 테레사는 살짝 웃으며 대답했다. "오히려 두 분이 안 계셨으면 로라가 클라우디아의 발을 더 빨리 씻겨줬을 거예요. 빨리 해야 하니까 가만히 있으라고 타일렀겠죠." 그때 에르네스토가 여전히 신발을 신지 않은 채 뒷문에서 나타나자 테레사가 물었다. "신발 찾았니? 어제 대체 어디다 둔 거야?" 에르네스토는 이번에도 아무 말 하지 않고 다시 앞문으로 나갔다.

이번엔 테레사가 여자아이들에게 와서 아침 먹으라는 신호를 보냈고 아이들은 즉시 식탁으로 와 식사를 시작했다. 마이크를 손에 쥔 채 곁에 서 있던 나는 모두가 이토록 평화로울 수 있다는 사실에 놀라움을 금치 못하고 있었다. 테레사가 오늘 아침 내내 한 말이라고 해봐야 한 손에 꼽을 정도였고 굳이 흥분하지 않아도 아이들은 테레사의 지시를 너무나 잘 따랐다. 심지어 식사하는 동안 거실은 너무 조용해서 창밖에서 새가 지저귀는 소리까지 들릴 정도였다.

그 순간 정적이 깨졌다. 에르네스토가 여태 신발을 신지 않은 채 앞마당에서 뛰어들어 온 것이다. 아, 신발을 찾아오라고 테레사가 벌써 두 번이나 말했는데. 하지만 테레사는 목소리 높일 필요성을 못 느끼는 게 분명했다. 에르네스토가 말을 듣지 않는다고 해서 서로 충돌하는 상황을 만들지는 않았다. 심지어 벌써 두 번이나 말하지 않았느냐는 이야기도 하지 않았다. 대신 차분한 태도를 유지하며 종전과 같은 사무적인 말투로 동일한 요구를 반복했다. "가서 신발 찾아와." (이때 나는 테레사가 같은 말을 반복하기 전에 최소 5분은 가만히 기다려준다는 사실을 깨달았다. 그에 비해 나는 10초는 기다릴까.) 그리고 테레사의 인내는 결국 보상을 받았다. 에르네스토가 다시 밖으로 나가더니 신발을 갖고 들어온 것이다!

이번엔 테레사가 또다시 어떤 손짓을 하자 네 명의 아이들이 모두 현관 밖으로 나갔다. 동생들이 화물용 삼륜 자전거 앞쪽 수레에 올라타자 로라가 운전석에 앉아 학교로 갔고 그걸로 끝이었다. 테레사가 해먹을 흔들어 깨운 순간부터 아이들이 문을 나서기까지 걸린 시간은 단 20

분. 모든 과정이 순조롭고 자연스럽게 흘러가 오히려 그 어느 때보다 고요했다. 극적인 상황은 전혀 벌어지지 않았고, 말대답하거나 목소리를 높이는 아이, 또 눈물 흘리거나 반항하는 아이도 없었다.

흔히 볼 수 있는 아침의 혼란이 이곳엔 존재하지 않았다. 테레사의 아이들은 그저 아침의 흐름에 몸을 맡겼다. 말을 잘 듣기도 했지만 해야 할 일을 잘 알고 있었다. 테레사 역시 아이들이 즉각 지시에 따르지 않더라도 절대 재촉하는 법이 없었다. 몇 분 더 기다렸다가 동일한 목소리와 톤으로 한 번 더 이야기할 뿐이었다. 절대 먼저 갈등을 일으키지 않았다.

"아침 일과는 수월해요. 아이들이 서로 잘 돕거든요." 테레사가 말했다. 그리고 실제로도 그대로였다. 아이들은 서로 너무나 잘 협력했다. 엄마를 돕고 싶어 했을 뿐 아니라 서로 도와주고 싶어 하는 게 눈에 보였다. 나는 챈 카아잘의 다른 가족들에게서 받았던 느낌을 테레사의 가족에게도 느낄 수 있었다. 이들이 단순히 서로를 돕고 싶어 할 뿐 아니라 서로를 깊이 있게 이해하고 있다는 것이다. 테레사는 에르네스토를 다그쳐 봐야 신발을 더 빨리 찾아오지 않을 거라는 사실을 알고 있었다. 또, 로라가 클라우디아를 자신보다 더 빨리 깨울 수 있다는 사실도 알았다. 뿐만 아니라 로라 역시 클라우디아가 아프거나 다치지 않게 머리칼 빗어주는 방법을 정확히 알고 있었다. 다른 가족들에게 가장 큰 효과를 발휘하는 방식을 각자가 이해하고 있는 것이다. 그 결과 테레사의 가족들은 상당한 결속력을 자랑하면서 놀라운 조화를 이뤘다.

그리고 문득 이런 생각이 떠올랐다. 테레사가 자신의 가족을 월드 시리즈 우승팀으로 키워내는 동안 나는 그와 정반대 방향으로 나아가고 있었다. 툭하면 말대꾸하고 반항하며 전속력으로 질주하는 무정부주의

자를 키워낸 것이다. 로지가 내 팀에 소속되지 못한 이유는 무엇일까? 만약 내가 로지를 내 팀으로 영입할 수 있었다면 우리의 산적한 문제들을 해결할 수 있었을까? 어쩌면 아침이 더 수월하게 진행되고 놀이공원에서도 좀 더 일찍 빠져나올 수 있었을지 모른다. 또한, 로지가 매일같이 울면서 잠자리에 드는 일도 없었을지 모른다. 어쩌면 이 모든 문제는 하나의 뿌리에서 시작된 것이 아닐까?

2단계: 아이들에게 회원권을 만들어라

테레사와 마리아를 만나기 전까지만 해도 나는 로지의 스케줄을 좋은 부모의 역할이라고 생각되는 방식으로 짰다. 어린이집에 가지 않는 날이면 아이를 위한 온갖 '활동'으로 일정을 꽉꽉 채운 것이다. 그리고 집안일은 아이가 낮잠을 자거나 밤에 잠들고 난 이후에만 했다. 거실과 주방을 청소하고 빨래를 한 뒤 다음 날 너무 바쁘지 않도록 아침 식사와 점심 식사를 어느 정도 준비해 두었다.

주말이면 동물원, 박물관이나 실내 놀이터에 가고 공원에서 다른 친구들과 약속을 잡아 놀거나 할로윈이나 부활절을 위한 공예품을 만들었다. 비 오는 날에는 거실에 온갖 장난감, 게임, 퍼즐 등의 '학습 도구'를 펼쳐 놓았다. 그리고 이런 활동을 챙기는 뿌듯함을 느꼈다. 이렇게 다양한 체험을 함으로써 로지의 삶을 풍요롭게 만들어주고 있다고 믿었기 때문이다. 또 한편으로는 이래야 로지가 여기에 정신이 팔려서 나를 건드리지 않고 힘들게 만들지 않을 거라는 속셈도 있었다.

하지만 나는 이런 활동이 단 한 번도 즐거웠던 적이 없다. 이렇게 말하면 내가 나쁜 엄마 같지만 사실이다. '아이 친화적' 공간에서 나는 지루하기 짝이 없거나 온갖 소음, 조명과 대혼란 속에서 영혼이 탈탈 털리기 일쑤였다. 어린이 과학박물관이라도 방문한 날이면 피자 한 조각에 10달러나 주고 먹고 나와서는 마치 영혼의 한 조각이 사라진 듯한 공허함과 예민함을 느끼며 녹초가 됐다. (말이 나왔으니 말인데 로지가 한 입 베어 물고 "우웩! 이 치즈 싫어!" 소리치며 다 남긴 걸 내가 먹어 치워야 했다.)

로지와 거실에서 함께 노는 것도 별로 나을 건 없었다. 엘사와 안나 놀이를 한 번 더 하느니 내 눈을 찌르는 게 낫겠다 싶을 정도였다. 그럼에도 속으로는 좋은 엄마라면 이 정도는 해야지. 로지가 원하고 필요로 하는 거잖아. 이게 로지를 돕고 위하는 길이야라고 되뇌면서 버텼다. 어디서 많이 들어본 이야기 아닌가?

그런데 챈 카아잘 마을에서 마리아, 그리고 테레사와 함께 지내다 보니 문득 이런 생각이 들었다. 그동안 나를 옥죄어 왔던 "좋은 엄마는 이래야 한다"는 강박관념이 사실 다 헛소리에 불과했다면? 우리가 일정을 나노 단위로 쪼개 만든 활동이 로지를 더 행복하게 해 일상을 풍요롭게 만들기는커녕 실제로는 로지의 문제 행동만 더 부추겨 우리의 삶을 힘들게 만들었을 뿐이라면? 이런 활동이 오히려 협조적 가족 구성원, 팀의 일원이 되고자 하는 로지의 내적 동기를 갉아먹을 수도 있지 않을까? 로지의 자신감을 끌어내려서 자아를 더 약하게 만든 건 아닐까? 아이와 시간을 보내는 데 있어 이런 방식보다 더 쉽고 효과적이며 즐거운 방법이 존재하지 않을까?

✚

수잔 가스킨스(Suzanne Gaskins)는 노스이스턴 일리노이 대학교의 심리인류학자로 40년도 넘는 기간 동안 마야의 육아 방식을 연구해 왔다. 해마다 몇 달씩 챈 카아잘에 머물면서 여러 가족을 관찰하며 부모를 인터뷰했고 그만큼 이 마을의 가족들을 잘 알았다. 물론, 주민들도 수잔을 잘 알기는 마찬가지였다.

수잔은 첫 아들을 낳고 초보 엄마이던 1980년대 초반에 이곳 챈 카아잘에서 살았다. 당시 그녀는 출산한 지 얼마 되지 않은 참이어서 시카고에 사는 친구들과 이곳 마야인 부모들의 극명한 차이를 알 수 있었다. 마야인 부모들은 아이들과 끊임없이 놀아주거나 아이들을 계속 즐겁게 해줘야 한다는 부담을 느끼지 않았다. 아이들에게 지속적으로 동영상과 장난감을 제공하고 보물찾기를 함으로써 끊임없이 자극하지 않았다. 다시 말해, 마야인 부모들은 아이들과 나란히 앉아 공주 놀이를 하거나 주말에 어린이 박물관에 가서 10달러짜리 피자 조각이나 먹고 있지 않는다는 것이다.

수잔은 이런 활동을 '아동 중심적'이라고 얘기한다. 즉, 자녀가 없는 성인이라면 쳐다보지도 않을, 오로지 아이들만을 위한 활동이라는 것이다. 수잔에 따르면 마야인 부모들은 빽빽한 스케줄은커녕 인위적 스케줄을 만들 필요성 자체를 느끼지 못한다. 대신 현대 서구의 아이들은 갖지 못하는 풍요로운 경험을 아이들에게 선사한다. 바로 현실의 삶이다. 마야인 부모들은 아이들을 기꺼이 어른의 세계로 초대해 자신들의 일을 포함한 일상을 똑같이 체험해 볼 수 있게 해준다. 어른이 청소, 요리, 가축 먹이 주기, 바느질, 집짓기, 자전거나 자동차 수리하기, 아이 돌보기 등의 일상적 업무를 처리할 때 아이들은 곁에서 놀면서 모든 활동을 지켜본다. 현실 세계의 모든 이벤트가 '풍요로운 활동'으로서 아이들에겐 즐거움의 원천이요, 신체적, 감성적 학습과 성장을 촉진하는 도구다.

아이들은 필요할 때 언제든지 달려가 일손을 보탤 수 있다. 따라서 시간이 흐를수록 자기 스스로 해먹을 짜깁고 칠면조를 키우며 지하 오븐에서 타말레를 굽고 자전거도 고칠 줄 알게 된다. 나 역시 챈 카아잘에서 이 같은 학습 방식을 목격했다. 어느 오후 마리아가 양동이에 옥수수를 담아 씻기 시작했다. 토르티야에 들어갈 마사를 만드는 과정이었다. 이를 위해서는 깨끗한 물에 옥수수를 몇 번씩 씻어야 했는데, 파란색 양동이 쪽으로 몸을 숙여 그 안의 깨끗하고 시원한 물로 노란 옥수수를 휘휘 돌려 씻는 식이었다. 쉭, 쉭. 마리아의 어린 두 딸 알렉사와 젤미가 달려와 엄마가 옥수수 씻는 모습을 지켜봤다. 마리아는 물을 쏟아버리더니 아홉 살 젤미에게 도움을 요청했다. "가서 호스 좀 틀어줘." 그러자 젤미는 수도꼭지를 열어 엄마를 도왔고 이 모든 활동을 또 막냇동생이 지켜보았다. "이런 일은 아이들에게 잘 보고 배우라고 이야기해요." 마리아가 잠시 쉬는 시간을 이용해 말해주었다. "저는 항상 아이들에게 '중요한 거니까 잘 봐' 하고 이야기하죠."

마야인 부모들, 그리고 전 세계 대다수 부모는 어른들이 일상의 여러 책임을 수행할 때 아이들이 가까이서 보고 배울 수 있는 기회로 스케줄을 채운다. 어른들이 집안일을 할 때나 가업을 수행할 때, 혹은 정원을 손질할 때 아이들은 언제든지 환영받는다.

그리고 아이들은 이런 활동을 무척이나 좋아한다. 자신도 해보고 싶어 안달이 날 정도다. 심리학자 레베카 메지아아로즈에 따르면 아이들은 어른의 일과 자신의 놀이가 다르다고 여기지 않는다. "부모들은 아이들과 노는 법을 알 필요가 없어요. 아이들을 어른들의 활동에 끼워주면 아이들에게는 그게 바로 놀이죠." 이를 통해 아이들은 집안일을 재미있고 긍정적인 활동, 나아가 놀이와 연관 짓게 된다. "아이들이 집안일이나 다른 일을 하도록 부모들이 강요하는 게 아니라 아이들이 관련된 요령을 습득하는 데 초점을 맞춰 일정을 짜는 거예요." 심리학자 루시아 알칼라가 말한다. "아동발달을 고차원적 관점에서 바라보는 거죠."

어른의 세계에 아이를 기꺼이 끼워주면 아이가 집안일을 훨씬 쉽게 배울 수 있는 건 두말할 필요도 없다. 당신이 아침 식사를 준비하거나 빨래를 할 때 아이가 곁에서 지켜보고 있으면 달걀스크램블은 어떻게 하는지, 하얀 옷과 어두운 옷은 어떻게 분리하는지 금세 깨우칠 것이다.

이 같은 육아 방식을 통해 누릴 수 있는 혜택은 이외에도 많다. 첫째, 부모가 쉴 수 있다. 아이만을 위한 여러 활동을 기획하고 비용을 지불하며 끊임없이 참여하는 대신 이전처럼 일하거나 쉬는 부모들의 삶에 충실하면 아이들은 그 곁에서 함께하며 자연스럽게 배워나간다. 당신의 스케줄을 전적으로 아이한테 맞추는 게 아니라 당신의 스케줄에 아이가 함께하는 것뿐이다. 게다가 어린아이들은 어른을 모방함으로써 배우도록 진화해 왔다. 이는 최소 20만 년간 이어져온 인류의 학습 방식이다. 따라서 이와 같은 방식으로 배우는 게 아이 위주의 여러 활동에 비해 훨씬 쉽고 스트레스도 적을 수밖에 없다. 결과적으로 갈등이나 저항이 일어날 확률도 줄어든다.

이 얼마나 탁월한 학습 방식인가! 아이의 능력치보다 빠르게 기술을 습득할 필요도 없고, 훈계를 듣거나 마지막 퀴즈까지 통과해야 할 부담도 없다. 아이들은 어른들 곁에서 지켜보고 도우면서 자신의 고유한 속도에 따라 배워나가면 그만이다. 그리고 이 방식은 가장 중요함에도 불구하고 여러 미국 가정에서 잃어버린 지 오래인 뭔가를 아이들에게 선사한다. 바로 가족 회원권이다.

✚

서구인은 동기부여를 위해 보통 두 가지 방법을 사용한다. 보상(칭찬, 선물, 스티커, 용돈)과 처벌(타임아웃, 외출 금지, 위협)이다. 하지만 다른 수많은 문화권에서는 다른 방법을 이용해 동기부여를 한다. 바로 가족이라는 팀의 일원으로서 뭐든지 함께하고자 하는 욕구, 소속되고 싶은 욕망이다. 이 같은 동기는 실로 강력하다. 따라서 이런 욕구를 활용해 동기부여를 할 수 없다면 부모들은 양손이 묶인 채 아이들을 키워야 하는 것이나 다름없다. 소속되고자 하는 욕구는 아이가 자발적으로 나서서 집안일을 하게 만드는 건 물론, 전반적으로 더 협조적이고 유연하게 행동하도록 해준다. 아침에 스스로 학교 갈 채비를 하고, 공원에서 놀다가도 집에 갈 시간이면 알아서 차에 오르며, 음식도 불평 없이 먹고, 식탁 차리는 걸 도와달라고 요청할 때 즉각 움직이도록 이끌어준다.

아이들이 비교적 수월하게 이런 일들을 해내는 건 가족에 대한 책임감이 있기 때문이다. 가족이 설거지를 하면 아이도 설거지를 하고, 가족이 청소하면 아이도 청소를 한다. 아이들은 이런 식으로 협력하도록 타고났으며 이는 우리를 인간답게 만드는 여러 특징 중 하나다. 사랑하는 사람을 돕고 또 함께 일하면 우리의 기분도 좋아지게 돼 있다. 여덟 혹은 아홉 살의 어린아이는 이 같은 동기를 잘 알고 있다고 루시아는 말한다. "마야 어린이들에게 왜 집안일을 돕느냐고 물었더니 자신도 가족의 일원이니 함께 책임지는 거라고 하더군요. 모두가 돕는 거라고요." 한 아이는

"저도 그 집에 사니까 당연히 도와야죠"라고 답하는가 하면 또 다른 아이는 "저도 집에서 주는 밥을 먹으니까 아빠를 도와야죠"라고 답변했다.

하지만 부모가 아이들의 타고난 욕구를 활용하기 위해 충족시켜야 하는 요건이 한 가지 있다. 아이들이 스스로 가족에게 기여하는 온전한 구성원이라고 느껴야 하는 것이다. 자신의 행동이 실제로 상당히 도움이 되며 중요하다고 느낄 수 있어야 한다. 일례로 한 아이가 동생을 돌보고 있다면 실제로 그 동생의 안전과 편안함을 책임지고 있는 것이다. 아이들은 자신이 타인과 어떤 관계를 맺고 있는지 정확히 안다. 누가 자기편이고 또 누가 아닌지 구분이 가능한 것이다. 심지어 갓 걸음마를 뗀 아이조차 사람들이 서로 의존하고 연결돼 있음을, 그래서 누가 자신을 도왔고 또 자신은 누굴 도왔는지 훤히 안다.

뿐만 아니라 그 팀에서 자신에게 주어진 역할이 무엇인지도 정확히 안다. 이 야구팀에서 나는 거의 모든 경기에 출전하는 포수인가, 아니면 눈에 잘 띄지도 않는 우익수인가? 혹은 멀찍이 떨어진 박스형 관람석에 앉아 핫도그와 사과 주스나 먹고 있는 VIP 관람객에 불과한가? 아이들을 어른의 세계에 기꺼이 끼워줌으로써 아이들도 이 가족에 소속된 일원임을 확인해 줄 수 있다. 은유적으로 말하면 뒷주머니에 넣고 다닐 회원권을 선사하는 것이나 다름없다. 그리고 이 회원권은 그 팀이 누리는 온갖 혜택은 물론 책임 또한 누리게 해준다. 마치 아이들에게 이런 주문을 거는 것처럼 말이다. 우리 가족 중 어른이 하는 일은 나도 해. 나도 이 가족의 일원이니까. 가족들이 빨래를 하면 나도 빨래를 하고, 가족들이 청소하면 나도 청소하며, 가족들이 아침에 집을 나서면 나도 함께 나선다. 가족들이 무엇을 하든 아이들 역시 따르게 돼 있다.

쓰레기를 내다 버리는 것처럼 간단한 일이든 혹은 책 작업을 위해 유카탄에 동행하는 것처럼 복잡한 일이든 아이를 어른의 일에 끼워주는 건 그 아이가 자신보다 큰 뭔가의 일부임을 체험하게 해주는 것이다. 아이들은 '우리'의 일부로 가족 구성원과 연결돼 있다. 따라서 아이들의 행동이 도움이 될 수도, 오히려 해가 될 수도 있다.

반면, 우리가 아이들을 위해 그들만을 위한 활동을 선택한다면 앞에서 말한 회원권을 서서히 빼앗아 가는 것이나 다름없다. 아이들은 다른 가족 구성원과 엄연히 다르며, 가족의 일이나 어른들의 활동에서 배제된 일종의 VIP라고 알려주는 것이다. 그리고 나는 로지를 이런 식으로 대했다. 우리 집에서 로지의 역할은 레고를 갖고 놀고 교육용 동영상을 시청하며 잘 차려진 식사(소스를 뺀 파스타와 버터 바른 토스트 등)를 먹는 것뿐이라고 가르쳤다. 이에 비해 내 역할은 로지를 위해 청소, 요리와 빨래를 도맡고, 데리고 다니면서 다양한 활동을 경험하게 하는 것이었다. 그러니 내가 아침에 신발을 신으란다고 해서 로지가 그 말에 따를 이유가 어디 있겠는가? 내가 요리한 브로콜리 따위 먹지 않고, 우리 둘 다 진이 빠졌더라도 잠자리에 들지 않는 게 당연하지 않을까. 여러 가지 면에서 로지는 회사의 CEO요 나는 로지의 이벤트 매니저 같았다. 로지가 늘 즐거운 시간을 보낼 수 있도록 하루하루의 계획을 세우는 매니저 말이다.

하지만 테레사의 아침 일상을 목격하고 아이 위주 활동에 대해 수잔과 이야기 나눈 뒤 고민을 거듭한 나는 이런 결론에 도달했다. 이제 다시는 유아로 북적이는 스낵바에서 치즈 피자 한 조각을 10달러나 주고 사서 결국 내가 먹어 치우는 상황은 만들지 않으리라. 다시는 로지가 유튜브 동영상을 보는 동안 빨래를 해치우지 않으리라. 다시는 아이 저녁 식사로 특별 요리를 해주지 않으리라. 나는 로지의 이벤트 매니저 노릇을 그만두고 아이를 내 세계에 받아들이기로 결심했다. 또, 로지를 즐겁게 해주는 건 그만두고 그저 아이와 함께하는 법을 배우기로 했다. 그래서 챈 카아잘 마을에서 돌아온 뒤 세 개의 거대한 혁신을 단행했다.

✦ **로지의 스케줄을 완전히 뜯어고쳤다**. 주말은 물론, 어린이집이 끝난 뒤의 시간도 로지에게는 가족 회원권을 획득할 수 있는 소중한 기회였다. 우리 가족이 집안일을 할 때 곁에 머물면서 어른의 세계에 흡수될 수 있는 기회 말이다. 그래서 나는 아이 위주의 활동은 대부분 취소했다. 어린이 박물관, 동물원이나 놀이센터 같은 데는 더 이상 가지 않았다. 로지의 친구이자 우리 가족의 친구가 주최하는 걸 제외하고는 생일파티 또한 가지 않았다. 놀이 약속도 마찬가지다. 함께 시간을 보내기 불편한 부모들과는 약속을 잡지 않았고, 혹은 로지를 데려다주기만 해서 아이가 다른 가족과 시간을 보내게 했다. 이를 통해 나는 로지가 엄마 아빠로부터 떨어져 있는 시간을 상당히 좋아한다는 사실을 깨달았다. 심지어 두 세 살에 불과할 때도 로지는 나 없이 놀이 약속을 잡는 데 거리낌이 없었다. 다른 어른이라도 자신이 연결감을 느낄 수 있으면 그만이었다.

아무런 일정도 없을 때는 로지가 태어나기 전, 매트와 즐겨 하던 활동처럼 모든 가족이 즐길 수 있는 이벤트를 선택했다. 물론, 로지와 함께하기 위해 조금씩 조절해야 할 때도 있었지만 (하이킹 시간을 줄이거나, 자전거 경로를 바꾸거나, 외식하더라도 음주는 생략하는 등) 로지 위주로 로지만을 위해 하는 활동과는 달랐다. 엄연히 어른의 활동이었고 로지는 참가자였다. 거대한 변화는 이뿐만이 아니었다. 로지가 잠들 때까지 기다렸다 집안일을 하는 대신 이제 깨서 곁에 있을 때만 가사 활동을 했다. 토요일 아침마다 우리는 온 가족이 다 같이 아침 식사로 뭔가 재밌는 걸 만들고 청소를 한다. 일요일 아침에도 다 같이 빨래를 하고 오후에는 장을 보러 간다. 일요일 저녁에는 정원을 관리하고 개를 산책시키거나 친구네 집을 방문한다.

그럼 로지가 잠들었을 때는 뭘 하냐고? 그야 당연히 휴식이다. 책도 읽고 산책도 하고 넷플릭스도 보고 남편과 어느 누구의 방해도 없이 긴 대화를 나누기도 한다. 어떤 때는 아주 오랫동안 목욕을 하거나 낮잠을 자기도 한다.

✦ **돕고자 하는 로지의 열정에 대한 나의 시각을 완전히 뜯어고쳤다**. 로지가 집을 엉망으로 만들거나 뭔가를 깨부수거나 내 손에 들린 도구를 낚아채면 그때마다 속으로 이렇게 되뇌었다. 돕고 싶은데 방법을 모를 뿐이야. 그래서 내가 가르쳐줘야 하는데 그러려면 당연히 시간이 걸려. 그리고 한발 물러서서 가급적 참견하지 않으려고 애쓰면서 아이가 원하는 대로 일을 하게 해주었다. 혹시 집안일에 먼저 흥미를 비출 때가 있으면 설령 장난에 불과해 보이더라도 해볼 수 있게 해주었다.

✦ **최대한 아이 스스로 알아서 할 수 있게 내버려 두었다**. 이와 관련해서는 하드자베 마을을 방문했을 때 좀 더 구체적으로 알아볼 것이다. 여기서는 아이가 알아서 할 수 있도록 존중하는 태도, 즉, 이래라저래라 하는 건 최대한 자제하는 태도가 필수라는 이야기 정도만 하겠다.

연습 협력하는 법 훈련시키기

서구인은 지나치다 싶을 만큼 아이 세계와 어른 세계를 구분한다. 아이는 학교에, 어른은 직장에 가고, 아이는 일찍, 어른은 늦게 잠자리에 든다. 아이는 어린이 식품을 먹고 어른은 (내 일곱 살 조카의 표현에 따르면) '성인용 음식'을 먹는다. 그야말로 가차 없는 구분이지만 꼭 이래야 하는 건 아니다. 부모로서 당신은 두 세계를 통합할 기회를 찾아야 하고 그런 기회는 차고 넘친다. 따라서 기회를 포착하는 방법만 배우면 된다. 우리도 아이도 새로운 환경에 적응하는 데 시간이 필요하다는 사실을 명심하라. 특히 어른 세계를 경험한 적 없는 아동 중 그런 경우가 많다. 이들은 처음엔 어떻게 행동해야 하는지 잘 모르는 만큼 몇 주, 혹은 몇 달에 걸쳐 천천히 적응할 수 있게 해줘야 한다.

"제 생각에 문제는 아이들이 그동안 어린이 전용 공간만 다녔다는 사실이에요." 바버라 로고프가 말한다. "그러다 갑자기 중산층 성인의 공간처럼 전혀 다른 규칙이 적용되는 환경에 가면 이들의 행동이 말썽을 피우는 게 돼버려서 사람들은 불쾌해하고 부모들은 포기하게 되죠." 하지만 포기하지 말고 조금만 인내심을 발휘해 보라! 당신은 지금 아이가 새로운 기술을 습득할 수 있도록 훈련시키는 중이라는 사실을 명심하라.

시간이 지나면서 연습을 거듭하면 아이도 어른의 공간에서 적절히 행동하는 법을 배우게 된다고 바버라는 말한다. "일찌감치 시작하거나 큰 아이를 특정한 상황에 떼어놓으면 스스로 배울 수 있어요. 아이는 어른의 세계와 자신의 세계를 기막히게 구분하죠." 뿐만 아니라 서로 다른 공간에서 어떤 규칙이 적용되는지 이해하는 데도 탁월하다.

한번 생각해 보자. 아이가 일상적으로 성숙한 어른과 어울리지 못한다면 좀 더 성숙하게 대처하는 법을 어떻게 배울 수 있겠는가? 로지가 늘 같은 세 살배기하고만 어울린다면 어떻게 성장하기를 바라겠는가? 아이가 어른들의 세계를 접하게 되면 학교 생활에도 상당한 도움이 된다. 좀 더 인내심을 갖고 차분하게 행동하며 예의를 갖추는 법을 배울 수 있기 때문이다. 그럼 이제 어떻게 시작하면 좋을지 알아보자.

기초

✦ **토요일이나 일요일을 가족의 날로 지정하라.** 온 가족을 비슷한 수준으로 간주해 같은 활동에 참여하도록 한다. 아이 위주의 활동과 (어린이 TV, 유튜브, 게임 등의) 오락거리를 가족 위주의 성인 활동으로 대체하라. 아이가 어른 세계에 스며들도록 하는 데 초점을 맞춰라. 집 안, 마당, 혹은 사무실에 쌓여 있는 허드렛일을 처리하라. 함께 장을 보러 가거나 다른 가족 혹은 친구와 함께 공원으로 나들이를 나서라. 낚시를 가도 좋고 해변에 가서 아이들은 노는 동안 책을 읽거나 일을 해도 좋다. 파티를 열기로 하고 아이와 함께 준비해 보는 건 어떤가? 냅킨부터 시작해 메뉴, 음료 등 모든 품목을 함께 선정하는 것이다. 전 연령대가 참여할 수 있는 교회 이벤트에 참석하거나, 푸드뱅크, 무료 급식소, 커뮤니티 가든, 환경미화 등 아이의 손길이 필요한 곳에서 봉사활동을 해보라. 그리고 머릿속으로는 항상 이렇게 되뇌도록 한다. 나의 본분은 아이를 즐겁게 해주는 게 아냐. 팀의 일원이 되는 게 아이의 본분이야.

✦ **아이를 즐겁게 해주지도 않고, 훈계하지도 않는 시간을 매일 가져라.** 처음엔 짧게, 예를 들어 한 번에 5분 정도씩 시작한다. 그리고 서서히

시간을 늘려가다 보면 어느 순간 토요일과 일요일을 통째로 이렇게 보낼 수 있게 된다. 이 같은 타임아웃 동안에는 아이를 그냥 내버려 둬라. 아무런 지시도 하지 말고 뭔가를 설명하지도 않으며 갖고 놀 장난감(혹은 동영상)도 주어선 안 된다. 그저 아이 스스로 알아서 할 수 있게 해주어라. 부모는 부모의 할 일을 하고 아이는 그냥 곁에 있게 해주면 된다. 집안일을 하거나 업무를 보거나 아무 일도 하지 마라. 소파에 누워 잡지를 읽어라. 이 같은 일과를 처음 시도할 땐 아마 집 밖으로 나가는 게 수월할 것이다. 아이를 공원에 데려가되 당신은 읽을 책이나 처리할 일거리를 챙겨라. 벤치에 앉아 조용히 있어라. 혹시 아이들이 지루하다고 징징대거나 불평하더라도 개의치 말아라. 당신의 도움이나 동영상 없이도 아이들은 스스로 놀거리를 찾아낼 수 있다. 그리고 그렇게 노는 데 익숙해질수록 가족의 삶은 더 수월하고 고요하며 평화로워질 것이다. 한 가지 팁을 주자면 '20-20-20의 법칙'을 기억하라. 하루 20분씩 내 아이로부터 최소 20걸음 떨어진 곳에서 20분간 침묵을 유지하는 것이다.

실전

✦ **자녀 위주의 활동은 최소화(혹은 전면 폐지)하라**. 그래도 걱정할 것 없다. 당신의 자녀는 이 같은 활동을 학교에서, 혹은 친구와 충분히 누릴 테니 말이다. 단, 생일파티, 동물원 방문이나 놀이 약속 등 '이벤트성 외출'이 지나치게 많아지는 것도 경계해야 한다. 사실 어린아이에게 이런 활동은 그다지 필요하지 않다.

좀 더 연령이 높은 자녀의 경우, 아이들 스스로 자신들의 활동을 책임질 수 있도록 도와주어야 한다. 자신들의 일과를 기획하고 조직하며 실행하는 방법을 가르쳐주어라. 자신들이 알아서 친구들과 놀이 약속을 잡고 방문 계획을 짜도록 해주어라. 운동이나 음악 등 다양한 방과 후 활동에 등록하는 법을 알려주고, 부모 없이 그곳까지 걸어가거나 자전거, 혹은 버스를 타고 갈 수 있도록 가르쳐라. 불가능할 경우 다른 가족과 카풀을 할 수 있도록 도와주는 것도 방법이다. 여기서 목표는 부모가 아이의 일과에 개입하는 범위를 최소화하고 최대한 아이 스스로 알아서 하도록 만드는 것이다.

기억하라. 아이 위주 활동은 부모가 순전히 아이를 위해 하는 활동을 의미한다. 아이만 아니면 부모는 그런 활동을 할 필요도 없고 실제로 별로 즐겁지도 않다. 정확히 어떤 활동이 이 항목으로 분류되는지는 부모마다 다르다. 일례로 팀스포츠는 대개 아이들을 위해 고안됐지만 여러 가족이나 친한 친구와 함께하는 경우도 많다. 수많은 가족이 함께 경기에 참여하면서 서로를 응원해 주기 때문이다. 따라서 어떤 게 '아이 위주' 활동인지는 당신만이 결정할 수 있다.

로지가 참여하지 못한다면 과연 나 혼자서 그 활동을 했을지 자문할 때가 많다. 예를 들어, 로지의 유치원에서는 주 1회 다른 가족들과 함께 저녁 식사를 하는 자리를 마련하는데 나는 그 자리를 무척이나 좋아한다. 다른 부모와 친구가 될 수도 있고 여러 가지로 도움받을 수 있는 네트워크를 확장하기 때문이다. 나에겐 이 같은 인연이 무척 소중해서 더 단단하게 만들고 싶은 마음이 크다. 그래서 로지 유치원에서 주최하는 행사지만 나에겐 '가족을 위한' 일이고 지금까지도 계속 참여하고 있다. 또 믿을지 모르겠지만 나는 놀이터를 좋아한다. 그곳에서 새를 구경하고 책을 읽고 노트에 뭔가를 끼적대는 게 좋다. 다양한 연령대의 아이들이 어울릴 수 있다는 점도 놀이터의 장점이다. 단, 놀이터에서 노는 것 자체는 좋아하지 않아서 놀이터 나들이는 내게 가족을 위하는 게 아니라 아이를 위한 활동이다. 결국 로지와 함께 놀이터에 자주 가기는 해도 그곳에서 나는 일을 한다.

아이를 위한 활동인지 아닌지 알아볼 수 있는 또 다른 방법은 활동 이후 아이의 행동을 지켜보는 것이다. 아이가 더 차분하고 협조적으로 행동하는가, 아니면 더 불안해 보이는 데다 적대적으로 구는가? 만약 후자라면 그 활동은 더 이상 하지 않는 게 좋다. 계속해 봐야 가족의 일원이 되고자 하는 동기만 희미해진다. 그리고 혹시 갈등과 다툼, 반항을 유발하는 활동이 있으면 주저 말고 버려라. 갈등을 감내해 가며 지속할 활동은 존재하지 않으며 아이들에게 갈등은 적을수록 좋다. 한편, 함께 집안일을 하고 난 뒤 자녀가 더 우호적이고 협조적이며 스스로 놀거리도 잘 찾는가? 스트레스 정도는 어때 보이는가? 갈등이나 저항은 덜해졌는가?

내 경우 로지가 아이 위주의 활동을 치열하게 하고 나면 늘 유쾌하지 않은 '후유증'에 시달리는 걸 목격해야 했다. 약 한 시간가량 온갖 투정을 다 부린 후에야 가족 중심의 생활로 돌아와 일상을 소화하고 협조적 태도를 보였다. 아이 위주의 활동을 하다 보면 로지가 가족들과 단절되고 또 지나친 흥분 상태를 경험하게 돼 적잖이 스트레스를 받는 듯했다. 아이 위주의 활동은 '아이 자신'만을 위한 것이지만 로지에게 진짜 필요하고 또 로지가 원하는 건 '우리'를 위한 활동인 것이다.

✦ **어른의 세계에 최대한 많이 끼워주어라**. 전형적인 '어린이 친화적' 공간 말고 어른의 세계가 어떻게 돌아가는지 보여줄 수 있는 곳에 아이를 데려가라. 마트, 병원, 치과, 은행, 우체국, 철물점, 인쇄소 등 당신이

업무나 집안일을 처리하기 위해 가는 곳이면 어디든 좋다.

아이가 처음부터 완벽하게 행동할 거라는 기대는 금물이다. 시간을 갖고 천천히 가르쳐야 한다. 처음에는 15분 내외로 짧게 시작해서 차츰 시간을 늘려라. 아이가 주도해 나가도록 맡기는 것도 방법이다. 어른의 장소에서 아이가 얼마나 견딜 수 있는지 한번 지켜보아라. 로지의 경우 어른의 세계에서 인내심의 한계에 도달하면 지체 없이 내게 알려주었다. 반대로 꽤 오랫동안 차분히 잘 있어서 나를 놀라게 한 적도 적지 않다. 지난주 안과를 방문했을 때만 해도 별로 소란 피우지 않고 무려 세 시간을 버텼으니 말이다. 하지만 로지가 부적절하게 군다 싶을 땐 한 번 더 상기시켜 준다. "여기는 놀러 온 게 아니야. 이곳에 올 수 있다는 건 상당한 특권인데 네가 아직 그 정도로 크지 않았다면 당장 여기서 나가야 해." 만져서는 안 될 기구 등에 손을 댈 때도 이렇게 일러준다. "이건 장난감이 아니야. 여기는 언니들이 오는 곳이니까 함부로 굴어선 안 돼."

✦ **장난감을 비롯한 모든 어린이용품을 버려라**. 그렇다고 해서 하나도 빠짐없이 버릴 필요는 없다. 하지만 소량의 책, 연필, 크레용과 레고 한 세트(혹은 아이가 일상적으로 갖고 노는 장난감 한 개) 정도만 남기고 정리할 수는 있을 것이다. 그리고 더 이상 장난감을 새로 사는 일은 없어야 한다. 아이들이 이런 물품 없이도 20만 년을 잘살아 왔다는 사실을 잊지 말자. 아이들에겐 이런 게 전혀 필요 없다. 게다가 친인척과 친구들이 가져다주는 선물만으로도 집에는 분홍색 플라스틱 물건과 파란색 곰돌이 인형이 넘쳐날 것이다.

장난감을 줄임으로써 누릴 수 있는 혜택에는 여러 가지가 있다. 일단 장난감을 치우거나 관리하는 데 드는 시간이 절약되고, 짐이 줄면서 공간이 넉넉해진다. 일례로 놀이방이 있다면 바느질이나 목공 같은 어른 위주의 활동을 위해 사용할 수 있다. 일단 장난감을 불필요하고 버릴 수 있는 아이템으로 여기기 시작하면 누군가를 돕거나 함께 갖고 노는 등의 기술을 가르치는 데 활용할 수 있다.

✦ **장난감을 활용해 아코메디도를 가르쳐라**. 이처럼 장난감과 게임이 집에 꼭 필요한 물품이 아닌 이상 치우는 건 부모의 일이 아니다. 특히 당신 혼자 치우는 일은 없어야 한다. 이제 장난감이나 어린이용품과 관련해 몇 가지 유용한 규칙을 정하도록 하자. 아이에게 어떻게 치우는지 몸소 보여주거나 함께 치워보자. 만약 아이가 함께하지 않거나 일상적으로 치우지 않는다면 장난감을 그대로 내다 버리거나 기부하면 된다. 이 같은 방법은 루시아가 실시한 연구 중 나후아 출신의 한 엄마가 고안해 낸 것이다. 아들이 장난감을 치우지 않자 그녀는 "장난감을 내다 버리겠다"고 으름장을 놓았고 아들은 즉각 일어나 치웠다고 한다. 내 경우 로지에게 장난감을 치우자고 세 번을 말해도 치우지 않으면 (혹은 내가 치워야 하는 상황이 반복되면) 그냥 내다 버린다. 혹은 상자에 잘 담아두었다 자선단체에 기부한다. 어떨 때는 "마지막 기회야. 이번에도 치우지 않으면 장난감 다 쓰레기통에 갖다 버릴 거야!"라고 경고하기도 하고 어떨 때는 그냥 버리기도 한다. 로지가 내다 버린 장난감을 찾은 경우는 아직 단 한 번도 없다. 우리는 단기간 내에 꼭 필요한 것만 두고 장난감을 정리할 수 있었고 로지는 갈수록 정리정돈에 능숙해졌다.

✦ **장난감을 이용해 나눔의 미학을 가르쳐라**. 친구들 집에 갈 때 아이가 그 가족에게 선물할 장난감이나 책을 고르도록 하라. 또 매달 장난감을 정리하고 그중 절반은 기부할 수 있게 따로 보관하라. 당신의 자녀

도 분명 친구들, 혹은 기부 단체와 나누는 걸 좋아해서 몇 주만 지나면 시키지 않아도 먼저 행동할 것이다.

✦ **가족 내에서 부모의 역할과 자녀의 역할을 재고하라**. 부모의 역할은 아이에게 끊임없이 뭔가 할 거리와 놀거리를 제공하는 것인가? 아니면 살아가는 데 필요한 여러 가지 기술을 보여주고 타인과 협력하는 방법을 가르쳐주는 것인가? 이제 자녀의 역할에 대해 생각해 보자. 아이는 부모가 제공하는 온갖 활동을 누리기만 하는 수혜자에 불과한가, 아니면 돕고 협력한다는 더 큰 목표를 품은 가족 구성원인가? 아이는 어떻게 기여하고 있는가, 혹은 어떻게 기여하고 싶어 하는가? 식사 준비, 청소, 빨래, 반려동물 돌보기 등의 집안일에 아이의 도움을 받을 수 있다. 일단 잘 지켜보거나 도와달라고 요청하라. 일을 진행하는 동안 아이가 가까이 머물게 하는 것만으로도 좋다. 혹시 거부할 경우 아이도 가족의 일원이며 가족은 서로 돕는 것임을 알려주어라.

아이에게 도움을 요청할 때는 함께 일하기 위한 것임을 늘 명심하라. 무슨 일이든 아이 혼자 다 하라고 떠미는 게 아니다. "다 같이 빨래를 개면 좀 더 빨리 끝낼 수 있어"라는 식으로 이야기하며 함께하도록 한다. 이처럼 모든 일이 함께 일하는 기회가 되면 아이도 가족에게 더 큰 소속감을 느낄 수 있다. (단, 도움을 요청하는 건 지시가 아니라는 사실을 명심하라. 아이가 원치 않을 때는 언제든지 거절할 수 있다.)

✦ **동료 교육을 시작하라**. 당신의 아이가 온전한 자격을 갖춘 가족 구성원이라고 느끼길 바란다면 당신의 커리어나 직업과 관련된 일 역시 함께하게 해주어라. 당신의 사무실이나 업무 현장에 아이들을 주기적으로 (여건이 허락하는 한 자주 데려가면 좋겠지만 일주일에 두세 시간 정도가 적당하다)

데려가라. 당신이 업무를 처리하는 동안 그림을 그리거나 책을 읽으며 곁에서 시간을 보내도록 하라. 만약 아이가 당신의 일에 관심을 보이면 아이도 손쉽게 할 수 있는 사소한 일을 맡겨보자. 일례로 로지는 우리가 인터뷰한 사람들에게 선물할 감사 카드 만드는 걸 좋아했다. 또, 계약서를 스테이플러로 집고 문서들을 스캔하는가 하면 편지에 도장도 찍었다.

주말에 집에서 해야 할 업무가 있다면 처리하는 동안 아이가 가까이 있도록 하라. 아이에게 뭘 하라고 알려줄 필요는 없다. 단순히 "이제 우리는 일할 거니까 조용히 해야 해" 정도만 말해주면 된다. 로지는 내가 기사를 작성한다고 모니터 화면만 들여다보고 있을 때조차 내 곁에 있는 걸 좋아한다. 옆에 누워 휴식을 취하거나 색칠을 하고 또 '읽는다'.

창의력을 발휘하라. 서구 문화권에서는 보통 권장하지 않는 일이지만 아이를 당신의 업무에 끼워줄 수 있는 방법을 찾아보라. 예를 들면 출장, 회식이나 업무 관련 파티에 아이를 데려가도록 한다. 업무와 관련해 아이의 조언이나 의견을 구할 수도 있고, 저녁 식사 자리나 차를 타고 이동할 때 업무에 대해 함께 이야기해 볼 수도 있다. 혹은 아이에게 프레젠테이션 슬라이드나 프로젝트 검토 서류, 혹은 회계표 등의 일거리를 보여주는 것도 방법이다. 당신이 일하는 곳이나 당신의 고객이 일하는 곳을 지도에서 찾아보는 등 가능한 모든 것을 보여주고 아이를 당신의 세계로 데려와라.

나는 라디오 기사 작성을 위해 로지를 수도 없이 인터뷰했다. 심지어 육아 관련 기사가 아닐 때도 말이다. 왜냐고? 로지가 자신의 음성을 녹음하고 들어보는 걸 워낙 좋아했기 때문이다. 어쨌든 로지는 주제에 대해 흥미로운 관점을 제시하기도 했고 핵심을 요약하는 데도 탁월했다.

나는 이제 인터뷰 음성 파일을 받아 적고 편집하는 일까지 로지에게 부탁하고 싶어져서 로지가 빨리 자라서 이런 일까지 할 수 있게 되길 바라고 있다.

내가 챈 카아잘에서 돌아와 이 모든 방식을 실행에 옮겼을 때 모든 일이 바로 환상적인 효과를 발휘했을까? 당연히 아니다. 로지와 더 이상 놀아주지 않고 로지의 이벤트 매니저 역할을 그만두는 데만 몇 달이 걸렸다. 게다가 나는 지금도 여전히 로지를 위한 '활동'을 기획하고 함께 공원에 산책 나갔다가 생물 수업을 펼치기도 한다. 하지만 이처럼 새롭게 접근하자 일상의 스트레스가 훨씬 줄었다. 우선 남편과 내가 주말마다 아이 위주의 활동을 전전하지 않게 되면서 하이킹, 정원 손질, 독서 등 우리만의 취미를 즐길 시간이 훨씬 많아졌다. 심지어 토요일 오후에는 해변에서 세 시간씩 게으름을 피울 수 있게 됐다. 게다가 로지는 우리의 관심사에 대해 배우는 걸 좋아한다. 우리가 좋아서 잔뜩 흥분하는 일이 있으면 로지도 마찬가지로 신난다! 그리고 이는 우리가 협력하는 기술을 향상시키는 기회로 작용하기도 한다.

TEAM 1 함께하는 더 좋은 방법

1954년 7월의 어느 무덥고 끈적끈적한 아침 7시. 미시시피강과 접한 일리노이 중서부의 작은 마을 알톤에서는 여름방학이 한창이었다. 아홉 살

미키 다우클레프는 벌써 일어나 옷도 다 입고 일하러 갈 준비까지 마쳤다. 몇 분 전 아빠가 그에게 '부름'을 주었기 때문이다. "아버지는 낮은 목소리로 '미키'라고 한 게 전부였고 나는 그게 무슨 뜻인지 알았어. 그때 나는 완전히 깨어 있었지." 그가 회상했다. 미키는 마치 군인처럼 짧게 깎은 머리를 빗으로 빗고 계단을 쏜살같이 달려 내려갔다. 공기 중에 계피 설탕 향이 희미하게 감돌았다. 미키의 아버지는 작업대에서 시나몬 롤빵을 말아 팬에 올리고 있었다. 우편함 크기 정도의 거대한 믹서가 30파운드 정도 되는 빵 반죽을 치댔다. 믹서 안에서 하얀 반죽이 일정한 리듬으로 쿵쿵거렸다. "잘 주무셨어요, 아빠?" 미키가 인사를 건네며 아빠를 지나쳐 매장 앞쪽으로 갔다. 유리 진열대 안에는 초코 도넛, 블루베리 머핀, 그리고 살구 데니시 페이스트리가 놓여 있고 카운터 뒤 선반에는 통밀빵, 호밀빵, 바브카빵이 진열돼 있었다. 벌써 주문을 하려는 고객들이 줄을 서 있었다. 미키는 하얀 앞치마를 허리에 묶으며 일을 시작했다. "안녕하세요? 무엇을 도와드릴까요? 도넛이 12개에 10센트로 세일 중인 거 보셨나요?"

✚

오늘날 전 세계에서 서식 가능한 여섯 개 대륙을 모두 돌아보면 공통적인 양육법을 발견하게 된다. 칼라하리 사막의 수렵채집민부터 케냐의 목축민, 아마존의 농부와 미시시피강의 제빵업자에 이르기까지 전혀 다른 기후와 문화 지역을 사는 부모들이 아이들과 관계 맺는 방식이 그것이다. 이는 수 세대에 걸쳐 지속돼 수만 년, 심지어 수십만 년간 우리 주위에 있었고 얼마 전까지는 미국 부모 역시 동참했었다. 그런데

50~100년 전부터 미국 부모에게 여기서 벗어나라고 설득하더니 미국의 여러 지역사회에서 이 같은 방식이 사라지기 시작했다.

이제 우리는 그 방식을 다시 도입하는 법을 배울 것이다. 이 방식은 부모와 자녀 관계의 근간이 되는 네 가지 핵심 요소로 구성돼 있다. 바로 함께하기(Togetherness), 격려(Encouragement), 자립(Autonomy), 그리고 최소한의 개입(Minimal Interference)이다. 나는 이 네 요소의 첫 글자를 따 'TEAM'이라는 약어를 만들었는데 로지와 실랑이를 벌일 때 이 핵심 요소를 떠올려 혼돈을 방지하기 위해서다. 우리는 이 네 개를 차례대로 살펴볼 것이다. '함께하기'를 의미하는 T부터 시작하자.

서구 사회는 아이를 독립적으로 키우는 걸 상당히 중요하게 여긴다. 아이는 스스로 옷을 입고 자기 방은 자기가 청소하며 숙제 또한 자신의 힘으로 끝내야 하는 등 혼자 처리해야 하는 일이 끝도 없다. 하지만 이 같은 신념은 수십만 년에 걸친 진화의 흐름에 역행한다. 우리 인간은 타인을 돕고 함께하고 싶은 욕구가 특별히 강한 종으로서 이는 우리를 다른 영장류와 구분 짓는 특징이기도 하다. 그리고 추측컨대 지난 20만 년에 걸쳐 (최소) 일곱 개의 다른 호모 종이 멸종되는 사이 우리 호모 사피엔스만큼은 살아남은 이유 중 하나이기도 할 것이다. "언어를 제외하고 우리가 다른 유인원과 크게 다른 점은 고도로 발달한 사회성 덕분에 타인의 정신 상태와 느낌을 관찰할 수 있다는 사실"이라고 진화생물학자 세라 블래퍼 허디(Sarah Blaffer Hrdy)가 《어머니, 그리고 다른 사람들(Mothers and Others)》에서 밝혔다.

게다가 누군가를 돕고자 하는 욕구는 어린 시절부터 나타난다. 한 연구에 따르면 유아는 전혀 다른 네 개의 일을 처리하는 어른을 자발적으로 돕기도 한다. 어른의 손이 닿지 않는 곳에 있는 물건을 가져다주었고, 어른이 양손 가득 뭔가를 들고 있을 때 캐비닛을 열어주었으며, 어른의 실수를 정정해 주었고, 가는 길에 있는 장애물을 치워주었다. 이처럼 다양한 방식으로 도움을 주려면 아이의 공감 능력과 마음 읽는 기술이 이미 꽤 발달하고 타인을 돕고자 하는 동기부여가 돼 있어야 한다.

서로 돕고자 하는 욕구는 우리의 DNA에 새겨져 있다. 따라서 부모가 어린아이에게 혼자서 처리하라고 강요하는 건 함께하고 협력하고자 하는 인간의 내적 욕구를 거스르는 행위다. 그런 식으로 해서는 자녀와의 사이에 긴장과 스트레스를 유발해 결국 싸움과 갈등에 직면하게 된다.

아이들이 떼쓰거나 짜증을 부리는 지점에 대해 생각해 보자. 아이 중 대다수는 어린이집에 데리고 가거나 낮잠이나 밤잠을 자야 하는 시간에, 혹은 부모가 출장을 갈 때 떼쓰고 성질을 부린다. 잠시 우리 집 개 망고를 예로 들어보자. 망고는 열두 살의 독일 셰퍼드로 다정하고 훌륭한 개다. 하지만 얼마나 시끄러운지 모른다! 무엇이든 보면 일단 짖기부터 한다. 초인종이 울리든 사람이 집에 들어오든 포옹을 나누든 춤을 추든 말이다. 그림이 그려지는가? 망고의 무조건적인 반응은 짖는 것이다. 처음엔 우리도 그 버릇을 고쳐보려고 엄청난 노력을 쏟아부었다. 하지만 그 어떤 해결책도 오래가지 못했다. 결국 나는 짖는 게 망고의 유전자에 깊이 새겨져 있음을 깨달았다. 망고는 짖도록 태어난 것이다. 게다가 짖는 건 망고가 우리를 보호하고 돕고 또 사랑을 표현하는 수단이었다. 그래서 나는 짖지 못하게 하려고 싸우는 대신 있는 그대로 받아들이기로 했다.

아이에게 있어 함께하기도 마찬가지다. 어린아이는 여러 가지 방식으로 사람들 곁에 있고 또 상호작용하도록 길러져 왔다. 이는 바꿀 수 없는 아이들의 타고난 형태이자 그들이 우리를 사랑하는 방식이다. 덕분에 아이는 사랑하는 어른과 깊은 관계를 구축할 수 있을 뿐 아니라 인지와 감성 역시 발전시켜 나갈 수 있다. 아이가 건강하게 자라나는 데는 협력이 필수다.

따라서 전 세계의 슈퍼맘과 슈퍼대디는 이 같은 본능을 억제하는 대신 오히려 더 적극적으로 활용한다. 이들은 뭔가를 '함께하는' 것이 혼자 하는 것보다 '더' 중요하지는 않을지언정 '못지않게' 중요하다는 사실을 알고 있다. 그래서 아이가 도움을 필요로 한다면 부모는 언제든지 나서서 도와준다. 예를 들어 다섯 살배기가 옷 입을 때 도움을 요청한다면 설사 얼마든지 혼자 입을 수 있는 아이라고 해도 부모는 기꺼이 도울 것이다. 아이가 독립적으로 행동하거나 그럴 수 있는 시기를 앞당겨야 한답시고 계속 혼자 할 것을 강요하지 않는다. 대신 자신의 고유한 속도에 맞춰 성장할 수 있는 시간과 공간을 선사한다.

생각해 보면 아이가 도움을 필요할 때 우리가 도와주지 않는다면 아이가 우리를 도와주는 걸 어떻게 기대할 수 있겠는가? (형제자매를 돕는 건 또 어떻고?) 슈퍼맘과 슈퍼대디는 심지어 갓 걷기 시작한 유아들에게 도움을 요청하는 것조차 주저하지 않는다. 이를테면 "가서 물컵 좀 가져와" "엄마가 정원에 물을 줄 수 있게 이리 와서 호스 좀 돌려줘" "이리 와서 옥수수 껍질 까는 것 좀 도와줘" 등의 요청을 한다.

한 가지 더 고백하겠다. 함께하기의 중요성에 대해 처음 읽었을 때 내게는 마치 새로운 유형의 지옥이 열리는 듯했다. 나는 로지와 함께 있는 것 자체가 고역이었다. 어떤 날은 저녁 식사를 마치면 몸을 낮추고 주방을 기어서 화장실까지 무사히 도착한 뒤 문을 잠그고 몇 분간의 평화와 고요를 만끽하고는 했다. 내가 절대 하고 싶지 않은 한 가지가 있다면 마치 한 쌍의 찍찍이처럼 매일 몇 시간이고 로지와 붙어 있는 것이었다.

하지만 챈 카아잘에서 나는 마리아와 테레사가 함께하기를 실천하는 모습을 볼 기회가 있었고 내가 완전히 잘못하고 있다는 사실을 깨달았다. 무엇보다 나는 함께하는 시간을 힘들게 만들고 있었다. 지나칠 정도로 말이다. 한두 시간도 버틸 수 없는 게 바로 그 때문이었다. 게다가 모든 것을 내 책임으로만 생각했다. 함께하기의 주체와 주제에 대해 너무 구시대적으로 사고한 것이다.

함께한다는 건 절대 부모의 전유물이 아니다. 많은 경우 부모는 전혀 포함되지 않는다. 아이를 사랑하는 사람이라면 누구든 함께하기를 제공할 수 있다. 챈 카아잘과 쿠가아룩 같은 전통사회에는 어디서나 할머니, 할아버지, 이모, 삼촌, 형제, 이웃사촌, 유모 등 부모 이외의 누군가가 함께하는 모습을 볼 수 있다. 함께하기는 큰언니 로라가 동생 클라우디아의 옷을 입혀주는 것이다. 할머니 샐리가 세 살배기 테사를 툰드라 지대로 데리고 나가 함께 딸기를 따는 것이요, 형이 동생과 함께 자는 것이고 이웃 사람이 아기를 안아주는 것이며 친구가 손을 잡아주는 것이다. 함께하기는 아이가 어디에 가든 아이를 감싸주는 사랑의 보호막이다. 계속해서 알아보겠지만 이처럼 다른 보호자를 주위에 두는 게 TEAM 육아의 핵심 요소다. 그리고 이는 아이 키우는 걸 훨씬 수월하게 (부모들이 덜 지치게) 만들어준다.

아이들과 함께 있는 동안 부모나 다른 보호자들은 끊임없이 어떤 지시나 명령, 혹은 경고를 하지 않는다. 함께 놀아주거나 어떤 교훈을 주는 식으로 끊임없이 자극하지도 않는다. 함께하기는 이런 역학의 정반대 지점에 있다. 그리고 당신은 아마 이것이 훨씬 덜 부담되는 (또 덜 지치는) 양육법임을 알게 될 것이다.

함께하기는 당신이 무엇을 하고 싶고 또 해야 하든 아이가 당신 곁에 머물게 두는 걸 의미한다. 아이에게 심부름하거나 집안일을 도울 기회를 줄 수도 있고, 아니면 그저 자신의 일을 하도록 내버려 둘 수도 있다. 만약 아이가 당신 곁으로 와서 돕거나 지켜보고 싶어 한다면 그대로 하게 해준다. 반면, 아이가 굳이 원하지 않을 때는 아이만의 활동을 하도록 내버려 두면 된다. 보호자와 아이라는 두 명의 개인이 한 공간에 함께 있지만 서로의 관심을 요구하지는 않는 것이다. 우리는 바라는 게 많은 아이에게 이런 기술을 어떻게 훈련시킬지 좀 더 구체적으로 알아볼 것이다. 여기서는 당신이 명령이나 지시, 혹은 훈육의 형태로 아이의 관심을 요구하는 경우가 줄어들수록 아이 역시 당신의 관심을 요구하지 않을 거라는 사실만 이해하도록 하자.

함께 있는 건 쉽다. 편안하고 자연스럽게 흘러간다. 이는 우리가 서로의 행동을 통제하려는 노력을 그만두고 있는 그대로 내버려 둘 때 일어난다. 이누이트의 슈퍼맘 엘리자베스 테그마이어는 이 같은 사실을 한마디로 정리해 주었다. 내가 다른 아이들과 놀고 있는 로지에게 계속 뭔가 일러주려 하자 이렇게 말한 것이다. "그냥 내버려 두세요. 로지는 별나지 않으니까 충분히 잘할 거예요."

로지와 나는 이 책의 집필을 위해 방문한 모든 곳에서 함께하기를 아주 수월하게 이루었다. 챈 카아잘에서는 마야인 엄마들이 닭 모이를 주고 해먹을 짜는 동안 아이들은 근처에서 나무를 탔다. 북극의 쿠가아룩에서는 이누이트인 부모들이 강가에 풀어놓은 낚시 그물을 점검하러 가면 아이들도 따라가 바위 위에서 놀았다. 어떤 날에는 엄마 두 명이 집 앞 잔디밭에서 일각고래를 도축할 때 로지와 다른 아이들은 인근 냇가에서 자전거를 타며 놀았다. 그러다 한 번씩 들러서 막탁(고래고기)을 들여다보기도 했다. 하지만 아이가 관심을 보이기 전, 혹은 순수한 도움을 필요로 하기 전에 부모는 어떤 지시도 하지 않는다. 부모와 자녀가 단순히 공존하는 것이다. 한편 아이들은 주변의 모든 걸 받아들이고 있음을 알 수 있다. "이게 우리가 해온 방식이에요." 아이들은 배우고 있다.

그리 멀지 않은 과거에 미국의 어른들 역시 함께하기를 이용해 아이들에게 온갖 요령을 가르쳤다. 내 할아버지가 조지아에서 가구 제작을 위한 목공 기술뿐 아니라 땅콩 재배 기술을 배운 것도 함께하기를 통해서다. 내 할머니가 제빵, 요리, 뜨개질과 바느질 기술을 배운 것도, 내 어머니가 닭을 튀기고 단추를 달 수 있게 된 것도 마찬가지다. 미키 다우클레프가 제빵사가 될 수 있었던 것 역시 함께하기로 배웠기 때문이다.

✚

미키는 나의 시아버지다. 챈 카아잘의 마야인 부모가 자녀에게 어떻게 집안일을 가르치는지 이야기하자 아버님은 곧장 이해하셨다. "내 유년 시절과 상당히 비슷하구나. 나도 빵집에서 모든 걸 그렇게 배웠지." 아버님의 부친이신 시할아버님은 마케도니아 출신의 이민자셨다. 1951년 할아버님은 일리노이 알턴(에이브러햄 링컨이 남북전쟁 이전에 스티븐 더글러스와 전투를 벌였던 곳 근처)에 듀크 빵집을 개업하셨다. 빵집이 처음 문을 열던 날, 아버님의 가족은 아버님이 당연히 가업을 도울 것이라 예상했고 불과 네 살배기였던 아버님에게는 파이 상자 접는 일이 첫 임무로 주어졌다. "상자 한 개당 1페니씩 주겠다고 하셨는데 실제로 받을 건 꿈도 안 꿨지. 그건 미끼에 불과했어." 아버님이 껄껄 웃으며 말씀하셨다. 아버님은 자유 시간의 대부분을 빵집에서 보내셨다. "우리는 정말 하루도 빠짐없이 빵집 안이나 근처에서 놀았단다." 아버님과 형제분들은 돌봐주는 유모도 없었고, 캠프나 학원에 다니는 것도 아니었다. 방과 후, 주말, 그리고 방학 동안 가족이 일하는 빵집에서 함께 있는 게 아이들의 유일한 오락이었다. "나와 형제들은 매일같이 빵집에 나가 있을 수 있었어. 날씨가 너무 좋아서 동네 아이들이 같이 놀자고 할 때만 빼고 말이야."

몇 해 동안 그렇게 지내면서 아버님은 미시시피 머드 파이부터 바브카빵에 이르기까지 빵집에서 판매하는 모든 빵을 만들 수 있게 됐다. 그리고 두 가지의 간단한 도구 역시 습득했다. 바로 지켜보고 실험하는 것이다. "직접 한다는 게 포인트지. 다양한 업무를 그냥 한번 해보는 거야." 시할아버님은 말수가 적은 분이셨고 말 한마디라도 신중하게 선택하셨다. 특정 조리법에 대해 처음부터 끝까지 세세히 알려주는 게 아니라 일단 직접 해보도록 한 뒤 중간중간 틀릴 때만 개입하셨다. 이를테면 "계피 빵에 설탕을 너무 많이 넣었구나" "반죽을 너무 많이 치댔어" 혹은 "빵이 제대로 됐는지 확인하는 방법 기억하니?" 같은 식이다. 하지만 대개는 아버님을 포함한 아들들이 페이스트리나 파이를 망치는 실수도 할 수 있게 해주셨고 근처에서 놀도록 내버려 두셨다. "일하라는 압박 같은 건 주지 않으셨지. 전혀 강요하지 않으셨어. 그냥 지켜보기만 한다고 소리치거나 화를 내는 사람은 아무도 없었단다." 아홉 살이 되자 아버님은 가업에 실질적 도움을 줄 수 있을 만큼 노련해졌다. "난 주로 매장에서 손님들을 상대했어. 하지만 제빵 기술 역시 꾸준히 단련해 갔다."

아버님 기억에 따르면 그때쯤 삼촌 닉이 아버님에게 계피빵 반죽을 좀 해달라고 부탁하셨다. "그때 키가 작업대에 닿을까 말까 했는데 삼촌이 내게 뭔가를 부탁했다는 것만으로 상당히 우쭐해졌어. 그래서 이렇게 말했지. '물론이에요!'" 다음 날 아버님이 학교에서 집에 돌아오기 무섭게 할아버님이 말씀하셨다. "미키, 삼촌이랑 약속한 거 기억하지?" "그래서 나는 즉각 빵집으로 달려갔어. 가니까 아버지가 날 위해 반죽을 이미 만들어놓으셨더구나. 작업대 밑에 내가 밟고 올라설 상자도 갖다두시고 말이야." 아버님은 반죽을 말고 계피 설탕을 넣은 뒤 덩어리 형태로 빚어 오븐에 넣었다. "나는 빵 모양이 별로 마음에 들지 않았어. 제대로 한 게 맞는지 확인하는 절차도 까먹었고 말이야. 더 잘할 수도 있었지만 그래도 뭐, 그 나이에 그 정도 만들었으면 괜찮다고 생각한단다. 그때 삼촌이 얼마나 흥분하셨던지. 행복해하면서 재밌었다고 말씀하셨지."

이 같은 과정을 거친 덕분에 아버님은 대학 졸업 후 빵집을 물려받을 수 있었다. 그리고 2019년 은퇴하실 때까지 50년 가까이 그곳에서 일하셨다. 하지만 가족들과 함께 빵집의 어엿한 직원으로 성장한 경험은 그에게 더 큰 선물을 주었다. 바로 자신의 일에 대한 만족감과 가족에게 도움이 되고 있다는 자부심이었다. "아버지는 일하고 싶어 하는 사람이면 아주 어린아이라도 내치지 않으셨어." 이제 70세의 아버님이 눈물을 글썽이며 말씀하셨다.

✚

이제 우리는 완전히 새로운 차원의 육아를 볼 수 있게 됐다. 통제하지 않는 육아 말이다. 또 우리의 임무를 아이의 임무와 통합해 공통의 목표를 향해 달려가는 방법도 알게 됐다. 이처럼 정교한 형태의 협력을 가리켜 루시아는 '유체(Fluid)'라고 명명했고 우리는 이 같은 협력이 어떻게 작용하는지 좀 더 구체적으로 알아볼 것이다. 그리고 아이들의 저항은 최소화하면서 서로 소통하고 사랑을 주고받는 통로를 구축하는 법도 알아볼 것이다.

요약 협조적인 아이로 키우는 방법

기억하자

- 아이들에게는 팀원이 되어 협력하고자 하는 본능이 아주 강력한 동기로 작용한다. 여기서는 또래 대신 가족이 강한 동기를 부여하는 일종의 '가족 압박' 정도로 생각할 수 있다.
- 아이들만을 위해 고안된 아이 위주의 활동은 팀원이 되고자 하는 욕구를 희석시키고 가족에게 부여된 책임에서 제외된다는 인상을 심어준다.
- 반면 어른들의 활동에 아이들을 끼워주면 협력 욕구를 강화해 가족이 하는 일을 돕게 만들 수 있다. 이때 아이는 특권과 책임감을 동시에 가지는 어엿한 팀원이 됐다고 느낀다.
- 아이들은 (오락거리를 포함한) 어린이 세상에서 어른 세상으로 이동할 때 문제를 일으키는 경우가 많다.
- 전 세계 대다수 문화권의 부모들은 아이들과 끊임없이 어떤 활동을 하거나 놀아주지 않는다. 이 같은 방식의 육아는 부모는 물론 아이까지 지치게 만들고 스트레스를 유발한다.
- 아이들에게는 놀거리나 자극 따위 필요하지 않다. 스스로 얼마든지 즐겁게 지내면서 무엇에든 몰두할 수 있기 때문이다. 그리고 이는 부모가 별다른 걸 해주지 않거나 집에 어린이용품이 별로 없을 때 가능한 일이다.

오늘 해보자

모든 연령대 아이들:

- 아이들 위주의 활동을 최소화하고 부모의 일상과 업무에 끼워주어라. 집안일이나 다른 임무를 수행할 때 곁에 두기만 하면 된다. 당신의 활동이 아이들에겐 충분히 즐거운 놀이요 자극이다.
- 동영상이나 장난감 등 오락거리를 최소화하라. '오락용' 아이템이 적을수록 어른의 세계가 매력적으로 다가올 테고 그래야 돕고 싶어 할 것이다.
- 어른의 세계에 최대한 많이 노출시켜라. 처리할 일이 있을 때는 아이도 함께 가라. 심부름할 때나 약속이 있을 때도 동행하고, 친구네 집이나 심지어 일터에 이르기까지 가능한 한 많이 데리고 다니는 게 좋다.
- 주말에는 당신이 하고 싶은 활동을 하라. 만약 아이가 없었다면 당신이 했을 일들 말이다. 낚시, 하이킹, 자전거 타기도 좋고 정원을 가꿔도 좋다. 혹은 해변이나 공원, 친구네 집에도 갈 수 있을 것이다.

큰 아이들(7세 이상):

- 어느 정도 연령이 있는 아이라면 어린이 활동(스포츠, 음악 및 미술 수업 등의 방과 후 활동, 놀이 약속)을 직접 기획하고 조직할 수 있게 해주어라. 등록, 교통수단 등 필요한 절차도 직접 처리하도록 격려해 주어라.
- 동생을 돌보는 일, 요리나 청소를 돕는 일 등 아이가 책임질 수 있는 일을 서서히 늘려라. 부모의 업무와 관련해 할 수 있는 게 없는지도 고민해 보라.
- 아이가 지금껏 어른의 세상을 거의 접해 보지 못했다면 단계적으로 접할 수 있게 해주어라. 만약 아이가 문제를 일으키면 어른 세계에선 어떻게 행동해야 하는지 차근차근 설명해 주어라.
- 아이가 꽤 자라서도 말썽을 부린다면 인내심을 발휘하라. 포기해선 안 된다. 다시 시도하면 아이도 배울 수 있다.

칭찬보다
좋은

최고의
동기부여

매일 정오 정도에 마리아의 집 앞을 지나면 주방에서 흘러나오는 소리를 들을 수 있다. 톡, 톡, 톡. 이후 한 20초간 정적이 흐르다 다시 시작된다. 마리아가 벽에 뭔가를 박고 있는 건가? 아니면 가구를 만드나? 톡, 톡, 톡. 이 소리는 15초가량 계속된다. 그리고 마리아의 집 현관으로 다가가면 설탕과 버터를 잔뜩 바른 옥수수가 석탄불에 구워지며 내는 달콤한 향이 코를 찌른다. 마리아는 연한 노란빛을 내는 마사 반죽이 산처럼 쌓인 식탁 앞에 앉아 있다. 반죽을 작은 공 모양으로 떼어낸 뒤 손가락 끝으로 납작하게 눌러 완벽한 원반형으로 만든다. 그리고 뜨겁게 달군 프라이팬에 반죽을 올려 빵빵한 물고기처럼 부풀 때까지 1분 정도 구운 뒤 뒤집는다. 이렇게 만든 토르티야는 그야말로 천국의 맛이다. 뜨끈뜨끈하고 크림처럼 부드러워서 세상에 이보다 맛있는 토르티야는 없을 거란 확신이 든다.

그리고 마리아의 다섯 살배기 딸 알렉사가 도와준다고 다가오면 아이에게 동기를 부여하는 방법에 관한 최고의 강의가 눈앞에서 펼쳐진다. 알렉사는 손가락이 워낙 작은 데다 움직임도 느리고 엉성해 반죽을 원반형으로 만드는 건 거의 불가능하다. 하지만 마리아는 알렉사를 저지하지 않는다. 그렇다고 해서 아이의 손을 잡고 어떻게 해야 토르티야를 잘 만들 수 있는지 보여주는 것도 아니다. 대신 한발 물러서서 알렉사는 잘하고 있다고 느낄지언정 사실은 엉망인 반죽을 해보도록 내버려 둔다. 딸아이가 연습할 수 있게 해주는 것이다. 그러다 혹시 알렉사가 싫증 내더라도 억지로 더 하라고 강요하지 않는다. 아이가 자리에서 폴짝 뛰어내려와 밖으로 나가게 내버려 두고 마리아는 하던 일을 계속한다.

이어서 마리아의 둘째 딸 젤미가 식탁으로 다가온다. 아홉 살 젤미는 조금 전까지 밖에서 친구와 놀다 엄마를 돕고 싶은 마음에 들어왔다. 동생에 비하면 토르티야 만드는 데 선수지만 그래도 여전히 배울 게 많다. 토르티야를 마리아처럼 만드는 건 무척이나 어려운 일로 수년에 걸친 훈련이 필요하다. 결국 젤미의 토르티야도 대부분 난감하기는 마찬가지다. 하지만 아이는 완벽한 토르티야를 빚기 위한 시도를 멈추지 않았고 끝내는 해냈다! 약간 두껍기는 했지만 보름달처럼 완벽하게 둥글고 아름다운 원형을 만들어냈다. 마리아는 대체 뭘 한 걸까? 아니, 그보다 더 중요한 질문, 마리아는 뭘 하지 않은 걸까?

✚

1970년대, 에드워드 데시(Edward Deci)라는 미국의 한 심리학자가 야심 찬 목표를 설정했다. 사람이 자발적으로 행동하도록 동기를 부여하는 게 무엇인지 알아내는 것이다. 그때까지만 해도 심리학자들은 보상(돈 등), 처벌(타임아웃 등), 인정 등 외부에서 구축되고 통제되는 형태의 동기에만 초점을 맞춰왔다. 하지만 에드워드는 외부 요인 없이도 사람을 행동하게 만들 수 있다는 사실을 밝혀내고 싶었다. 눈에 보이는 뚜렷한 보상이 없는데도 새로운 도전을 멈추지 않고 스스로 남을 돕도록 동기를 부여하는 건 무엇이 있을까? 아무도 지켜보지 않을 때 뭔가를 하게 만드는 힘은 무엇일까? 대체 무엇이 내면의 열정에 불을 지피는가?

일례로 이 책을 쓰기 시작했을 때 나는 미련해 보이는 온갖 노력을 쏟아붓고 있었다. 평소의 두 배나 되는 업무량을 소화하고 있었고 취재로 내 은행 계좌는 완전히 바닥을 드러낸 상태였다. 한편, 과연 이 이야기에 관심을 보일 사람이 있을지, 들인 돈을 얼마나 회복할 수 있을지 알 수 없었는데 그럼에도 자유 시간이면 여전히 조사하고 글을 쓰는 나를 발견할 수 있었다. 왜냐고? 정말 재미있었으니까! 나는 이 책에 등장하는 사람들을 만나고 그들로부터 배우는 게 너무 좋았다. 이 과정을 거치면서 성장하는 기분도 느낄 수 있었다. 내게는 에드워드가 말하는 이른바 '고유한' 동기가 있었다. 쓰고자 하는 욕구가 외적 보상 때문이 아니라 내 안에서 절로 터져 나왔다. 이렇게 고유한 동기가 있으면 행위 자체가 즐거울 수밖에 없으며 이것이 바로 '내적 보상'이다.

고유한 동기는 그걸 지닌 사람으로 하여금 한밤중에 아무도 보지 않는 거실에서 춤추게 만든다. 로지가 아침에 일어나자마자 색칠을 하고, 젤미가 친구들과 신나게 놀다 말고 들어와 엄마와 함께 토르티야를 만드는 게 모두 고유한 동기 덕분이다. 고유한 동기는 여러모로 마법과 같다. 이로 인해 사람들은 성장하고 배우며 (심각한) 저항이나 갈등 없이 일한다. 그리고 정반대에 서 있는 외적 동기보다 오래 지속된다.

보상이나 처벌 같은 외부 요소는 사실 내적 동기를 약화시킨다. 스티커 차트, 아이스크림을 사주겠다는 약속, 벌을 주겠다는 위협 등은 오히려 내적 동기를 저해한다. 다시 말해, 만약 젤미가 토르티야를 완벽하게 만들 때마다 10페소(혹은 차트에 금별 스티커)를 준다면 젤미가 자발적으로 토르티야를 만드는 횟수는 갈수록 줄어들 것이다. 하지만 아무런 보상도 해주지 않는다면 이 작은 아가씨는 기꺼이 식탁에 앉아 매일같이 엄마를 도울 것이다. 대체 무엇이 내적 동기에 불을 지피는 것일까?

오늘날까지 심리학자들은 이 같은 질문에 답을 찾는 논문을 최소 1,500건은 발표했다. 이 같은 논문의 결론, 그리고 챈 카아잘 같은 마야 사회에서 부모가 아이를 다루는 방식 간에 놀라운 공통점을 발견할 수 있다. 서구 심리학에 따르면 내적 동기를 일으키는 데는 세 가지 요소가 필요하다. 첫 번째는 우리가 이미 이야기한 바 있는 연결감이다.

✦ **요소1: 연결감**. 연결감은 다른 이들과 연결돼 있으며 어떤 팀, 혹은 가족에 소속돼 있다는 느낌이다. 연구에 따르면 아이가 어떤 선생님을 상대로 연결감을 느끼면 그 수업 시간에는 더 열심히 한다고 한다. 부모에 대해서도 마찬가지다. 아이가 자신의 가족과 느끼는 연결감이 강하면 강할수록 가족의 목표나 집안일을 위해 더 많은 노력을 쏟게 돼 있다. 자녀들과 연결감을 구축하는 가장 좋은 방법은 회원권을 발급해 주는 것이다. 즉, 아이들을 우리의 세계에 기꺼이 받아들이고 한 가족으로서 점심 식사를 위해 토르티야를 만드는 것 같은 공동의 목표를 달성하도록 한다. 함께 일하면 더 즐겁고 작업 시간도 단축할 수 있다.

✦ **요소2 : 자율성**. 자율성은 무척 중요해서 뒤에서 다시 다룰 것이다. 앞서 설명한 상황의 경우 마리아가 두 딸과 함께 일할 때 이 요소를 활용했음을 알 수 있다. 알렉사나 젤미에게 토르티야 만드는 걸 도우라고

강요하지 않고 또, 아이들이 흥미를 잃었을 때도 더하도록 강요하지 않음으로써 마리아는 아이들의 자율성을 존중해 주었다.

✦ **요소3 : 경쟁력**. 어떤 일을 하고자 하는 마음이 지속되려면 아이들은 그 일을 충분히 할 수 있는 능력이 자신에게 있다고 느껴야 한다. 끊임없이 낙담하고 나아지는 게 없다고 느끼는데 그 일을 계속하고 싶은 이는 아무도 없다. 반면 너무 쉬운 일도 지루해서 싫증 날 수 있는 만큼 달콤한 접점이 있어야 한다. 지속적으로 흥미를 느낄 만큼 까다롭되 자신이 충분히 잘하고 있다고 느낄 만큼 쉬워야 하는 것이다. 이 같은 접점에서 내적 동기부여가 일어나게 된다.

마리아를 비롯한 마야인 부모들은 아이들이 집안일 등 어른의 일들을 처리하면서 스스로 유능하다고 느낄 수 있게 만드는 여러 비법을 갖추고 있다. 잠시 후 이 모든 도구에 대해 이야기하겠지만 우선 이들이 사용하지 않는 도구부터 살펴보도록 하자. 바로 칭찬이다. 챈 카아잘에 머무는 내내 나는 부모가 후한 칭찬을 퍼붓는 건 물론("오, 안젤라, 부탁도 안 했는데 설거지를 다 하고, 넌 정말 멋진 딸이야!"), 짧게나마 칭찬하는 모습도 보지 못했다. 내 아이가 일상적으로 그렇게 행동한다면 난 아마 기쁨에 비명을 질렀을 텐데 말이다.

부모들은 "잘했어" 같은 부류의 칭찬은 일절 입에 담지 않았다. "이따금 흐뭇한 마음을 표정으로 전달하기도 하죠. 이 같은 비언어적 표현들은 중요해요. 인정을 나타내는 분명한 신호니까요." 심리학자 레베카 메지아아로즈가 말했다. 마리아와 이야기 나눌 때 나는 그녀가 내게도 이 같은 신호를 사용한다는 사실을 알 수 있었다. 그녀는 눈썹을 치켜뜨며 자신의 말을 잘 알아듣고 있는지 확인하기도 했고 고개를 끄덕이며

"흠" 소리를 내기도 했다.

칭찬을 전혀 하지 않는 건 마야인 부모뿐만이 아니다. 미국을 떠나 취재하는 내내 나는 부모가 자녀를 칭찬하는 소리를 단 한 번도 듣지 못했다. 매일 내 입에서 나오는 끊임없는 칭찬 세례도 당연히 없었다. (젠장, 나는 심지어 로지가 실수했을 때조차 이렇게 칭찬해 주었건만. "오, 좋은 시도였어." 대체 뭘 위한 칭찬이었던가?) 세계 각국을 여행하는 내내 칭찬을 거의 들을 수 없자 나는 문득 의구심이 들었다. 부모들의 칭찬은 득보다 실이 더 많다는 생각이 들기 시작했다. 칭찬은 까다로운 야수여서 여러 가지 이유로 아이와 대립할 수 있다. 특히 칭찬이 진심으로 느껴지지 않거나 성과에 비해 과하거나 이유도 없이 계속될 때 그렇다. 아이가 바람직하게 행동할 때마다 매번 "잘했어" 혹은 "훌륭해"라고 치켜세우면 칭찬이 더 이상 내적 동기를 자극하지 못해 아이는 갈수록 그 일에서 손을 놓게 된다.

칭찬에는 또 다른 커다란 장애물이 있다. 경쟁을 일으키는 특성이 있어 형제자매 간 갈등을 일으키는 것이다. 심리학자들은 아이가 칭찬을 자주 들으며 자라면 부모의 관심을 끌기 위해 형제들과 경쟁하는 법부터 배운다는 사실을 발견했다. 결국 마야의 형제들이 칭찬을 거의 받지 않는 게 그토록 협력을 잘하는 (그리고 미국 형제에 비해 덜 싸우는) 여러 이유 중 하나일 수 있다. 찬사를 듣기 위해 서로 경쟁할 필요가 없는 것이다.

마야인 부모들이 아이들에게 칭찬하지 않는다면 과연 무엇을 활용할까? 알고 보니 그들은 다양한 대안을 갖고 있었다. 그중 첫 번째는 너무나 아름다워서 언제 어떻게 사용하는 건지 진심으로 이해하고 나자 로지와 나의 관계도 봄날의 매그놀리아 나무처럼 활짝 피어났다.

그것은 바로 '인정'이다.

3단계: 아이의 기여를 인정해 주기

마야인 부모들은 아이가 어떤 아이디어를 제시하거나 일을 도왔을 때 칭찬하는 대신 인정해 주고 받아들인다. 아이의 성과가 아무리 사소하고 우스꽝스러우며 엉망이더라도 말이다. 마야인 부모들은 아이들이 일상에 의미 있는 기여를 할 수 있게 해주고, 어른의 눈높이에 맞는 성과를 내리고 호들갑 떨지 않는다. 아이들 방식대로 해치운 청소, 엉성하기 짝이 없는 토르티야, 그리고 아이들이 내놓은 미숙한 아이디어라도 소중하게 받아들인다. 아이의 관점을 있는 그대로 받아들이고 존중하는 것이다.

부모의 인정은 그 일에 대한 아이의 관심에 불을 지핀다고 심리학자 루시아 알칼라는 말한다. "부모가 인정해 주면 돕고 싶어 하는 아이들의 마음이 더 커져요. 자신의 행동이 실제로 도움이 된다고 여기고 가족을 돕는 거죠. 그게 어느 칭찬보다 강한 힘을 발휘해요." 예를 들어 알렉사가 엉망으로 토르티야를 만들었을 때 마리아는 직접 다시 손을 본 뒤 팬에 올릴 수도 있었다. 알렉사에게 좀 더 잘하라고 하거나 제대로 하는 방법을 알려줄 수도 있었지만 이 중 아무것도 하지 않았다. 아이의 손을 붙잡고 도와주지 않은 건 물론이다. 대신 마리아는 알렉사가 만든 토르티야를 있는 그대로 받아들임으로써 알렉사가 점심 식사에 기여했다는 사실 자체를 소중히 여겼다. 알렉사가 계속 지켜보고 연습함으로써 결국 토르티야를 제대로 만들 거라는 확신 역시 갖고 있었다. 굳이 서두를 필요가 어디 있는가? (조급해하면 갈등과 스트레스만 유발할 뿐이다.) 어느 정도 경험이 쌓일 때까지 마리아는 알렉사가 스스로 잘하고 있다고 여길 만큼 두둔해 줄 테고 결과적으로 아이는 내일도 토르티야 만드는 연습을 하고 싶은 동기가 더 강해질 것이다.

이와는 정반대의 경우도 성립된다. 만약 부모가 아이의 아이디어나 도움을 거부하면 아이는 자신의 능력을 불신하게 돼 뭔가를 해볼 동기마저 잃게 된다. 부모의 거부는 다양한 형태로 나타난다. 이를테면 아이의 아이디어를 무시하거나, 대놓고 거절하거나, '제대로 하는' 방법을 가르쳐주는 것이다. 부모는 아이가 이미 마친 일을 그대로 두지 않고 처음부터 다시 함으로써, 혹은 아이에게서 도구를 낚아채 혼자 함으로써 아이를 거부하기도 한다.

마야인을 비롯한 토착 사회의 부모들은 대개 이런 식의 거부를 하지 않는다. 아이가 도울 때 중간에 개입하지 않는 것이다. "엄마들은 아이가 뭔가를 할 때 저지하지 않아요. 설사 잘못하고 있더라도요." 레베카가 나후아 출신 엄마들을 언급하며 말했다. 대신 이들은 아이가 하는 걸 주의 깊게 지켜보다 그 방식을 보강해 준다. 그 결과 아이, 혹은 부모가 어떤 아이디어를 제시하면 상대방이 받아들여 확장시키는 아름다운 협력의 사이클이 확립된다. 루시아는 이를 '유동적 협력'이라고 부른다. 두 사람이 네 개의 팔을 가진 하나의 유기체처럼 한데 어우러지는 것으로 그런 순간엔 저항이나 갈등은 물론 대화도 거의 일어나지 않는다. 마야의 부모들은 아이를 특정 활동을 함께하는 파트너로서 대우한다. 그들은 지식이라는 것이 부모에게서 아이로 일방적으로 전달되는 게 아니라고 믿는다. 오히려 양방향으로 소통될 수 있다. 아이들 역시 정보와 아이디어를 전달할 수 있다는 것이다.

레베카와 나눈 대화는 이후 며칠, 심지어 몇 주 동안 내 머릿속에 남아 파동을 일으켰다. "그들은 아이가 뭔가를 할 때 저지하지 않아요. 설사 잘못하고 있더라도요." 나는 로지와 협력하려 애쓰면서 이 말을 수도 없이 되뇌었다. 그리고 그동안 내가 정반대로 해왔음을 깨달을 수 있었다. 어쩌다 한 번씩도 아니고 로지가 돕겠다고 나설 때면 매번 개입했기 때문이다. 아이의 방식을 거부하고 심지어 대놓고 무시하기도 했다. 그리고 내가 로지에게서 배울 수도 있다고는 꿈에도 생각하지 않았다. 주방에서는 더더욱. 지식은 나로부터 로지한테 전달될 수 있을 뿐 반대 방향으로 움직이는 건 어림없는 일이라고 믿었다.

이 같은 사례는 수도 없이 많아서 그중 하나를 고르기는 힘들다. 하지만 곧장 머릿속에 떠오르는 한 가지 에피소드가 있으니 아마 이 장을 쓰기 직전에 일어난 일이라 그런 듯하다. 솔직히 말하면 이 사건을 공유하는 것도 적잖이 당황스럽다. 내가 얼마나 바보 같고 유치한지 적나라하게 드러내는 일이기 때문이다. 하지만 로지의 방식을 인정하고 존중하자 우리 관계가 얼마나 달라졌는지 보여줄 수 있는 생생한 사례다.

어느 일요일 오후, 로지는 거실에서 색칠을 하고 나는 저녁 만찬을 위해 케밥을 만들고 있었다. 케밥은 세 살배기가 시도하기에 딱 좋은 일이다. 미리 썰어둔 닭고기와 호박, 버섯, 피망 등의 채소를 꼬치에 끼워 넣기만 하면 되기 때문이다. "아가, 이리 와서 엄마가 케밥 만드는 걸 좀 도와줘." 로지는 곧장 달려와 스툴을 밟고 내 곁에 섰다. 계속해서 케밥을 만드는데 이내 로지가 항로를 이탈했다. '닭고기만 꽂은' 꼬치를 만들겠다는 것이다. 자동적으로 나는 로지를 저지하고 나섰다. 아이의 궤도를 수정해야 했다. 아이의 창의력을 케밥에 대한 나의 기존 관념에 맞추기 위해 말이다. "하지만 우리는 그렇게 만들지 않을 거야." 내가 말했다. "그렇게 했다가는 닭고기가 다 떨어져서 케밥을 더는 만들 수 없게 돼." 곧 언성이 높아졌다. 결국 로지는 울면서 식탁을 박차고 나가 잠시 씩씩대다 거실로 돌아가 다시 색칠을 시작했다. 완전히 망할 뻔했잖아. 나는 혼자 케밥 준비를 마쳤다. 로지와 다툰 건 잊고 하던 일이나 계속하기로 했다. 로지와 뭔가를 함께 해보려다 결국 눈물로 끝이 난 게 이번이 처음은 아니었다. 그래도 이번엔 나는 울음을 터뜨리지 않았다.

몇 주 후, 나는 이 장을 쓰기 위해 마리아, 테레사, 레베카, 그리고 루시아와 했던 인터뷰를 다시 들어보았다. 이내 내 방식의 오류가 눈에 보이기 시작했다. 나는 로지와 함께 일하는 게 어렵다고 생각했는데 사실 문제는 내게 있었다. 내가 로지와 협력하지 않았던 것이다. 아이의 아이디어를 존중해 주지 않았으며 아이의 말에 귀 기울이지 않았다.

그래서 나는 다시 한 번 로지와 협력해 보기로 결심했다. 식료품점에 가서 케밥 재료를 더 사온 뒤 이전과 동일한 상황을 만들었다. 일요일 오후, 나는 케밥을 만들고 로지는 거실에서 색칠을 하고 있었다. 그때 내가 다시 한 번 로지를 불렀다. "로지, 아가, 이리 와서 엄마가 케밥 만드는 걸 좀 도와줘." 하지만 이번엔 로지가 즉각 일어나지 않았다. 사실, 고개조차 돌리지 않았다. 흠, 동기부여가 안 되네. 나는 지난번에 저질렀던 실수를 스스로 인정했다. "네가 좋다고 생각하는 건 뭐든지 만들어도 좋아. 심지어 닭고기만 끼운 꼬치도." 번개처럼 달려오는 로지. "정말?" "그럼."

로지는 곧장 스툴에 올라와 작업에 착수했다. 닭고기를 무려 여덟 덩이나 끼운 거대 치킨 피망 케밥을 완성했다. 나는 아이를 저지하는 대신 식사 준비에 기여했음을 인정해 주었다. 그것도 말이 아니라 행동으로. 로지가 완성한 케밥을 다른 케밥 옆에 나란히 놓은 것이다. 그리고 이 같은 인정은 효과가 있었다. 로지가 나를 향해 미소 짓더니 케밥을 한 개 더 만들기 시작한 것이다. 안 돼. 이러다 닭고기만 다 쓰겠어. 놀랍게도 로지는 궤도를 수정해 나와 보조를 맞추기 시작했다. 로지는 내가 하는 방식을 잘 관찰하더니 그대로 따라 했다. 호박과 버섯까지 끼워서 내가 만든 것보다 더 내가 만든 것처럼 보이는 케밥을 완성했다. 나는 로지가 꼬챙이에 버섯을 끼우는 걸 도와주었고 로지는 내가 한 가지를 끝까지 끼워 넣고 나면 닭고기 한 덩이를 건네주었다. 협력은 유연하고 수월하며 재미있게 진행됐지만 어느 순간 피곤해진 로지가 다시 색칠을 하러 가버리면서 끝이 났다. 이번엔 아무도 울지 않았다. 오히려 우리 둘 다 상당히 뿌듯했다.

심지어 나는 얼굴에 미소가 살짝 번지는 게 느껴졌다. 로지의 아이디어를 존중하고 또 도움을 받아들이자 모든 경험이 색다르게 다가와 실제 변화가 일어났다. 게다가 로지가 만든 닭고기 피망 케밥은 정말이지 너무 맛있었다. 다음번엔 닭고기 피망 케밥만 잔뜩 만들어 먹을 계획이다.

연습 아이에게 동기부여하는 방법 배우기

아이가 제시한 아이디어를 실천에 옮기지 않고도 인정할 수 있는 방법은 얼마든지 많다. 가끔은 "그거 참 좋은 생각이다"처럼 짧은 말 한마디만으로 아이가 소속감을 느끼고 계속 참여하고 싶은 마음을 갖게 만들 수 있다. 실제로 행하지 않더라도 말이다. 마야인 부모들은 "그것도 좋다"는 뜻으로 "우트 산(Uts Xan)"이라고 말한다. 성인이라면 이를 "난 동의하지 않아"로 해석할 수 있지만 아이에게는 인정의 의미로 받아들여진다.

앞서 말했듯 통역을 담당해 준 로돌포 푸치는 인터뷰를 위해 챈 카아잘 마을 주민들을 섭외하면서 내게 이 같은 전략을 이용했다. 내가 "남은 여름 동안 나와 로지가 테레사 집에서 묵을 수 있을까요?" 따위의 터무니없는 아이디어를 내놓아도 로돌포는 절대 대놓고 거절하는 법이 없었다. 내 앞에서 당황한 기색을 내비치거나 "말도 안 돼요, 그렇게 사생활을 침해할 순 없죠"라는 식으로 나를 설교하려 들지 않았다. 대신 일단 내 제안을 받아들였다. 고개를 끄덕이며 "네, 가능하죠. 가능해요"라고 말하고 한동안은 그대로 추진했다. 그러다 내가 스스로 철회할 때쯤에는 로돌포가 모두에게 해가 되지 않는 선에서 나의 요청을 실현할 수 있는 만족스러운 방법을 이미 찾아낸 뒤였다.

나후아 출신 부모들은 아이들이 도움을 주면 이따금 인정의 의미로 작고 가벼운 선물을 주기도 했다. (하지만 루시아와 동료들의 연구에 따르면 대개는 아무런 보상도 하지 않았다.) 단, "네가 설거지를 도와주면 아이스크림을 사줄게"라는 식으로 특정 업무와 보상을 엮는 경우는 없었다. 대신, 아이들이 전반적으로 협조를 잘할 때 '가족에 기여하는 구성원'으로 인정해 보상을 주었는데, 이때 상품은 특별 요리를 만들어 주거나 속옷 같은 필수품을 사주는 것처럼 소박했다.

여러 문화권에서 부모들은 아이가 가족을 도우면 많이 자라고 성숙해졌다거나 배우기 시작했다는 식으로 칭찬해 그 기여를 인정해 준다. 아들이 집안일을 도왔을 때 어떻게 인정해 주는지 한 엄마가 루시아의 연구팀에 해준 이야기를 예로 들어보자. "아이가 뭔가 좋은 일을 하거나 스스로 해야 할 일을 했을 때 저는 그냥 이렇게 말해줘요. '오, 아들, (어떻게 하는 건지) 벌써 다 배웠구나.' 그러면 아이가 무척 행복해하죠." 다른 엄마들은 아이가 집안일에 기여하는 양이 점점 많아질 때면 쑥쑥 자라고 있다는 사실을 축하해 준다고 말했다. 또 다른 엄마는 아이를 안아주면서 성숙한 가족 구성원의 몫을 다하고 있다고 인정해 준다고 한다. 전반적으로 협조적인 아이의 태도를 인정해 주는 게 특정 행동을 칭찬해 주는 것보다 훨씬 유용하다. 한 번의 성취를 부각시키는 대신 아주 중요한 가치를 배울 수 있게 해주기 때문이다.

인류학자 장 브릭스(Jean Briggs)는 일부 이누이트 부모들이 비슷한 유형의 인정 방식을 사용한 사례들에 대해 기록했다. 그중에는 다섯 살 여자아이가 사탕을 자매와 나눠 먹자 부모가 어떻게 인정해 주었는지 소개하는 이야기도 있다. "그 다섯 살배기는 이미 노련해서 세 살배기 동생에게 (사탕을) 다는 아니더라도 어차피 줘야 한다는 사실을 알고 있었다. 그래서 그대로 행동에 옮겼고 (어른들은) '동생한테 사탕 주는 것 좀 봐. 어찌나 친절한지'라고 말했다."

전 세계 수많은 부모는 이 같은 방법을 한 단계 더 업그레이드해 사용한다. 협조적으로 행동하는 아이를 '성숙한 아이'로 인정해 주는 것이다. 실제로 북극의 한 이누이트인 엄마는 동생을 때리는 아이가 '철없는 아기'에 불과하다면 형제자매들에 관대하고 친절한 아이는 '의젓한 어른'이라고 규정했다. 이 방법은 우리 집에서도 아주 강력한 효과를 발휘했다. 우리는 갓난아기부터 십 대 청소년에 이르는 모든 연령대의 아이들에게 이를 어떻게 시도할지 알아보도록 하자.

기초

✦ **도움이 된다(혹은 안 된다)는 사실을 지적해라.** 당신의 요청을 아이들이 들어줄 때마다 매번 칭찬해 주는 게 아니라 전반적으로 잘 도와

줄 때 인정하는 방식을 활용하라. 과도하게 반응하거나 너무 자주 인정해 주는 것도 바람직하지 않다. 아이가 아코메디도를 실천하거나 자발적으로 도왔을 때 "도움이 됐어"처럼 짧은 말 한마디를 건네는 것으로 충분하다. 심지어 아이가 노력하는 모습을 한 주 동안 지켜보다 주말에 한꺼번에 인정해 주는 것도 좋다. 아이가 나날이 발전하고 있거나 가족에 실질적인 도움을 주고 있다는 사실에 초점을 맞춰 이야기해 주어라. "이제 진짜로 도움이 되는 방법을 배우기 시작했구나" 혹은 "이제 의젓해져서 집안일에 기여하는구나" 정도가 좋다.

'도움이 된다'는 게 무슨 뜻인지 아이에게 잘 이해시키려면 다른 이들의 사례를 들어 설명해 주어라. 당신에게 이 같은 가치가 무척 중요하다는 사실을 전달하는 것도 좋다. 도움이 됐음을 인정할 때는 협력하는 게 모든 이들의 삶을 수월하게 만든다는 사실에 중점을 둬라. 어느 날 로지와 유치원 가는 길에 내가 사용한 방식을 예로 들어보자. "오늘 아침엔 아빠가 정말 아코메디도 했어. 관심을 가지고 지켜보다 필요할 때 잘 도와주었지." "맞아, 그리고 나도 그랬지." 기회를 놓칠세라 로지가 답했다.

✦ **도움이 되지 않는 행동 역시 지적해라**. 아이가 별 도움이 안 될 때도 지적하기를 주저해선 안 된다. "부모들은 '지나치게 아코메디도 하지 마', 혹은 '너무 많이 돕지 않아도 돼'라는 식으로 비꼬며 말할 때가 많아요"라고 루시아는 말한다. "이는 아이에게 더 도우라는 신호를 보내죠."

누군가 아코메디도 하지 않을 때도 지적할 수 있어야 한다. 그래야 아이들이 하지 말아야 할 행동 역시 배울 수 있기 때문이다. 뿐만 아니라 그 행동이 왜 도움 안 되는지도 알려줘야 한다. 다시 한 번 말하지만 간단히 말함으로써 의미를 명확하게 전달하라. 일례로 어느 오후, 로지와 내가 거실에서 장난감을 치우는데 로지의 친구가 전혀 돕지 않은 적이 있었다. 나는 로지에게 "아까 그 친구는 아코메디도 하지 않았어. 만약 친구가 우릴 도와줬다면 더 빨리 치울 수 있었을 거야"라고 말해주었다.

✦ **집안일과 관련해 처벌하거나 보상하는 행동은 중단하라**. 아이들이 자발적으로 집안일을 할 수 있도록 가르치는 데 이 같은 도구는 전혀 효과가 없다. 대개는 돕고자 하는 아이들의 욕구를 크게 저해하기 때문이다. 처벌이나 보상 대신 동기부여 도구를 이용해 보자.

✦ **그 일이 가족에게 어떤 가치가 있는지 설명해라**. 집안일을 돕는 게 왜 중요하고 꼭 필요한 일인지 아이에게 설명해라. 나후아 출신의 한 엄마는 루시아에게 딸아이를 처벌하는 경우가 절대 없다고 말했다. "저도 화나서 아이를 혼낼 때도 있죠." 아이가 장난감을 치우지 않을 때는 "넌 더 열심히 해야 해"라고 타일렀다. "우리도 아이를 위해 노력하고 있으니 아이도 열심히 해야 한다는 거죠." 이 방법은 로지에게도 아주 효과가 좋았다. 특히 내가 피곤하고 일이 너무 많다는 걸 아이도 인지할 때는 더더욱. 나는 로지에게 말했다. "로지, 아빠랑 엄마는 이 집이 모두에게 안락한 곳이 될 수 있도록 열심히 노력하고 있어. 최선을 다하는 중이지. 너도 우리 가족이니까 열심히 노력하고 최선을 다해야 해."

✦ **도움되는 행동을 성숙함과 연결시켜라**. 만약 아이가 자발적으로 먼저 집안일을 시작하면 이렇게 말함으로써 아이의 성장과 발전을 인정해라. "와, 도움이 되는 방법을 배우기 시작했구나." "장난감도 다 치우고, 다 컸네." 나는 로지가 아기처럼 굴 때도 명확히 지적해 준다. 예를 들어, 장난감을 치우지 않거나 설거지를 돕지 않을 때면 이렇게 말하는 것이다. "아, 이런 것도 안 하는 걸 보니 로지는 아직 아기네?" 그리고 이는 언

니의 행동과 아기의 행동을 대조하는 열띤 토론으로 이어진다. 예를 들면, "아기가 자전거를 탈 수 있어?" "아기가 아이스크림을 먹을 수 있어?" 등의 질문에 답을 찾는 것이다. 결국 언니가 되고 싶은 로지는 가서 장난감을 치우기 시작한다.

✦ **아이가 집안일에서 재미를 느끼게 해라**. 나는 집안일을 재밌게 재구성하거나 게임처럼 만드는 걸 그리 좋아하지 않는다. 에너지를 그리 오래 유지할 수 없을 뿐 아니라 세 살배기처럼 행동하는 것도 좋아하지 않기 때문이다. 하지만 로지가 집안일을 더 즐겁게 할 수 있는 자신만의 방법을 고안해 냈을 때는 저지하지 않는다. 예를 들어, 어느 오후 로지가 세탁을 마친 옷들을 널다 말고 베란다 쪽으로 던지기 시작했다. 순간 나는 아이의 '놀이'를 집안일에 접목시켜 보기로 결심하고 이렇게 말했다. "빨랫줄 옆에 서 있어. 내가 옷들을 던지면 네가 너는 거야." 로지가 얼마나 좋아하던지! 잠시나마 옷들을 계속 던지고 싶어 하기도 했지만 결국엔 일을 완료했다. 평소보다 좀 더 오래 걸렸을지언정 빨래를 돕고 싶은 로지의 내적 동기는 급상승했다. 이제 내가 (가끔씩) 부르면 로지는 즉각 달려와 다른 집안일에도 '던지기 놀이'를 적용하고는 한다. 이를테면 레고나 책을 정리할 때 내가 "로지, 책장 옆에 서 있어, 엄마가 책을 던질게"라고 말하면 로지는 즉각 돕겠다고 나선다!

✦ **실제로 생길 수 있는 결과를 알려줘라**. 협박을 이용하고 싶다면 실제로 나타날 법한 결과를 설명해 아이가 위기감을 느낄 수 있게 해야 한다. 예를 들어 이따금 나는 로지에게 이렇게 말한다. "우리가 주방을 치우지 않으면 개미 떼가 몰려와 싱크대를 점령하고 말 거야. 우리가 먹는 음식에 개미가 들어가면 좋겠어?" "점심 도시락을 씻지 않으면 내일은

더럽고 냄새나는 도시락을 먹어야 할 거야. 그러고 싶어?"

✦ **당신이 자녀를 도울 때도 분명히 짚고 넘어가라.** 로지의 경우, 책임감을 가지고 함께 일하면 효과가 배가된다고 짚어주면 내적 동기가 더 강해진다는 사실을 알게 됐다. 어느 날 로지가 설거지하는 나를 도와주지 않았다. 내가 도와달라고 하자 피곤하다며 도망쳐 버린 것이다. 그런데 10분 후 자기가 좋아하는 인형을 찾아달라는 것이 아닌가. 그래서 나는 "잠깐, 아까 너는 엄마가 설거지하는 걸 도와줬던가?"라고 상기해 주었다.

실전

✦ **아이의 도움을 소중히 여기는 법을 배워라.** 아이가 돕겠다고 다가오면 그들의 아이디어에 귀 기울여라. 그리고 어떤 식으로든 인정해 주어라. 실제로 시도해 보거나 당신의 방식에 접목시키거나 고개를 끄덕이거나 "할 수 있어"라고 말하는 등 방법은 다양하다. 아이가 돕기 시작하면 중간에 끼어들어 중단시켜서는 안 된다. 대신 아이들이 어떤 식으로 도우려 하는지 관심을 가지고 지켜보아라. 그러면서 아이의 방식을 보완하거나 좀 더 숙련시킬 수 있는 방법은 없을지 고민하라.

무엇을 하든 아이의 아이디어에 반기를 들고 싶은 충동은 억눌러야 한다. 아이의 작업을 방해하거나 경로를 변경하는 시도는 삼가도록 하라. 한발 물러나 아이가 일을 '독점'할 수 있도록 해주면 자신의 아이디어나 도움이 거부를 당했을 때보다 돕고자 하는 마음이 훨씬 커질 것이다.

✦ **자녀를 칭찬하는 (그리고 거부하는) 횟수를 세어보라.** 스마트폰은 당신의 육아 습관을 분석하고 새로운 관점을 획득할 수 있게 해주는 훌륭한 도구다. 어느 저녁, 당신의 휴대폰을 싱크대 혹은 식탁에 올려두

고 당신이 자녀와 소통하는 30~60분간 녹음해 보아라. 그리고 녹음한 걸 주의 깊게 들어보아라. 아이가 별것도 아닌 걸 해냈거나 당연히 할 일을 했을 때 몇 번이나 칭찬을 해주었는가? 아이의 아이디어를 거부한 건 몇 번이나 되는가? 도와주려는 노력을 무시한 건? 아이가 돕고 있을 때 끼어들어서 방법을 수정하려 든 건 대체 몇 번인가?

어느 날 밤, 나는 우연히 이 같은 실험을 하게 됐다. 로지와 저녁 식사를 준비하는 동안 라디오의 마이크를 싱크대에 두 시간 정도 켜둔 것이다. 나중에 그 테이프를 듣는 건 정말이지 괴로웠다. 실제로 울음까지 터뜨리고 말았다. 우리의 대화를 직접 들어보니 내가 로지의 아이디어나 도움을 거부할 뿐 아니라 로지의 말에 전혀 귀기울이지 않는다는 사실을 알 수 있었다. 로지가 몇 번씩 X를 말하려고 하는데 나는 Y가 맞다는 확신에 차서 그 말을 들으려고도 하지 않았다. 내가 정답을 알고 있으니 아이의 말은 들을 필요도 없다고 생각한 것이다. 로지는 자신의 아이디어를 관철하려고 엄청난 노력을 쏟은 만큼 툭하면 울었고 아이의 목소리에 담긴 고통과 간절함에 내 마음 역시 찢어졌다. 이후 나는 (아이를 칭찬하는 걸 포함해) 말을 줄일 필요가 있음을 깨닫고 로지의 말과 행동에 진심으로 주의를 기울이기 위해 노력했다. 심리인류학자 수잔 가스킨스는 이보다 몇 달 앞서 비슷한 조언을 해주었다. "미국 부모들은 그만 좀 떠들고 아이들에게 더 귀를 기울여야 해요."

✦ **칭찬 없는 날을 만들어라**. 당신이 자녀를 얼마나 많이 칭찬해 주는지 깨달았다면 가지치기를 해보라. 처음엔 쉬운 것부터 시작하라. 타이머를 15분에 맞춰두고 끝날 때까지 말로는 칭찬을 하지 않는 것이다. 타이머의 시간을 두 시간까지 차츰 늘리다 결국엔 온종일 칭찬을 하지

않는다. 이처럼 '칭찬 없는 시간'을 지나고 나면 느낌이 어떤지 평가해 보라. 육아에서 오는 스트레스와 피로가 덜해졌는가? 아이의 반응은 어떤가? 관심을 덜 요구하지 않는가? 덜 힘들게 구는가? 당신의 시간이 전반적으로 조금은 편안해졌는가? 아이가 형제들과 덜 싸우는가?

✚

아이들의 돕는 태도를 강화하려면 세 가지 요소, 혹은 단계를 거쳐야 한다. 일단은 앞의 두 단계부터 살펴보겠지만 부모들은 이 세 단계를 이용해 자녀들에게 전하고자 하는 가치를 무엇이든 전달할 수 있다. 실제로 세계 전역의 여러 문화권은 이 공식을 이용해 관대, 존중, 인내 등의 가치를 전달한다. 바로 연습하기, 본보기가 되기, 인정하기다.

✦ **연습하기**. 아이들, 특히 어린아이들의 경우 집안일을 돕거나 협력하는 연습을 많이 할 수 있게 해주어라. 할 일을 정해주고 곁에서 지켜보도록 한 뒤 함께하고 싶은 마음을 북돋워 주어라.

✦ **본보기가 되기**. 아이들에게 회원권을 주어라. 일상에 아이들을 받아들여 지켜봄으로써 집안일을 배울 수 있게 해주어라. 그러면 아이들은 자신이 제 역할을 해내는 온전한 구성원이라고 느낄 수 있을 것이다.

✦ **인정하기**. 아이가 도움을 주고자 하면 받아들이고 그들의 아이디어 또한 소중히 여겨라. 그들의 비전을 존중해 주어라. 아이가 도울 때 분명히 지적해 주고 다른 누군가가 도울 때도 그 사실을 알려주도록 한다. 아이들이 배워나가는 것을 '성장하고' 성숙해지는 행위로 연결시켜라.

요약

아이에게 동기를 부여하는 방법

기억하자

- 뇌물이나 협박 없이 동기를 부여하기 위해서는 아이가:
  - 당신 혹은 가까운 누군가와 연결감을 느껴야 한다.
  - 다른 누군가 강요해서가 아니라 스스로 선택해서 돕는 것이라고 느껴야 한다.
  - 자신이 충분히 유능하며 실제로 도움이 된다고 느껴야 한다.
- 칭찬은 동기를 저해하고 형제간 경쟁과 갈등을 유발한다.
- 부모도 아이로부터 많은 걸 배울 수 있고 지식은 양방향으로 흐를 수 있다. 당신의 방식이나 비전이 최고라고 가정하지 마라. 아이의 비전이나 아이디어에 주의를 기울이면 아이도 중요하고 유용한 정보를 많이 갖고 있음을 알게 될 것이다.
- 아이의 지식, 아이디어, 혹은 도움을 받아들이는 건 아이에게 동기를 부여하는 강력한 방법이다.

오늘 해보자

모든 연령대 아이들:

- 아이를 바꾸고 싶은 욕구에 저항하라. 특히, 아이가 나서서 가족을 돕고 있을 땐 더욱 그래야 한다. 아이가 작업을 수행할 땐 관여하지 말고 한발

물러서 있어라. 설사 당신이 원하는 방식이나 적절한 접근법을 사용하지 않는다고 해도 말이다.

- 만약 아이가 설거지를 도와달라는 등의 요청을 거부한다면 당신이 지나치게 강요하고 있는 것일 수 있다. 아이는 당신이 무엇을 원하는지 잘 안다. 그만 다그쳐라. 아이 스스로 나설 수 있도록 기다려라.
- 아이가 어떤 식으로 기여하는지 주의 깊게 지켜보고 아이의 아이디어를 거부하는 대신 보완해 주어라.
- 어떤 일에 대해 아이에게 설명하고 가르쳐주는 대신 아이가 직접 해봄으로써 배울 수 있게 해주어라. 아이가 일을 하고 있을 때는 수정이 필요한 부분만 간단하게 알려주어라.
- 설사 아이가 당신이 기대하거나 원한 것과는 전혀 다른 방식으로 돕더라도 그냥 받아들여라.
- 칭찬은 최대한 삼가라. 칭찬을 꼭 하고 싶을 때는 중요한 가치를 배우고 있다거나 ("진짜 도움되는 방법을 배우기 시작했구나") 성숙해졌다는 사실에 ("이제 정말 다 컸구나") 연결하라.

Part 3 이누이트의 육아법, 감정 지능

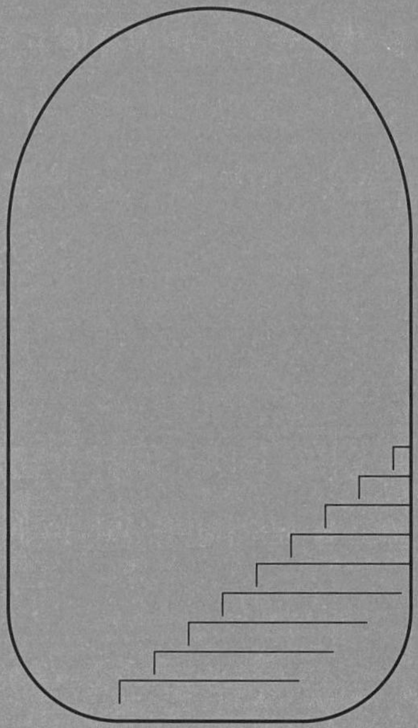

집행 기능이 발달한 아이들

북극의 작은 마을 쿠가아룩(Kugaaruk)은 겉으로만 봐선 뉴잉글랜드 해안의 여느 마을과 다를 바 없다. 빨간색과 녹색, 그리고 황갈색의 목조 주택 대여섯 채가 자갈 해변 코앞에 설치된 지주 위에 올라서 있고, 각 집 앞에는 모터보트가 한두 대씩 주차돼 있다. 아이들 자전거는 정면 계단에 기대어 있고 현관문은 절대 닫히는 법이 없어서 아이들은 땅콩버터 샌드위치와 음료수를 손에 들고 이웃과 친척의 집을 마음대로 드나들며 점심을 때운다.

하지만 공기를 들이마시면 이곳 특유의 냄새를 느낄 수 있다. 소고기 스튜에 해조가 섞인 듯한 냄새다. 어느 집 뒷마당 창고 문에 달린 선반에는 북미산 순록의 늑골이 가득 진열돼 소금기를 품은 바람에 건조되는 중이다. 또, 맞은편 집 앞마당 벤치에는 북극곰의 두개골 세 개가 나란히 놓여 있는데 하얗게 빛나는 송곳니가 엄지손가락보다 길다. 그리고 이 중 아무 집 주방에 들어가 냉장고를 열어보면 저녁 식사용으로 비축해 둔 물개 고기를 발견하게 될 것이다.

여기는 뉴잉글랜드가 아니다. 거기와는 한참 멀다. 멀어도 너무 멀어서 1960년대 초반, 하버드 대학의 한 인류학과 학생이 이곳 근방으로 탐험에 나섰을 때 대부분은 그녀가 여행 중 사망할 거라고 생각했다. "저는 북극에서 최대한 멀리 떨어져 있고 외부와의 접촉이 없는 지역에 가고 싶었어요. 서구 문화권의 영향을 가장 적게 받은 사람들을 만나고 싶었죠." 그로부터 한참이 지난 후 장 브릭스가 말했다. 이 같은 열망 덕분에 그녀는 북극권을 지나고 허드슨 베이에서도 250마일 더 떨어져 있는 세계의 꼭대기에 도착했다. 이곳의 땅은 수백여 덩어리로 갈라져 있어 지도상으로는 어디가 섬이고 어디가 바다인지도 구분하기 힘들다. 이렇게 거대한 육지의 띠가 천 년에 걸쳐 이누이트인의 땅으로 이어져왔다.

서구의 인류학 학생에게 이 여행은 너무나 위험했다. 1960년대 당시에는 심지어 동료들조차 이 여성 인류학자의 여행을 어리석고 미친 짓으로 여겼다. 그도 그럴 것이 한겨울 기온이 툭하면 영하 30도까지 떨어지고 식료품점은 물론, 도로나 전기 보온 시스템 따위 없는 곳이었으니 장이 여행 도중 죽는다 해도 전혀 이상한 일이 아니었기 때문이다. 하지만 위험을 무릅쓴 그녀의 도전은 값진 열매를 맺었다. 이곳에서 체류한 17개월 동안 그야말로 획기적인 현장 연구를 실시해 종국에는 서구 심리학이 감정을 이해하는 방식 자체를 바꿔 놓은 것이다. 특히, 그중에서도 분노를 바라보는 시선은 완전히 달라졌다.

약 1천 년 전, 알래스카와 러시아를 나누는 국경선 지대에 아주 독특한 부족이 살고 있었다. 이누이트라 불리는 그 민족은 지구상 가장 척박한 환경에서도 번영할 수 있는 특별한 기술을 개발했다. 썰매를 끄는

데 특화된 개를 키우고 물개 가죽으로 방수 바지를 지었으며 세상에서 가장 큰 동물을 포획해 매끈한 바다 카약을 만들었다. 이 부족은 무척이나 강하고 숙련돼 있어서 가족들은 북극권을 가로질러 수백 마일씩 여행도 할 수 있었다. 그리고 향후 몇 세기에 걸쳐 베링 해협부터 그린란드에 이르는 3천 마일가량의 광활한 대륙에 정착했다.

1960년대에 이누이트의 수많은 가족은 수 세기 전 조상들처럼 떠도는 수렵채집민으로 살았다. 바다가 그들의 식료품점이요, 툰드라가 정원이었다. 동물을 잡기 위해 이 캠프에서 저 캠프로 옮겨 다니며 얼음 천지인 한겨울에는 물개를, 봄에는 물살을 가로질러 오르는 북극 곤들매기를 작살로 잡았다. 여름에는 순록을 사냥했다. 동물 가죽으로 부츠, 파카, 침구와 텐트를 만들었다. 고래와 물개의 지방으로 불을 피워 요리도 하고 집도 덥혔다.

1963년 8월, 북극 어느 강의 하얗게 부서지는 급류가 내려다보이는 화강암 절벽에 한 경비행기가 장을 내려주었다. 여름 동안엔 수많은 이누이트 가족이 이 강변을 따라 야영을 하며 지냈다. 처음엔 장이 이 캠프에서 살아가는 것도 그다지 힘들 게 없어 보였다. 녹색빛 툰드라에 블루베리가 천지였고, 캠프 아래쪽 강에는 무지개송어가 가득했다. 장에 따르면 "낚시꾼들은 마리당 무게가 10~40파운드씩 되는 송어를 20마리에서 많게는 40마리까지 잡았다." 하지만 10월 초만 돼도 강물이 얼기 시작하고 매일 눈도 내리는 등 겨울이 빠르게 다가왔다. 장은 살아남으려면 이누이트인 가족의 도움이 필요하다는 사실을 깨달았다. 캠프의 한 부부, 알라크와 이누티아크에게 자신이 살아남도록 도와달라고 부탁하고 설득했다.

알라크와 이누티아크는 장에게 무척 관대하고 친절했다. 이누이트 방언인 이누크티투트와 물고기 잡는 법에 대해 가르쳐주고 겨울철 식량도 나눠 주었다. 뿐만 아니라 가족 이글루 안에서 각각 여섯 살, 세 살인 두 딸 라이길리, 사라크와 함께 따뜻한 순록 담요를 덮고 나란히 잘 수 있게 해주었다. (십 대인 큰딸은 다른 지역에서 기숙사학교 생활을 하고 있었다.)

장은 처음에는 샤머니즘을 공부할 생각이었다. 하지만 이 부부와 함께 몇 주간 생활하면서 이 가족, 그리고 이 지역사회 전체에 훨씬 놀라운 뭔가가 있음을 알아차렸다. "그분들은 절대 내게 화를 내는 법이 없었다. 설사 무척이나 화가 났더라도 말이다." 장이 당시를 회상하며 적었다. 그녀는 알라크와 이누티아크가 자신들의 감정을 조절하는 데 놀라울 만큼 뛰어나다는 사실을 발견했다. 그들은 흥분하거나 분노하거나 약간의 절망감이라도 표현하는 법이 없었다. 영하 30도를 밑도는 날씨에 어린 두 딸과 함께 좁은 이글루에 살면서 지금은 미국 대학원생이 된 큰딸의 뒷바라지까지 해야 했는데 말이다. (큰딸은 '어려울' 때도 있었음을 시인했다.)

"사실, 어려운 환경에서도 평정심을 유지하는 건 성숙한 어른의 필수 조건이다." 장은 알라크 가족과 함께한 시간을 담은 저서 《화내지 않는 사람들(Never in Anger)》에서 밝혔다. 집 안에서는 작은 실수가 일어나도 다들 그냥 넘어갔다. 소소한 불평불만 따위는 존재조차 하지 않았고 심지어 중대한 실수도 아주 미미한 반응만 이끌어냈을 뿐이다. 예를 들어 한번은 알라크의 남동생이 난로를 넘어뜨려 주전자에서 끓고 있던 물이 이글루 바닥으로 쏟아지는 대형 사고가 일어났는데 어느 누구도 놀라지 않았다. 뜨거운 물이 어느새 이글루 바닥을 녹이고 있는데도 다들 고개조차 들지 않았다. 남동생이 저음의 목소리로 이렇게 읊조렸을 뿐이다. "이런." 그러더니 아무렇지 않은 듯 흥건한 물을 닦아내고 바닥을 손봤다. 장에 따르면 당시 작게 피식대는 웃음에서도 평소와 다른 긴장감은 전혀 느껴지지 않았다.

또 한 번은 아내이자 엄마인 알라크가 몇날 며칠에 걸쳐 순록 힘줄을 꼬아 낚싯줄을 만든 적이 있었다. 그런데 남편인 이누티아크가 처음으로 사용하려는 찰나 뚝 끊어져버렸다. 하지만 이렇게 황당한 상황에도 부부는 좌절하는 기색조차 보이지 않았다. 감정적으로 대응하는 대신 생산적으로 행동하는 데 중점을 두었다. 장의 묘사에 따르면 알라크는 살짝 웃었고, 남편은 나무라는 기색 전혀 없이 "꿰매 줘"라며 아내에게 낚싯줄을 돌려주었을 뿐이다. 이걸 읽고 나는 감탄을 금치 못했다. 이렇게 차분하고 화내지 않는 가정엔 대체 어떤 비밀이 있는 걸까? 한 어른이 실수로 자신의 감정을 절제하지 못하다면 다른 어른들이 그 행동을 가볍게 흉내 냈다. 예를 들면 이누티아크가 지나가는 새를 '충동적으로 총으로 쏜' 적이 있었다. 멀리서 지켜보던 알라크는 "애 같네"라고 말했다. 이는 '인내심이 부족한 건 어른이 아닌 아이의 특징'이라는 의미다.

자신의 감정을 다스려보려고 용을 쓰고 노력해도 알라크와 이누티아크에 비하면 장은 대책 없는 어린애였다. 장은 이누이트인의 자기 규제 기준에 결코 부흥하지 못했다. 어른은 짜증 나거나 기분이 언짢을 때 아마도 서구인들은 눈치도 못 챌 만큼 아주 살짝이라도 표현하면 철이 없는 증거라고 여겼다. "내 방식은 너무 거칠고 사려 깊지 못하며 훨씬 충동적이었다"고 장은 적었다. "말하자면 반사회적 충동에 따라 행동할 때가 많았다. 삐치고 틱틱 대는 등 이누이트인으로서는 전례가 없는 방식으로 처신했다."

장의 기억에 따르면 특히 알라크는 고요함과 차분함의 끝이었다. 심지어 출산을 할 때도 침착했으니 말이다. 비현실적으로 들릴지 모르겠지만 이누이트의 많은 여성은 출산 시 비명을 지르거나 하지 않는다. 장은 알라크가 넷째를 출산할 때도 이 가족과 함께 머물고 있었는데 당시 상황에 대한 묘사를 보면 출산이 어떻게 별일 아닌 듯 지나갈 수 있는지 웃길 정도다.

> 알라크는 저녁 내내 가족을 위해 배넉(빵)을 구웠다. (그녀는) 만찬에 참석해 평소처럼 자매들과 농담을 나누고, 평소처럼 사라크를 가슴에 부드럽게 안아 램프를 끄고 꿈나라로 보내주었다. 그게 밤 11시 반이었는데 새벽 1시 반에 갓 태어난 아기의 울음소리가 들려 나는 잠을 깨고 말았다.

알라크가 출산을 너무 조용하게 해 장은 진통이 시작된 줄도 몰랐던 것이다. 그런데 출산 후 심각한 문제가 생겼다. 태반이 유착되면서 알라크의 출혈이 멈추지 않는 위기에 처한 것이다. 하지만 당시 알라크 외에 현장에 있던 유일한 어른 이누티아크는 태반에 대고 몇 마디 간단한 '제안'만 했을 뿐 절대 소리치거나 울부짖지 않았다. 응급실에서 볼 법한 급박한 상황을 연출하는 대신 이누티아크는 램프에 불을 붙인 뒤 기도에 전념했고 결국 태반이 떨어져 나왔다.

솔직히 나는 이 부분을 읽으면서도 선뜻 믿기가 힘들었다. 아기를 낳는데 비명을 지르지 않는다고? 좁아터진 이글루에서 어린아이들과 몇 달씩 부대끼면서 고함치지 않는다고? 샌프란시스코에서 나는 집 안팎은 물론 트위터에서도 매일같이 고함을 지른다. 그리고 로지에게도. 내가 로지에게 얼마나 많이 소리치는지 고백하려니 부끄럽기 짝이 없다. 그러니 장도 알라크 가족의 자기조절을 묘사하는 데 있어 과장을 섞은 게 분명하다.

혹시 장의 이야기가 전부 사실이라면 알라크는 어떻게 그럴 할 수 있었단 말인가? 나는 알라크를 비롯한 이누이트의 엄마들이 그렇게 팍팍한 여건 속에서 어떻게 평정심을 유지하는지뿐 아니라 자녀에게 어떻게 전수하는지도 궁금했다. 이 부모들은 툭하면 떼쓰고 성미도 급하기 짝이 없는 세 살배기를 어떻게 차분한 여섯 살로 변신시키는 것인가? 그들은 늘 가시를 곧추세우고 있는 나의 작은 고슴도치를 길들이는 것도 도와줄 수 있을까? 결국 장의 여행으로부터 60년이 지난 어느 날, 나는 로지와 여행 가방을 싸 장이 머문 곳에서 반도를 가로질러 있는 캐나다의 쿠가아룩 마을로 날아갔다.

✚

2백여 채의 가구가 모여 있는 쿠가아룩에 도착한 순간 마치 엽서 속으로 빨려 들어간 듯한 기분이었다. "황제를 위해 준비된 풍광 같아." 내 친구가 말했다. 눈앞에 그야말로 환상적인 풍경이 펼쳐진 것이다. 마치 크리스털처럼 너무나 깨끗하고 투명해서 갈증이 나면 언제든 무릎 꿇고 앉아 마실 수 있는 쿠크(Kuuk)와 낮게 걸린 한여름의 태양 속에서 물결이 반짝이는 푸른빛 만(灣)이 그것이다. 이 만에 떠 있는 여러 개의 섬은 마치 물고기를 잡으려 몸을 숙인 녹색 거인의 등을 연상시킨다.

마을 뒤편의 동쪽으로는 툰드라가 동쪽 끝까지 펼쳐진다. 7월 말이면 블루베리와 블랙베리의 콩알만 한 열매들이 회색의 툰드라를 수놓는

다. 덤불은 키가 1~2인치에 불과할 만큼 너무 작게 자라서 이들 열매를 주우려면 무릎을 꿇고 이끼에 얼굴을 거의 파묻어야 한다. 하지만 그만한 가치가 있다. 베리 열매들이 무척 새콤하고 맛있기 때문이다.

쿠가아룩에 도착해 묵는 며칠간 로지와 나는 젊은 시절의 장 브릭스와 비슷한 상황에 처했다. 마땅히 묵을 곳이 없었던 것이다. 쿠가아룩에 하나 있는 호텔은 지붕이 새는데 요금은 어마어마했다. 그래서 나는 빌릴 만한 방이 없는지 수소문하기 시작했다. 하지만 나의 희망은 이내 불씨가 잦아들었다. 마을에서 어느새 우리에 대한 악명이 자자해졌다는 사실을 알게 됐기 때문이다. 로지는 어딜 가든 자신이 얼마나 제멋대로에 고집불통인지 보여주기 바빴다. 식료품점에 가면 그래놀라 바가 담긴 상자를 내 얼굴을 향해 던졌고, 호텔로 돌아가는 길에 내가 친절한 주민을 붙잡고 마을에 묵을 만한 다른 곳이 없는지 물어보고 있으면 길바닥에 드러누워 "엄마, 엄마!" 하며 마을이 떠나가라 소리쳐 댔다.

쿠가아룩은 기껏해야 폭 세 블록, 길이 몇십 블록에 불과한 작은 마을이다. 식료품점이 하나, 놀이터도 하나, 카페도 하나뿐이고 주민들은 자전거나 ATV를 타면 어디든 갈 수 있다. 모두가 서로를 알고 모두가 모든 걸 볼 수 있다. 심지어 거의 모든 주민이 이누이트인이다. 창백하리만치 하얀 나의 피부와 로지의 금발 머리만으로 우리는 아픈 엄지손가락처럼 거슬리는 인물들이다. 나는 로지의 성질을 감당하지 못하고 번번이 분노하는 나의 무능함을 감출 수가 없었다. 호텔 방 안에 있을 때조차 벽이 너무 얇다 보니 그 옆을 지나가는 여성들이 내가 로지를 재우려고 고군분투하는 소리를 다 들었을 것이다. 이성을 잃고 이렇게 분노하는 소리를 말이다. "그만! 그냥 침대로 가서 누워!"

반면, 로지와 내가 어디에 가든 그곳의 엄마들은 전혀 동요하는 법이 없었다. 절대 흥분하지 않았고 심지어 당황하는 기색도 보이지 않았다. 아이들은 어디에나 북적였는데 다급하게 반응하는 부모는 단 한 명도 없었다. 그들은 자녀의 왕성한 에너지나 움직임을 진압하기 위해 조급하게 행동하지 않았다. 아이들의 행동을 저지하거나 다른 식으로 행동하도록 만들기 위해 언성을 높이는 법도 없었다. 무슨 일이 있어도 어른들은 온몸으로 차분함을 발산했다. 온 사방에 차분함이 깃들어 있었다. 나는 식료품점에서도, 놀이터에서도, 내 머릿속에서도, 내 뼛속에서도, 심지어 내 마음속에서도 이 같은 차분함을 느낄 수 있었다. 그리고 솔직히 너무 좋았다. 그리고 이런 차분함에는 전염성이 있었다. 심지어 아이들조차 놀라울 정도로 느긋했다. 아이들이 식료품점에서 부모와 말다툼이나 협상을 하거나 놀이터에서 놀다 집에 갈 시간이 됐다고 징징대는 모습은 단 한 번도 볼 수 없었다. 마을에 도착한 다음 날, 나는 온 사방에 아이들이 북적이는데 정작 떼쓰는 아이나 우는 아기를 여태 못 봤음을 깨달았다.

그날 밤, 로지와 나는 작은 시냇가 근처를 배회하고 있었다. 내 걱정은 하늘을 찔렀고, 신경은 온통 곤두선 채였다. 그때 트레이시라는 한 젊은 엄마가 ATV를 타고 등장했다. 많아야 스물다섯 정도로 보이는 그녀는 세 아이 사이에 말 그대로 샌드위치가 돼 있었다. 앞쪽으로는 어린 아이가 그녀의 가슴에 파묻혀 있었고, 뒤쪽으로는 다섯 살 정도 됐을 아이가 허리를 꼭 껴안고 있었으며 심지어 아마우티(Amauti)라고 하는 이누이트인 파카의 모자 밖으로는 갓난아기가 얼굴을 쑥 내밀고 있었다. 그녀가 말할 때면 검은 머리칼이 하트처럼 생긴 얼굴의 양옆에서 춤을

줬다. 트레이시의 말투는 부드러웠고 미소는 상냥했다. 그녀가 엄마로서의 경험담을 나눠 줄 때 나는 불규칙하게 쿵쾅대던 심장이 차분해지는 걸 느낄 수 있었다. 이번 여행은 다 잘될 거야, 이곳에 도착해 처음으로 그런 생각이 들었다.

트레이시의 삶은 어떻게 봐도 편안함과는 거리가 멀었다. 일단 돌봐야 하는 자녀가 셋인 데다 호텔 객실 청소 일을 풀타임으로 하고 있고 심지어 남편과 시아버지의 사냥 준비도 도와야 한다. 나는 어린아이들의 엄마로서 일까지 하는 게 스트레스를 주지 않는지 물었지만 그녀의 답은 명확했다. "아뇨, 난 엄마인 게 좋아요. 아이들 때문에 바쁘기는 해도 행복해요." 세상에, 나는 생각했다. 이 젊은 여성들, 그리고 쿠가아룩의 모든 부모에게 나는 완전 엉망진창으로 보였겠어. 나이도 먹을 만큼 먹은 데다 화학박사씩이나 되면서도 아이 하나 건사하지 못해 허둥대고 있으니 말이다. 나는 당황스럽고 부끄러웠지만 트레이시가 나를 평가하는 기미는 전혀 느끼지 못했다. 오히려 친구를 찾은 듯한 기분이었다. 로지와 나에게 도움이 필요할 때 부를 수 있는 사람 말이다.

쿠가아룩에서는 이 같은 패턴이 반복됐다. 다른 부모도 나의 형편없는 육아 기술을 평가하지 않기는 마찬가지였다. 적어도 샌프란시스코에서 그랬던 것처럼 내 면전에 대고 혹평을 하거나 곁눈질하고 뒤에서 수근대는 사람은 아무도 없었다. 대신 그들은 날 돕고 싶어 했다. 그리고 거리낌 없이 손을 내밀어 주었다. 로지와 내가 마을을 돌아다니는 모습을 본 수많은 여성은 자신의 눈을 믿지 못하겠다는 듯 이렇게 물었다. "당신 혼자예요? 딸아이를 혼자 돌봐요? 누구의 도움도 없이요?" 식료품점에서는 한 여성이 사과를 고르는 내게 다가와 "아이가 온종일 한 사람하고만 있는 건 말이 안 돼요"라며 안타깝다는 어조로 말했다. 그런가? 흥미로운 지적이군. 나는 생각했다.

그런가 하면 거실 창을 통해 우리를 보던 또 다른 여성이 달려 나왔다. 분홍색 재킷을 입은 그녀는 자신이 로지를 몇 시간 돌봐줄 테니 나는 좀 쉬라고 제안했다. "매일 딸아이와 걸어다니는 걸 봤어요. 늘 혼자서요. 진심으로 돕고 싶어 그래요." 그녀가 말했다. 아이를 돌보는 건 엄마만의 원맨쇼라는 생각에 완전히 길들여져 있던 나는 그녀의 제안을 받아들이기가 부끄러워 이렇게 바보처럼 대답하고 말았다. "아, 고마워요, 그런데 혼자서도 할 수 있어요."

그리고 쿠가아룩 마을에 도착한 지 3일째 되던 날, 로지와 나는 마리아 쿠크바크와 그녀의 딸 샐리를 만났다. 그리고 작은 인간을 바라보는 유용한 관점을 배우게 됐다. "당신 딸도 분명 당신이 질렸을 거예요. 그래서 이렇게 멋대로 구는 거고요." 마리아의 집 식탁에서 함께 차를 함께 마시며 샐리가 말했다. "로지에게는 다른 아이들이 필요해요. 당신한테는 쉼이 필요하고요." 물론, 내가 로지에게 벗어나 쉴 시간이 필요하다는 사실은 알고 있었다. 로지한테 그야말로 질렸으니까. 하지만 로지 역시 내가 질릴 거라는 생각은 단 한 번도 해본 적이 없었다. 아마 그래서 우리가 그렇게 징그러울 정도로 싸운 것이리라. "남편하고 단둘이 여행을 가도 며칠 있다 보면 서로 질리잖아요, 그렇죠?" 샐리가 물었다. "그렇다고 서로를 사랑하지 않는 게 아니에요. 휴식이 필요할 뿐이지."

내가 만나본 모든 이들 중 샐리는 가장 경이로운 사람에 속한다고 해도 결코 과장이 아니다. 그녀는 병원에서 정신 건강 상담사로 봉사활동을 하고 있었는데 뭔가에 대해 이야기할 때면 따뜻하고 친근한 마음이 그대로 전해져왔다. "저는 눈으로 웃어요." 그녀가 앞머리를 옆으로 쓸어 넘기며 말했다. 그리고 그건 사실이었다. 샐리가 웃을 때마다 눈이 위를 향한 얇은 곡선을 이뤄서 너무도 간단하게 환한 미소를 완성했다. 우리는 마흔둘 동갑이었다. 하지만 샐리는 이미 세 자녀를 다 키워서 7~8명의 조카를 봐주기도 하고 네 명의 손주까지 돌보고 있었다. 부모로서 샐리는 모르는 게 없는 세계 최고의 전문가였다. 물론, 자신의 전문지식을 과시하는 법은 없었지만 내가 로지 때문에 쩔쩔매고 있을 때면 후한 인심을 베풀고는 했다. "엄마가 곧 캠핑을 가실 텐데 그동안 자신의 방을 써도 좋대요. 그러면 우리가 로지 돌보는 걸 도울 수 있어요. 당신은 도움이 필요하잖아요." 살면서 들어본 중 가장 정곡을 찌르는 말이었다.

다음 날 로지와 나는 호텔에서 나와 마리아의 집으로 들어갔다. 그리고 정말이지 우리는 운이 좋았다. 그녀의 가족 모두 얼마나 사랑이 넘치는지 심지어 샌프란시스코에 돌아온 지금도 그들에게 돌아가고 싶은 마음에 한 번씩 눈물로 밤을 지새울 정도니 말이다. 나는 마리아의 거실로 돌아가 함께 순록 육회를 먹고 빙고 게임을 하고 싶었다. 그 집에 가득한 평화로운 공기 속에 다시 한 번 놓이고 싶었다. 나는 그 집 문을 들어서는 순간 내가 그들을 그리워할 것을 알았다. 회색 청바지와 검은색 티셔츠를 입은 샐리는 커다란 냄비에 미트소스 스파게티를 만들고 있었다. "들어와서 저녁 좀 들어요." 그녀가 말했다. 거실에서는 대여섯 명의 아이들이 비디오게임을 하거나 카드놀이를 하고 있었다. 로지와 내가 여행가방을 끌고 그 사이를 지나치는 동안 샐리는 그릇에 파스타를 담아 아이들에게 전달했다. "함께 머물 수 있게 해줘 정말 감사해요, 샐리. 저녁 식사도요. 저희 지금 정말 배고프거든요." 내가 가방을 한구석에 놓은 뒤 말했다. "음식은 항상 넉넉해요. 드시고 싶은 만큼 얼마든지 드세요." 샐리가 로지와 내게 파스타를 건네며 말했다. "두 분 정도야 문제도 아니죠. 저희 집에는 아이들이 많아서 입이 하나 더 는다고 달라질 것도 없어요."

사실이었다. 이 거실은 쿠크바크 가족의 모임 장소였던 것이다. 이 집에 사는 아이는 엄밀히 두 명뿐이었지만 그건 중요한 게 아니었다. 언제나 이모, 삼촌, 사촌, 혹은 조카가 와 있었고 친구도 자유롭게 드나들었다. 오늘도 예외는 아니었다. 파스타를 먹는 동안 거실에 있었던 사람만 해도 열 명으로 생후 5개월 아기, 18개월 유아, 세 살 여자아이, 여섯 살 남자아이, 열세 살 여자아이 두 명, 열다섯 살 남자아이 두 명도 포함돼 있었다.

아이들은 자리에서 일어나 로지를 (말 그대로) 번쩍 들어 올리더니 곁으로 데려가 앉히고 보살펴주었다. 열세 살 여자아이 중 한 명인 수잔은 로지의 머리칼을 빗으로 빗은 뒤 땋아주었다. 잠시 후에는 아홉 살 레베카가 로지에게 다가가 부드럽게 손을 잡더니 나가서 놀자고 제안했다. 두 명의 어린아이도 그들을 따라나섰는데 그걸로 끝이었다. 로지는 이제 공식적으로 무리에 속한 것이다. 나는 온몸의 긴장이 풀리는 걸 느꼈다. 마치 혼자 아이를 돌보는 부담이 며칠, 몇 달, 심지어 몇 년 동안 내 등에 짐짝인 듯 매달려 있었던 것처럼 말이다.

✚

육아서에는 '집행 기능'이라고 하는 심리학 및 신경과학의 개념이 자주 등장한다. 이는 당신이 충동적으로 행동하는 게 아니라 사려 깊게 행동하도록 돕는 일련의 정신적 절차다. 내가 이렇게 행동하면 어떤 여파가 생길까? 더 좋은 접근법은 없을까 등을 자문하며 반응하기 전에 한

번 쉬어갈 수 있게 해주는 목소리다. 집행 기능 덕분에 우리는 감정과 행동을 조절하거나 필요할 때 방향을 전환할 수 있다. 연구 결과, 어렸을 때 집행 기능이 잘 발달하면 향후 여러 방면에서 더 좋은 결과를 거두는 것으로 나타났다. 학교 생활을 더 잘하고, 정신적으로 더 건강하며, 인간관계도 더 좋고, 취직할 확률은 물론, 한군데서 오래 일할 확률도 더 높아지는 것이다.

쿠가아룩의 아이들은 집행 기능을 갖추고 있다. 다른 아이의 관점을 파악하고, 상황에 따라 유연하게 대응하며, 타인의 요구에 맞춰줄 줄 아는 것이다. 이들은 미국의 아이들보다 감정적으로 훨씬 성숙하다. 여러모로 나보다도 성숙하다 할 수 있다. 심지어 어린아이조차 인내심 있게 행동하고, 공감할 줄 알며 관대한 모습을 보인다. 게다가 장난감, 음식, 옷 등 무엇이든 나눠 갖는 데 아주 탁월하다. 어떤 물건이 있으면 싸우고 경쟁하는 대신 함께 협력하고 놀 수 있는 기회로 만든다.

이후 로지는 나나 다른 엄마들이 지켜볼 필요도 없이 아이들과 온종일 함께 지냈다. 문제가 될 만한 일은 거의 생기지 않았다. 큰 아이들은 규칙을 이미 잘 알고 있었고 어린아이들에게도 잘 가르쳐주었다. 십 대 여자아이들은 로지를 돌봐주고 싶어 했고 어린아이들은 로지와 놀고 싶어 했다. 만약 로지가 속상해하면 큰 아이들이 문제를 파악해서 해결한 뒤 로지에게 맞춰주었다. 가장 확실한 방법을 사용한 것이다.

샐리의 집 거실에서 처음 묵던 밤, 나는 두 시간가량 아이들이 노는 모습을 지켜보았다. 그 사이 서로 말다툼을 하거나 긴장되는 상황을 연출하거나, "내 거야!"라고 소리치며 우는 아이는 (로지를 제외하면) 단 한 명도 없었다. 그리고 어른들은 심판을 보지도, 끊임없이 지시를 내리지도 않았다. 대신 편안히 쉬면서 휴대전화 메시지를 보내거나 예정된 사냥에 관한 담소를 나눴다. 그날 저녁, 이 같은 장면이 펼쳐지는 걸 보면서 나는 이누이트 가족이 예상했던 것보다 훨씬 많은 걸 가르쳐줄 거라는 사실을 깨달았다. 내가 쿠가아룩에 온 건 단 하나의 목표를 이루기 위해서였다. 바로 로지가 자신의 화를 다스리고 가족 및 친구에게 친절하게 대할 수 있도록 하려면 어떻게 가르쳐야 하는지 배우기 위해서다. 하지만 나는 여기 이누이트의 부모로부터 나의 육아 방식을 어떻게 바꿀지를 비롯해 훨씬 많은 걸 배우게 될 것이다.

아이 스스로 화를 다스리도록 가르치기

북극에서 머문 지 열흘째 되던 날 나는 믿을 수 없는 광경을 목격했다. 샐리의 집에서 평소와 다름없이 지내던 어느 오후였다. 고든 삼촌은 소파에서 책을 읽고, 샐리의 아들 투시는 곁에서 휴대폰을 들여다보고 있었으며 샐리의 두 손주는 대형 평면 TV 앞에서 DDR을 하고 있었다. 세 살부터 마흔다섯 살까지 모두가 '자기만의 일'을 하며 다정하게 공존하고 있었다.

그때 로지와 새로운 영원한 베프 사만다가 나타났고 나는 또다시 지옥이 열릴 순간을 대비해 긴장의 고삐를 바짝 쥐었다. 둘 다 망사 치마를 입고 있었는데 로지는 연노란색, 사만다는 밝은 빨간색이었다. 둘이 함께 있는 모습은 나를 공포로 몰아넣기에 충분했다. 두 아이의 에너지가 너무 강했기 때문이다. 로지처럼 사만다도 똑똑하고 말이 많았으며 모험심이 강했다. 멋대로 곱슬대는 검은 머리칼 밑으로 드러난 사만다의 표정에는 순수한 기쁨이 가득했다. "우리는 미시를 목욕시킬 거예요." 사만다가 웃으며 말했다. 미시는 사만다 가족이 키우는 요크셔테리어로 기껏해야 3킬로그램에 불과할 정도로 작았다. 그런데 사만다와 로지가 비눗물로 가득한 양동이에 강제로 처넣겠다는 것이다. 지금 이 순간 불쌍한 미시는 거실의 사이드테이블 밑에 숨어 있었다. "내가 잡을게." 로지가 미시를 향해 달려들며 소리쳤다. 퍽! 테이블 위 가장자리에서 김을 모락모락 내뿜던 머그잔을 로지의 팔이 강타하고 말았다. 순간 갈색 액체가 대기 중에 나선형 원을 그리더니 샐리의 하얀색 러그를 질펀하게 적셨다. 앤티크 테이블 위로 흥건하게 쏟아진 건 물론이다. 내 심장은 철렁 내려앉았다. 세상에, 로지! 나는 소리치고 싶었다. 우리는 손님이잖아. 왜 좀 더 조심하지 못하니?

하지만 주위를 돌아보자 아무도 반응을 보이지 않았다. 고든과 투시는 고개를 드는 기미조차 없었고 아이들도 여전히 댄스 삼매경이었다. 뜨거운 커피가 방금 대기를 날아 거실을 엉망으로 만들었는데 다들 아랑곳하지 않는 것이다. 샐리가 주방에서 수건을 들고 나와 러그 위에 놓고 마치 명상을 위해 요가 매트를 까는 사람처럼 천천히 조심스레 커피를 닦았다. 로지는 장 브릭스의 책에 등장하는 장면을 정확히 재현해 냈다. 남자아이가 물 끓이던 주전자를 이글루 바닥으로 쏟았지만 아무도 반응하지 않던 상황 말이다. 하지만 가장 놀라운 건 샐리의 반응이었다. 그녀는 소리치지도, 로지를 질책하지도 않았다. 대신 투시를 향해 차분한 목소리로 이렇게 말했다. "커피를 여기에 놓으면 안 되지."

✚

지난 수년간 나는 알래스카부터 캐나다 동부에 이르는 북극의 이누이트 부모들을 백 쌍도 넘게 인터뷰해 왔다. 80, 90대 노인분들이 물개 스튜, 냉동 흰돌고래, 그리고 순록 육회 등의 토착 음식을 드시는 동안 함께 앉아 이야기를 나누기도 했고 물개 가죽 재킷을 직접 만들어 고등학교 수공예 축제에서 판매하는 엄마들도 만났다. 뿐만 아니라 어린이집 교사를 대상으로 이누이트의 조상들이 수백 년 (어쩌면 수천 년) 전 어린아이들을 어떻게 키웠는지 강연하는 교육에도 참석했다.

그런데 때와 장소를 막론하고 모든 부모가 꼽는 이누이트 육아의 황금 원칙이 한 가지 있었다. "아이한테 절대 소리쳐선 안 돼요." 쿠가아룩에서 그리 멀지 않은 한 뗏장 집에서 태어난 74세 시도니 니룬가유크가 말했다. "저희 부모님도 저희한테는 절대 소리치지 않았어요, 절대, 단 한 번도요." 시도니의 엄마 역시 출산할 때 소리치지 않았다. 장 브릭스의 《화내지 않는 사람들》에 등장한 알라크처럼 말이다. "한밤중에 잠에서 깼는데 강아지 소리가 들리더라고요." 시도니가 설명했다. "'누가 강아지 좀 내보내요'라고 말하고 엄마를 쳐다봤는데 무릎 꿇고 앉아 막 출산한 참이었어요. 그 '강아지'가 동생이었던 거죠. 엄마는 아무 소리도 내지 않았고요." 시도니가 엄마가 됐을 때도 언성을 높이지 않는 정책은 지속됐다. "저희는 자녀에게 소리치는 게 허용되지 않았어요. 뭔가 이야기할 게 있으면 늘 고요하고 차분한 목소리로 했죠."

진짜? 언제나 차분한 목소리로 말했다고? 아이가 당신의 뺨을 때릴 때도? 당신을 집 밖으로 내쫓고 현관문을 닫아 걸었을 때도? 혹은 의도적으로 당신을 화나게 만들려고 고집 피울 때도? "네." 리사 이필라이가 내 질문이 우습다는 걸 강조하려는 듯 키득대며 말했다. "아이가 어릴 땐 언성을 높이거나 화를 낸다고 해서 나아질 게 없어요. 괜히 당신만 더 홍분하게 되죠."

라디오 PD이자 엄마인 리사는 캐나다의 북극 마을 이콸루이트(Iqaluit)에 살고 있었다. 형제자매만 해도 열두 명이나 됐다. "아이가 어릴 때는 걔들이 당신을 화나게 만든다고 느껴질 때가 많죠. 하지만 실상은 그렇지 않아요. 아이들은 뭔가에 화가 났을 뿐이고 당신은 그게 무엇인지 파악해야 하죠." 이누이트인은 어린아이에게 소리치는 걸 품위 없는 행동으로 간주한다. 어른씩이나 돼서 어린애 수준으로 전락하거나 어른 버전의 떼를 쓰는 행동에 불과하다는 것이다. 아이를 야단치거나 화난 목소리로 말하는 것도 마찬가지다.

"아이에게 화내봐야 득 될 게 없어요." 83세의 마사 티키비크가 말했다. 배핀섬의 한 이글루에서 태어난 그녀는 여섯 명의 자녀를 키웠다. "화를 내도 문제는 해결되지 않아요. 엄마와 아이 간의 소통만 단절시킬 뿐이죠." 쿠가아룩의 어르신 레비 일루이토크도 동의했다. 쿠가아룩 근처의 한 섬에서 태어난 그는 불과 일곱 살에 물개와 순록을 사냥하는 법을 배웠다. "내 기억에 아버지가 내게 무례하게 행동하거나 소리친 적은 단 한 번도 없어요." 79세의 레비가 말했다. 하지만 그렇다고 해서 그의 부모님이 호락호락하신 분들은 아니었다. "어머니는 엄하셨어요. 밤늦게까지 자지 않는 걸 허용하지 않으셨고 아침에는 다 같이 일어나게 만드셨죠. 그래도 소리는 치지 않으셨어요." 이누이트의 전통 육아법은 놀라울 정도로 따뜻하고 다정하다. 전 세계의 모든 육아 방식을 가져다 상냥함으로 순위를 매긴다면 아마 최상위권에 속할 것이다. 우리가 방문했던 한 가족의 경우, 함께 있는 아기와 유아가 너무 사랑스러워 방 맞은편에서 엄마와 이모들이 이렇게 소리치고 있었다. "난 재가 너무 좋아! 너무 사랑스러워!" 이누이트인에게는 심지어 쿠니크(Kunik)라고 하는 아이들만을 위한 특별한 키스법이 있는데 아이의 볼에 코를 맞대고 살 냄새를 맡는 것이다.

여기서는 타임아웃 같은 가벼운 처벌도 부적절한 것으로 본다고 이칼루이트의 누나부트 북극 대학에서 이누이트 육아법을 강의하는 구타조우(Goota Jaw)가 말했다. 이 같은 처벌은 비생산적이라고 입증된 데다 아이를 고립시킬 뿐이라는 것이다. "'네 방으로 가서 네가 한 행동에 대해 반성해!'라고 소리치는 방식에 저는 반대해요. 그건 아이들을 제대로 가르치는 방법이 아닙니다. 대신 아이들이 도망치도록 가르칠 뿐이죠." 그뿐만이 아니다. "당신이 소리치면 아이들은 귀를 닫아 버려요." 시도니가 말했다. 사실, 그녀는 미국 아이들이 말을 듣지 않는 이유가 부모들이 소리치기 때문이라고 생각한다. "실제로 부모가 소리치고 있을 때 아이는 듣지 않는다는 걸 한눈에 알 수 있어요."

이누이트 부모들은 이 같은 신념을 몇 번이고 강조했다. 소리치고 고함 지르면 아이는 귀를 닫고 육아는 더 힘들어진다. 아이들이 당신을 차단해 버리는 것이다. "나는 백인 아이들이 말을 안 듣는 게 그 때문이라고 생각해요. 부모가 아이한테 소리를 너무 많이 치거든요." 71세 테레사 시크쿠아르르크의 말이 묵직하게 다가온다. 그리고 서구의 수많은 과학자도 이누이트 어르신들의 말씀에 전적으로 동의하는 것으로 나타났다. 나는 샌프란시스코로 돌아와《평화로운 부모, 행복한 아이들(Peaceful Parent, Happy Kids)》을 쓴 임상심리학자 로라 마크햄(Laura Markham)에게 전화 걸었다. 아이들한테 소리치는 게 부정적 영향을 미치는지 묻자 그녀는 시도니와 묘하게 비슷한 답을 내놨다.

"소리치는 건 아이들이 우리의 말을 듣지 않도록 훈련시키는 거나 마찬가지예요. 부모들은 보통 이렇게 말하죠. '제가 언성을 높여야 겨우 들어요' 그러면 저는 '네, 아이가 들을 때까지 소리쳐 보세요. 그러면 항상 소리쳐야 할 거예요'라고 대꾸해요." 그녀는 서구 부모들이 소리치는 건 제 발등을 찍는 행위라고 주장했다. 결국에는 소리치는 것으로 아이들의 행동을 바로잡을 수는 없기 때문이다. 오히려 아이들의 화만 돋울 뿐이다. "우리는 아이들한테 화날 때는 소리치고, 그러면 문제가 해결될 거라고 가르치고 있어요." 로라가 말했다.

여기서 앞서 언급한 공식으로 돌아가 보자. 아이가 특정한 방식으로 행동하도록 이끌어주려면 두 가지 요소를 활용하고 마지막 한 가지를 살짝 첨가할 필요가 있다. 직접 연습해 보고 모범을 보여준 뒤 필요하다면 인정해 주는 것이다. 아이에게 소리치고 화낼 때 우리는 화를 어떻게 내는 건지 본보기로 보여주는 셈이다. 게다가 그러면 아이도 우리한테 소리치며 말대꾸할 때가 많기 때문에 화내고 소리치는 연습까지 하게 해주고, 거기에 대고 우리가 또다시 소리치면 아이들의 화를 받아들이고 인정하는 거나 다름없다. 반면 스스로 화를 다스리는 부모는 아이도 그럴 수 있도록 도와준다. "아이들은 우리에게서 감정 조절하는 법을 배워요." 로라가 말했다. 부모가 먼저 분노에 찬 행동을 멈추면 아이는 그 어떤 절망감에도 차분하게 대처하는 법을 배운다. 아무리 화가 나도 평정을 유지할 수 있게 되는 것이다. 따라서 아이가 감정을 조절할 수 있도록 도우려면 부모가 자신의 감정을 다스리는 법부터 배워야 한다.

이 같은 조언에는 이미 많이 들어본 얘기도 있을 것이다. '긍정 육아'를 다룬 수많은 책 중 한 권이라도 읽은 적이 있다면 말이다. 긍정 육아에 관한 책은 시중에 널려 있고 심지어 그중 다수가 베스트셀러다. 우리의 취향을 고려할 때 부모는 덜 소리치고, 덜 혼내서 그저 분노를 덜 느끼고 싶은 마음이 분명 더 강할 테니 말이다. 하지만 평일 오후 다섯 시 반, 온종일 일하고도 아직 마감까지 세 시간이나 더 달려야 하고, 당신의 자녀는 막대사탕을 두 상자가 아닌 한 상자만 사준다는 이유로 식료품점 바닥에 드러누워 고래고래 소리치고 있다면 대체 어떻게 긍정적인 태도를 유지할 수 있겠는가? 시중의 많은 책이 그런 상황에 대처하는 방법에 관해 충분한 정보를 제공하지 못한다. 나는 그와 같은 책에는 핵심 포인트 두 가지가 빠져 있다고 생각한다. 첫째는 자녀를 향한 당신의 분노를 어떻게 줄여나갈 것인가 하는 점이고 두 번째는 어떻게 화내지 않고 자녀를 훈육하고 바꿀 것인가 하는 점이다. 결국, 우리는 더 이상 화내지 않는 데 성공했더라도 자녀를 막대사탕 한 상자에도 감사하고 나아가 모든 가족과 나눠 먹을 줄 아는 아이로 키워야 하는 과제가 남아 있다.

이 책에서는 자녀가 성질을 부리는 일촉즉발의 순간부터 일상적 못된 버릇에 이르기까지 모든 상황에 대처할 수 있는 도구를 선사할 것이다. 결국 우리는 존중이나 감사 같은 가치를 아이에게 전달함과 동시에 오랜 기간에 걸쳐 아이들의 행동을 변화시킬 도구를 획득하게 될 것이다. 그럼 부모가 더 이상 화내지 않는 법부터 알아보도록 하자.

절대
아이에게

화내지
않기

개인적으로 나의 육아는 소리치는 걸 중심으로 돌아간다. 좀 더 구체적으로 말하면 주야장천 잔소리를 늘어놓다 결국엔 소리친다. 어떨 때는 한창 고함을 지르고 있는 상황이 아주 황당하고 아이러니한 발언과 함께 종료되기도 한다. 이를테면 "로지, 그만 소리쳐! 그만!"처럼. 그래서 북극에 도착했을 때 화내지 않는 육아법이란 내게 신기루, 혹은 팔레오 다이어트 같은 것이었다. 탄수화물과 설탕을 너무 많이 먹어선 안 된다는 것쯤 이미 알고 있지만 아무도 보지 않을 때 파스타 한 접시를 뚝딱 비워버리는 게 현실이지 않은가? 다들 보는 사람이 없을 때는 아이들한테 소리도 치고 그런 것 아닌가?

절대 그렇지 않다. 샐리, 그녀의 엄마인 마리아, 또 언니인 넬리를 비롯해 그 가족의 부모들은 모두 여기에 해당 사항이 전혀 없다. 이들은 화내지 않는 육아법이 세상에서 가장 쉬운 것처럼 보이게 만들었다. 어느 날 밤, 샐리는 연령이 18개월부터 여섯 살까지 분포돼 있는 손주 세

명을 돌봤고 나는 로지를 돌보고 있었다. 집 안은 그야말로 난장판이었다. 무질서가 이미 공간을 점령했다. 칼레브라는 이름의 어린 유아가 특히 다루기 힘들었다. 어느 순간 그 아이는 샐리의 얼굴에 피까지 냈지만 그녀는 침착함을 잃는 법이 없었다. 샐리가 대처하는 모습을 보며 나는 깊은 감명을 받았다. 워낙 침착하게 대응해서뿐 아니라 그 와중에 아이들이 버릇없이 구는 건 결코 용납하지 않았기 때문이다. 그녀는 아이들을 훈육했고 소리치지 않고도 아이들의 행동을 변화시켰다. 심지어 말 한마디하지 않고 이런 성과를 거둘 때도 많았다.

쿠가아룩에서 부모와 자녀가 상호작용하는 모습을 봤을 때 나는 화내거나 고함치지 않고도 아이를 키울 수 있다는 사실을 난생처음 깨달았다. 그야말로 내 세상이 달라지는 듯한 경험이었다. 무엇보다 어른들이 상당히 여유롭고 차분해 보였다. 그리고 이 차분함이 로지를 포함한 집 안의 모든 아이에게 엄청난 영향을 미치는 걸 알 수 있었다. 그 효과는 꽤 즉각적으로 나타났다. 샐리와 마리아의 차분한 그늘 아래서 로지의 불같은 성격도 차갑게 식었다. 아이의 화가 가라앉는 것이다. 어느 밤, 로지는 우유를 먹고 싶었는데 집에 우유가 없어 화가 났다. 그래서 여느 때처럼 떼를 쓰기 시작했지만 그래 봐야 지금 함께 있는 어른들은 꿈쩍도 안 한다는 사실을 깨닫고 서쪽 마녀처럼 바닥에 주저앉아 울부짖었다, "안 돼애애애!"

로지의 변화를 지켜보며 나는 나 자신의 화 역시 돌아보게 됐다. 그리고 내가 언성을 높여 로지를 꾸짖는 게 오히려 로지를 자극해 떼쓰고 난동 부리게 만든다는 사실을 깨달았다. 우리는 얼마나 끔찍할지 충분히 예상할 수 있는 악순환의 사이클에 갇혀 있었다. 내가 먼저 언성을 높이면 로지가 큰 소리로 말대꾸를 한다. 그러면 나는 더 크게 소리치며 유치한 위협까지 덧붙인다. 결국 로지는 바닥에 드러누워 발을 버둥거리며 비명을 지르고 나는 아이를 일으켜 세워 진정시키려고 하지만 너무 늦었다. 로지는 이미 화가 날 대로 났고 그걸 증명이라도 하듯 내 뺨을 때리거나 머리칼을 잡아당겼다. 그리고 나는 더 화가 난다.

하지만 샐리와 마리아는 자녀와 부모 간에 화를 주고받는 감정의 덫에 빠진 적이 단 한 번도 없었다. 아이들과의 권력 싸움 같은 데 휘말리지 않는 것이다. 그리고 이들과 함께하는 기간 동안 나는 그들의 비결을 파헤치기 위해 열심히 노력했다. 내가 파악한 바에 따르면 이를 위해선 두 가지 단계를 거쳐야 한다.

1. **입을 다문다**. 아무 말 하지 않고 그냥 조용히 있는다.
2. **아이에게 화를 덜 내거나 전혀 내지 않도록 노력한다**. (주의: 이미 화가 나서 다스리는 것이 아니라 처음부터 화가 덜 나도록 노력하는 것이다.)

대충 봐서는 마치 긍정 육아의 함정처럼 보일 수 있다. 하지만 제 얘기를 끝까지 들어주시길. 이 과정은 분명 호락호락하지 않다. 특히, 두 번째 단계가 난관이다. 하지만 신께 맹세컨대 나도 해낸 만큼 (최소한 장족의 발전을 이룬 만큼) 해내지 못할 사람은 없다. 나로 말할 것 같으면 대학교에 입학했을 때 기숙사 방에 정적이 감돌아 화들짝 놀랐던 사람이다. '왜 소리치는 사람이 없지? 다들 왜 이렇게 조용하지?' 하면서 말이다.

하지만 나는 로지가 늘 화나 있는 집에서 성장하길 원치 않았다. 절망과 짜증에 대처하는 다른 방법을 배우길 바랐다. 그리고 솔직히 나 자신도 로지뿐 아니라 남편, 동료 및 모든 이들과 좀 더 노련하게 소통하는 방법을 배우고 싶었다. 그러려면 우선 소리치는 습관부터 고쳐야 했다.

1단계: 입 다물기

내 경우, 로지한테 더 이상 소리치지 않기까지 3개월이 걸리고, 화날 때 완전히 입을 다물기까지 또 3개월이 걸렸다. 지금도 한 번씩 지시하고 명령을 내리며 혼을 내는 실수를 하지만 대체적으로는 로지가 일으킨 분노와 좌절로 피가 들끓어도 침묵을 유지하는 기술을 습득했다고 볼 수 있다. 내가 사용하는 방법을 소개한다.

✦ **입을 다문다**. 로지가 내게 화낼 때마다 나는 끊임없이 온갖 말들을 쏟아냈다. "로지, 제발 그만해." "지금 왜 우니?" "문제가 뭐야?" "뭐가 필요해?" "뭘 원하는데?" 하지만 이 모든 발언과 질문은 정작 내 의도와 정반대의 결과만을 초래했다. 조급한 마음과 스트레스를 전달한 것이다. 그래서 로지의 행동은 악화될 뿐이었다. 심지어 내가 애써 침착함을 유지하고 있을 때조차 이런 말이 빌미가 되어 감정이 폭발하곤 했다. 하지만 샐리와 마리아는 늘 정반대로 행동했다. 아이 때문에 화가 머리끝까지 치솟을 때마다 그들은 잠시 입을 다물고 아무 말도 하지 않으며 지켜보았다. 마치 감정이 극에 달한 환자가 오늘만 다섯 번째라 얼굴이 화석처럼 굳은 치료사를 보는 듯했다. 설사 이들이 뭔가 말을 했더라도 고요하고 침착했을 터다. 그것도 아주. 너무 고요해서 바로 옆에 있지 않다면 들을 수조차 없었을 게 분명하다. 고요함과 침착함을 유지하면 아이도 그럴 수 있다. 한편, 이와 반대로 장황한 말을 쏟아내면 아무리 친근하더

라도 아이의 에너지 지수, 분노 지수를 높이게 된다.

그래서 나는 샐리와 마리아를 좇아 완전히 전략을 바꿨다. 이제 로지에게 화가 날 때마다 나는 그저 입을 다문다. 위아래 입술을 계속 힘주어 닫은 채 생각한다. 바위처럼 가만히 있어, 마이클렌, 바위처럼. 바위처럼. 그리고 잠시 로지를 지켜보며 추이를 살핀다.

✦ **그 자리에서 벗어난다**. 몇 분, 혹은 몇 초라도 그 자리에서 벗어난다. 방에서 나올 수도 있고, 차에서 내릴 수도 있으며, 길을 걷거나 공원을 가로질러 갈 수 있다. 혹은 단순히 아이에게서 등을 돌릴 수도 있다. 마리아는 우리가 처음 만난 날 그녀의 집 식탁에서 담소를 나누다 이 같은 전략을 공유해 주었다. "슬슬 화가 나는 게 느껴지면 저는 아이나 손주가 있는 곳을 벗어나요, 자기들끼리 있게 내버려 두는 거죠."*

새로운 공간에 놓이면 말하고 또 소리치고 싶은 욕구가 사라져서 다시 돌아와 아이를 도울 수 있게 된다. 이렇게 거리를 두고 나면 일전에 아이가 보였던 행동은 받아들일 수 없는 것임을 차분히 전달할 수 있다. 아이를 무시하는 행위는 훈육에 있어 상당히 강력한 힘을 발휘한다. 입을 다물고 자리를 뜨는 이 두 가지 조치는 로지와 나의 관계에 즉각적이고 거

* 마리아가 사용한 문장의 앞부분을 한번 보자. 슬슬 화가 나는 게 느껴지면. 마리아는 화가 머리끝까지 솟구치길 기다렸다 그 자리를 떠나는 게 아니다. 대신, 화가 나려고 움찔대는 걸 감지하는 즉시 그 상황에서 벗어났다. 나는 이제 화가 날 거라는 초기의 신호들을 지금까지 무시해 온 게 나의 문제라고 생각한다. 그에 대처할 때쯤이면 감정이 너무 격해져서 통제가 안 됐던 것이다. 하지만 최근엔 화가 나기에 앞서 좌절이나 짜증스러운 감정들이 조금씩 감지되는 순간부터 더 많은 주의를 기울이고 있다. 이렇게 비교적 순한 감정에 대처하는 게 화 자체와 씨름하는 것보다 훨씬 수월하다.

대한 영향을 미쳤다. 우리 사이에 소통의 통로가 열리기 시작한 것이다. 하지만 로지는 여전히 나의 화를 느낄 수 있었다. 그 아이는 마치 감정이라는 탄광 속의 카나리아 같아서 내 감정이 입 밖으로 나오기 전부터 고스란히 감지한다. 마침내 로지한테 다시 말을 걸 때 (결국 내게는 해야 할 말이 생긴다) 나는 이를 악물거나 눈을 부릅뜬 채 위협할 때가 많았다. "한 번만 더 엄마 말을 안 들으면 네 원피스를 다 뺏어버릴 거야!" (그렇다, 나는 이렇게 유치하기 짝이 없는 위협에 의존해 왔다. 심지어 더 유치할 때도 많았다.) 그래서 나는 얼핏 불가능해 보이는 목표를 설정했다. 로지한테 그만 화내기. 최소한 이전보다 훨씬 적게 화내기.

이제 모든 걸 털어놓겠다. 만약 샐리와 마리아의 양육법 덕분에 내 딸아이가 얼마나 차분해졌는지 직접 목격하지 못했다면 나는 이 책의 집필에 이렇게 필사적으로 매달리지 않았을 것이다. 사실, 샐리, 마리아와 함께 머물기 전 나는 로지가 예의 바르고 감사할 줄 아는 아이로 성장하려면 내가 단호하고 강해야만 한다고 진심으로 믿었다. 그래서 질책하고 혼내야만 한다고 말이다. 내 부모님은 나를 그렇게 키우셨고 나 역시 좋은 부모라면 그렇게 하는 게 맞다고 생각했다. 아이에게 다정하고 부드럽게 다가가는 게 효과가 있을 거라고는 생각하지 않았다. 하지만 마리아와 샐리 덕분에 그 방법이 효과가 있을 뿐 아니라 실제로 더 큰 결실을 맺는다는 사실을 확실히 깨달았다. 특히 로지 같은 아이에게는 더더욱. 그래서 엄청난 분량의 회의를 품은 채 나는 불가능을 시도해 보기로 마음먹었다. 딸아이에게 지나치게 화내는 걸 그만두기로 했다.

2단계: 아이에게 화를 덜 내거나 전혀 내지 않기

본론으로 들어가기 전에 한 가지만 짚고 넘어가자. 나는 지금 화를 억누르는 것에 대해 이야기하는 게 아니다. 충분한 시간을 갖고 화가 지나가거나 사그라들게 하라는 얘기도 아니다. 사실, 자리를 떠서 웬만큼 기다리다 보면 화도 결국엔 사라지게 돼 있다. 그건 내가 보장한다. 문제는 좁은 아파트에서 어린아이를 키우다 보면 원하는 만큼 분리돼 있는 호사를 누릴 수 없을 때가 더 많다는 사실이다. 로지 역시 화가 나면 나를 졸졸 쫓아다니면서 궁지로 몰거나 나무에 들러붙은 거대 느타리버섯처럼 내 다리에 매달려 놓아줄 생각조차 하지 않는다.

이누이트인 부모들은 내게 로지뿐 아니라 모든 어린아이에게 어떻게 하면 처음부터 화를 덜 느낄 수 있는지 몸소 보여주었다. 아침 일곱 시에 세 살배기가 휘두르는 주먹에 아랫배를 강타당하더라도 일말의 분노조차 느끼지 않는 비결을 알려주었다. 어떻게 그런 일이 가능할까? 여러 부모 및 조부모와 이야기 나눈 뒤 나는 그 의문의 열쇠를 찾기 시작했다. 이들은 어린이들을 바라보는 관점이 서구권의 부모들과는 완전히 달랐다. 이누이트인 부모들은 아이들의 동기를 다르게 해석한다. 일례로 서구 부모들은 아이들이 '의도적으로 화나게 만들거나' '인내심을 테스트하거나' 심지어 '사람을 조종하려 든다'고 생각하는 경향이 있다. 로지가 갓난아기였을 때 언니와 통화하다 이런 얘기를 들은 적이 있었다. "어린아이가 그렇게 일찍부터 우리를 멋대로 주무르는 걸 보면 놀랍다니까. 너도 곧 알게 될 거야." 하지만 이 같은 발상이 완전히 틀린 거라면? 어린아이들이 과연 어른이 생각하는 의미의 '조종'을 하는지 안 하는지 우리가 알고 있을까? 어른들이 누군가를 '화나게 만드는' 것처럼 어린아이들도 할 수 있을까? 이 중 어떤 질문에도 그렇다고 답할 수 있는 과학적 증거 따위 존재하지 않는다. 어린아이들이 말썽을 부릴 때마다 '조종' 회로에 불이 들어오는 걸 보여주는 두뇌 스캔 결과도, 두 살배기가 자신은 엄마 아빠가 분노하기를 원했다고 털어놓으며 '모든 걸 시인했다'는 심리학 연구 결과도 찾아볼 수 없다.

사실 어린이를 바라보는 이 같은 관점은 문화적으로 설계된 것이다. 서구권의 경우, 부모들이 이해할 수 없는 행동을 탐색하도록 도와준다며 권장되는 여러 설화가 그런 역할을 해왔다. 반면 이누이트를 포함한 다른 문화권에서는 어린아이에게도 이성을 잃지 않고 화를 덜 내도록 돕는 이야기를 부모들이 먼저 찾아 듣고 있다. 부모 자녀 간 관계를 소원하게 하는 게 아니라 돈독하게 해주는 이야기, 육아를 더 쉽게 만들어주는 이야기 말이다. 이 같은 사실을 고려해 서구식 사고방식에 기반한 관점은 던져버리고 어린아이의 방식을 더 잘 이해할 수 있는 서사를 갖추면 어떨까? 어린아이를 무엇이든 멋대로 하려 들고 의도적으로 우리를 화나게 만드는 존재로 규정하는 대신 논리는 없지만 어떤 행동이 적절한지 이해하고자 애쓰는 새내기 시민 정도로 봐주면 어떨까? 아이들의 동기는 얼마든지 선하고 바람직한데 실행이 서툴 뿐이라고 이해할 수 있지 않을까? 다시 말해, 내가 로지에게 화를 덜 느끼고 싶다면 아이의 행동이나 잘못을 받아들이는 관점부터 바꿔야 한다. 이누이트의 어르신들은 아이가 난동 부리는 순간조차 부모는 이성을 붙들고 있을 수 있도록 돕는 세 가지 규칙을 몇 번이고 강조했다.

✦ **아이라는 존재는 본래 말썽을 피운다고 여겨라**. 버릇없고 난폭하고 멋대로 구는 게 아이들이라고 말이다. 언제나 난장판을 만들고 뭘 하

든 어설퍼서 대개 골칫거리일 수밖에 없다고 체념하는 게 좋다. 그리고 이를 개인적으로 받아들여선 (혹은 당신이 나쁜 부모라고 여겨선) 안 된다. 아이란 본래 그런 존재일 뿐이다. 따라서 어떻게 행동하는 게 적절한지, 감정은 어떻게 다스려야 하는지 가르쳐주는 게 부모인 당신의 임무다.

만약 아이가 기대에 못 미치는 순간이 오면 아이가 아닌, 환경을 바꾸도록 시도해 보라. 어느 오후, 나는 쿠가아룩의 유일한 음식점에서 칸막이로 나뉜 한 공간 안에 돌로로사 나르톡(Dolorosa Nartok)과 함께 앉아 있었다. 그녀는 어릴 적 자신의 가족들이 물개 램프로 이글루 내부를 따뜻하게 유지했던 이야기를 해주었다. 그 와중에 로지는 마이크를 잡고 마치 줄넘기처럼 뱅뱅 돌리는 등 인터뷰를 망치고자 최선을 다하고 있었다.

돌로로사가 지켜보는 가운데 나는 차츰 절망감에 휩싸이며 로지에게 제발 그만하라고 호소했다. "로지, 제발 마이크 좀 이리 줘. 대체 내가 몇 번이나 말해야 하니? 왜 엄마 말을 듣지 않는 건데?" 돌로로사는 안쓰럽다는 표정으로 날 바라보며 이렇게 말했다. "아이가 말을 듣지 않는다면 너무 어려서 그 말을 이해할 수 없기 때문이에요. 아직 수업을 들을 준비가 안 된 거죠." 순간 그녀가 제시한 통찰을 나는 절대 잊을 수 없다. 돌로로사는 말썽 피우는 아이들의 행동을 이누이트 부모들은 어떻게 바라보는지 들려주었다. "어린아이들은 아직 이해력이 달려요. 무엇이 옳고 무엇이 그른지, 어떻게 존중하고 어떻게 들어야 하는지 이해하지 못하죠. 부모들이 가르치는 수밖에 없어요."

이 같은 관점은 서구의 부모들이 읽기나 수학을 바라보는 관점과 유사하다. 일례로 로지는 이제 세 살로 2+2=4를 이해하기에 너무 어리다. 따라서 로지가 5나 6이라고 대답하더라도 내가 화날 일은 없다. 애초에 아이가 수학을 이해할 거라고 기대하지 않았으니 말이다. 물론, 언젠가는 가르쳐야 한다는 걸 알고 있다. 그때도 어떤 개념을 이해하기에 아이가 너무 어리다면 흥분하고 절망하는 대신 기다렸다 다시 시도할 것이다. 이누이트 부모는 아이에게 감정적 기술을 가르칠 때도 이와 같은 방법을 사용한다.

미국의 부모는 아이의 감정적 능력을 과대평가하는 경향이 있다. 불과 18개월 정도의 어린 아기가 고도의 집행 능력을 발휘하고 존중, 관대함이나 자기 통제 등 고차원의 감정을 이해하길 기대한다. 따라서 아기에게 이런 자질이 없어 보이면 좌절하고 인내심을 잃고 만다. 한편 이누이트인 부모는 아이를 정반대의 관점에서 바라본다. 아이는 실행 능력이 떨어지고 감정 조절도 잘하지 못하는 만큼 이런 기술을 가르치는 게 부모의 몫이라고 여기는 것이다. 기본적으로 아이가 말을 안 듣거나 말썽을 부릴 때 이유는 단순하다. 그 상황에 적절한 기술을 아직 배우지 못한 것이다. 그리고 아마 배울 준비도 아직 안 됐을 것이다. 따라서 부모가 화내거나 속상해할 이유는 전혀 없다.

여러 인류학자는 북극권 전역의 지역사회에서 동일한 육아 철학이 공유되는 현상을 관찰했다. 따라서 이 같은 신념의 기원은 이누이트인이 오늘날의 캐나다 북부로 이주하기 전, 그러니까 적어도 천 년 전의 고대로 거슬러 올라간다. 《화내지 않는 사람들》에서 장 브릭스는 이렇게 적었다.

> 이누이트인들은 어린아이들의 경우 마음에 안 드는 게 있으면 으레 쉽게 분노하고 잘 운다고 여겼다. 아이들에겐 이후마(Ihuma), 즉 정신, 생각, 이

성, 이해력 따위가 없기 때문이다. 어른들은 아이가 비이성적으로 두려워하거나 분노하더라도 걱정하지 않는다고 말한다. 그렇다고 해서 실제로 뭔가 잘못된 게 아니라는 사실을 알기 때문이다. 아이들은 자신의 고통이 망상에 불과하다는 걸 이해할 수 없는 비이성적 존재이기 때문에 사람들은 이들을 진정시켜야 할 때 애를 먹는다.

이누이트인에게 성장이란 명실상부하게 이후마를 받아들이는 과정이다. 이후마가 활성화돼야 성숙하고 어른스러운 행동, 그리고 유치하고 바보 같으며 역겹거나 비정상적인 행동을 구분할 수 있기 때문이다.

우트쿠에서 동쪽으로 1,500마일 떨어져 있으며 캐나다 북서부 영토에 속한 작은 섬 울루카크톡에서 인류학자 리처드 콘돈(Richard Condon)은 이와 비슷한 철학을 관찰했다.

아이들은 극단적으로 제멋대로인 존재로 여겨진다. 이들은 인내, 관대, 그리고 자기 절제와 같은 문화적 가치를 습득하지 못했기 때문에 타인에게 번번이 과도한 요구를 하고 또 뜻대로 관철되지 않으면 엄청나게 화를 낸다. 아이들은 또한 지나치게 공격적이고 인색하며 과시욕이 강한 존재, 이상적 표준에 반하는 행동만 하는 존재로 여겨진다.

어린아이가 버릇없이 굴거나 면전에 대고 소리치거나 주먹을 휘두른다 해도 분노할 이유는 전혀 없다. 이는 부모의 기술이 부족해서가 아니라 아이란 본래 그렇게 태어난 존재이기 때문에 나타나는 현상이다.

✦ **어린아이와의 말다툼을 중단하라**. 시도니는 이를 꽤 근사하게 표

현했다. "아이가 당신을 형편없이 대하더라도 맞서 싸우지 마세요. 그냥 혼자 내버려 두세요. 지금은 뭐가 잘못됐든 종국엔 아이의 행동도 나아질 거예요." 인터뷰가 진행되는 동안 수많은 어르신이 비슷한 조언을 해 주셨다. 단, 부모들이 이 같은 신념을 얼마나 진지하게 받아들이는지 이해할 수 있게 해준 건 엘리자베스 테그마이어였다. 쿠가아룩에서 보낸 첫날 밤, 로지와 나는 호텔 레스토랑에서 요리사로 일하는 엘리자베스를 처음 만났다. 저녁 식사를 마칠 즈음 그녀가 노란색 앞치마를 허리에 두른 채 로지에게 줄 프렌치프라이가 가득 담긴 접시를 들고 주방에서 등장했다. 작은 얼굴에 주름 하나 없이 매끄러운 피부를 가진 엘리자베스는 얼핏 나이를 가늠하기 어려웠지만 나는 그녀가 40대 중반일 거라고 생각했다. 그녀는 짧게 자른 적갈색 머리칼과 회색 눈동자가 돋보였고 검은색 트레이닝복 바지에 회색 후드티를 입고 있었다. 엘리자베스가 즉각 내 일에 흥미를 보이면서 우리는 육아에 관한 대화를 꽃피울 수 있었다. 내가 미국에서는 대부분의 부모가 어떤 식으로 육아를 하는지 말해 주자 그녀는 믿을 수 없다는 듯 눈을 크게 부릅뜨며 입술을 오므려 다물었다.

엘리자베스는 그녀의 표현대로 '바깥의 육지에서' 나고 자랐다. 이누이트의 문화, 역사, 그리고 양육법을 깊이 이해하고 있었고 자신의 지식을 친절하게 공유해 주었다. 그래서 나는 내 프로젝트를 함께 일할 의향이 있는지 묻고 어르신들과의 인터뷰 주선 및 이누크티투트어 통역을 맡겼다. 그녀의 조언은 자료조사뿐 아니라 나 개인에게도 큰 도움이 됐다. 그녀 덕분에 나는 로지에게 화를 덜 낼 수 있었고, 로지의 동기와 행동 역시 좀 더 관대하고 사랑스러운 시각으로 바라볼 수 있었다.

이누이트인은 아이와 말씨름하는 것을 어리석은 시간 낭비로 여긴다고 엘리자베스는 말해주었다. 아이들은 논리라는 게 통하지 않는 존재이기 때문이다. 아이와 말싸움하는 어른은 스스로가 어린애 수준에 지나지 않는 거나 다름없다. "예전에 삼촌과 말싸움한 적이 있어요. 제가 말대꾸를 하자 삼촌이 화가 났었죠." 엘리자베스가 말했다. 그런 말다툼이 일어난 적이 거의 없었기 때문에 그 기억은 40년이 다 되도록 엘리자베스의 머릿속에 남아 있었다. "그때 제 아빠랑 고모가 삼촌을 보며 비웃었죠. 어린애랑 싸운다고 말이에요."

세 차례에 걸쳐 북극을 방문하는 동안 나는 아이와 싸우는 부모를 단 한 번도 보지 못했다. 잔소리하거나 협상하는 소리 역시 전혀 듣지 못했다. 그리고 이는 유카탄과 탄자니아에서도 마찬가지다. 부모들은 단순히 아이들과 싸우지 않는다. 대신 요청을 한 뒤 아이가 따를 때까지 조용히 기다린다. 만약 아이가 거부하면 부모는 그에 대해 자신의 생각을 말하거나, 그 자리를 뜨거나, 관심을 다른 데로 돌린다.*

당신도 할 수 있다. 향후 자녀를 상대로 잔소리하거나 협상하거나 말씨름을 벌이는 자신을 발견한다면 멈추어라. 입을 다물고 필요하다면 눈도 감아라. 일단 한숨 돌리는 것이다. 아이의 어깨를 가볍게 쓰다듬어 주고 그 자리를 떠라. 아니면 다음 장에서 살펴볼 여러 도구 중 한 가지를 사용해도 좋다. 단, 싸움은 안 된다. 절대. 싸움은 결코 좋게 끝날 수 없다.**

* 테레사가 네 자녀에게 학교 갈 채비를 시켰던 걸 기억하는가? 에르네스토가 신발을 찾아오지 않았을 때에도 그녀는 결코 화내지 않았다. 대신 기다렸다 다시 차분히 요청했다.

** 생각해 보면 자녀와 협상할 때 자녀가 당신과 협상하도록 가르치고 있었던 것이

지금까지 아이를 향한 화를 줄일 수 있는 두 가지 규칙을 알아보았다. 첫째, 아이는 말썽부린다는 사실을 인지하고 두 번째, 절대 싸워선 안 된다는 것이다. 세 번째 규칙은? 이것이야말로 핵심 요소라 할 것이다.

TEAM 2 격려해 줘라, 절대 강요하지 마라

이 책을 위해 부모들을 인터뷰하는 동안 내가 가장 많이 들은 조언이 한마디 있다. 이 조언은 여러 부모와 조부모는 물론, 전 세계의 수렵 채집 사회를 연구하는 심리학자 및 인류학자에게서도 수없이 들어왔다. 이 조언은 이론적으로는 상당히 간단하고 수월하게 들린다. 하지만 나로서는 정말이지 행동으로 옮기기가 너무나 어려웠다. 내 뼛속에 새겨진 부모로서의 본능에 완전히 역행하는 것이었기 때문이다.

아이에게 뭔가를 하도록 강요하지 마라. 강요하는 대신 격려해 주어라. TEAM 육아에서 E가 바로 '격려(Encouragement)'다. 수많은 수렵 채집 문화권에서 부모들은 자녀를 거의 혼내거나 처벌하지 않는다. 아이가 자신의 요구에 응해야 한다거나 특정한 방식으로 행동해야 한다고 주장하는 경우도 거의 없다. 그들은 아이를 통제하려 들면 아이의 발달이 저해될 뿐 아니라 부모와 자녀의 관계 또한 나빠진다고 믿는다. 이 같은 신념은 전 세계 수렵 채집 문화권에 너무나 광범위하게 퍼져 있어서 고

나 다름없다. 어떤 가치나 교훈을 전달하는 과정의 첫 단계가 연습이라는 사실을 잊지 마라.

대에도 이렇게 아이를 대했을 거라고 짐작된다. 5천 년 전으로 시간을 거슬러 올라가 부모들을 인터뷰할 수 있다면 비슷한 조언을 듣지 않을까 싶다.

아이들한테 뭔가를 강요하면 세 가지 문제가 발생한다. 첫째, 아이의 내적 동기를 저해한다. 즉, 어떤 일을 자발적으로 하고자 하는 자연스러운 욕구를 희석시키는 것이다. 둘째, 당신과 아이의 관계에 나쁜 영향을 미칠 수 있다. 아이에게 뭔가를 하도록 강요하면 싸움이 일어나고 모두가 언짢아질 위험이 있다. 자녀와의 사이에 벽이 생기는 것이다. 셋째, 아이가 스스로 배우고 결정을 내릴 기회를 당신이 빼앗는 셈이다.

샐리의 어머니 마리아는 어느 오후 자신의 주방에서 나와 함께 차를 들며 이 같은 신념을 한마디로 정리해 주었다. "육아는 양방향 도로예요." 어른들이 명령이나 강요하는 걸 싫어한다면 아이도 똑같다는 것이다. "뭔가를 강요당하면 아이도 화를 키우게 돼 있어요. 부모나 어른을 존중하는 마음을 가질 수 없죠." 마리아가 말했다. 하지만 아이를 작은 어른으로 여기며 차분하고 공손하게 대하면 아이들 역시 당신을 그렇게 대한다. 결국에는 말이다. "어머님은 어린아이나 이제 막 걷기 시작한 아이들도 그렇게 대하세요?" "네, 그보다 더 어린아이들도요."

마야의 부모들도 비슷한 철학을 갖고 있다고 심리학자 루시아 알칼라가 말했다. "부모들은 이렇게들 말해요. '아이들에게 뭘 하라고 시킬 순 없어요. 어떤 일이 꼭 해내고 배워야 할 만큼 중요한 이유를 스스로 깨닫도록 이끌어주고 도울 수 있을 뿐이죠. 배움을 강요할 순 없어요.'" 아이들에게 뭔가를 강요할 경우 갈등만 생기고 끝나는 게 아니다. 가족의 전반적인 결속에도 균열이 생긴다. "자녀가 적이 되는 걸 원하지는 않겠죠." 알칼라가 덧붙였다.

아하, 로지와 내가 적이 된 이유가 그래서였구나. 나는 항상 로지에게 뭔가를 강요하고 있었구나. 나는 로지에게 다 먹은 접시를 주방으로 가져오라고 시켰고, 잠잘 시간에 소리치지 말라고 시켰으며, 완두콩을 먹으라고 시켰다. 양치를 하고, 길을 건널 땐 내 손을 꼭 잡으며, 개를 때리지 말라고 시켰다. 심지어 어떤 말을 해야 하는지까지 강요했다. ("고맙다고 말해!") 그리고 로지를 자꾸 통제하려 들면서 우리 사이에는 분노와 갈등이 쌓여만 갔다. 아이에게 아무것도 시키지 않는다는 건 그냥 손 놓고 앉아 아이들의 행동을 바로잡아 주기를 포기한다는 의미가 아니다. 전혀! 단, 여기서 의미하는 건 아이들이 뭔가를 하도록 유도하기 위해 통제나 처벌 같은 방법을 쓰지는 않는다는 것이다. 당신은 그보다는 더 노련하고 섬세하다.

전 세계적으로 부모는 아이가 말을 잘 듣고 배워서 적절히 행동할 수 있도록 독려하기 위해 수없이 많은 도구를 사용한다. 이를 통해 아이들은 서로를 존중하는 훌륭한 가족 구성원이 되는 방법도 배울 수 있다. 우리는 지금껏 그중 몇 가지(동기 부여하기, 연습할 기회를 제공하기, 기여한 바를 인정해 주기)를 배웠지만 앞으로 드라마, 이야기해 주기, 질문하기, 여파를 느끼게 해주기, 신체 접촉 등 더 많은 조언을 들어볼 것이다. 단, 한 가지만 유념하자. 격려하고 훈련하는 데는 시간이 필요하다. 이 같은 방식이 즉각적인 효과를 가져오지는 않지만 아이들이 성장하는 동안 단계적으로 깊이 있는 변화를 일구어줄 것이다. 결국 당신이 아이에게 강력한 집행 기능이라는 선물을 선사하는 셈이다.

연습 아이들에게 분노를 덜 느끼는 방법 배우기

다음번에 아이가 당신을 격노하게 만들거나 혹은 모든 게 거슬릴 정도로 신경을 긁는다면 이렇게 해보자.

- **입을 다물어라.** 그저 아무 말 말아라. 필요하다면 눈을 감아도 좋다.
- **화가 사그라들 때까지 단 몇 초, 혹은 몇 분이라도 그 자리를 떠라.**
- **아이의 그릇된 행동을 다른 관점에서 바라보거나 다른 맥락 안에 대입해 보자.** "아이가 날 일부러 화나게 하는 게 아니야. 날 조종하려 드는 것도 아니고. 애는 그냥 비논리적이고 비이성적인 존재일 뿐이야. 적절하게 대처하는 법을 아직 모를 뿐이지. 그래서 내가 이 아이에게 이성과 논리를 가르쳐줘야 해." 이렇게 생각해 봐도 별로 달라지는 게 없다면 방향을 바꿔 돕고자 하는 아이의 간절한 마음을 떠올려 보자. 이렇게 되뇌는 것이다. "아이는 날 돕고 싶어 해. 가족에게 힘이 되고 함께 일하고 싶지만 방법을 모를 뿐이야. 그러니 내가 어떻게 하는 건지 보여 줘야 해."
- **최대한 차분한 목소리로 아이의 실수나 아이의 행동이 가져올 여파 등을 알려주어라.** 일례로 아이가 개를 때렸다면 이렇게 말하는 것이다. "이런, 개가 아프겠다." 혹시 당신을 때린다면 이렇게 말해주어라. "아이코, 아프잖아. 엄마가 아픈 건 너도 싫지?"
- **그리고 그대로 내버려 두어라.** 지금 이 순간이 흘러가면서 아이의 잘못도 함께 흘러가게 해주어라.
- **필요하다면 적절한 행동을 독려하기 위해 육아 도구 중 한 가지를 사용하라.** 다음 장에서 설명하겠다.

요약 아이가 화를 다스릴 수 있도록 가르치는 방법

기억하자

- 아이들에게 화를 내는 건 비생산적이다. 그래 봐야 갈등이 유발되고 긴장감이 높아지며 소통은 단절된다.
- 부모가 빈번히 소리치고 고함을 지르면 아이는 결국 부모의 말에 귀를 닫을 것이다.
- 부모와 자녀는 분노의 악순환에 갇히기 쉽다. 부모가 화를 내면 자녀도 화를 내고, 그 결과 부모는 더 크게 화를 낸다.
- 이 같은 악순환을 끊는 방법은 아이에게 차분하고 친절하게 반응하는 것이다.

화 다스리기

- 우리는 아이들의 감정지능을 과대평가하는 경향이 있다.
- 화를 다스리는 기술은 장기간의 연습과 모방을 통해 배울 수 있다.
- 아이가 스스로 화를 다스리도록 가르치는 최고의 방법은 당신이 아이 앞에서 화를 다스리는 모습을 보여주는 것이다.
- 아이에게 소리칠 때 우리는 화가 나거나 문제가 생기면 소리치고 분노하는 거라고 가르치는 것이나 다름없다.

- 아이가 화났을 때 차분하고 고요하게 대응하면 아이도 자기 안에서 이 같은 반응을 찾을 수 있다.
- 이 같은 연습을 거듭하면서 아이들은 스스로 감정을 다스릴 뿐 아니라 어떤 문제에 차분하고 생산적인 방식으로 대응할 수 있게 된다.

조언과 도구

- 아이에게 화가 나기 시작하면 아무 말 하지 말고 화가 지나가기를 기다려라. 어떤 말이든 했다간 당신이 화났다는 걸 아이가 느낄 수밖에 없으니 입을 닫고 있는 게 최선이다.
- 화가 생각대로 다스려지지 않는다면 아이가 있는 곳에서 벗어나거나 아이와 거리를 두어라. 그리고 평정을 되찾거든 돌아가라.
- 아이의 행동을 바라보는 관점을 바꿔라. 어린아이가 말썽을 피우고 문제를 일으키는 걸 당연하게 받아들여라. 그렇다고 해서 일부러 당신을 화나게 하거나 멋대로 조종하려는 게 아니다. 그저 적절한 행동을 배우지 못한 비이성적 존재여서 그럴 뿐이다. 따라서 이들을 가르치는 게 당신의 몫이다.
- 아이와 절대 싸우지 (심지어 협상하지) 마라. 아이와 싸우는 건 아이에게 그런 당신을 본보기 삼아 싸움을 연습할 기회를 제공하는 것과 같다. 다툼이 시작될 때는 즉각 입을 닫고 자리를 피하라.
- 아이에게 더 이상 뭔가를 강요하지 마라. 강요하면 갈등이 생기고 소통이 어려워지며 (부모와 자녀 모두) 화가 난다. 다음 장에서 소개할 도구들을 이용해 적절한 행동을 강요하는 대신 독려해 주어라.

행동을 변화시키는

육아 도구 활용하기

육아서에서는 대개 아이에게 소리치거나 꾸중하지 말라고 하지만 정작 화내는 대신 사용할 수 있는 도구는 주지 않는다. 그저 아이에게 공감해 주라고 할 뿐 ("화가 정말 많이 났구나" 혹은 "너무 화나겠다. 동생이 네 장난감을 가져가면 진짜 속상하지?") 어떻게 아이들의 행동을 바꿀 수 있는지는 알려 주지 않는다. 그런데 아이가 감정에서 벗어나 애초에 자신을 떼쓰고 싸우게 만든 원인을 해결하려면 어떻게 도와야 할까? 우리가 아이의 감정에 계속 공감만 해주면 절망이나 문제에 더 생산적으로 대처하는 방법을 어떻게 배울 수 있다는 말인가?

이는 우리가 목수가 되어 튼튼하고 아름다운 집을 짓기 위해 쉼 없이 일하고 있는데 웬 '전문가'라는 사람이 갑자기 나타나 대체할 도구는 아무것도 남기지 않은 채 사용하고 있던 유일한 도구마저 낚아채 간 상황에 비교할 수 있다. 드릴부터 톱, 수준기, 나사에 이르기까지 아무것도 없는 것이다. 이제 우리는 어떻게 해야 하는가?

쿠가아룩과 유카탄에 머무는 동안 나는 부모들이 놀라울 만큼 다양한 육아 도구를 사용하는 모습을 보았다. 그리고 이 도구는 아이의 행동을 바꾸거나 안전하게 지켜주는 기능을 하는 데 그치지 않았다. 그보다 훨씬 섬세하고 정교한 역할을 해냈다. 행동하기 전에 한 번 더 생각하는 법, 실망감이나 변화에 대처하는 법 등도 가르쳐준 것이다. 다시 말해, 아이들의 집행 기능을 발달시킬 수 있게 했다.

시작하기 전에 이 도구에 대해 한 가지만 이야기하겠다. 처음에 나는 이 도구를 지나칠 만큼 문자 그대로 해석하는 실수를 저질렀다. 특정한 아이디어가 이 문화권에서 저 문화권으로 옮겨갈 때 의미가 달라질 수 있다. 내가 설명하는 개념을 당신의 자녀, 가족, 그리고 일상에 걸맞게 적용하면 최고의 효과를 볼 수 있을 것이다. 일례로 어떤 도구는 질문을 이용해 아이 스스로 자신의 행동을 돌아보게끔 유도한다. 하지만 1960년대에 북극에서 이누이트 부모들이 사용하던 질문을 50년도 더 지난 2020년대에 뉴욕의 부모들이 사용하는 건 최고의 방식이 아닐 수 있다. 상상력을 발휘해 창의적으로 사고하라. 당신의 자녀가 어떻게 반응하는지 지켜보고, 당신의 자녀가 어떤 언어를 사용하는지 들은 뒤 이 도구들을 그에 걸맞게 변형해 적용하라.

예를 들어, 마야의 일부 부모들은 어린아이에게 새로 태어난 동생과 함께 나누는 법을 가르치기 위해 '언니'나 '오빠'가 되고 싶은 아이만의 욕구를 십분 활용한다. "얘는 네 동생이야. 가엾기도 하지. 동생에게도 좀 나눠 줘"라고 말하며 동생을 챙기는 게 아이의 역할이라는 가치를 은연중에 전달하는 것이다. 하지만 로지를 상대로 이 방법을 시도했을 때 나는 효과를 거의 보지 못했다. 오히려 내가 무슨 외계어라도 구사하는 것처럼 나를 이상하게 쳐다보았다. 흠, 이건 안 되겠어. 나는 생각했다. 그런데 어느 날 로지가 테디베어 인형 아인슈타인을 안고 살짝 흔들면서 "아인슈타인, 쉬 쉬, 울지 않아도 돼, 아인슈타인, 엄마가 여기 있잖아" 하는 것이 아닌가. 그 순간 나는 로지가 타인과 함께 나누는 걸 어떻게 도울지 직접 말해주고 있음을 깨달았다. 로지는 언니가 되기를 원하지 않았다. (좋은 본보기가 될 만한 언니도 주변에 없었다.) 엄마가 되고 싶었다! 그래서 이후 놀이터에서 만난 한 어린아이가 기저귀 차림으로 뒤뚱뒤뚱 걸어와 로지의 쿠키를 탐냈을 때 나는 이렇게 말했다. "가엾어라, 엄마가 먹을 걸 좀 나눠줘야겠네, 로지, 네가 엄마지?" 순간 나는 로지의 마음속에서 불꽃이 튀는 걸 볼 수 있었다. 아이는 눈이 커지고 입꼬리가 살짝 말려 올라가더니 몇 초 후 쿠키를 나눠 주었다.

나는 이 도구를 세 개의 세트로 나눠 소개할 것이다. 첫 번째 세트는 아이가 떼쓰거나 감정을 스스로 통제하지 못할 때 도움이 된다. 두 번째 세트는 아이가 징징대거나 불평하거나 요구하는 게 많은 등 일상적으로 피로를 유발할 때 활용할 수 있는 훌륭한 자원이다. 그리고 세 번째 세트는 아이들에게 여러 핵심 가치를 전수할 뿐 아니라 장기간에 걸친 행동 변화를 유도할 도구로서 천천히 다루도록 하겠다.

아이가 떼쓸 때

쿠가아룩에서 며칠을 지내면서 나는 로지가 떼쓸 때 어떻게 도와주면 좋을지, 그리고 어떻게 해야 그 강도나 횟수가 줄어들 수 있을지 이해하기 시작했다. 내게 이 같은 지혜를 깨우쳐 준 귀인이 있었으니 바로 통역을 담당해 준 엘리자베스 테그마이어다. 어느 오후, 엘리자베스, 로지와 나는 점심으로 먹을 칠면조 고기와 감자칩, 크래커를 사기 위해 식료품점에 갔다. 계산하려고 줄을 서 있는데 분홍색, 파란색, 노란색 등 다양한 크레용 색상에 유니콘까지 새겨진 머리띠 선반이 로지의 눈에 띄었다. "그런데 엄마, 나 저거 하나만 사주면 안 돼?" 로지가 간절한 마음으로 물었다. "미안한데 로지, 너 지금도 머리띠 많잖아." 내가 대답했다. 로지가 슬슬 고집을 피우며 소리치기 시작했다. "그래도 하나 갖고 싶어! 딱 하나만!"

이에 나도 지금껏 늘 하던 대로 대처했다. 이성적 논리와 단호한 태도로 무장한 채 아이에게 그만 징징대라고 요구한 것이다. 로지가 소리칠 때마다 나는 고압적 태도로 계속 그만하라는 말을 반복했다. 이렇게 불꽃 튀는 신경전이 계속되면서 내 목소리와 눈빛에는 분노가 스며들었다. 로지 역시 내가 화났다는 걸 감지하자 팔을 마구 휘두르고 더 크게 울어대며 대응 수위를 높였다. 감정을 스스로 주체할 수 없게 된 것이다. 그 자리에 엘리자베스가 있었던 건 천운이었다. 그녀는 로지에게 다가가 나와는 정반대 방식으로 대처했다. 먼저 숙이고 들어간 것이다. 그녀는 엄하고 단호하게 구는 대신 상냥하고 다정하며 차분하게 로지를 대했다. 얼마나 차분하던지! 그녀의 표정은 부드러웠고 몸에서는 여유가 느껴졌으며 움직임은 작고 섬세했다. 처음엔 잠시 아무 말도 하지 않고 바라보다 내가 들어본 중 단연 가장 고요하고 사랑스러운 목소리로 입을 열었다. 천천히, 신중하게 단어를 골랐지만 그렇게 많은 말을 하지는 않았다. 그저 내리치는 번개를 부드러운 담요로 받아주듯 로지의 폭풍 같은 기질을 따스하게 감싸 안았을 뿐이다. 이에 로지는 온통 마음을 빼앗겼다. 즉시 고함을 멈춘 건 물론이다. 그리고 엘리자베스를 향해 몸을 돌려 사랑스러운 목소리로 "이쿠타크(Iqutaq, '벌'이라는 의미의 이누크티투트어)"라고 말했다.

도구 1 차분하게 대하기

만약 이 책에서 딱 한 가지 개념만 습득할 수 있다면 이것을 위해 노력하길 바란다. 결코 쉽지 않지만 장담컨대 노력할 만한 가치가 있다.

전 세계 수많은 문화권에서 부모는 아이에게 평정심을 유지할 수 있도록 가르치는 게 자신들의 핵심 책무 중 하나라고 믿고 있다. 삶의 일상적 좌절에 침착하고 차분하게 대응하는 법을 가르쳐야 한다는 것이다. 이들은 심지어 이 기술을 가르치는 게 읽기, 수학, 혹은 건강한 음식을 먹는 등의 기술을 가르치는 것 못지않게 중요하다고 여긴다.

"저는 신세대 부모들한테 이렇게 말해요. 아이들을 너무 많이 울리지 말고 진정시킬 수 있게 노력해라." 마리아가 자신의 집 식탁에서 내게 말했다. "부모와 조부모는 아이를 차분하게 해줄 필요가 있어요." 그리고 아이가 울 때나 비명을 지를 때, 혹은 끊임없이 어떤 요구를 할 때 그렇게 할 수 있는 최고의 방법은 어른이 가능한 한 가장 차분한 상태에서 아이와 소통하는 것이다. 강조하건대 내가 지금 이야기하는 건 서구 문화권에서는 거의 목격하기 힘든 모습이다. 마사지 침대에 고개를 바닥으로 향한 채 누워 있을 때의 차분함을 생각해 보라. 혹은 욕조에 뜨거운 물을 받아놓고 오랫동안 몸을 담갔다 나왔을 때의 느낌도 상상할 수 있다.

쿠가아룩에서는 아이의 에너지가 높아지는 상황이 닥치면 부모는 자신의 에너지를 잔뜩 낮춘다. 아이가 소리치거나 몸부림치거나 울거나 심지어 폭력을 휘둘러도 부모가 곧장 지시를 내리거나 진정하라고 훈계하지 않는다. 위협하지도 않고 ("당장 조용히하지 않으면") 달콤한 뇌물로 꼬드기지도 않는다. ("왜 그러니? 뭐 마시고 싶어? 나가서?") 대신 부모들은 스스로 평정심을 잃지 않는 모습을 통해 아이에게 차분함을 가르쳐준다. 아이가 화나서 울거나 소리지를 때 부모들은 거의 아무 말도 하지 않는다. (말은 아이를 도발할 수 있다.) 거의 움직이지도 않고 (움직임은 아이를 도발할 수 있다) 얼굴에는 감정을 거의 드러내지 않는다. (다시 말하지만 감정은 아이를 도발할 수 있다.) 부모는 소심하지 않고 겁내지도 않는다. 아이를 계속해서 신뢰할 뿐이다. 단, 아이에게 다가갈 땐 마치 어깨에 내려앉은 나비를 대하듯 천천히, 부드럽게 그리고 다정하게 다가간다.

인류학자 장 브릭스는 1960년대 당시 알라크와 이누티아크의 집에 머물면서 이 같은 육아 방식을 여러 차례 기록했다. "아이가 말썽부렸을 때 어른들은 차분하고 합리적인 대응 방식을 꾸준히 유지했다. (세 살배기) 사라크가 숟가락으로 엄마의 뺨을 때렸을 때 엄마는 고개를 돌리고 침착한 태도로 이렇게 읊조렸다. '아이에겐 아직 이성(이후마)이 없어'." 이후 이 세 살배기 아이에게 동생의 탄생을 받아들여야 하는 시련이 닥쳤다. 특히 엄마가 더 이상 자신에게는 젖을 물려주지 않자 아이에게는 지옥이 열리는 듯했다. 그래서 툭 하면 대성통곡했을 뿐 아니라 폭력까지 휘둘렀다. 그런데 장으로서는 믿기 힘든 상황이 펼쳐졌다. 엄마가 아이를 꾸짖는 대신 '부드러운 목소리'로 반응한 것이다. "나는 (동생에게 왕좌를 내줘야 하는) 위기 상황이 그토록 원만하게 해결될 수 있으리라고는 단 한 번도 상상하지 못했다."

이 같은 전략이 무척이나 효과적인 이유는 무엇일까? 간단하다. 아이의 감정과 에너지 레벨은 부모의 감정과 에너지 레벨을 반영한다고 어린이 심리치료사이자 베스트셀러 육아서《뉴욕타임즈(New York Times)》를 집필한 티나 페인 브라이슨(Tina Payne Bryson)은 말한다. "감정에는 전염성이 있어요." 인간의 뇌에 신경세포와 전기 회로망이 존재하는 유일한 목적은 타인의 감정을 반영하기 위해서다. "우리 뇌에는 다른 누군가와 상호작용할 때 활성화되는 일종의 사회적 공명 전기 회로망이 있죠."

따라서 자녀의 에너지가 왕성하길 원하면 당신 스스로 그렇게 행동하면 된다. 아이에게 끊임없이 질문하고 지시를 내려라. 수많은 요구를 하고 이야기할 땐 조급한 태도로 빠르고 강하게 말하라. 목소리를 높여 했던 말을 계속 반복하는 등 극성스럽게 구는 것이다. 하지만 자녀가 차분하길 바란다면 당신도 차분하게 행동해야 한다. 고요하고 부드럽게 굴어라. 시간이 흐를수록 아이는 당신을 감정의 폭우가 몰아칠 때 피신할 수 있는 안식처로 여길 것이다.

차분한 육아가 효과적이라는 명제에는 의심의 여지가 없다. 특히, 아이가 화났을 때 부모가 차분하게 대처하면 그 순간을 무사히 넘길 수 있을 뿐 아니라 장기적으로도 값진 열매를 획득할 수 있다. 아이가 부모의 도움 없이 평정심 되찾는 법을 차츰 배우게 되기 때문이다.

"진짜 멋진 게 뭔지 아세요? 스트레스로 자꾸 무너지는 상황에서 부모의 도움을 받아 다시 감정을 추스르고 진정하는 연습을 하다 보면 두뇌가 스스로 그렇게 하는 법을 습득하게 돼요. 기술을 구축하는 과정인 거죠." 티나가 말했다. 앞서 소개한 끝내주는 공식을 떠올려보자.

연습 + 견본 + 인정 = 기술 습득

반면, 큰 소리로 말하고, 온갖 지시와 질문을 퍼붓는 등 에너지가 잔뜩 고양돼 있는 아이를 만나면 우리는 상황을 더 악화시킬 확률이 높다. 화내는 당신의 태도에 아이의 분노가 커지고, 이것이 또다시 당신의 분노에 불을 지피는 분노의 악순환에 빠지기 쉬운 것이다. 뿐만 아니라 이 때문에 아이는 집행 기능을 구축할 기회를 잃어버리고 만다.

차분함이라는 도구는 이 같은 악순환에서 빠져나갈 수 있는 비상구다. 아이와의 권력 다툼에서 빠져나갈 길을 열어주는 것이다. 아이가 감정을 폭발할 때 낮은 자세로 차분하게 대응하면 아이는 자신 안에서 차분함을 발견하게 되고 연습할 기회도 가지게 된다. 티나는 말한다. "우리는 차분함의 모델을 제시해야 해요. 아이들 스스로 감정을 통제할 수 있기를 기대하기 전에 우리의 내면 상태부터 다스릴 수 있어야 하죠."

로지 키우기

그렇다면 딸아이가 미치광이처럼 날뛸 때 무슨 수로 내면의 평화를 찾을 수 있을까? 세 살배기 딸아이가 내게 따귀를 날리는 순간조차 전례 없이 차분한 상태를 유지할 방법이 있기는 할까? 어느 모로 보나 쉬운 일이 아니었던 만큼 나로서는 수개월의 연습이 필요했다. 하지만 로지가 난리를 피울 때 이성을 꽉 붙들고 차분함을 유지하는 연습을 반복할수록 그대로 대처하기가 점차 수월해졌다. 뿐만 아니라 로지와 함께 있는 것도 점점 더 즐거워졌다.

개인적으로 나는 평정심을 유지하기 위해 감각적 형상화를 이용했다. 눈을 감고 머릿속으로 고급 호텔을 떠올리며 지금 그곳 스파에서 마사지를 받고 있다고 상상했다. 연보라색 벽과 낮은 조명으로 둘러싸인 방, 네팔산 종소리가 고요하게 울려 퍼지고 코끝에는 라벤더 향이 은은하게 감돈다. 아! 이 같은 상상이 통하지 않을 때 나는 허밍으로 '에델바이스'를 부르며 내 안의 줄리 앤드루스를 소환했다. 당신에게 효과 있는 방법을 활용해 당신의 가장 고요하고 차분한 자아가 숨어 있는 곳을 발견하라. 아이가 당신 얼굴에 우유를 뱉어도 웃어넘길 수 있는 자아가 필요하다. 자녀가 난동을 피울 때마다 끄집어낼 수 있도록 말이다. 일례로 남편도 이제 자신만의 비법을 확립했다. "그냥 좀 취한 척하는 거야."

티나는 아이가 일종의 스테레오라고 생각한다. "자녀의 신경 체계가 음량을 조절하는 다이얼과 비슷하다고 생각해 보세요. 그렇다면 아이가 음량을 줄일 수 있도록 돕는 게 저의 임무죠. 그리고 이 임무를 달성하려면 저부터 시작해야 해요. 만약 제가 아이한테 소리치거나 덩달아 흥분하면 제 손으로 아이의 음량을 높이는 셈이잖아요? 그래서 무엇보다 제 음량을 생각하면서 너무 높거나 낮아지는 일이 없도록 관리하는 게 중요해요."

내가 이 같은 전략을 습득해 활용하자 로지가 감정을 폭발하거나 떼쓰는 상황도 점차 줄어들었다. 감정의 태풍이 몰아치는 경우가 이전보다 줄었고 혹시 몰아치더라도 전보다 빠르게 지나갔다. 심지어 그렇게 두세 달이 지나자 그런 경우가 거의 사라졌다. 하루에도 몇 번씩 온갖 성질을 부리던 아이가 한 달에 한두 번 그럴까 말까 할 만큼 놀라운 발전을 이룬 것이다. 그 격차가 너무나 크다 보니 심지어 우리 엄마조차 이 같은 양육법의 효과를 인정할 수밖에 없게 됐다.

도구 2 스킨십 활용하기

마리아의 집에서 묵게 된 이튿날 밤, 증손자 덕분에 마리아의 육아 기술이 중요한 시험대에 올랐다. 18개월 된 칼레브는 요주의 인물이다. 똘똘하고 호기심 많은 데다 힘도 세고 겁도 없기 때문이다. 이날도 칼레브는 거실에 당도하기 무섭게 의자와 테이블에 거침없이 올라갔다. 테이블 위의 엑스박스를 잡아당겨 떨어뜨리고는 작은 요크셔테리어 미시에게 다가가 꼬리를 덥석 붙들기도 했다.

이때 샐리가 칼레브를 안아 올리자 칼레브가 샐리의 볼을 있는 힘껏 쥐어뜯어 결국 볼에 작은 핏방울이 맺히고 말았다. 순간 샐리도 아팠던 모양이다. 이를 악물고 눈살을 찌푸리기에 나는 이제 언성이 높아질 거라 예상할 수밖에 없었다. 그런데 웬걸, 샐리는 여전히 차분한 태도로 칼레브의 통통하고 짧은 손가락을 볼에서 떼어냈다. 그리고 믿을 수 없을 만큼 친절한 목소리로 이렇게 말했다. "이게 얼마나 아픈지 모르지?"

그리고 그녀는 스킨십 도구를 활용했다. 칼레브를 천천히 뒤집어 배를 손 위에 올린 뒤 아이 엉덩이를 토닥인 것이다. 그리고 여전히 달콤하고 차분한 목소리로 말했다. "그렇게 하면 아파. 사람들을 아프게 하면 안 돼." 비행기를 태우듯 칼레브를 안아 올려 동그랗게 빙 돌려주자 칼레브가 까르르 웃었다. 꼬집으려 했던 충동은 증발하고 분노도 눈 녹듯 사라졌다. 그렇게 샐리는 칼레브에게 누가 강하고 사랑을 주는 존재(즉, 책임자)인지 각인시킴과 동시에 스킨십을 통해 아이를 진정시키는 데도 성공했다.

며칠 후, 나와 로지에게도 비슷한 상황이 벌어졌다. 엘리자베스의 통역에 힘입어 한 어르신을 인터뷰하고 있던 때였다. 문득 로지가 마리아의 집으로 돌아가고 싶어 했지만 우리는 인터뷰를 끝마쳐야 했다. 결국 로지와 나 사이에 실랑이가 벌어졌고, 로지가 나를 때리는 지경에 이르자 엘리자베스는 로지의 폭발이 임박했음을 직감했다. 내게 고개를 돌리더니 평소 같지 않게 급박한 목소리로 "로지를 둘러메요, 마이클렌! 로지를 둘러메요"라고 말했다. 아기 띠에 로지를 둘러메라는 것이다. 정말? 그런다고 로지가 더 이상 소란을 피우지 않을까? 로지는 벌써 세 살 반인데? 아기가 아니라? "그러기엔 로지가 너무 크지 않아요?" 내가 물었다. "아이가 네 살, 다섯 살이 될 때까지 아기 띠에 메는 엄마들도 있어요. 아이가 필요로 하고 또 다른 아이가 없다면요." 엘리자베스는 아기 띠 쓰는 걸 부끄러워하면 안 된다는 말도 덧붙였다. 아이를 둘러메서 진정시킬 수 있다면 그걸로 된 것이다. "아이는 모두 달라요. 진정하는 법을 배우는 데 좀 더 오래 걸리는 아이들도 있죠."

그래서 나는 아기 띠를 몸에 두르고 로지를 불렀다. 그 작은 악마는 당연하다는 듯 아무런 망설임도 없이 아기 띠에 올랐고 그와 동시에 울며 소리치던 걸 멈췄다. 몇 분 후 어깨 뒤편을 바라보자 로지가 그새 천사처럼 잠들어 있었다. 이처럼 칼레브와 로지는 만지고, 안아주는 등의 스킨십 덕분에 분노에서 벗어나 안정을 되찾았다. 칼레브의 경우, 샐리는 높은 에너지 유형의 스킨십을 통해 둘 사이의 긴장감을 해소했을 뿐 아니라 아이가 난폭한 행동을 계속하는 것도 막을 수 있었다. 한편 로지의 경우엔 낮은 에너지 유형의 스킨십을 통해 아이의 예민한 신경을 어루만지고 힘을 빼는 데 성공했다.

이렇게 활용되는 스킨십은 스위스 군용 칼과 비슷한 면이 있다. 하나의 도구가 여러 쓰임새를 제공하기 때문이다. 아이가 이내 고집을 피우겠다 싶으면 팔을 부드럽게 쓰다듬거나 등을 문질러주고, 조금씩 분노가 쌓이는 게 보이면 무릎에 앉혀 통통 튕겨준다. 뿐만 아니라 머리끝과 발끝 사이 어디든 할 수 있는 게 스킨십이다. 아이 볼에 몇 번이든 이누이트 키스 혹은 쿠니크(즉, 서로의 코를 비비는 인사)를 하고 겨드랑이에 간지럼을 피우거나 배에 대고 입바람을 불어줄 수도 있는 것이다. 어떤 식으로 하든 스킨십 도구를 활용하면 아이에게 자신은 안전하고 사랑받고 있으며, 좀 더 차분하고 강한 사람이 자신을 돌봐주고 있다는 안정감을 선사할 수 있다.

"신체 접촉은 아이와 부모 사이의 긴장감을 깨트려요."《아이와 통하는 부모는 노는 방법이 다르다(Playful Parenting)》를 포함해 여러 육아서를 집필한 로렌스 J. 코헨(Lawrence J. Cohen) 박사가 말했다. "아이들은 본능적으로 타인을 돕고 싶어 해요. 당신을 기쁘게 해주고 싶어 하죠. 만약 그런 본능이 발휘되지 않는다면 아이들이 지나치게 긴장하고 있기 때문인 거예요."

마야의 마을에 머무는 동안 나는 로지에게 이 같은 기술이 적용되는 모습을 목격했다. 로지가 살짝 통제가 안 될 때 십 대 여자아이들이 간지럽히기 작전을 사용한 것이다. 무조건 로지를 일으켜 겨드랑이며 배를 마구 간지럽혔다. 그리고 로지가 깔깔대다 바닥에 쓰러지면 다들 다가가 안아주고 뽀뽀해 주었는데 그때마다 로지는 꺅 소리치며 도망치곤 했다. 좋은 건지 싫은 건지 확실하지 않아 물어보자 로지는 이보다 더 확실할 수 없는 답을 내놨다. "너무 좋아, 엄마. 진짜 좋아."

아이와 스킨십을 자주 해야 하는 이유는 과학적 관점에서도 수없이 많다. 신체 접촉을 하면 아이의 두뇌는 마치 불꽃이 터지듯 자극을 받는다. 뇌에서 BDNF라고 하는 화학 물질이 생성돼 두뇌의 성숙과 성장이 촉진된다. 부드럽고 다정한 손길은 '포옹'할 때 나오는 옥시토신 호르몬을 분비시켜 아이가 스스로 안전하고 사랑받고 있다는 확신을 가지게 한다. 잘 먹고 잘 자야 하는 것과 마찬가지로 "신체 접촉은 건강에 좋다"고 신경과학자 리사 펠드먼 바렛(Lisa Feldman Barrett)은 저서 《감정은 어떻게 만들어지는가(How Emotions Are Made)》에 적었다.

연령대를 막론하고 모든 아이에게 훈계하거나 꾸짖거나 길게 설명하는 것보다는 신체 접촉을 통해 더 큰 효과를 볼 수 있다. 가령 화났을 때 아이는 좌뇌 혹은 뇌의 논리 영역에 접근할 수가 없다고 심리치료사 티나 페인 브라이슨이 말했다. 감정의 분출이 일어나는 동안에는 아이의 우뇌가 명령을 내리는데 우뇌는 비언어 소통을 담당하는 영역이라고 댄 시겔(Dan Siegel)은 《두뇌를 전부 쓰는 아이(The Whole Brain Child)》에 적었다. "인간의 우뇌는 어떤 경험의 의미와 느낌이라는 큰 그림을 주관해 이미지, 감정, 개인적 기억을 처리하는 데 특화돼 있다." 따라서 소리치는 두 살배기를 차분하게 안아주거나 우는 여덟 살 아이의 어깨를 부드럽게 쓰다듬으면 두뇌에서 가장 접근하기 쉬운 부위에 대고 직접 이야기하는 것과 같아서 아이와 훨씬 효율적으로 소통할 수 있다. 아이들은 여러모로 훈계가 아닌 신체 접촉을 통해 감정 조절하는 법을 배우도록 설계돼 있는 것이다. 댄에 따르면 "사회에서 우리는 어떤 사건이 생겼을 때 말과 논리를 이용하라고 훈련받아 왔다. 하지만 네 살배기가 스파이더맨처럼 천장을 걸어다니지 못한다는 사실에 격노하고 있을 때 물리법칙에 대해 일장연설을 늘어놓는 건 다음으로 미루는 게 좋다."

로지의 경우 스킨십은 떼쓰는 걸 멈출 수 있을 뿐 아니라 미리 막을 수 있을 만큼 효과가 좋았다. 나 역시 로지한테 화가 나려고 하는데 언성을 높이고 싶지 않을 때면 로지를 잡고 장난부터 쳤다. 로지의 몸을 홱 뒤집거나 팔로 안아 올려서 아기 그네 태우듯 흔든 것이다. 그리고 "로지는 엄마의 사랑스러운 아가지?"라고 말하거나 배를 간지럽히기 시작하면 화났던 게 사그라든 건 물론 잔뜩 뿔나 있던 로지도 뜨거운 팬 위의 버터처럼 녹아내렸다. 세상 떠나갈 듯 울고 있다가도 웃음을 터뜨리거나 마구 고함을 지르다가도 까르르 웃으며 뒤로 넘어갔다. 심지어 "더 간지럽혀 줘, 엄마! 더!" 하며 매달리기도 했다.

오늘 아침에도 학교에 가기 위해 집을 나서려던 찰나 위기 상황에 봉착했다. 로지의 신발은 물론, 자전거 헬멧과 로지가 특별히 좋아하는 물병이 보이지 않았던 것이다. ("나 그거 없으면 안 돼, 엄마!") 서서히 긴장감이 고조되고 나의 짜증 지수도 높아져가는 걸 눈치챈 로지가 먼저 소리를 빽 질렀다. "나도 이제 화났어!" 나 역시 소리치고 싶었지만 그래 봐야 상황이 악화될 뿐이라는 걸 잘 알았다. 그래서 잠시 눈을 감고 연보라빛 마사지실을 떠올렸다. 라벤더 향을 느끼고 종소리를 들었다. 샐리를 생각하며 그녀는 칼레브와 이런 상황에 맞닥뜨리면 과연 어떻게 대처할지 생각해 보았다. 그래서 로지 앞에 무릎을 꿇고 앉아 최대한 부드러운 어조로 이렇게 말했다. "우리 화내지 말자." 그러고는 쿠키 몬스터(〈세서미 스트리트〉의 파란색 캐릭터-역자 주)가 되어 로지의 팔을 먹는 시늉을 했다. "냠냠냠!" 그 순간 우리 사이의 긴장감은 연기처럼 증발하고 로지가 웃기 시작했다. 우리는 함께 웃으며 집을 나섰다.

도구 3 경외감 느끼기

어느 날, 엘리자베스, 로지와 나는 밤 10시가 다 되어 마리아의 집으로 돌아갔다. 하늘에는 저 멀리 만 위에 아직 낮게 걸린 해가 길게 쭉 뻗은 구름을 분홍색과 보라색으로 물들여 장엄한 풍경을 연출했다. 온종일 일하고 돌아오던 터라 로지는 피곤함에 신경까지 날카로워진 상태였다. 이내 길바닥에 주저앉더니 징징대기 시작했고 내가 모른 체하자 급기야 울며 소리치기 시작했다. 엘리자베스가 로지에게 다가가더니 그 앞에 무릎 꿇고 앉아 어느 때보다 밝은 목소리로 감탄하며 말했다. "저기 저 아름다운 석양 좀 봐. 분홍색 보이지? 저 보라색은?" 로지는 의심스럽다는 듯 엘리자베스를 올려다보았다. 잔뜩 미간을 찌푸렸지만 엘리자베스의 다정함에도, 아름다운 석양에도 저항할 수 없었다. 고개를 돌려 하늘을 바라보는 순간 표정이 완전히 바뀌었다. 눈에서 힘을 풀고 울음을 그치더니 일어나 걷기 시작했다. 그때 나는 엘리자베스가 다른 이누이트인 엄마처럼 대처했음을 깨달았다. 내가 쿠가아룩에 머무는 동안 엄마들은 1~16세 사이의 어린이들을 대할 때 놀랍도록 정교한 심리 도구를 활용하는 모습을 보여주었다. 바로 분노를 경외감으로 대체하는 방법이었다.

북극으로 여행을 떠나기 1년쯤 전, 나는 NPR 라디오에서 어른들이 분노를 다스리는 방법에 대해 보도한 적이 있었다. 이때 신경과학자 리사 펠드먼 바렛이 어디서도 듣지 못한 최고의 조언을 해주었다. "자신 안에서 경외심을 발견하세요." 뭘 발견하라고요? "경외심이요. 산책을 가면 여유를 갖고 깨진 보도블록을 한번 찾아보세요. 그 균열 사이로 잡초가 삐져나온 곳을요. 그리고 자연의 힘에 경외심을 느껴보는 겁니다." 리사가 설명했다. "그리고 그 감정을 계속 연습하세요. 나비를 보고도 경외심을 느끼고 유난히 어여쁜 꽃을 보면서도, 또 하늘에 구름을 보면서도 경외심을 가질 수 있죠."

리사는 일상 속에서 이 같은 기술을 어떻게 활용하는지 설명해 주었다. "일례로 제가 중국의 누군가와 화상통화를 하고 있다고 해봅시다. 통신 연결이 원활하지 않으면 금세 짜증이 날 수 있겠죠. 하지만 설사 연결이 안정적이지 못해도 지구 반대편에 있는 사람과 이렇게 얼굴 보고 목소리 들으며 이야기 나눌 수 있다는 것 자체에 감사할 수도 있는 거예요." 리사의 말대로 감정은 근육과 비슷하다. 사용하지 않으면 그냥 없어지는 반면, 특정한 감정을 자주 일으키면 그 감정은 더 강해진다. 따라서 경외감을 많이 경험할수록 뇌에서는 해당 신경 근육이 더 자주 작동해 향후 이 감정을 더 쉽게 느끼게 된다. 결과적으로 분노 등 비생산적인 감정이 느껴지기 시작할 때 손쉽게 경외감 같은 긍정적 감정으로 대체하고, 짜증이 날 때는 감사한 마음을 가질 수 있다.

보랏빛 석양 아래서 엘리자베스는 로지에게 정확히 이 같은 작용을 구현했다. 그리고 나는 샐리의 어머니인 마리아 역시 증손자인 칼레브가 이렇게 대처할 수 있도록 유도하는 걸 여러 번 목격했다. 우리가 마리아의 집에 머무는 동안 마리아는 칼레브가 울거나 징징댈 때마다 창가로 데려가 아름다운 만을 보여주었다. 그렇게 함으로써 칼레브가 감탄하고 감사한 마음을 가지며 그 자신보다 거대한 무언가의 존재를 느낄 수 있게 해준 것이다. 그리고 이렇게 관심을 다른 데로 돌리는 기술은 칼레브를 진정시키는 데 언제나 성공했다.

"추상적이거나 감상적으로 들릴 수도 있지만 장담컨대 경외감에 빠지는 연습을 하면 분명 두뇌의 작용을 바꿀 수 있어요. 향후 그 감정(경외감 혹은 감사함)을 더 쉽게 유발할 수 있는 거죠." 리사가 말했다. 이 같은 연습은 아이들에게는 특히 더 중요하다. 아이의 뇌는 얼마든지 변화가 가능하기 때문이다. "아이들의 뇌는 어떤 식으로 구축될지 외부 세상에서 지시가 내려오길 기다리고 있어요." 따라서 경외감이라는 도구는 아이가 떼쓰는 걸 중단하도록 해줄 뿐 아니라 향후 그런 상황이 줄어들게끔 해주기도 한다.

도구 4 밖으로 데리고 나가기

사실 이 도구를 소개해도 될지 꽤 많은 고민을 했다. 전혀 특별할 게 없는 방법이기 때문이다. 하지만 샌프란시스코로 돌아온 뒤 이렇게 간단한 전략만으로 로지를 차분하게 진정시킬 수 있었기에 언급하지 않을 수가 없었다. 이는 당신이 이미 밖에 있을 때도 늘 염두에 두는 게 좋다. 쉽게 활용할 수 있고 거의 항상 효과가 있으며 여러 문화권의 엄마들이 권장하고 있으니 말이다.

내게 이 방법을 소개해 준 건 수잔 가스킨스였다. "아이가 자신의 수준으로는 실행하기 힘든 요구를 할 때 마야인 부모들은 아이를 밖으로 데리고 나가요." 그녀가 말했다. 그렇게 함으로써 아이들에게 자신의 행동이나 요구가 나이나 성숙도에 비해 과하다는 걸 깨우쳐 주는 것이다. "아이들이 자신의 사회적 책임을 더 크게 느끼도록 옆구리를 쿡쿡 찔러 주는 거죠."

쿠가아룩의 돌로로사 나르톡 역시 비슷한 말을 한 적이 있다. "아이들이 어린데 통제가 안 된다면 집이나 이글루에 너무 오래 있었던 거예요. 이럴 땐 단 몇 분이라도 밖에 나가도록 해주는 게 좋아요." 돌로로사는 시어머니로부터 이 같은 기술을 배웠다. "어린아이들은 실내에 너무 오래 있으면 짜증부터 내요. 그럴 땐 아이들을 둘러메고, 즉, 아기 띠에 감싸 안고 밖으로 나가 좀 걷는 게 좋아요."

이 도구를 활용하는 방법은 문장 그대로다. 아이가 떼를 쓸 때면 데리고 밖으로 나가는 것이다. 그리고 마야인 부모처럼 아이는 바깥에 두고 부모는 집 안으로 돌아와 창가에서 지켜본다. 혹은 돌로로사의 제안대로 아기 띠로 둘러메고 잠시 산책을 할 수도 있다. 만약 우리처럼 도시 생활을 해서 마땅한 야외 공간이 별로 없다면 아이를 안고 베란다로 나가 고요히 있는 것도 방법이다. 만약 무엇이든 말하고 싶다면 "넌 안전해, 사랑한다"라고 말하자. 아이가 안정되기 시작하면 "좀 더 진정되면 안으로 들어가자"라고 말할 수도 있다.

아이들이 성장할수록 그냥 업고 나가기는 여의치 않다. 내 경험에 비춰봐도 로지는 언젠가부터 화가 나면 내가 안아 올리기를 원하지 않았다. 그럴 때 나는 대신 로지의 손을 잡고 바깥으로 이끌었다. 뭔가 말을 한다면 "나가서 신선한 공기 좀 쐬자. 금세 기분이 나아질 거야" 정도였다. 하지만 대개 말은 별로 필요하지 않다. 차분하고 다정한 행동만으로 충분하니까.

도구 5 무시하기

전 세계 수많은 문화권에서 부모들은 아이들이 떼를 쓸 때 그저 무시한다. 인류학 연구 결과를 찾아봐도 어린아이가 마구 짜증을 부릴 때 부모는 단순히 아이가 안 보이는 것처럼 행동한다는 사례가 차고 넘쳤다. 하지만 이누이트 부모들은 미묘하게 다른 방법을 취할 때가 많았다. 떼쓰는 아이에게 반응하기 전에 일단 지켜보며 그 감정이 지나가기를 기다릴 때도 있다. 하지만 보통은 유아나 어린아이가 너무 오래 우는 일은 없도록 대처한다. 주위의 어른이나 형제자매가 이런저런 도구를 이용해 아이를 달래주는 것이다. 단, 좀 큰 아이라면 상황이 달라진다. 아이 스스로 충분히 평정을 되찾을 수 있다고 믿으면 부모들은 감정이 폭발하더라도 그냥 내버려 둘 수 있고 또 실제로 그렇게 하고 있다.

예를 들어 쿠가아룩에서 일고여덟 살가량 된 여자아이가 낚시터 근처에 세워진 픽업트럭 앞 좌석에서 울고 있는 모습을 본 적이 있었다. 그때 곁에 있던 엘리자베스가 내게 여자아이의 조부모가 일부러 아이를 혼자 둔 거라고 귀띔해 주었다. "보셨죠? 우리는 아이가 떼쓸 때 이렇게 그냥 무시해요." 엘리자베스가 말했다. 그때 여자아이의 할머니가 자초지종을 설명했다. "낚시터에 오는 길에 아이가 공항에 들르고 싶어 했는데 우리가 그냥 왔거든요." 할머니가 건조한 톤으로 말했다. 할머니는 아이가 스스로 진정할 수 있다는 걸 알고 있기에 혼자 그렇게 할 수 있도록 내버려 둔 것이다.

그렇다면 아이가 몇 살 정도 되면 이 탐나는 기술을 습득할 수 있는 것일까? 물론 아이마다, 상황에 따라 천차만별이지만 기대보다 오래 걸릴 거라고 예상하는 게 좋다. 앞서 언급했듯 미국인은 아이의 감정 처리 능력을 과대평가하는 (그리고 신체적 능력은 과소평가하는) 경향이 있다. 로지의 소아과의만 해도 내게 로지가 18개월만 넘으면 떼쓰는 걸 들어주지 말고 무시하라고 조언해 주었다. 하지만 그 전략은 끔찍한 역효과를 일으켜 로지의 성격을, 나아가 우리 가족을 망가트릴 뻔했다. 로지는 아직 스스로 평정을 되찾을 수 있는 능력이 부족하기 때문에 혼자 울도록 내버려 두면 분노가 더 치밀어오를 수밖에 없다. 따라서 다정하고 차분하게 어루만지고 안아주면서 사랑하는 마음을 느끼게 해줘야 한다.

나 스스로 늘 유념하는 사실 하나는 감정적으로 성숙해지는 건 경쟁이 아니라는 것이다. (나는 마흔둘이라는 나이에도 아직 완전히 성숙해지지 못했다.) 아이가 속상해할 때 꼭 안아주고, 소리치기 시작할 때 경외감과 감사하는 마음을 느끼게 해주며, 분노가 폭발할 때 나가서 신선한 공기 좀 쐬자고 제안한다고 해서 아이가 상처받는 건 아니다. 물론, 아이의 요구를 들어주는 건 아니지만 이렇게 떼쓰는 순간을 활용해 오히려 다른 신경회로의 발달을 촉진시킬 수 있다. 또 아이 스스로 진정하는 연습을 할 수 있고 부모는 차분한 태도의 본보기를 제시할 수도 있다. 아이가 성질을 부릴 때 부모로서 옳고 그름부터 따지는 게 능사가 아니라는 사실을 명심하라.

이누이트인 엄마들이 말과 행동을 통해 지속적으로 실천하는 가치는 이것이다. 아이가 감정을 통제하지 못할 때 조급해 말고 편안하게 다가가라. 당신 역시 화나고 절망스럽다고 해서 그대로 표출하지 말고 대신 (마사지실을 생각하며) 아이의 감정에 공감해 주고 또 사랑해 주어라. 아이는 어른처럼 감정적으로 노련하지 못하다는 사실을 잊어선 안 된다.

아이들이 그렇게 성숙해지길 원한다면 차분함이 어떤 효과를 거두는지 우리가 보여주어야 한다.

못된 버릇에 활용할 수 있는 도구들

이누이트 교육의 한 가지 커다란 목표는 스스로 생각하도록 유도하는 것이다. "아이들은 자신의 행동에 대해 스스로 생각해 봐야 해요. 매 순간 생각해야 하죠." 71세의 테레사 시크쿠아르크가 말했다. 이누크티투트어의 한 방언에서는 '교육'을 뜻하는 단어가 이수마크사이유그(Isummak-saiyug)로 "대략 생각, 마음 그리고 인지적인 다른 것들을 추구한다는 의미"라고 인류학자 장 브릭스가 말했다. "유년기 내내 이렇게 생각하는 연습을 계속하는 거예요."

이번 도구를 살펴보면서 우리는 생각을 일으키는 행위의 중요성과 그 놀라운 힘을 이해하게 될 것이다. 이 도구를 활용하면 아이들에게 뭘 할지 직접 말해주는 게 아니라 적절한 행동이 뭔지 스스로 알아내도록 힌트를 줄 수 있다. 다시 말해 아이에게 요구하고 강요하는 게 아니라 독려하고 이끌어주기 위해 사용하는 도구라는 것이다.

이번 도구는 유아부터 십 대까지 연령대를 막론하고 이런저런 문제들을 매일같이 일으키는 아이에게 일상적으로 적용할 수 있다. (나는 이들 도구 중 상당수가 어른에게도 놀라운 변화를 일으키는 걸 목격했다.) 아마 아이들은 놀이터에서 끝없이 놀고 싶어 하고 거실이 아무리 지저분해도 아랑곳하지 않을 것이다. 게다가 숙제를 알아서 하지도 않고 동생 때리는 버릇도 못 고칠 확률이 높다. 심지어 잠자리에 드는 것도 한사코 거부할 수 있다! 이 모든 사례에서 보듯 아이는 평소 알아서 잘하기를 거부하지만 성질부릴 때와는 또 다르게 자신의 감정은 스스로 (최소한 부분적으로는) 통제할 줄 안다. 이들의 합리적이고 논리적인 자아가 깨어 있어서 무엇이든 받아들일 준비를 하는 것이다.

이번 도구를 통해 달성할 수 있는 핵심 목표는 다음과 같다.

1. 효과가 실시간으로 나타난다. 아이들의 행동이 즉각 바뀌기 때문에 안전하게 지켜줄 수 있다.
2. 장기적인 목표에 다가갈 수 있다. 일례로 아이들이 (존중, 감사, 배려 같은) 중요한 가치를 습득하게 된다.
3. 아이가 스스로 생각하도록 가르친다.
4. 주도권 싸움, 말다툼이나 밀고 당기는 협상이 더 이상 필요하지 않다. 분노의 악순환도 피해갈 수 있다.

일상적 도구 1 표정으로 말하기

이 도구는 효과가 너무나 강력해서 생각만 해도 절로 신난다. 아이가 부모의 표정을 얼마나 잘 읽는지 알고 있었는가? 진짜, 깜짝 놀랄 만큼 잘 읽어낸다. 심지어 갓난아기와 막 걷기 시작한 아이라도 말이다. 따라서 대부분 부모는 말 한마디하지 않고도 아이의 행동을 바꿔놓을 수 있다. 적절한 '표정'만 지으면 된다. 당신이 하고 싶은 말, 아이에게 느끼는 감정을 모두 끌어모아 당신의 눈과 코, 찌푸린 미간 혹은 얼굴의 특정 부위를 통해 발산하라.

전 세계 부모는 가능한 모든 표정을 활용해 아이가 어떻게 행동하면 좋을지 이끌어준다. 제대로 지은 표정 하나가 마법 같은 힘을 발휘할 수 있다. 식료품점 막대사탕 선반 앞에 기웃대는 아이를 물러나도록 할 수 있고, 자꾸 동생을 때리는 아이의 버릇을 고쳐놓을 수도 있으며, 아이가 놀이터에서 친구와 그래놀라바를 나눠 먹도록 독려할 수도 있다. "엄마가 우리를 쳐다보기만 해도 피가 차갑게 식는 기분이었어." 내 친구는 이렇게 말하기도 했다.

이누이트인은 여러 가지 표정을 짓고 또 해석하는 데 탁월해서 무척이나 재밌다. 코를 찡긋하는 건 "안 돼" 눈썹을 잠시 위로 치켜올렸다 내리면 "좋아"라는 의미다. (쿠가아룩의 십 대 여자아이 중 일부는 눈썹과 코를 아주 미세하게 움직여서 처음에는 알아차리지 못했다.)

부모는 눈을 크게 치켜뜨거나 한군데로 모으거나 깜빡이는 등 다양한 방식으로 '표정'을 지을 수 있다. "제가 어떤 행동을 멈추길 바랄 때 엄마가 보인 반응이라고는 천천히, 하지만 근엄하게 날 보며 눈을 깜빡이는 것뿐이었어요. 그게 아주 단호한 '안 돼'였죠."* 모친은 북극의 다른 토착 민족인 유픽 출신이고 본인은 교사로 일하고 있는 크리스티 맥윈이 말했다.

'표정'으로 말하는 건 실제 말로 하는 것보다 좋은 점이 많다. 우선 놀이터, 거실, 혹은 식탁의 맞은편처럼 거리가 좀 떨어져 있어도 성과를 거둔다. 그리고 아무 소리도 나지 않기 때문에 아이들이 원하더라도 '다

* 크리스티는 자신의 모친이 조카들의 다툼을 말릴 때 활용했던 재미있는 방법도 이야기해 주었다. "엄마는 우리를 당신 앞에 세워두고 머리 위로 팔을 뻗게 한 뒤 '웃지 말라'고 하셨어요. 물론 우리는 의지와 상관없이 웃느라 정신없었죠."

틀 수'가 없다. 말로 지시받을 때와 다르게 코나 눈으로 협상할 수는 없기 때문이다.

내 경험에 비춰봐도 아이에게 "안 돼" 혹은 "하지 마"라고 말하는 것보다 '표정'을 사용하는 게 훨씬 효율적이다. 잠시 차분한 눈빛으로 쳐다보기만 해도 필요한 모든 말이 전달된다. 여기서 냉정을 유지하고 있는 건 누구이고, 또 책임자는 누구인지 분명히 보여주는 것이다. 특히 장볼 때 상당한 에너지를 아낄 수 있었다. 어느 오후 식료품점, 계산대 앞에서 있던 로지가 갑자기 선반에서 커다란 스니커즈 초코바를 집었다. 그때 남편이 대부분의 부모처럼 훈계하기 위해 입부터 열었다. "로지, 그건 네 거 아니야, 다시 내려놔." 문득 이걸로 재미있는 게임을 하기로 마음먹은 로지가 복도를 따라 도망치기 시작하자 남편은 그 뒤에 대고 고래고래 소리쳤다. 나는 이 권력 투쟁을 끝내기로 했다. 나는 로지를 향해 돌아서서 눈을 감고 '표정'을 발산했다. 공기에서 고약한 냄새를 맡은 것처럼 코를 찡그리며 눈을 감으며 속으로 단호하게 "딸내미, 안 돼"라고 주문을 외운 것이다. 로지는 어떻게 했을까? 얼굴에 살짝 미소를 띠고 날 쳐다보더니 다시 선반으로 가서 초코바를 내려놓았다. 로지는 옳은 행동이 뭔지 이미 알고 있었으며 내 표정으로 그것을 상기했을 뿐이다.

일상적 도구 2 행동의 결과를 알려주기

"아이들에게 자기 행동의 결과를 말해주세요. 진실을 알려주세요." 테레사 시크쿠아르크가 말했다. 쿠가아룩에서 머문 지 3일째 되던 날, 내가 엄마로서 로지에게 이야기하는 방식에 뭔가 문제가 있음을 직감했다. 나의 방식이 생산적이지 못할 뿐 아니라 오히려 갈등을 야기한다는 사실을 깨달은 것이다. 로지와 내가 엘리자베스와 함께 하루를 보내던 때였다. 엘리자베스는 인터뷰 통역 담당이었지만 우리에게 이누이트의 역사와 전통에 대해 가르쳐주기도 했다. 그날은 쿠가아룩에서 한 시간 정도 떨어진 낚시터로 우리를 데려가 주었는데 가는 길에 쿠크(Kuuk) 지역을 가로지르는 높은 다리에 맞닥뜨렸다. 강 위로 12미터나 솟은 그 다리엔 아이들이 떨어지지 않게 보호해 줄 난간도 없었다. 갑자기 로지가 무턱대고 다리 위로 뛰어오르자 나는 반사적으로 소리쳤다. "잠깐! 가장자리 쪽으로 가면 안 돼!" 그런데 내 말이 닿기도 전에 이미 엘리자베스가 로지 곁에 가 있었다. 그녀는 부드럽게 로지의 손을 잡고 차분한 어조로 말했다. "떨어지면 다칠 수 있어." 그 순간 나는 망치로 머리를 한 대 맞은 듯했다. 엘리자베스와 내가 로지에게 말하는 방식이 너무 달랐던 것이다. 나는 거의 항상 명령형으로 "안 돼"라는 말만 했다. "의자에 올라가면 안 돼." "우유 흘리면 안 돼." "아기한테서 장난감을 빼앗으면 안 돼." "안 돼, 안 돼, 안 돼, 안 돼." 하지만 엘리자베스가 그 말을 하는 건 거의 들어본 적이 없었다. 대신 그녀를 비롯해 내가 만나본 수많은 이누이트인 부모는 아이에게 지시를 하더라도 좀 더 생산적인 접근법을 취했다. 지금처럼 제대로 하지 않으면 무슨 일이 생기는지 알려준 것이다. 즉, 아이들의 행동이 가져올 결과를 말해주었다.

돌 저글링을 예로 들자. 놀이터에서 보내던 어느 오후, 로지는 돌로 저글링을 해보기로 하고 레몬 정도 크기의 돌 세 개를 집어 위로 던졌다. 놀란 내가 "던지지 마!"라고 소리치기도 전에 마리아라는 열 살 소녀가 상황을 해결해 주었다. 차분한 목소리로 이렇게 말한 것이다. "돌을 던지면 다른 사람이 맞을 수 있어, 로지." 그러고는 저쪽으로 걸어가 구름사다리에 올라갔다. 그걸로 끝. 마리아는 그저 로지의 행동이 가져올 결과를 있는 그대로 알려주고 로지 스스로 어떻게 행동해야 하는지 깨닫도록 해 주었다. 그리고 놀랍게도 성과를 거뒀다. 로지가 잠시 멈춰 돌을 쳐다보더니 다시 내려놓은 것이다. 이 같은 상황을 지켜보고 있으려니 장 브릭스의 말이 내 머릿속에 울려 퍼졌다. "이누이트 교육의 목표는 스스로 생각하도록 유도하는 것이다." 마리아는 이 말을 정확히 실천했다. 로지가 생각하게끔 이끌어주었으니 말이다.

생각해 보면 아이에게 (던지면 안 돼, 빼앗으면 안 돼, 올라가면 안 돼, 소리치면 안 돼 등) "안 돼"라고 말해서는 필요한 정보를 제공할 수 없다. 로지도 자기가 던지고, 빼앗고, 올라가고, 소리치고 있다는 사실은 이미 알고 있다. 그 행동이 가져올 결과를 알지 (혹은 깨닫지) 못하는 것뿐이다. 그래서 그 순간에는 왜 이 행동을 해서는 안 되는지 이해하지 못한다. 당신 역시 "안 돼" 혹은 "하지 마"라고 말할 때는 아이가 스스로 생각할 필요 없이 그저 복종하길 기대할 것이다. 이에 비해 이누이트 부모는 아이를 좀 더 존중해 준다. 아주 어린아이조차 스스로 생각할 수 있고, 아니면 생각하는 법을 배울 수 있다고 믿는다. 그래서 아이의 행동과 관련된 유용한 정보를 있는 그대로 공유한다. 어떤 행동을 계속하기 전에 한 번 더 생각해 볼 이유를 주는 것이다.

놀이터에서 그런 일이 있은 뒤 나는 쿠가아룩 어디서든 로지뿐 아니라 모든 연령대의 아이에게 이런 식의 지도와 훈육이 이루어지는 모습을 볼 수 있었다. 5미터 정도 높이의 창고 지붕에 올라가 놀고 있는 한 일곱 살 여자아이에게 언니로 보이는 여자아이가 아주 건조한 어조로 이렇게 말했다. "도나, 그러다 떨어져서 다친다." 그 말을 듣고 멈춰 선 도나는 잠시 후 밑으로 내려왔다. 마리아의 집에서는 여섯 살 사만다가 도자기 장식품이 진열된 선반 옆의 소파 모서리로 올라가자 엄마인 장이 경고했다. "그러다 장식품을 건드려서 떨어뜨릴 수 있어." 그날 오후 사만다의 세 살배기 동생 테사는 누르면 소리 나는 강아지 장난감을 주무시는 할머니 곁에서 갖고 놀고 있었는데 이번에도 장은 차분하게 말했다. "너무 시끄럽구나, 그러다 할머니 깨시겠어."

이렇게 한번 경고한 뒤 장은 아무 말 하지 않았다. 테사에게 장난감을 누르지 말라고 압박하지도, 잔소리하거나 소리치지도 않았다. 아이가 자신의 행동과 그 결과에 대해 생각해 보도록 이끌어주고 그에 따라 어떻게 행동하는 게 맞는지 스스로 고민할 수 있게 내버려 두었을 뿐이다. 이 같은 소통 방식은 아이들의 자율성과 배우는 능력을 존중해 주는 데서 시작된다.

로지 키우기

나는 세상이 어떤 식으로 돌아가는지 직접 체험해 보고 이해하길 원하는 '의지력 강한' 아이들(혹은 서구 문화권의 표현에 따르면 '경계를 확장하고' 싶어 하는 아이들)에게 이 방식이 특히 긍정적인 효과를 발휘한다고 생각한다. 맞다. 로지 이야기다. 요즘 아침마다 로지가 익룡처럼 꽥 소리를 내면 나는 차분하고 다정하게 이렇게 말한다. "너무 시끄러워서 엄마 머리가 아프려고 해." 또 로지가 친구와 함께 장난감을 갖고 놀지 않을 때는 "같이 갖고 놀지 않으면 친구가 또 놀러오고 싶어 하지 않을 거야"라고 말하는 식이다. (감정은 최대한 배제하고 차분하게 이야기하려고 애쓴다. 엄하거나 비난하는 어조로 말하면 싸움이 시작될 수 있다.) 그리고 성과를 거둘 때가 많다. 로지가 매번 들어주는 건 아니지만 대부분은 그렇게 했고 반감도 훨씬 줄었다.

그래도 문제의 행동을 계속하면 나는 로지가 내 말을 들었을 거라고 확신하고 지금은 배우는 중이라고 생각하면서 그냥 내버려 둔다. 실제로 한 번씩은 로지가 내 말에 대해 고민하고 있는 게 느껴졌다. 그러면 오늘 내가 전달한 정보 덕분에 다음번에는 올바른 선택을 할 거라는 생각에 뿌듯함을 느낀다.*

만약 로지가 자신이나 다른 친구를 진짜 위험한 상황(말하자면 피가 많이 나거나, 머리 부상 혹은 골절을 당할 수 있는 상황)에 빠뜨리면 내가 나서서 움직이는 걸 도와주기도 한다. 단, 언성을 높이거나 조급하게 굴지는 않는다. 이 행동이 어떤 결과를 가져올 수 있는지 설명하고 그런 일이 일어나지 않도록 이동하는 걸 도울 뿐이다.

일상적 도구 3 질문하기

쿠가아룩에서 배운 육아의 황금 법칙을 한 가지 더 소개한다. (이 법칙에 대해서는 탄자니아 하드자베에서도 들은 바 있다.) 명령이나 비판, 그리고 피드

* 그런데 다른 부모들 앞에서는 '그냥 내버려 두는' 데 어려움을 겪기도 한다. 로지가 나를 무시하는 듯 보여 창피하기 때문이다. 하지만 그럴 때 나는 척추를 곧게 펴고 다른 부모들에게 말한다. "제가 너무 몰아붙이지 않으면 스스로 더 잘 배우더라고요."

백을 질문형으로 바꿔 아이에게 제시하는 것이다.

이 도구는 어느 오후, 일하고 집에 돌아왔을 때 샐리가 사용하는 걸 처음 목격했다. 샐리는 열다섯 살 아들을 키우고 세 명의 손주 육아를 돕는 데다 건강 클리닉에서 풀타임 근무도 하고 있었다. 어느 날 온종일 일하고 지친 몸으로 집에 들어섰는데 거실이 그야말로 난장판이 되어 있었다. 카드게임이 온 바닥에 흐트러져 있는 데다 테이블은 사탕 포장지로 뒤덮여 있었던 것이다. 하지만 샐리는 흥분하지 않았다. 대신 집을 이렇게 만든 범인들(로지와 친구인 사만다)을 쳐다보며 상냥한 목소리로 이렇게 말했다. "누가 이 난장판을 만들었지?" 흠. 재밌는데? 그날 이후 어딜 가든 이 도구를 마주했다. 샐리의 올케인 마리가 집에서 나가래도 나가지 않는 네 살배기 딸에게 말했다. "누가 내 말을 무시하지?" 식료품점에 심부름 보냈는데 그냥 돌아온 손주에게 샐리는 "왜 다시 돌아온 거지?"라고 했고, 한 아이가 쓰레기를 한가득 건네자 기발한 질문으로 대꾸했다. "내가 뭔데? 쓰레기통이야?" 탄자니아에서도 항상 질문이 넘친다. 어느 두 살배기가 동생을 때리자 "네 친구한테 지금 뭐 하는 거야?" 세 살배기가 하이킹을 하는데 업어달라고 하자 "내가 뭔데? 네 당나귀야?"라고 물었다.

부모들은 회의적이면서도 진지한 어조로 이 같은 질문들을 던진다. 결코 아이를 비난하거나 폄훼하는 뉘앙스는 풍기지 않는다. 아이를 방어적으로 만드는 게 질문의 의도가 아니기 때문이다. 그보다 아이에게는 답을 찾아야 하는 퀴즈, 자신의 행동을 돌아보고 잠재적 결과를 생각해 보게 만드는 유도제와 같은 것이다.

이 전략은 그야말로 천재적이다. 아이가 당신을 의도적으로 화나게 만들지만 화내고 싶지는 않고, 하지만 어떻게 해야 할지는 모르겠는 순간에 완벽한 대처법이라 하겠다. 혹은 아이가 선 넘는 행동을 하고 그냥 무시하고 싶은데 무슨 말이든 해야만 할 때도 유용하다. 주도권 싸움으로 넘어가지 않고도 하고 싶은 말을 전달할 수 있게 해준다.

로지 키우기

나는 샌프란시스코로 돌아오기 무섭게 이 질문 도구를 활용하기 시작했다. 무엇보다 우리 집에서 온갖 고성과 요구 사항이 난무하는 상황을 줄이고 싶었다. 그래서 "누가 나한테 소리를 지르지?"라고 말하기로 했다. 저녁을 먹을 때 로지가 음식 투정이라도 하면 아주 사무적인 어조로 "누가 감사할 줄 모르지?"라고 한 뒤 아무 일 없었다는 듯 일상을 이어갔다. 어떤 대답이나 논쟁을 하기 위해, 혹은 아이의 태도를 즉각 바꾸기 위해 하는 말이 아니었다. 그저 로지가 스스로 생각해 볼 수 있으면 충분했다.

이 방식은 로지에게 예의 있게 행동하는 것처럼 광범위한 개념을 가르칠 때 특히 유용했다. 나는 로지가 '예의'라는 말의 의미를 알 거라 생각했지만 3.5세에 불과한 아이에게는 완전히 낯선 개념일 뿐이었다. (아이의 감정적 기술을 과대평가한 또 하나의 사례라 하겠다.) 아무도 로지에게 가르쳐준 적 없는 예의를 질문 도구를 활용해 가르치기로 했다.

어느 날 로지를 학교에서 데리고 오는 길에 나는 아이가 선크림을 발랐으면 하는 마음에 질문 도구를 이용해 다정하게 물었다. "햇빛이 너무 강하지? 선크림을 좀 바르지 않으면 다 탈 것 같아." "싫어!" 로지가 소리치며 선크림을 길바닥으로 던져버렸다. 예전의 나였다면 욱 하는 마음에 소리를 빽 지르고 말았을 것이다. 하지만 새로운 나는 차분한 태도로 질문 도구를 꺼내 지극히 건조한 어조로 물었다. "누가 지금 예의 없게 굴고 있지?" 이렇게 말할 때는 일부러 로지를 쳐다보지 않았다. 로지를 비난하려는 게 아니라 스스로 생각하게끔 유도하려는 것이기 때문이다. 그래서 조용히 선크림을 주워서 다시 내 가방에 넣으며 상황이 일단락됐다고 생각했다. 그런데 1분 후 로지가 말했다. "알았어, 선크림 이리 줘." 그러더니 불평 한마디 없이 선크림을 발랐다.

로지에게 예의를 알려주기 위해 나는 일주일가량 "누가 예의 없게 굴고 있지?"라는 질문을 사용했다. 로지가 실례되는 말을 하거나, 쿠키 하나 말고 두 개를 달라고 소리치거나, 무례하게 굴 때마다 건조한 어조로 말한 것이다. "누가 예의 없게 굴고 있지?" 하지만 이 질문이 아이에게 얼마나 스며들고 있는지는 알 길이 없었다. 그런데 실험을 시작한 지 10일째 되던 날 마침내 화답이 왔다. 침대에 나란히 누워 그날 유치원에서 있었던 일에 대해 이야기 나누는데 갑자기 로지가 물었다. "엄마, 예의 없다는 게 무슨 뜻이야?" 아하! 그동안 로지가 듣고 있었구나. 그리고 생각하고 있었구나.

샌프란시스코의 내 친구 역시 세 살배기 딸에게 이 도구를 활용해 보더니 내게 전화 걸어 극찬을 쏟아냈다. "효과가 있어! 진짜 효과가 있다고!" 딸아이가 동물 인형으로 자꾸 어린 동생을 때리자 친구가 이렇게 질문을 던졌던 것이다. "누가 프레디한테 못되게 굴지?" 딸아이는 더 이상 동생을 때리지 않았을 뿐 아니라 5분 뒤 엄마에게 다가가 이렇게 사과까지 했다. "못되게 굴어 미안해요, 엄마."

일상적 도구 4 책임을 부여하기

이 도구는 마야의 슈퍼맘 마리아에게서 배웠다. 여행에 나서기 전, 로지는 나와 매트에게 새로운 과제를 던져주었다. 엄마 아빠 없이 혼자서 외출하기 시작한 것이다. 로지는 불과 두 살 때 빗장 잠금장치가 포함된 현관문 두 개를 어떻게 여는지 터득했다. 그런데 어느 날 아침 잠에서 깨보니 로지가 감쪽같이 사라지고 없는 것 아닌가! 그때 주방 창밖으로 홀딱 벗은 채 보도를 활보하고 있는 로지의 모습이 보였다. 뭐, 적어도 찻길은 아니네, 나는 생각했다. 갈수록 문제가 심각해져서 우리는 문에 잠금장치를 추가하는 방안까지 고려했다.

하지만 이 같은 로지의 무모한 행동에 대해 털어놓자 마리아는 다른 묘책을 내놓았다. "로지가 심부름을 할 수 있나요?" 로지에게는 더 많은 자유, 그리고 더 큰 책임을 부여해야 한다는 게 마리아의 요점이었다. 마리아는 인구가 2천 명 내외에 불과한 작은 마을에 살고 있다. 그곳엔 차도 별로 없고 범죄도 거의 발생하지 않는 데다 대부분 서로 알고 지낸다. 그래서 2.5세의 어린아이가 모퉁이 매장까지 반 블록을 걸어가더라도 전혀 위험할 게 없다. 심지어 그곳 사장님도 아이를 알고 있을 테니 말이다. 하지만 불행히도 샌프란시스코는 그런 환경이 아니다. 일단 우리 집부터가 자동차가 가파른 커브길을 시속 30마일로 내달리는 복잡한 도로 한가운데 있다. 더구나 주변 시설이 이보다 안전하다 하더라도 우리의 이웃이 어린아이가 심부름 다니는 걸 받아들이지 못할 게 분명하다. 만약 두 살배기 로지가 모퉁이 매장까지 혼자 걸어가 카운터에 1.8리터짜리 우유와 5달러 지폐를 함께 내밀면 아마 99.9%의 확률로 우리 집 앞에 경찰차가 당도할 것이다.

하지만 마리아의 제안에는 이보다 넓은 의미, 샌프란시스코에서도 활용해 볼 수 있는 조언이 담겨 있었다. 문제 행동은 아이들이 더 많은 걸 책임지고, 가족에게 더욱 기여하며, 더 큰 자유를 누리도록 해달라고 요구하는 그들만의 방식이라는 것이다. 아이가 규칙을 어기고 과도한 요구를 하거나 고집을 피우는 것처럼 보인다면 부모는 뚜렷한 역할을 부여해 줄 필요가 있다. 이는 마치 아이가 "엄마, 나 너무 하는 게 없어서 기분이 언짢아"라고 말하는 것과 같기 때문이다.

생각해 보자. 만약 당신의 업무가 지루하거나, 상사가 당신의 능력을 최대치로 활용하지 않는다면 당신 역시 상당히 불쾌하고 초조할 것이다. 물론, 로지처럼 발가벗은 채 사무실 밖을 활보하지는 않겠지만 이렇게 울부짖고 싶은 심정일 수밖에 없다. "이봐, 상사, 여기 날 좀 봐! 다른 직원들이 하는 거 나도 다 할 수 있다고. 내게도 기회를 좀 줘."

우리 집에서는 이 도구를 활용해 두 개의 중요한 목표를 달성할 수 있었다. 로지가 더는 징징대지 않도록 가르치기, 그리고 가족을 도울 수 있게 독려하기다. 이제 점심을 준비하는데 로지가 투덜대면 나는 이 같은 어리광과 불평을 새로운 관점에서 바라본다. 자신한테 일 좀 달라고 요구하는 로지만의 방식이라고 해석하는 것이다. 다시 말해, 어린아이가 우는 소리를 하는 건 자기도 새로운 기술을 배우고 싶다고 호소하는 것이다. 따라서 부모는 아이의 관심을 활용해 돕고 기여할 수 있도록 해주어야 한다. 그만 징징대라고 쏘아붙이는 대신 아이에게 일거리를 주어라.

심지어 가장 쉬운 일도 유아나 어린아이를 변화시킬 수 있다. 예를 들어, 어느 아침 찝찝한 기분으로 잠에서 깬 로지는 마침 구글 스피커에서 흘러나오던 음악(21세기 문제의 탄생이다, 나도 안다)에 대해 잔뜩 불평을 늘어놓으며 하루를 시작했다. "〈모아나〉에 나오는 다른 노래 틀어줘, 이거 말고!" 로지가 울먹이며 말했다. 그래서 나는 로지가 더 징징대기 전에 할 일을 찾아주었다. "망고가 배고픈 것 같아. 공주님은 도움을 주기 전엔 아무것도 요구할 수 없는 거 알지? 가서 망고 밥부터 주고 그다음에 다른 노래를 찾아보자."

남편은 로지가 내 말에 생떼로 반응할 것을 예상하고 일찌감치 정색하는 표정을 짓고 있었다. 하지만 로지는 동의의 의미로 고개를 끄덕이더니 개밥그릇 쪽으로 걸어갔다. 이 업무가 로지를 우는 소리의 늪에서 건져준 것이다. 게다가 아이에겐 이것말고도 중요한 일이 기다리고 있었다. 그날 오전은 그렇게 부드럽게 흘러갔다. "흥미로운데?" 매트가 말했다. 마리아 같은 엄마들로부터 배운 여러 비법을 이렇게 공유하는 건 즐거웠다. "아이에겐 할 일이 필요해, 빈둥대는 건 좋아하지 않거든. 그러면 신경만 날카로워져."

일상적 도구 5 말이 아닌 행동으로 보여주기

북극이나 유카탄에서 부모가 아이와 소통하는 모습을 보고 있을 때 가장 놀라운 점 중 하나가 모두 너무 조용하다는 사실이다. 어쩌면 음악이 없는 발레 공연을 보고 있다고 느낄 수 있다. 모두의 움직임이 안무적이기도 하고 사전 연습도 잘돼 있기 때문이다. 이들의 상호작용은 무리 없이 흘러간다. 모두가 말을 거의, 진짜 거의 하지 않아서 들리는 거라고는 바닥을 누비는 댄서의 발소리뿐이다. 대다수의 문화권에서 부모는 아이에게 끊임없이 이야기하거나 뭔가를 선택하라고 다그치지 않는다. 그보다는 행동을 취한다. 그리고 이 행동은 세 가지 형태로 분류할 수 있다.

첫째, 아이들이 이렇게 행동했으면 싶은 대로 자신들이 행동한다. 북극에서 샐리의 올케 마리는 낚시를 하러 가기 위해 부츠를 신고 딸에게 말했다. "자, 빅토리아, 이제 낚시 가자." 그리고 집을 나서서 ATV에 올라타자 빅토리아도 결국 그녀의 뒤를 따랐다. 유카탄에서는 한 엄마가 점심시간을 맞아 음식이 담긴 접시를 식탁 위에 올려두고 바깥에서 색칠에 한창인 두 딸이 그만 들어와 먹기를 기다렸다. "준비되면 들어오겠죠." 그리고 그녀의 말이 옳았다. 와서 식사하라는 말 한마디 없었는데 불과 몇 분 후 두 아이는 들어와 점심을 먹기 시작했다.

둘째, 아이가 해야 할 일을 할 수 있도록 친절하게 돕는다. 유카탄에서 로지가 자신의 키에 비해 너무 높은 성인용 자전거에 올라탄 적이 있었다. 곧 떨어질 게 분명해 보였다. 하지만 어느 누구도 로지에게 소리치거나 내려오라고 훈계하지 않았다. 대신 열여섯 살 로라가 다가가 로지의 손을 부드럽게 잡고 자전거에서 내려올 수 있도록 도와주었다. 그 순간 로지에게 필요한 건 자신을 도와줄 든든한 손, 그리고 따뜻한 포옹뿐이었다.

셋째, 아이가 다르게 행동할 필요 없도록 환경을 바꾼다. 유카탄에서 맞이한 어느 저녁, 우리는 식탁에 둘러앉아 함께 파인애플을 먹으며 담소를 나누고 있었다. 그런데 갑자기 로지가 테이블에서 거대한 식칼을 들어 올렸다. 하지만 역시 아무도 깜짝 놀라거나 아이에게서 칼을 빼앗으려 하지 않았다. 대신 후아니타라는 한 엄마가 로지에게 다가가 가만히 기다렸고 로지가 이내 칼을 내려놓자 아이 손이 닿지 않는 곳에 치워 두었다. 그 어떤 다툼도, 실랑이도 벌어지지 않고 조화로운 순간이 그대로 이어졌다.

인류의 역사가 이어지는 내내 압도적으로 많은 수의 문화권에서 부모는 아이가 이제 뭘 할지, 혹은 점심으로 땅콩버터 샌드위치를 먹을지 파스타를 먹을지를 두고 상의하거나 논쟁을 벌이지 않았다. "파스타를 버터에 볶을까, 토마토소스에 볶을까?" "나랑 같이 매장에 갈래?" "목욕하고 싶니?" 등 '아이가 원하는 것'을 아예 질문하지 않았던 것이다. 대신 곧장 행동에 들어갔다. 엄마는 점심으로 검은콩 요리를 했고 아빠는 겉옷을 챙겨 매장으로 향했으며, 할머니는 목욕을 위해 욕조에 물을 받았다. 나는 이렇게 말을 지양하는 육아 방식 덕분에 이들 문화권의 아이들이 차분한 성향을 지니게 됐다고 생각한다. 말을 삼가면 저항도, 스트레스도 적을 수밖에 없다.

반면 말과 지시는 에너지와 자극을 생성해 다툼을 유발하는 경우가 많다. 아이에게 뭔가를 지시하는 건 싸우고 또 협상할 기회를 제공하는 셈이기도 하기 때문이다. 하지만 최소한의 대화만 하면 에너지를 낮게 유지할 수 있다. 논쟁이나 다툼이 생길 가능성이 낮아지는 것이다. 로지 안에서 울부짖는 야수조차 결국 동굴로 들어가 안식에 빠진다. 선택도 마찬가지다. 선택은 심지어 어른도 하기 힘들다. 우리가 선택하지 않은 옵션조차 놓치기 싫은 마음이 있기 때문에 스트레스와 불안을 초래할 수 있다. 그런데 어린아이라고 다르겠는가?*

* 어느 날, 로지가 이렇게 말한 적이 있다. "엄마, 선택하는 건 힘들어. 선택은 정말 너무

이처럼 말을 삼가는 육아 방식이 얼마나 큰 효과를 거두는지 북극과 유카탄에서 목격한 뒤 나는 그간의 내 장황한 육아 스타일에 의문을 던지기 시작했다. 나는 왜 로지한테 끊임없이 말을 했지? 이야기를 해주었나? 아니면 질문? 선택지를 제공했던가? 하지만 행동을 취하는 게 훨씬 강력한 힘을 발휘한다.

내가 마야와 이누이트의 부모만큼 고요하고 차분하게 아이를 키울 수 없다는 사실을 이미 잘 알고 있다. 결국 나는 한시도 가만있지 못하고 에너지가 넘치는 미국인 아닌가. 말은 늘 내가 가장 애용하는 육아 도구로 남아 있을 것이다. 하지만 그렇다고 우리 가족의 스트레스를 대폭 줄이거나 흐름을 더하는 게 불가능한 건 아니다. 모든 일상에 따라붙는 군더더기를 확 줄이는 방법이 있기 때문이다. 가령 "5분 뒤에 나갈 거야"라고 한 번 말하고 나면 이후 30초가 지날 때마다 소리치는 대신 그냥 나가면 된다. 또 "로지, 매트, 와서 점심 먹자"라고 말한 뒤에는 그냥 올 때까지 가만히 기다릴 수 있다.

나는 내가 먼저 행동함으로써 로지도 함께 행동하도록 유도할 수 있게 됐다. 예를 들어 로지는 매일 아침 유치원에 도착하면 손을 씻고 선크림을 발라야 한다. 예전의 나 같으면 몇 번 타이르다 잔소리도 좀 하고 결국엔 협박까지 하는 지경에 이르렀을 것이다. 하지만 이누이트 엄마들이 영감을 준 덕분에 다른 접근법을 시도해 볼 수 있었다. 내가 먼저 화장실에 가서 손을 씻거나 로지에게 함께 가서 씻자고 제안한 것이다. 나는

어려워." 심지어 어린아이조차 선택이 스트레스를 준다는 사실을 이해하는 것이다. 선택할 일이 적을수록 아이는 자신에게 주어진 것을 감사한 마음으로 받아들일 수 있다.

"가서 손 씻자, 로지"라고 말하면서 싱크대로 향하거나 내 얼굴에 선크림을 바르면서 같이 바르자고 이야기했다. 또 어떤 때는 로지에게 내 얼굴에 선크림을 발라달라고 했다가 다 바르면 역할을 바꿔 내가 로지 얼굴에 발라주기도 했다.

이렇게 사소한 변화가 모여 엄청난 결과를 창출했다. 우리 가족 사이에 다급한 에너지와 저항하는 분위기가 확연히 줄어든 한편 로지의 자율성이 한층 강해진 것이다. 몇 달을 나와 함께 손을 씻었더니 언젠가부터는 굳이 말하지 않아도 스스로 씻었고, 선크림도 알아서 바르게 됐다. 심지어 아침에 집을 나서는 일도 이제 식은 죽 먹기다. 내가 더 이상 언쟁이나 협상하지 않는다는 사실을 로지도 알고 있기 때문이다. 아침 8시 15분에 내가 계단을 내려가면 이제 곧 기차가 떠날 것이며 한번 떠난 기차가 다시 돌아와 자기를 기다려주지 않는다는 사실도 잘 알고 있다. 그래서 이따금 내가 차고에서 자전거를 타고 나오면 "기다려줘!"라며 큰 소리로 애원하기도 한다.

그리고 마침내 나는 로지에게 선택권을 덜 줄 수 있게 됐다. 더 이상 '원하는 것'을 묻는 질문은 하지 않게 된 것이다. 나는 왜 불과 세 살짜리한테 원하는 것을 끊임없이 물어봤던 것일까? 매번 원하는 것을 묻는다고 해서 그 어린 것이 유연함과 협동심을 배울 수 있을 리 만무하지 않은가. 사실 로지는 늘 무엇을 원하는지 서슴없이 말해왔기 때문에 우리가 특정한 선택을 독려할 수도 없었다. 오히려 여러 가지 옵션을 알려주면 대개 협상이 필요한 상황이 생기고 불필요한 결정까지 해야 하는 데다 로지가 울음을 터뜨리는 경우도 많았다. 게다가 보통 로지가 '원하는 것'은 우리의 일상과 무관했지만 이제 우리 가족 전체에 중요한 게 우선이다. 일례로 식사를 하거나 간식을 먹을 때 내가 음식점 종업원 역할을 맡아 오늘의 특식이 뭔지 줄줄이 읊는 상황은 더 이상 벌어지지 않는다. 그저 로지가 배고프다고 하면 함께 음식을 준비해서 먹으면 끝, 그걸로 족하다.

일상적 도구 6 무시의 기술을 터득하기

엘리자베스가 이 도구를 활용하는 모습을 처음 봤을 때 나는 마음이 놓였다. 내가 생각하는 '무시'와는 달랐기 때문이다. 그보다 훨씬 강력하고 더할 나위 없이 효율적이었다. 어느 날, 엘리자베스의 여동생 집에서 엘리자베스와 커피를 마시고 있을 때였다. 로지가 엘리자베스의 관심을 요구하기 시작했다. "엘리자베스 아줌마, 절 좀 보세요. 이것 좀 봐요. 엘리자베스 아줌마, 여기요." 로지는 자기를 쳐다봐 달라고 계속 이야기했다.

하지만 엘리자베스는 로지 쪽으로 눈길도 주지 않았다. 사실, 표정의 변화도 전혀 없이 완벽한 포커페이스를 유지했다. 그러다 흔들림 없는 확고한 눈빛으로 천천히 고개를 돌려 로지의 머리 위 공간을 바라보았다. 마치 로지가 투명인간이라도 되는 것처럼 말이다. 이때 처음 받은 느낌은 상당히 부정적이었다. 세상에, 로지한테 너무 무례하잖아. 하지만 이내 로지가 부적절하게 행동하고 있으며 그 사실을 스스로 깨칠 수 있도록 엘리자베스가 놀라울 정도로 친절하면서도 강력한 방법을 쓰고 있는 것임을 알아차릴 수 있었다. 그렇게 엘리자베스는 나와의 대화를 이어갔고 로지는 결국 관심 끌기를 단념했다.

엘리자베스는 로지를 무시하는 기술의 달인이다. 그녀가 한 번씩 더도 덜도 말고 딱 10초만 로지를 무시하면 로지는 어김없이 문제 행동을 멈췄다. 그리고 고요가 뒤따랐다. 자신의 부적절한 행동이 관심을 끌지 못한다는 사실을 일단 깨닫고 나면 (어쩌면 처음부터 우리의 관심 따위 필요하지 않았을지 모른다) 로지는 태도를 바꿔 협조하기 시작했다. 그러면 엘리자베스는 따뜻하게 미소 짓거나 고개를 끄덕이며 로지가 사회적 허용 범위 이내로 다시 돌아온 것을 환영했다.

엘리자베스를 보며 내가 그동안 로지를 '무시'한답시고 해왔던 행동이 이와 정반대 지점에 있었다는 사실을 깨달았다. 사실 나는 로지의 문제 행동에 엄청난 관심을 보이고 있었던 것이다. 로지를 계속 바라보면서 얼굴을 붉히고 잔소리를 해댔다. 무엇보다 우스운 건 그러면서 말로는 내가 너를 무시하는 중이라고 계속 이야기했다는 것이다. 그러니 로지가 나의 '무시하기' 게임을 즐길 수밖에 없지 않았을까? 얼마나 재밌었겠는가!

수많은 문화권에서 부모는 자녀가 몇 살이든 문제 행동을 보이면 철저히 무시한다고 벨기에 루벤 대학교의 교차문화 심리학자 바티아 메스키타(Batja Mesquita)가 말했다. 부모는 자녀를 쳐다보지도, 말을 걸지도 않고, 무엇보다 문제 행동에 신경을 쓰고 있다는 인상은 전혀 주지 않는다. (수많은 문화권에서 아이들은 원래 부적절하게 행동하는 존재라고 인식한다는 사실을 기억하라.)* 그리고 그렇게 함으로써 부모는 그 행동에 관한 엄청

* 민족지학 연구 기록에는 이 육아 도구를 활용한 사례가 차고 넘친다. 장 브릭스 역시 쿠가아룩 인근과 캐나다 동부의 배핀섬 두 곳에서 이 도구가 활용되고 있음을 여러 저서를 통해 밝히고 있다. 장 브릭스는 "대개 유치한 문제 행동을 맞이하는 건 침묵이다.

난 정보를 아이에게 전달하게 된다. 특히 그 행동의 유용성이나 가치가 어느 정도인지 몸으로 보여주는 것이다.

예를 들어 아이가 엄마를 마이크로 때리면 어떻게 해야 할까? "네, 세상에는 때리는 행동을 철저히 무시하는 엄마들이 수없이 많아요." 바티아가 말했다. "그러면 아이의 화가 한풀 꺾이죠. 결국엔 다 풀리게 되고요. 아니면 다른 감정으로 대체하도록 해주는 것도 좋아요. 아이의 감정은 상대방의 반응을 따라가기 마련이거든요."

따라서 부모는 특정 감정에 반응하지 않는 방법으로 우리 집에서 용납되지 않는 감정이 뭔지 가르칠 수 있다. 반면, 감정적 행동에 부정적으로 반응하는 것조차 아이에게는 그 감정이 중요하고 유용하다는 신호를 보내게 된다. 바티아에 따르면 서구 문화권의 부모는 아이의 분노나 문제 행동에 상당한 관심을 보이는 경우가 많다. 문제를 일으키는 아이에게 공감하고 여러 질문과 지시를 남발하는 것이다. "심지어 '그만해'라고 하는 것도 관심이에요." 바티아가 말했다.

공식을 명심하라. 아무리 부정적인 반응이라도 아이의 문제 행동에 지나치게 반응하면 그 행동을 인정하는 셈이 될 뿐 아니라 무엇보다 아이가 계속 그렇게 하도록 훈련하는 것과 마찬가지다. 따라서 로지에게 "그만!" 혹은 "하지 마!"라고 할 때조차 나는 문제의 감정 혹은 행동을 부추기고 있었으며 결과적으로 로지는 자신의 감정과 행동을 스스로 통제하는 법을 터득하지 못했다. 물론, 나로서는 그 반대의 교육을 하고 있다

팽팽한 긴장감에 휩싸인 침묵이 아니라 여유롭고 합리적인 침묵, 아이가 지금은 이성적이지 못하지만 머지않아 정신 차리고 좀 더 성숙하게 행동할 거라는 확신이 담긴 침묵이다"라고 《화내지 않는 사람들》에서 말했다.

고 믿었지만 말이다. 그런데 내가 실제로 로지를 무시하자 마법 같은 일이 벌어졌다. 로지가 더 이상 문제 행동을 하지 않게 된 것이다. 어느 오후 엘리자베스가 말했다. "보세요. 진심으로 무시하고 나니까 아이가 안정됐잖아요."

연습 말없이 훈육하기

기초

✦ **확신이 없을 땐 물러나라**. 아이가 문제를 일으키면 그 자리를 떠라. 특정 반응을 보이지도, 표정을 짓지도 말고 그저 돌아 나오라. 무슨 일이 일어나는가? 아이와 주도권 싸움 혹은 말다툼이 벌어지겠다 싶을 때도 동일한 실험을 해 보라. 그저 뒤돌아 걸어 나오는 것이다.

✦ **아무 말 하지 않는 연습을 하라**. 일정 시간 동안 침묵하는 데 도전해 보자. 아이들에게 "앞으로 5분간 조용히 있는 거야"라고 말하는 것이다. 혹시 아이가 계속 떠들더라도 당신은 침묵을 유지하도록 한다. 다음 날은 10분, 그다음 날은 20분에 도전하고 그렇게 1시간까지 늘리고 나면 집 안에 깃든 놀라운 평화를 발견하게 될 것이다. 나는 집 안의 에너지가 너무 들떠 있거나 급하게 돌아간다 싶을 때 이 방법을 쓴다. 로지가 어딘가 불안정한 모습으로 계속 질문을 하거나 온갖 요구를 해댈 때 말이다. 이럴 때 (최소한 나만이라도) 5~10분 정도 침묵하고 나면 로지도 안정을 되찾아 남은 하루를 편안히 보낼 수 있다.

✦ **짜증을 낼 때는 도울 기회를 주어라**. 어린 자녀가 짜증을 내거나

이것저것 해달라고 하면 일거리를 주고 책임을 부여하라. 가령 요리하는 당신을 도와달라고 할 수 있다. 냄비를 젓거나 달걀 깨는 일, 허브를 다지거나 채소 씻는 일을 부탁할 수 있는 것이다. 반려동물 밥을 어떻게 챙겨주면 되는지, 집 안 청소는 어떻게 하면 되는지 시범을 보여주거나 쓰레기 내다 버리는 법을 가르쳐줘도 좋다. 또, 아이가 당신을 도와 빨래를 개고, 나뭇잎을 쓸어모으며, 식물에 물을 줄 수 있도록 하라.

"집 안을 둘러보면서 할 일이 뭐가 있는지 찾아보세요." 쿠가아룩에서 한 엄마가 말했다. "아이들이 집안일을 도울 방법은 늘 얼마든지 있죠." 그리고 아이들에게 도움을 요청하는 것이다. 버클리의 한 엄마는 다섯 살배기 딸아이에게 이 방법이 너무 잘 통했다며 흐뭇해했다. 어느 일요일 오후 딸아이가 잔뜩 뿔이 나서 징징대고 말썽을 부리기에 "이리 와서 엄마랑 같이 저녁 식사 준비하자. 네가 로즈메리 잎을 좀 썰어줄래?" 라고 제안했다. "정말 간단한 일이었어요. 그런데도 아이는 너무 좋아했죠! 자기가 이런 걸 실제로 썰 수 있다는 사실이 너무 자랑스러운지 저한테 계속 잎을 보여줬어요." 물론 남은 저녁은 이보다 더 평화로울 수 없게 흘러갔다.

✦ **더 큰 책임으로 보상해 주어라.** 어른과 한 팀이 되어 일하는 게 아이에게는 특권이라는 사실을 명심하라. 아이가 심부름을 하고 싶어 하거나 어른의 활동에 함께하고 싶어 하면 그 욕구를 성숙한 행동을 가르칠 기회로 활용하라. 일례로 로지는 장 보는 것도, 대형마트도 좋아한다. 하지만 나와 함께하는 건 '큰언니들'만의 특권이다. (적어도 나는 그렇게 주장한다.) 그래서 나는 장 보는 행위에 대한 로지의 열정을 이용해 로지가 성숙하게 행동하도록 가르친다. 즉, 장 보는 날 로지가 유독 징징대고 요구

하는 게 많다 싶으면 이렇게 말하는 것이다. “징징대는 아기가 대형마트에 갈 수 있을까?” 그러면 불과 몇 초 안에 이런 답이 돌아온다. “나 그쳤어, 엄마. 뚝 그쳤어.”

실전

✦ **더 이상 일일이 지시하지 마라.** (혹은 최대한 자제하라.) 이는 행동으로 옮기기 결코 쉽지 않다. 아이와 대화할 때면 이런 화법이 습관처럼 튀어나오기 때문이다. 하지만 그중 절반만 삼킬 수 있어도 당신과 자녀와의 관계는 크게 달라질 수 있다. 다투는 횟수가 줄어드는 건 물론이고 최소한 아이들이 당신 말대로 하는 (혹은 하지 않는) 대신 생각하고 배울 기회를 더 많이 갖게 될 것이다.

혹시 자녀의 행동을 바꾸고 싶다면 다음번엔 잠시 입을 다물어 보아라. 말하기 전에 일단 기다려라. 자신이 지금 왜 이 같은 지시를 내리려 하는지 돌아보아라. 아이들이 그렇게 행동할 경우 어떤 결과가 초래되는가? 그걸 바꾸려는 이유는 무엇인가? 혹은 아이들이 그 행동을 계속했을 때 생기는 결과가 어째서 두려운 것인가?

그리고 질문에 대한 답변 중 하나를 아이에게 알려준 뒤 가만 놔둬라. 그걸로 됐다! 더 이상은 아무 말도 필요 없다. 가령 로지가 우리 집 개 등에 올라탔다고 해보자. 나는 “개 등에 올라타면 안 돼”라고 말하는 대신 로지가 개 등에 올라타면 무슨 일이 생길지 잠시 예상해 본다. 그러고는 “개 등에 올라타면 개가 다칠 수 있어”라거나 “이런, 로지, 그렇게 하면 개가 아파”라고 말한다.

이렇게 며칠(혹은 몇 주)간 일일이 지시하는 대신 결과를 알려주는 도구를 활용했다면 이번엔 또 다른 도구를 이용해 보자. 질문을 던지는 것도 가능하다. ("로지, 지금 개를 아프게 하고 있는 거야?" "누가 개를 못살게 굴지?") 단호한 표정으로 아이의 눈을 똑바로 쳐다봄으로써 그 행동에 대한 불편한 감정을 전달할 수도 있고 혹은 그냥 그 자리를 떠서 아이의 행동을 무시할 수도 있다.

✦ **아이와 소통하는 방식을 바꾸고 싶다면 녹음해 보라**. 평소와 다름없는 아침이나 저녁 시간에 당신의 스마트폰을 꺼내 아이들과 함께 있는 시간을 녹음해 보라. 저녁 식사를 준비하는 동안 싱크대에 올려두거나 식사하는 동안 식탁에 올려두면 된다. 녹음 중이라는 사실을 모두가 잊을 만큼 오랫동안 방치해 뒀다 다음 날 들어보도록 한다. 들어보니 어떤 느낌이 드는가? 당신이 끊임없이 말하지는 않는가? 아무 말 하지 않고 고요하게 있는 순간도 존재하는가? 아이에게 너무 많은 지시를 내리지는 않는가? 과연 몇 번이나 아이에게 선택권을 주고 또 원하는 게 뭔지 물어봤는가? 일일이 지시 내린 횟수는 몇 번이나 되는가? 그런 지시가 정말로 필요했는가? 아이가 당신의 말에 귀 기울이는가? 그리고 과연 당신은 귀 기울였는가?

나 역시 의도치 않게 이 같은 실험을 한 적이 있다. 돌아와 테이프를 들어봤을 땐 울음부터 터져 나왔다. 내 말만 끊임없이 하고 로지에겐 귀 기울이지 않는다는 사실을 깨달았기 때문이다. 나는 로지의 말을 잘 들어준다고 생각했다. 하지만 실상인즉 아이의 말이나 생각은 전혀 안중에 없었고 그래서 로지는 상당히 낙담해 있었다. (나라도 그랬을 것이다.)

✦ **무표정을 유지하라**. 아이에게 고쳤으면 하는 나쁜 행동이나 버릇이 있는가? 아마 징징대거나 끈질기게 고집부리는 태도, 반려견을 괴롭

히거나 저녁 식사 자리에서 식기를 던져버리는 행동 등이 그럴 것이다. 이때 지금 소개하는 방법을 1~2주 정도 사용하면 문제의 성향이 감쪽같이 사라지지는 않더라도 분명 나아질 수 있다. 아이가 문제 행동을 보일 때마다 무표정을 유지하라. 조금이라도 동요하거나 반응을 보여선 안 된다. 아이가 전혀 보이거나 들리지 않는 것처럼 행동하라. 무표정으로 아이의 머리 위쪽, 혹은 옆쪽의 허공을 바라보아라. 그리고 그 자리를 떠라. 뒤돌아서 아이가 더 이상 보이지 않는 곳까지 이동하라. 이제 아이에게 모질게 굴거나 상처 줄 수 있는 상황은 피했다. 이렇게 하면 아이에게 화는 내지 않으면서 필요한 부분은 채워줄 수 있다. 아이의 잘못된 행동에 감정적으로 반응하지 않을 뿐, 중립적 태도로 아이의 문제 행동에 관심이 없음을 분명히 전달하고 있기 때문이다.

일례로 어느 수요일 오후, 유치원에서 집으로 돌아오는 길에 로지가 아기 목소리로 징징대며 말했다. "배고파, 엄마." 이에 나는 상냥하게 답했다. "엄마도 배고파. 그런데 지금은 먹을 게 없으니까 가는 길에 매장에 들러서 군것질거리 좀 사자." 꽤 괜찮은 제안 아닌가? 하지만 로지는 전혀 괜찮지 않다는 듯 한층 더 칭얼댔다. "그래도 배고파, 엄마, 진짜 배고프다고." 이렇게 같은 말을 반복하다 결국 울음까지 터뜨렸다.

몇 달 전이었으면 이런 상황에서 나는 아마 계속 설명만 하려 들었을 것이다 ("알아, 너 배고픈 거. 그런데 지금은 먹을 게 없다니까?") 그러다 점차 갈등이 고조되고 분노를 터뜨렸을 게 뻔하다. ("엄마가 방금 뭐라고 했어? 가다가 사서 먹자고 했지? 지금은 먹을 게 없다고!") 하지만 이제 나는 무시하기 도구를 활용한다. 실제로 지금 당장은 해줄 수 있는 게 없고 로지 역시 허기를 참으며 기다리는 것 외엔 방법이 없다. 그래서 나는 얼굴에서 표정을 싹 지우고 한발 물러나 로지의 머리 위를 바라보며 마치 로지가 존재하지 않는 듯 행동하기 시작했다. 로지는 주저앉아 울고 있는데 나 혼자 자전거에 올라타 출발한 것이다. 그래서 어떻게 됐을까? 15초쯤 지나자 로지가 울음을 뚝 그쳤다. 지금은 참아야 한다는 사실을 받아들이고 자신의 감정을 다스리는 방법을 배운 것이다. 그것도 오롯이 스스로. 덕분에 나는 뜨거운 논쟁과 협상을 피할 수 있었다. 자칫 전쟁으로 이어질 수 있었던 상황을 로지가 스스로 평정심을 되찾을 수 있는 기회로 활용한 것이다. 그리고 그 과정에서 로지는 자신의 집행 기능을 구축했다.

요약 행동의 변화를 이끄는 방법

기억하자

- 미국 부모는 자녀의 행동을 바꾸고자 할 때 말로 하는 지시와 설명에 의존하는 경향이 있다. 하지만 말은 아이들, 특히 어린아이들과 소통하는 데 가장 비효율적인 도구에 불과하다.
- 아이의 감정은 우리의 감정을 반영한다.
  - 만약 아이가 차분해지길 바란다면 당신이 먼저 고요하고 부드럽게 행동하라. 도발할 수 있는 말은 웬만하면 삼가도록 하라.
  - 만약 아이가 시끄럽고 에너지가 높아지길 바란다면 당신이 먼저 에너지를 높여라. 말을 많이 하라.
- 지시하고 설명하는 방식은 주도권 싸움과 협상으로 이어져 분노의 악순환을 일으키는 경우가 많다.
- 비언어 도구를 활용하거나, 지시를 하는 대신 아이 스스로 생각할 수 있도록 유도함으로써 주도권 싸움이나 분노의 악순환에서 벗어날 수 있다.

조언과 도구

- 떼쓰는 아이를 진정시키는 방법. 우리가 차분하게 대응하면 아이가 떼쓰거나 성질을 부리는 행동은 사그라들게 돼 있다. 다음번에 아이가 감정적

으로 폭발할 때는 차분한 태도를 유지하면서 다음의 도구 중 한 가지를 활용해 보자.

- **에너지**. 최대한 고요한 태도와 낮은 에너지를 유지하며 아이 곁을 지키도록 하라. 당신이 늘 아이 가까이에서 지지하고 있음을 조용히 보여주어라.
- **스킨십**. 손을 내밀어 아이의 어깨를 쓰다듬거나 손을 잡아주어라. 아이를 진정시키는 데 필요한 건 오로지 부드럽고 차분한 스킨십뿐일 때가 많다.
- **경외감**. 아이가 화났을 때 오히려 경외감에 휩싸일 수 있도록 도와주어라. 주위를 살펴 아름다운 것을 찾아낸 뒤 아이에게 최대한 차분하고 다정한 목소리로 말하라. "우와! 오늘 밤 달이 너무 예쁘네. 저거 보여?"
- **실외**. 아이가 여전히 평정심을 되찾지 못한다면 밖으로 데리고 나가 신선한 공기를 쐬도록 해주어라. 실외로 이끌어주거나 데리고 나와라.

✿ 행동을 변화시키고 가치를 전달하기. 아이에게 "안 돼"라고 말하는 대신 스스로 생각해 어떻게 행동해야 하는지 깨우칠 수 있도록 이끌어주어라.

- **표정**. 아이가 문제 행동을 했을 때 하고 싶은 말을 얼굴 표정으로 드러내라. 아이를 향해 눈을 부릅뜨거나, 코를 찡그리거나, 고개를 젓는다.
- **결과 퀴즈**. 아이의 행동이 어떤 결과를 불러올지 차분하게 알려주고 그 자리를 떠라. ("그러다 떨어져서 다칠 수 있어")
- **질문**. 아이에게 명령이나 지시하는 대신 질문을 하라. (아이가 동생한테 못되게 굴면 "누가 프레디한테 못되게 굴지?" 묻고, 아이가 말을 듣지 않을 땐 "누가 예의 없게 행동하지?"라고 질문 던지는 것이다.)
- **책임**. 문제를 일으키는 아이에게는 할 일을 주어라. (아침부터 징징대는 아이에게는 이렇게 말하라. "이리 와서 네 점심 준비하는 걸 도와줄래?")
- **행동**. 아이에게 뭔가를 해달라고 요구하는 대신 당신이 먼저 행동하라. 그러면 아이도 뒤를 따를 것이다.

'이야기'를
통해

행동을
만들기

북극에 머무는 동안 나는 이누이트 부모의 육아는 대부분 아이가 문제 행동을 보인 뒤에 이루어진다는 사실을 깨달았다. 아이가 잘못을 저지른 그 순간이나 직후가 아니라 나중에 평정을 되찾은 이후 말이다. 그렇게 평온할 때 아이들은 어떤 이야기든 받아들일 수 있다. 캐나다 이콸루이트에 거주하는 89세 이노아피크 사게아투크는 말씀하셨다. 아이가 속상해하거나 부모 말을 거부하고 있을 때는 감정이 너무 격해진 상태여서 아무것도 귀에 들어오지 않는다. 따라서 그럴 때 아이한테 '중요한 교훈'을 가르치겠다고 진을 뺄 이유가 없다. "차분한 태도로 아이가 진정하기를 기다리면 돼요. 그래야 아이도 배울 수 있죠." 이노아피크가 말했다.

이제 우리는 장기간에 걸쳐 아이의 행동을 변화시킬 수 있는 도구 두 가지를 알아볼 것이다. 이들은 아이의 가치관과 사고방식을 구축할 정도로 강력한 도구다. 하지만 타이밍을 잘 맞춰서 사용해야 효과를 볼 수 있다.

이렇게 기다렸다 가르치는 전략에는 상당한 장점이 몇 가지 존재한다. 우선, 주도권 싸움을 피할 수 있다. 아이가 잘못을 저지른 즉시 개입해 꾸짖기보다 추후 아이에게 적절한 행동을 가르칠 기회가 올 거라는 사실을 떠올려라. 그러면 아슬아슬한 순간에 아이를 설교하려 들 필요 없이 가벼운 마음으로 상황을 흘려보낼 수 있다. 아이가 차 안에서 버릇없는 말을 하거나 저녁 식사 시간에 상 차리는 걸 돕지 않더라도, 심지어 식사 자리에서 음식을 마구 던져대더라도 말이다. 그날 저녁이면 다음의 도구 중 한 가지를 행동에 옮길 테고 그 도구가 지금 당장 소리치거나 꾸짖거나 언쟁을 하는 것보다 훨씬 효과적이라는 사실을 알게 될 것이다.

두 번째, 분노와 처벌이 부모와 자녀 간 대화를 단절시키는 데 비해 이 도구들은 소통을 더 원활하게 해준다. 긴장감은 누그러뜨리고 연결감은 구축해 주기 때문이다. 나는 거의 불가능하다고 여겼던 일을 이 도구로 현실로 이루어냈다. 즉, 문제 행동이 놀이로 바뀌고 주도권 싸움 대신 이야기가 깃든 것이다.

✚

북극에서의 삶은 한 가지 중요한 측면에서 샌프란시스코의 삶과 놀라울 정도로 닮았다. 바로 위험이 도처에 산적해 있다는 점이다. 앞서 언급했듯 우리는 샌프란시스코의 번화가에 살고 있다. 고래만 한 버스가 시속 30마일의 속도로 비탈길을 내달리고, 자동차는 횡단보도에서 멈추지도 않고 코너링을 한다. 한편 북극에서의 위험은 북극 곰과 얼음물의 형태로 들이닥친다. 툭하면 북극곰이 마을 어귀에 출몰하는가 하면 가정집은 북극해 빙하에서 불과 몇 발짝 거리에 자리 잡고 있다. 봄이면 어린

아이들이 얇아진 빙판 위를 거닐다 순식간에 빠질 수 있고. 여름이면 거센 물결이 아이를 바다로 휩쓸고 가버릴 수도 있는 것이다.

그러니 세 살배기가 무작정 빙판 위로 달려나가면 부모는 응당 못 하도록 소리쳐서 아이를 지켜야 한다. 그렇지 않은가? 하지만 누나부트 북극 대학에서 이누이트 전통 육아법을 강의하는 구타 조우는 "아니"라고 말했다. "대신 우리는 이야기를 통해 훈육해요."

말로 하는 스토리텔링은 인간의 보편적 문화다. 오늘날, 그리고 인류의 역사가 이어져 오는 내내 모든 문화권의 사람들은 이야기를 들려주었고, 이는 호모사피엔스가 진화하는 데 필수 요소였을 것이다. 이야기가 없었다면 도구를 고안하거나, 여럿이 함께 사냥하거나, 불의 힘을 이용하는 등 인류가 살아남는 데 핵심 역할을 한 기술들 역시 개발하지 못했을 게 분명하다. 왜냐고? 그런 기술을 개발하려면 일련의 단계, 지난 사건과 행동을 마치 스토리라인이나 플롯처럼 구성해서 기억해야 하기 때문이다.

스토리텔링은 우리를 인간으로 만드는 고유한 여러 특징 중 하나다. 우리를 둘러싼 환경, 가족, 집과 연결해 주고, 협동심과 힘을 부여해 주며, 아이를 훈육하는 핵심 도구의 역할도 한다. 아이들에게 중요한 여러 기술뿐 아니라 문화적 가치 또한 전달해 준다. 수만 년 혹은 그보다 오랫동안 부모들은 이야기를 통해 아이들에게 소속된 공동체의 훌륭한 일원이 되는 방법을 가르쳐왔다. 현대의 수렵 채집 민족 역시 아이에게 나눠 갖고, 이성을 존중하며, 분노를 다스리고, 집 주변에서 자신을 지키는 법 등을 이야기를 통해 가르치고 있다.

하지만 스토리텔링 기술은 결코 수렵 채집 민족들만의 전유물이 아니다. 사실, 이 도구가 존재하지 않는 문화권을 발견하는 게 오히려 불가능에 가까울 것이다. 켈트 문화 연구가 샤론 맥레오드(Sharon MacLeod)에 따르면 이 도구는 얼마 전까지만 해도 서구권 육아의 상당 부분을 담당했다. "켈트 문화는 초자연적 존재에게 푹 빠져 있어요." 그녀가 말했다. 숲에는 요정들이 가득하고 유령들이 거리를 활보하며 호수와 늪지에는 괴물들이 도사리고 있다. 인간에게 도움을 주는 생명체와 위협하는 생명체가 공존하는 것이다. 그리고 아이들을 안전하게 지키는 게 이들 신화 속 존재들의 중요한 기능이다. "늪지와 습지는 위험할 수 있어요. 겉보기엔 그냥 땅인데 사실은 연못인 늪지도 있죠. 이런 종류의 기술을 터득하기 전까지 이야기가 아이들을 습지에서 보호해 주는 거예요."

일례로 켈트의 한 옛날이야기에는 물속에 살면서 아이들을 훔쳐가는 말 한 마리가 등장한다. "아이들이 물가에 너무 가까이 다가가면 말이 아이를 등에 태워서 물 밑으로 데려가 버려요. 아이가 몇 명이든 상관없죠. 말의 몸이 계속 길어지거든요." 샤론이 말했다. 결국 부모는 아이가 해변이나 강가에 나가 놀더라도 곁에서 지키거나 소리칠 필요가 없다. 이미 아이에게 물속에 사는 말 이야기를 해주는 선제 조치를 취했으니 말이다. 이 이야기에 푹 빠진 아이들은 심지어 유아라도 물가에 가까이 가면 위험하다는 사실을 잘 알고 있다.

놀랍게도 이누이트인 부모들 역시 비슷한 이야기를 활용해 동일한 목표를 달성한다고 구타 조우는 말한다. "바다 괴물 칼루팔리크예요. 물에 너무 가까이 다가가는 아이가 있으면 칼루팔리크가 자신의 아마우티에 그 아이를 넣고 바닷속으로 데려가 다른 가족에게 입양 보낸다고 전해지죠."

이누이트에는 이처럼 아이에게 교훈을 주기 위한 이야기가 넘쳐난다. 영화 프로듀서이자 언어 교사인 마이나 이슐루타크(Myna Ishulutak)는 아이들이 겨울에 모자를 벗어서 동상 걸리는 일이 없도록 하기 위해 오로라 이야기가 동원된다고 말한다. "저희 부모님은 저희가 모자를 쓰지 않고 나가면 오로라가 저희 머리를 떼어가서 축구공으로 쓴다고 말씀하셨어요. 저희는 겁을 잔뜩 집어먹을 수밖에 없었죠!" 그녀가 깔깔 웃으며 말했다.

이누이트 부모는 아이에게 존중 같은 중요한 가치를 전달할 때도 이야기를 활용한다. 가령 마이나의 부모님은 귀지에 관한 이야기를 통해 부모님 말씀을 잘 듣도록 가르치셨다. "저희 귀를 들여다보시고 귀지가 많으면 저희가 말을 잘 안 듣고 있다는 뜻이라고 하셨어요." 그녀가 말했다. 또, 아이들이 허락을 받고 음식을 먹도록 가르치기 위해 그러지 않으면 컨테이너에서 기다란 손가락이 빠져나와 그녀를 낚아채 갈 거라는 이야기도 해주셨다.

켈트와 이누이트의 전통문화에서는 이렇게 신비한 생명체들을 어떻게 대해야 하는지에 관한 교육도 이루어진다. 어떻게 해야 이들을 피할 수 있는지, 혹은 존중하고 행복하게 해줄 수 있는지 말이다. 부모와 조부모는 매혹적이지만 이따금 두렵기도 한 이야기를 통해 지식을 전수한다. 그 과정에서 아이는 부모를 존중함과 동시에 자신을 지키는 방법을 배워나간다. "아이들은 이야기 덕분에 말 잘 듣고 착하게 굴어야 한다는 부모님 말씀을 진지하게 받아들이게 됐어요." 마이나가 말했다.

처음에 나는 이 같은 이야기가 로지 같은 어린아이가 듣기엔 너무 끔찍하다고만 생각했다. 그래서 이 방법은 내게 별 도움이 안 될 거라 단정 짓고 무심코 흘려들었다. 하지만 샌프란시스코로 돌아와 로지에게 어떤 이야기를 들려주자 아이는 놀라운 반응을 보였다.

북극에서 돌아온 뒤 한 달쯤 지난 어느 날, 로지와 나는 주방에서 저녁 식사를 준비하고 있었다. 냉장고에서 뭔가 꺼내고 싶었던 로지는 계단식 발받침대를 냉장고 앞에 두고 올라가더니 냉장고 문을 활짝 열어 둔 채로 5분씩이나 그 자리에 서 있었다. 내가 문을 닫으라고 해도 아랑곳하지 않았고 에너지 낭비라고 몇 번을 말해도 마치 벽처럼 가만있을 뿐이었다. 전략을 바꿔 다정하고 친절하게도 말해봤지만 달라지는 건 없었다. 결국 내 안에서 화가 슬슬 치미는 게 느껴졌다. 주도권 싸움이 눈앞에 닥쳤다.

하지만 나는 다투고 싶지 않았다. 언쟁이라면 지긋지긋했다. 그래서 위협 같은 거나 좀 해보려 하는 참에 문득 구타 조우와 바다 괴물이 떠올랐다. 집 안에 사는 괴물은 아이에게 상처 주지 않아, 그런데 안 될 게 뭐 있어? 그래서 농담 반, 진담 반으로 내가 말했다. "그거 알아? 냉장고 안에는 괴물이 산대. 그 괴물은 몸이 따뜻해지면 점점 커져서 널 잡으러 온대." 그리고 손으로 냉장고를 가리키며 눈을 크게 뜨고 소리쳤다. "헉, 진짜 저기 있어!" 세상에, 로지는 토끼보다 빠른 몸놀림으로 냉장고 문을 닫고 활짝 웃으면서 몸을 돌려 이렇게 말했다. "엄마, 이 안에 있는 괴물 얘기 더 해줘."

그날 이후 우리는 온갖 종류의 괴물을 우리 집으로 끌어들였다. 만족할 줄 모르는 로지 덕분에 스토리텔링은 우리 가족이 가장 애용하는 육아 도구로 자리 잡았다. 로지는 온갖 이야기를 통틀어 '끌려가는 이야기'라고 불렀는데 세 살배기 주인공이 (켈트와 이누이트의 아이들이 물속의 말과 바다 괴물에게 끌려가듯) 자꾸 끌려가기 때문이다. "엄마, 끌려가는 얘기 해 줘." 이제 로지는 잠자리에 들 때마다 이렇게 말하고 어떤 때는 심지어 더 무섭게 해달라고 떼도 쓴다.

스토리텔링은 우리 가족의 일상에 너무 깊이 스며들어서 이제 초자연적 생명체가 집 주변을 날아다니고, 벽을 통해 들어오고, 또 인근 공원의 나무에 매달려 있지 않은 일상은 상상하기도 힘들다. 이들 생명체는 매일 아침 유치원에 가기 위해 집을 나설 때, 그리고 매일 밤 잠자리에 들 때 온갖 우여곡절을 겪지 않아도 되게 해준다. 스토리텔링을 시작하면서 마침내 내가 로지의 언어를 사용할 수 있게 됐다고 느꼈다. 우리는 드디어 부드럽게 소통할 수 있게 된 것이다.

한번은 매트와 내가 로지의 생일 선물로 상반신 전체에 장미가 수놓인 분홍 원피스를 사주었다. 이 원피스는 소매도 없고 로지에게 살짝 짧기도 해서 (로지 무릎 바로 위까지 온다) 비 내리고 쌀쌀한 겨울에 입기는 적당하지 않았다. 그럼에도 로지는 이놈의 원피스를 한 번 입으면 벗을 생각을 안 해서 밤낮으로 일주일은 입고 있었던 듯하다. 급기야 소변이 찌든 흰곰팡이 냄새가 나는 지경에 이르렀다. (아무래도 화장실에서 사고가 있었던 게 분명하다.)

나는 무슨 짓을 해도 로지에게 이 원피스를 벗길 수가 없었다. 늘 하던 대로 계속 설명하고 어른의 논리에 따라 설득해 보기도 했다. "로지, 오늘 밤에 빨면 내일은 얼룩 없이 깨끗한 원피스를 유치원에 입고 갈 수 있어." 하지만 로지는 내가 불어라도 떠들어대는 것처럼 멀뚱히 쳐다보기만 했다. 그러던 어느 날 밤, 나는 무릎을 꿇고 앉아 로지의 귀에 입을 댄 뒤 극적 효과를 더해 속삭였다. "원피스가 더러워지면 그 안에서 거미가 자라기 시작할 거야."

로지는 아무 말 하지 않았다. 순식간에 표정이 얼어붙더니 내게서 떨어져 원피스를 벗었을 뿐이다. 그리고 그걸 건네받은 나는 단 1초의 지체도 없이 세탁기에 던져 넣었다. 야호! 그날 밤, 내가 건조기에서 원피스를 꺼내 펼쳐 들며 말했다. "로지, 보이지? 얼마나 깨끗하고 뽀송뽀송하니!" 로지 역시 기회를 놓치지 않았다. "거미도 없고!"

연습 이야기로 훈육하기

미국의 일부 부모들은 아이에게 이야기로 '겁을 줘서' 말을 잘 듣고 돕도록 만드는 데 우려를 표한다. 나 역시 그건 걱정스럽지만 여기서 핵심은 아이에게 겁을 주고 악몽에 시달리게 하는 것이 아니다. 오히려 아이가 스스로 생각하고 특정하게 행동하도록 독려하며 문화적 가치에 대한 논의를 유도한다.

내가 그랬듯 만약 이 도구의 '두려움 요소' 때문에 망설여진다면 서구 문화권에서도 아이들에게 '겁을 줘서' 행동을 고친다는 사실을 알아야 한다. 아이는 부모의 분노 혹은 처벌에 겁을 먹을 수밖에 없고 나의 유년기가 바로 그런 경우였다. 나는 아버지가 화나는 게 두려워 말을 들었기 때문이다. 솔직히 나는 로지가 나나 아빠를 두려워하기보다 '냉장고 괴물'이나 '원피스 속 거미'를 두려워했으면 좋겠다.

그리고 부모가 아이에게 이야기를 들려주지 않는다고 해서 아이가 이야기를 통해 배우지 않는 건 아니라고 역사가 에밀리 카츠 아날트(Emily Katz Anhalt)는 지적한다. 우리 가족을 포함해 수많은 가족이 디즈니, 넷플릭스, 그리고 유튜브를 통해 이야기를 들려준다. “사람들은 자신이 들은 모든 이야기를 통해 배워요. 그게 우리가 문화를 전수하는 방법이죠.” 그녀가 말했다. “그런데 우리 문화의 기원을 잊어버린 게 걱정스러워요. 이야기가 수익 창출의 수단이 되면 대개 폭력으로 채워지거든요. 그러면 아이들에게 최고의 가치들을 가르칠 수 없고요.”

반면, 이야기를 들려줄 때는 오로지 자녀만을 위해 조금씩 수정할 수도 있다. 아이들의 반응을 실시간으로 지켜보면서 그에 따라 이야기를 각색해 보라. 아이가 무서워하면 수위를 살짝 낮춰도 좋다. 각자 필요한 부분을 채워주고 아이와 연결감을 구축해 주는 이야기를 발견한다면 더욱 깊이 들어가라. 나는 이야기에 로지의 실제 경험을 투영할 때마다 효과를 톡톡히 볼 것을 직감한다.

그러고 나면 그날 밤은 백문이 불여일견이다. 이야기를 통해 어떻게 행동하면 되는지 배운 덕분에 로지는 더 협조적이고 유연하며 편안한 태도를 보여준다. 심지어 소통하기도 훨씬 수월해 훈계하거나 꾸짖기는커녕 농담까지 주고받는다. 그리고 무엇보다 이야기 덕분에 로지가 자신의 행동이 미치는 영향에 대해 더 생각하고 고민하게 됐다는 게 내 눈에는 보인다.

어느 날 내가 물었다. “로지, 소리치는 엄마랑 이야기해 주는 엄마 중에 누가 더 좋아?” 로지가 단숨에 대답한다. “이야기해 주는 엄마!”

기초

스토리텔링 도구에 대해 여전히 의구심을 버리지 못하겠다면 실화에서 시작해 보자. 이야기로 아이에게 겁을 줘야만 소통의 창을 열고 말을 잘 듣게 유도할 수 있는 건 아니다. 재미있고 진실한 이야기도 얼마든지 활용할 수 있다. 시도해 볼 만한 두 가지 방법을 소개한다.

✦ **가족의 역사를 들려주어라.** 당신의 유년기 혹은 당신의 가족이 탄생하기까지의 이야기를 들려주어라. "이누이트인은 가계도를 숙지하고 친척의 삶을 가깝게 느끼는 걸 상당히 중요시해요." 알래스카 코츠뷰에 거주하는 코리나 크레이머가 말했다. "사실, 전통적 방법으로 자기소개를 할 때 저희는 각자 이름을 말한 뒤 부모와 조부모는 누군지, 그리고 가족은 어느 마을 출신인지까지 이야기해요." 아이들은 연령대를 막론하고 자신의 부모와 조부모가 어렸을 때는 어땠는지 이야기 듣는 걸 상당히 좋아해서 말 그대로 이야기에 자석처럼 빨려 들어간다.

가족의 기원에 대한 이야기는 한 세대에서 다음 세대로 전해지면서 세대 간 연결감을 구축해 아이들이 청소년기로 접어든 이후에도 행동에 긍정적 영향을 미친다. 수많은 연구 결과에 따르면 가족의 역사를 알고 있는 게 어린이나 십 대 청소년의 정신 건강에 보호막 역할을 해주는 것으로 나타났다. 9~16세 사이의 어린이들은 부모가 언제 만났는지, 부모와 조부모가 어디서 성장했는지, 부모는 실수를 통해 어떤 교훈을 배웠는지, 그리고 젊었을 때는 어떤 직업을 가졌는지 등 가족의 과거에 대해 잘 알수록 불안, 우울, 분노 등의 감정을 느끼거나 문제 행동을 보이는 경향이 낮은 것으로 밝혀졌다. 이 같은 지식은 또 가족 구성원 간 소통이 얼마나 잘 이루어지는지 등 가족의 전반적인 기능에도 영향을 미치는 것으로 나타났다. 한편, 여기서 중요한 건 아이들이 특정 사실을 인지하는 게 아니라 부모들이 자신의 과거를 공유하는 행위 자체라고 과학자들은 지적한다.

처음엔 "내가 너만 할 때는 말이야"라는 말 한마디로 포문을 열 수 있다. 그리고 유년기의 사건이나 활동 중 유독 기억에 남는 이야기를 들려주어라. 어린아이에게는 좋아했던 장소, 엄마를 도와 정원을 손질하고 아빠를 도와 빨래를 했던 일화, 형제자매와 즐겨 했던 놀이 등 진짜 별것 아닌 이야기를 해도 좋다. 그리고 그 순간의 색상, 냄새, 친근했던 물건 등 구체적인 사실도 생생히 묘사해 아이가 머릿속에서 그려볼 수 있도록 해주어라. 당신이 어디서 태어나고 어디서 자랐는지, 혹은 어디서 결혼했는지에 대한 이야기를 들려주어라. 십 대나 젊은 시절에 저지른 실수를 통해 혹은 일을 하면서 배운 교훈들도 나눠주면 좋다. 가족에 대해 들려줄 때는 조부모, 삼촌, 이모, 사촌, 가족의 친구와 반려동물 등 '캐릭터'를 더해 이야기를 구축해 보자.

도시에서 나고 자란 로지는 버지니아 시골에서 보낸 내 유년기 이야기에 정신없이 빠져들었다. 우리 집 뒷마당의 넓은 정원에서 옥수수, 오이, 수박을 키웠던 이야기, 여름이면 완두콩을 수확해 베란다에서 껍질을 깐 뒤 저녁으로 먹었던 이야기를 너무나 좋아했다. 로지에게 적절한 행동과 가족의 핵심 가치를 가르치기 위해 나는 어릴 적 여동생과 내가 음식을 나눠 먹지 않거나 저녁 식탁 차리는 걸 돕지 않으면 혼쭐이 났던 이야기를 들려주곤 했다. 엄마한테 버릇없이 소리친 일로 방과 후 친구 집에 놀러 가지 못하는 벌을 받았다는 이야기에도 로지는 열렬한 반응을 보였다.

이 책을 쓰는 동안 나는 로지와의 사이에 구축된 한 가지 놀라운 경향을 발견했다. 로지에게 뭔가를 요구할 때 어릴 적 외할머니도 엄마한테 똑같이 하기 싫은 일을 시켰다는 이야기부터 해주면 한결 더 순순히 응하는 것이다. 예를 들어 로지가 식사 중 아스파라거스를 먹지 않겠다고 하면 "엄마가 네 살 때도 외할머니는 꼭 아스파라거스를 먹이셨어. 그때는 진짜 먹기 싫었는데 먹을 수밖에 없었지. 외할머니가 대장이니까." 그렇게 말하고 나면 로지는 놀랍게도 아스파라거스를 입안으로 가져갔다.

✦ **일상에 과학을 적용하라**. 생물학, 화학 및 물리학에 등장하는 수많은 아이디어는 허구의 이야기보다 생소하게 들리는 만큼 어린아이에게 강한 흥미를 유발한다. 그렇다면 과학 지식을 활용해 논픽션의 이야기를 지어내 보는 건 어떨까? 단, 아이들이 머릿속으로 그림을 그리거나 상상력을 발휘할 수 있도록 쉽고 공감할 수 있는 단어를 사용해야 한다.

우리는 로지가 양치를 하도록 유도할 때 입안에 사는 '생물'에 관한 이야기를 해준다. 이 생물들은 너무 작아서 눈에는 보이지 않지만 (그렇다, 박테리아를 말하는 것이다) 실제로 입속에 살고 있는 만큼 깨끗이 닦아주지 않으면 밤마다 치아에 구멍을 내거나 치아를 까맣게 만들어버린다. 이런 식으로 과학 이론에 상상력, 의인화 및 과장법을 함께 버무려 변주할 수 있는 것이다.

로지에게 건강한 식습관을 선사하기 위해서는 위 속에 사는 생명체 이야기를 해준다. 수억만 마리의 친근한 미생물들은 로지의 내장 컨디션을 관리할 뿐 아니라 두뇌 기능이나 면역체계 역시 제대로 작동할 수 있도록 돕는다. 이름하여 인체 내 미생물 생태계! 로지가 단것을 너무 많이 먹으면 미생물은 병에 걸리지만 과일, 채소, 콩류 및 견과류는 좋아해서 로지가 점심 먹을 때면 이렇게 이야기한다. "이 미생물들이 병아리콩을 달라고 아우성이네. '로지, 병아리콩 좀 더 주세요. 네? 더 많이요.'"

실전

✦ **의인화를 적극 활용하라.** 아이와 실랑이가 벌어지거나 아이가 특정하게 행동하도록 독려하는데 잘 안 된다면 이 방법을 써보아라. 주위를 돌아보고 가장 가까이 있는 사물을 찾아 (심지어 신발도 괜찮다) 생명을 불어넣는 것이다. 그 사물이 말을 할 수 있다고 가정하고 아이에게 해야 할 말을 대신 말하게 하라. 어린아이라면 열 번 중 아홉 번은 효과를 볼 수 있을 것이다.

어떤 종류의 사물이 가장 큰 효과를 발휘하는가? 로지는 동물 인형을 좋아했지만 나는 (배꼽을 포함해) 내 신체 부위나 (《사운드오브뮤직》에 등장하는 마리아 등) 로지의 보이지 않는 친구들을 활용하기도 했다. 근무하는 라디오 방송국에서도 이 방법으로 효과를 톡톡히 봤다는 청취자들의 사연이 줄을 잇기도 했다. 캐스린 번햄이라는 청취자는 '우피'를 활용했다. "아침에 외출 준비가 늦어서 세 살배기 딸아이가 얼른 신발을 신어야 할 때 '신발 신어!'라고 소리쳐 봐야 역효과만 나요. 그래서 저는 제 손을 활용해 강아지 우피를 불러내죠. 가운데 손가락 두 개를 엄지손가락에 붙여 입 모양을 만드는 거예요. 그리고 '우피가 신발을 좀 신겨줘도 될까?'라고 말하면서 딸아이가 신발 신는 걸 도와요. 제가 우피를 더 실감나게 연기할수록 아이는 더 깔깔대며 편안해지죠. 서로 부딪힐 수 있었던 상황에서 연결감을 느끼는 상황으로 만드는 거예요."

청취자 페니 크론츠의 집에서는 동물 인형이 분위기를 주도한다. "식사하거나 잠자리에 들 시간인데 아들이 거부할 때면 녀석이 제일 좋아하는 동물 인형도 식사하거나 잘 시간이라고 얘기해 줘요. 이후 그 인형을 가져와 그대로 시늉하면 아들 녀석도 후다닥 움직이죠."

아델 카롤리는 아들의 옷들이 말하는 상황을 설정한다. "아들이 잠옷을 입기 싫어하면 잠옷이 말하는 상황극을 시작해요. '엘리엇이 우리를 입고 싶어 할까?' 질문하면 제가 '아닌 것 같은데 한번 물어볼게'라고 답하죠. 그리고 실제로 질문했는데 만약 녀석이 입기 싫다고 하면 잠옷도 계속 말하면서 대화를 이어가요. 그러면 결국 아들은 상황에 빠져들어 잠옷을 받아들이고 잠옷은 너무 기쁜 나머지 아들을 꼭 안아주죠."

심화

✦ **집에 괴물을 들여라.** 스토리텔링의 힘을 온전히 누리려면 집 안에 괴물을 들여야 한다. 괴물을 살짝 무섭게 만들어서 아이를 웃기고, 살짝 웃기게 만들어서 약간의 재치를 더해 두렵게 만들 수 있다. '두려움'의 스펙트럼은 굉장히 넓어서 어느 정도의 '두려움'이 적당한지는 자녀의 나이, 성향, 그리고 경험에 따라 달라진다. 아이의 반응을 잘 살핀 뒤 그에 따라 수위를 조절하라. 단, "아이들은 무서워하는 것도 좋아한다!"고 켈트 문화 연구가 샤론 맥레오드는 말한다.

빌라노바 대학교에서 어린아이들이 허구의 이야기를 어떻게 해석하는지 연구하는 심리학자 디나 와이즈버그(Deena Weisberg)에 따르면 이야기를 활용해 아이의 행동을 바꾸는 방식은 대개 여섯 살 이하의 어린 아이에게 가장 큰 효과를 발휘한다. 사실, 두 살 이하 유아의 경우 1~2년은 더 지나야 허구와 실제를 구분할 수 있는 능력이 생긴다. "몇 살이라고 콕 집어 말하기는 그래요. 아이들은 모두 다르니까요. 하지만 서너 살쯤 되면 이야기를 100% 다 믿지는 않죠." 그럼에도 아이들에게는 여전히 이야기가 재미있고, 좀 무서워도 생각해 보게 만드는 유용한 도구다. "가령 원피스 속에서 거미가 자란다는 얘기를 세 살배기 아이가 철석같이 믿을 거라고 생각하지는 않아요." 하지만 원피스를 벗기는 데에는 성공한다.

디나에 따르면 모든 아이는 일곱 살 무렵이면 허구와 실제를 구분하게 돼 있다. 하지만 판타지 세계에 빠지는 것을 재미있어하고 또 좋아하는 건 여전하다. "아이들은 아마 '괴물 같은 거 없다는 건 알지만 저게 무슨 이야기인 줄은 알겠어'라고 생각할 거예요." 그리고 혹시 아이들이 이야기의 미끼를 물지 않는다고 해도 문제 행동에 대해 논의할 새로운 길을 열어줄 것이다. 나는 일고여덟 살가량의 어린이 대부분이 괴물 이야기를 믿지는 않지만 그에 관해 이야기하는 것을 상당히 좋아하고 그런 게 실제로 '존재하지 않는다는 확인'을 받고 싶어 한다는 사실을 깨달았다. 로지의 경우 무서운 이야기를 좋아하지만 수위가 높아선 안 된다. 그래서 나는 이야기를 해줄 때 한쪽 눈을 살짝 감고 로지가 너무 무서워하지는 않는지 늘 면밀하게 살핀다. 내가 로지에게 해주는 이야기 중 대중적인 것을 몇 가지 소개한다.

1. **함께 나누는 괴물**. 함께 나누는 괴물은 주방 창밖의 나무에 산다. 혹시 나눠 갖지 않는 어린이가 있으면 이 괴물은 계속 커져서 결국 나무 밖으로 나와 그 아이를 납치해서 7일 동안이나 나무에 가둬둔다. 그리고 아이들에게 무엇을 먹이는지 아는가? 꽃양배추와 양배추다.

2. **소리치는 괴물**. 이 괴물은 천장에 살면서 조명을 통해 소리를 듣는다. 만약 어린아이가 소리를 너무 많이 지르거나 이것저것 요구하는 게 너무 많으면 천장에서 조명을 타고 내려와 아이를 납치해 간다.

3. **신발 괴물**. 이 괴물은 난방 배관 안에 살면서 아이가 아침에 신발을 빨리 신을 수 있도록 해준다. 늑장 부리는 아이가 있으면 환풍기 속으로 데려가 버리는 것이다. 신발 괴물이 실제로 나타날 수 있도록 이따금 집을 나서야 하는 시간이 되면 남편이 난방 기구의 전원을 켜기도 한다. 기구가 작동하는 소리를 들으면 로지는 번갯불에 콩 구워 먹는 속도로 신발을 신는다.

4. **방방 괴물**. 매트가 창조한 이 괴물은 로지가 우리와 실랑이 벌이지 않고도 잠자리에 들 수 있게 많은 도움을 주었다.

어느 날, 밤 9시 반이 다 되도록 로지는 잠자리에 들 준비가 전혀 돼 있지 않았다. 심지어 온갖 요란을 떨며 방방을 하고 있었다. (입으로는 계속 이상한 소리를 내고 팔다리는 마구 휘두르며 침대 위를 폴짝폴짝 뛰고 있었던 것이다.) "이제 그만! 시끄럽게 하면 안 돼." 몇 번이고 계속 얘기했지만 로지는 날 보며 웃을 뿐이었다! 그때 매트가 묘수를 썼다. 침대 위로 뛰어 올라가 손가락으로 창밖을 가리키며 눈을 크게 뜨고 이렇게 말한 것이다. "저기 방방 괴물이 있어. 저기 창문에. 보이지?"

놀란 로지가 매트에게 달려가 다리에 매달리며 말했다. "어디? 어디 있는데?" 그때 내가 아주 고요하게 속삭였다. "저기 창밖에 있는데 우리가 너무 빨리 움직이거나 너무 시끄럽게 떠들면 와서 우리를 모조리 끌고 갈 거야. 엄마는 끌려가기 싫어." 그러고는 로지의 손을 잡아 침대에 누울 수 있도록 이끌었다. 그렇게 우리는 침대에 나란히 누워 아주 낮은 목소리로 방방 괴물이 어떻게 생겼는지, 어디에 살며, 한밤중에 방방하는 아이들을 어디로 데려가는지 등에 관해 토론을 벌였다. 로지는 곧장 잠에 빠져들었다.

이제 잠자리에 들 때마다 나는 로지에게 방방 괴물을 떠올리게 한다. 목소리를 낮추고 천천히 움직이면서 그 괴물이 오지 않았으면 좋겠다고 이야기한다. 덕분에 방방 괴물이 우리 집 인근에 출몰한 지 여러 달이 지났지만 여전히 로지를 재우는 데 놀라운 효과를 발휘하고 있다.

'드라마'를 통해

행동을 바꾸기

마지막 도구를 통해 우리는 어떻게 아이를 훈육하면 좋을지 감을 잡는 한편 아이들이 우리가 기대하거나 요구하는 바와는 정반대로 행동하는 이유에 대해 놀라운 통찰을 얻게 될 것이다. 이 도구에 대해 배우기 위해 쿠가아룩에서 벗어나 동쪽으로 6백 마일 더 날아가 그린란드 맞은편에 있는 배핀이라는 큰 섬에 도달할 것이다. 캘리포니아 면적의 배핀섬에는 자연의 아름다움이 흠뻑 스며들어 있다. 눈 덮인 산에 빙하가 1,800미터도 넘는 깊이로 파놓은 여러 계곡과 강이 굽이치는가 하면 엠파이어 스테이트 빌딩보다 높은 거대 빙벽이 사파이어의 파란색을 뽐내는 바다를 내려다보고 있다. 심지어 이 바다엔 흰돌고래, 일각고래, 바다코끼리와 바다표범이 (이들을 사냥하는 북극곰과 함께) 서식한다.

배핀섬은 이누이트 전통 육아 방식을 보호하고 장려하자는 취지로 북극에서 확산되고 있는 육아 운동의 거점이다. 어르신들에 따르면 지난 세기 동안 식민지화가 공격적으로 진행되면서 전통 육아 지식이 변질됐다. 그래서 초보 부모 및 대(代)부모에게 고대 육아 기술을 전수하기 위한 노력이 한창 진행 중이다.

12월 초, 나는 이 운동을 이끌고 있는 주역 중 한 명인 마이나 이슐루타크를 만나기 위해 이콸루이트라고 하는 배핀섬 최대 지역을 방문했다. 우리는 내가 묵고 있는 게스트하우스 맞은편의 음식점에서 저녁 식사를 하기로 되어 있었고 약속 시간보다 조금 일찍 도착한 나는 바에서 그녀를 기다렸다. 오후 두 시였지만 벌써 해가 지고 기온이 영하 30도 밑으로 떨어지면서 그야말로 뼈가 얼어붙을 만큼 추웠다. 그래도 작은 눈송이가 흩날려 거리를 온통 분홍빛과 푸른빛으로 뒤덮었다. 음식점 내부는 따뜻하고 아늑했고 뒤편 주방에서는 신선한 생선을 튀기는 냄새가 풍겨와 내 코를 찔렀다.

나는 물론 음식점에도 아무런 통보가 오지 않은 채 15분이 지났다. 혹시 나와 인터뷰하기로 했던 마음에 변화가 생긴 게 아닐까 걱정이 되기도 했고 망설이는 게 이해가 되기도 했다. 지난 세기부터 최근에 이르기까지 내가 속한 서구 문화권의 국가들이 그녀가 속한 이누이트 문화권을 지속적으로 억압해 오지 않았는가. 1960년대, 캐나다 정부는 이누이트의 수많은 가족을 대상으로 전통적인 유목 생활 방식이 아닌 영구 정착 방식으로 바꾸기를 강요해 왔다. 심지어 캐나다의 일부 관리들은 이곳 배핀섬에서 썰매 끄는 개를 총으로 쏴 죽여 주민들이 동물을 사냥하거나 추적하는 걸 미연에 차단했다. 그 결과 수많은 가족이 굶어 죽거나 병으로 죽어야 했으니 내가 마이나였더라도 인터뷰 요청에 응하지 않았을 것이다.

그럼에도 마이나는 약속을 지켰다. 5분 정도 더 기다리자 그녀가 음식점 문을 열고 들어왔고 그와 동시에 일제히 조명이 켜지고 음악이 새로 흘러나오는 것처럼 전혀 다른 에너지가 음식점을 장악했다. 밝은 파란색 파카를 입고 하얀 털부츠를 신은 그녀는 말 그대로 위풍당당했다. "카리부 털로 만든 거예요." 그녀가 부츠를 보여주며 하트형 얼굴에 꽉 차는 미소를 지어 보였다. 마이나의 웃음소리는 마치 록 장르 성가의 파워 코드처럼 들려서 불가능은 없다는 믿음이 절로 생겨났다.

우리는 칸막이 테이블에 앉아 일에 관한 이야기를 시작했다. 마이나는 영화 프로듀서, 이누크티투트어 강사, 그리고 장성한 두 아들의 엄마로서 무척이나 바쁜 삶을 살고 있었다. 약 10년 전, 개설을 도왔던 누나부트 북극 대학의 육아 수업은 지금까지도 계속 이어져 어린이집 및 유치원 교사를 대상으로 이누이트의 전통 육아 기술을 전수하고 있었다. 마이나의 표현에 따르면 부모님이 마이나를 '저 대륙으로' 내보낼 때까지 사용했던 그 기술 말이다.

마이나는 60명 안팎의 주민들로 구성된 한 지역 공동체에서 사냥 캠프의 일원으로 나고 자랐다. 이들은 배핀섬 해안을 따라 거주하고 있었다. "우리는 잔디 집에 살았어요. 아침에 일어나면 모든 게 얼어붙어서 엄마가 오일 램프를 켠 뒤에야 조금씩 녹고는 했죠." 그녀가 말했다. 그녀는 밤마다 편안히 잠들 수 있도록 할아버지가 들려주셨던 이야기를 기억했다. "우리에겐 책이 없었기 때문에 밤이면 어른들, 특히 할아버지께서 다양한 전설을 들려주셨어요. 할아버지는 우리 캠프의 대장이셨죠. 저는 할아버지 이야기가 너무 재미있어서 잠드는 게 싫었어요."

마이아의 가족에게 먹을 거라고는 여러 동물의 고기와 부산물뿐이었다. "물개, 카리부, 생선, 가끔 북극곰 고기도 먹고요. 가을에는 산딸기 열매를 먹기도 했네요. 초콜릿을 처음 먹었던 때를 잊지 못해요. 세상에, 얼마나 달콤하던지! 진짜 달았죠." 그녀가 고개를 흔들며 말했다. "우리 음식 중에는 그렇게 설탕이 많이 든 게 없었거든요. 그곳에 살던 때가 너무 그리워요." 그녀가 크게 "흠" 소리를 내며 생각에 잠겼다. 추억이 그녀의 얼굴에 구슬픈 빛을 드리웠다. 마이나가 12~13세 정도 됐을 때 그녀의 가족은 병원 치료가 필요한 할아버지를 위해 사냥 캠프에서 나와 도시로 이사했다. "도시 생활은 저에게 상당한 충격이었어요, 적응하기까지 정말 힘들었죠." 그녀가 말했다.

현재 마이나는 인구 8천 명 정도로 꽤 북적이는 이칼루이트에 살고 있다. 마이나의 유년기와 현재 일에 대해 생각하다 보니 나는 그녀가 작고한 인류학자 장 브릭스와 저서《화내지 않는 사람들》에 소개한 육아 방식에 대해 어떻게 생각하는지 궁금해졌다. 마이나는 잠시 주저하더니 불안한 듯 미소를 지어 보였다. 나는 혹시 그녀의 기분을 상하게 한 건 아닌지 걱정됐다. 그녀가 이내 가방에서 책 한 권을 꺼냈고 나는 바로 표지를 알아볼 수 있었다.《이누이트의 도덕성 놀이(Inuit Morality Play)》라는 장의 저서로 두 번째 북극 여행을 통해 이른바 토실토실 마타라고 별명 지은 세 살배기 소녀의 삶을 연구한 기록이었다. 마이나는 책 표지를 쓰다듬으며 이렇게 말해 나를 충격에 빠뜨렸다. "이 책이 저와 제 가족에 대한 기록이에요. 제가 토실토실 마타죠."

✚

마이나가 갓 세 살이 된 1970년대 초반, 장이 그녀의 집에서 가족들과 함께 6개월간 머물게 됐다. 부모님은 장이 마이나의 일상생활을 아주 세세한 부분까지 연구할 수 있도록 허용해 주었다. 마이나가 엄마를 때리거나 새로 여동생을 맞이하면 무슨 일이 생기는지, 마이나가 엄마한테 떼쓰거나 이것저것 요구하고, 또 예의 없이 굴면 어떻게 되는지 가까이서 지켜볼 수 있게 해준 것이다. 가족들은 여동생에게 느닷없이 주먹을 휘두르는 이 대책 없는 유아를 어떻게 이렇게 친절하고 다정하며 차분한 여섯 살배기로 키워낼 수 있었던 것인가?

마이나의 부모님과 조부모님은 아이의 집행 기능을 향상시킬 수 있는 한 가지 핵심 육아 도구를 반복적으로 활용했다. 장이 이름 붙인 바에 따르면 바로 '드라마'다. 원리는 이렇다. 아이가 화가 나서 누군가를 때리거나 공격하면 부모님이 "저런, 그렇게 하면 다치지" 혹은 "이런, 남동생을 아프게 했구나"라고 말해 어떤 결과가 따르게 되는지 알려준다. 단, 그 과정에서 고성이나 처벌은 찾아볼 수 없다.

대신 부모는 기다린다. 이후 상황이 수습되어 차분하고 평화로운 순간이 찾아오면 아이가 문제 행동을 일으켰던 상황을 다시 한 번 재연해 본다. 보통 아이에게 질문을 던져서 하면 안 되는 줄 아는 행동도 한 번 더 저지르도록 유도하는 방법을 활용한다. 가령 아이가 다른 누군가를 때리면 엄마가 "나도 때리지 그러니?"라는 질문으로 드라마를 시작하는 것이다. 그러면 아이는 혼자 고민할 수밖에 없다. '어떻게 하지?' 만약 아이가 이 미끼를 덥석 물어서 실제로 엄마를 때리더라도 꾸짖거나 소리치는 상황은 벌어지지 않는다. 엄마는 살짝 웃기고 재미있는 어조로 "저런! 그렇게 하면 다치지!"라고 말하며 아까 일어났던 상황을 그대로 재연할 뿐이다. 그리고 다음의 질문을 던짐으로써 결과를 극대화시킨다. 예를 들면 "넌 날 싫어하니?" "네가 아기야?" 같은 질문들이다. 이들은 아이를 계속 생각하게 만드는 건 물론, 바람직한 행동은 성숙함에, 그렇지 않은 행동은 유치함에 연관 짓는다. 뿐만 아니라 누군가를 때리면 감정에 상처를 주는 만큼 '큰 아이'는 누군가를 때리지 않는다는 가치 또한 전달한다. 여기서 중요한 건 모든 질문을 장난기 있게 하는 것이다.

부모들은 어린아이들이 어떤 문제 행동을 보이든, 혹은 어떤 과도기를 지나는 중이든 이 같은 드라마를 시연한다고 장 브릭스는 적었다. 일례로 무엇이든 혼자 독차지하려고 드는 아이가 있다면 아빠가 아이를 계속 욕심부리게 만듦으로써 '나눔의 드라마'를 보여준다. "동생하고 절대 나눠 먹지 마." 어느 오후 아빠가 아이에게 말한다. 만약 아이가 그 말대로 절대 나눠 먹지 않는다면 아빠는 결과를 일러준다. "너는 네 동생을 좋아하지 않는구나. 불쌍한 것, 배고플 텐데." 때로 부모들은 아이들이 더 이상 함정에 빠지지 않을 때까지 드라마를 반복한다. 마침내 아이가 적절하게 행동하면 부모들은 "토실토실 마타가 정말 착하구나" 등의 짧은 말 한마디로 아이를 칭찬해 준다고 장은 기록했다.

✚

눈송이가 흩날리던 그날 밤, 배핀섬의 한 음식점에서 테이블을 사이에 두고 마이나(즉, 토실토실 마타)와 마주 앉은 나는 실로 놀라운 기회가 찾아왔다고 느꼈다. 장과 훌륭한 이 육아 기술을 좀 더 깊이 있게 이해할 수 있는 기회를 갖게 된 것이다. 그래서 나는 장과의 관계가 어땠는지 물었다. "장은 진짜 가족 같았어요. 우리 가족 모두 장을 사랑했죠." 마이나가 답했다. 장이 사망하던 2016년까지 둘은 친밀한 관계를 유지했다. 장은 정기적으로 배핀섬을 찾아 마이나를 만났고 마이나 역시 뉴펀들랜드의 장을 찾아갔다. "장은 언제나 내게 특별한 존재로 남아 있을 거예요." 마이나가 엄숙하게 말했다.

이따금 장은 마이나의 가족과 함께한 시간, 그리고 그 안의 서사를 회상하며 이누크티투트어로 자신의 저서를 읽어주었다. 마이나는 장의 책에 등장하는 내용 중 상당 부분이 기억나지 않는다며 이렇게 말했다. "그때는 너무 어렸으니까요." 하지만 마이나는 아이가 스스로 감정을 다스릴 수 있도록 하는 데 드라마가 실제로 많은 도움을 준다고 믿었다. 평소 냉정을 유지해 쉽사리 흥분하는 일이 없도록 가르치기 때문이다. "아이가 감정적으로 강해지도록, 모든 걸 너무 진지하게 받아들이지 않는 한편 남을 괴롭히는 건 두려워하도록 훈련시켜요."

드라마의 작동 원리는 두 가지다.

적절한 반응을 연습하라

드라마는 서구 문화권에서는 아이들이 많이 해보지 못하는 뭔가를 실제로 할 수 있도록 해준다. 즉, 자신의 실수를 만회할 기회를 제공해 주는 것이다. 드라마에 참여하는 동안 아이들은 스스로 화를 다스리는 연습을 할 수 있다. 형제자매를 친절하게 대하는 연습을 하고, 친구와 나누는 연습을 하며, 엄마를 때리지 않는 연습을 한다. 연습, 연습, 또 연습이다. (특정 기술이나 가치를 가르치는 첫 단계가 무엇이었는지 기억하는가? 바로 연습이다.)

이렇게 드라마를 시연할 때면 아이들은 주어진 상황에 나올 수 있는 여러 다양한 반응을 시도해 보고 싶어 한다. 부모가 워낙 편안한 태도로 장난기까지 보이는 만큼 실수할까 봐 두려워할 필요도 없다. 화나지 않은 차분한 상태에서 문제 행동의 결과를 연기하다 보면 자연히 더 많은 걸 배우고 생각하게 된다.

신경과학자 리사 펠드먼 바렛은 아이가 스스로 화를 다스리는 방법을 배울 때 연습이 특히 더 중요하다고 말한다. 일단 분노가 폭발하고 나면 성인이고 아이고 할 것 없이 억누르기가 쉽지 않기 때문이다. "이미 화가 난 상황에서 금세 진정할 수 있다고 생각하면 오산이에요." 리사가 말했다. "하지만 당신의 감정을 다스리면서 기분을 전환하려고 노력하는 건 더 어려운 일이죠." 만약 화나지 않았을 때 경외감이나 감사한 마음을 조금이라도 느낄 수 있도록 연습한다면 슬슬 화가 치밀어오르는 일촉즉발의 순간에도 좀 더 수월하게 그런 감정을 느낄 수 있다. "그런 연습을 통해 두뇌 회선의 재배치가 이루어져 (분노 이외의) 다른 감정을 훨씬 쉽게 느낄 수 있게 돼요." 리사가 말했다.

아이들의 경우, 드라마를 통해 두뇌의 자기통제 회선이 더 유연하고 튼튼하게 단련된다. 화를 내는 대신 생각하는 방법을 배우는 것이다. 또, 반응하는 대신 평정심을 유지하는 방법을 배울 수 있다.

훈육을 놀이로 바꿔라

놀이가 아이의 행동을 바꿔주는 강력한 육아 도구라는 사실이야말로 수많은 부모가 간과하고 있다고 심리학자 로라 마크햄은 말한다. "놀이는 아이들이 세상을 배우는 방법이에요. 아이들의 일이 바로 놀이죠." 아이들은 놀이를 통해 그날의 고단한 경험이나 '감정의 격동'으로부터 회복될 수 있다고 심리학자 래리 코헨(Larry Cohen)은 말한다. 부모와 다투고 난 뒤에도 놀이는 긴장을 풀고 일상을 지속해 나갈 수 있도록 도와준다. 놀이를 통해 껄끄러운 감정이 해소되고 분위기가 가벼워지면 부모와 자녀는 문제 행동과 풀리지 않는 분노의 악순환에서 해방될 수 있다.

"문제의 원천은 부모와 자녀 사이의 긴장"이라고 래리는 말한다. 게다가 훈계, 설득, 혹은 고함 등 문제 행동에 보일 수 있는 전형적 반응은 긴장을 고조시킬 뿐이다. "놀이는 긴장감을 해소해 줘요. 그게 바로 우리가 놀이를 사랑하는 이유죠."

아이가 아침에 제시간에 일어나고, 숙제를 하거나 형제자매와 나눠 갖는 등의 일을 유독 힘들어한다면 드라마와 유사한 놀이 기술을 활용해 보라고 래리는 권유한다. "저는 해당 문제를 놀이 구역으로 가져오라고 조언해요." 놀이 구역은 연령대를 불문하고 모든 어린이에게 훌륭한 도구다. (뒤의 연습 부분에서 그 이유에 대해 알아볼 것이다.) 놀이를 통해 긴장감이 해소되고 나면 문제 행동 자체도 사라지는 경우가 대부분이라는 게 래리의 설명이다.

마이나를 만나고 난 뒤 나는 로지의 문제 행동을 이전과 다른 시각에서 바라보기 시작했다. 나의 '한계를 시험한다(혹은 열받게 한다)'고 여겼던 수많은 상황에서 로지는 적절한 행동을 연습하고자 노력하고 있었다. 마침내 올바른 결정을 내릴 수 있을 때까지 계속 오답을 반복하며 시행착오를 겪어나가는 것이다.

어느 저녁, 로지와 함께 개를 산책시키다 이 같은 깨달음을 온몸으로 실감한 적이 있었다. 로지는 보도에서 빨간색 세발자전거를 타고 있었는데 샌프란시스코의 수많은 언덕을 생각하면 결코 만만한 여정이 아니었다. 앞서 언급했듯 우리 동네에는 차가 시속 30마일로 질주하는 공포의 교차로가 즐비하다. 로지는 저돌적으로 자전거를 달리더니 마켓스트리트를 한 블록 남겨두고는 나를 훌쩍 앞질러 붐비는 도로를 향해 질주해 갔다. 순간 말 그대로 심장이 얼어붙은 나는 "잠깐, 로지! 기다려!" 라고 소리치고 싶었지만 목소리가 나오기도 전에 로지의 자전거가 커브길을 벗어나 도로로 달려들었다. 천만다행으로 로지가 재빨리 자전거를 멈춰 도로로 불과 몇 인치 정도 진입하는 데 그쳤다. 로지와는 몇 발짝 떨어지지 않은 곳에서 차가 쌩쌩 지나다녔다. 휴, 로지는 안전해. 그런데 재는 대체 뭐 하고 있는 거지?

나는 진심으로 로지를 꾸짖고 싶었다. 자전거에서 끌어 내려 당장 집으로 데려가고 싶은 마음이 간절했다. 그게 부모의 도리 아니겠는가? 하지만 행동으로 옮기지 않았다. 대신 토실토실 마타를 떠올리며 마이나의 엄마라면 이런 상황에서 어떻게 했을지 생각해 보았다. 아이가 적절한 행동을 연습하고 싶어 하며 또 그게 얼마나 필요할지에 대해 생각했다. 로지는 이렇게 위험한 교차로에서 멈추는 방법을 연습하고 있는 거야, 나는 생각했다. 그래서 차분하고 태연한 태도로 일어날 수 있는 결과에 대해 이야기해 주었다. "자전거를 타고 도로로 나갔다가는 차에 치일 수 있어." 그러고는 말 대신 행동으로 보여주었다. 로지가 조금이라도 더 도로로 나가려 하면 멈춰 세울 수 있도록 내가 직접 로지와 달리는 차들 사이에 버티고 선 것이다.

그때 로지가 상당히 흥미로운 행동을 했다. 세발자전거에 올라 다시 한 번 도로 침범을 강행한 것이다. 자전거를 끌고 언덕을 살짝 오르더니 이내 올라타서는 커브길로 내달렸다. 그렇게 이번에도 도로로 불과 몇 인치 정도 진입한 채 멈춰 섰고 같은 훈련을 세 번 더 반복했다. 그러더니 마침내 네 번째 시도에서 성공! 커브길이 등장하기 직전에 자전거를 멈추는 데 성공한 것이다. 로지는 그렇게 적절한 행동을 습득했다. "됐어, 엄마. 이제 집에 가자." 로지가 언덕을 거슬러 우리 집을 향해 가며 말했다. 흠, 어린아이들은 정상이 아니야, 나는 생각했다.

연습 드라마로 훈육하기

이번 장의 핵심은 문제 행동을 놀이로, 그리고 훈육을 연습으로 바꾸는 것이다. 그렇게 하는 데에는 셀 수 없이 많은 방법이 있으며 그중 어떤 방법을 택하든 두 가지 규칙만 명심하도록 하라. 이들 도구를 활용할 때 당신과 아이 모두 속상하거나 화가 나거나 감정적으로 흥분하는 경우가 생겨선 안 된다. 놀이는 모두가 여유롭고 평안할 때 이루어진다. 가볍고 재미있는 분위기를 유지하라. 얼굴에 미소를 유지하고 윙크를 해보는 것도 좋다. 이 시간의 목적은 아이들을 가르치거나 교육하는 게 아니라 아이들이 엄마 아빠의 눈치 볼 일 없이 편안한 마음으로 문제 행동을 벌이거나 새로운 기술을 시도해 보는 것이다.

기초

✦ **인형극을 상연하라.** 아이가 어떤 일을 수행하거나 스스로 감정을 다스리는 데 어려움을 겪는다면 인형극으로 문제 상황을 재연해 보라. 동물 인형 두 개, 혹은 양말 한 쌍을 당신이나 자녀와는 전혀 무관한 인물들로 설정하라. 일례로 로지에게 인형극을 보여줄 때 나는 (우리 집 개) 망고를 주인공으로, (옆집 개) 루이스를 상대역으로 설정한다. 이런 식으로 접근하면 아이의 마음도 편안해져 자신이 지금 훈계나 교육을 받는 중이

라고 여기지 않게 된다. 이후 무대를 꾸며 문제 행동과 그 행동으로 인한 결과를 연기로 보여주어라.

이따금 로지와 나는 레고나 할로윈 사탕을 등장인물로 설정해 상황을 재연하기도 한다. 여기서 중요한 건 아이가 스트레스 없이 재미있는 방식으로 지난 문제를 한 번 더 생각해 볼 수 있게 돕는 것이다. 그러면 로지도 문제 상황을 합리적인 시각으로 바라보게 되는 한편, 자기 통제 능력 역시 단련할 수 있게 된다. 인형극을 상연할 때는 아이들에게 질문을 던지거나("루이스를 때린 망고는 아기일까요?" "그래서 루이스는 상처를 받았을까요?"), 등장인물 중 하나를 연기하도록 하거나, 인형극 전체를 이끌도록 함으로써 아이들의 감정이입을 유도한다. 아이가 어떻게 반응하고, 거기서 또 무엇을 이끌어내는지 지켜보라. 만약 아이에게 언니나 오빠가 있다면 등장인물 하나를 맡기는 것도 좋다.

✦ **문제를 놀이 구역으로 가져오라**. 앞서 나는 심리학자 래리 코헨이 연령대를 불문하고 심지어 십 대 아이들에게까지 효과를 볼 수 있다고 제시한 놀이 구역의 개념에 대해 이야기했다. 어떻게 활용하는 건지 알아보기 위해 흔히 마주할 수 있는 상황을 예로 들어보자. 래리는 잠자리에 들 시간마다 고조되는 긴장감을 해소하려면 (밤이 아닌) 낮 동안의 고요하고 평화로운 시간을 기다렸다가 아이에게 이렇게 말해보라고 조언한다. "로지, 요새 밤에 잘 시간이 다 돼 실랑이하는 경우가 너무 많은 것 같아. 그 상황에 대한 게임을 해보자." 이렇게 제안한 뒤 아이가 이미 생각한 게임이 있다면 먼저 설명할 수 있도록 잠시 기다려주자. 아니라면 이렇게 질문할 수도 있다. "게임에 누가 나오면 좋겠어? 로지가 엄마를 하고 엄마가 로지를 할까?" 이어서 로지가 자려고 하지 않아 내가 화나거

나 속상했던 순간을 함께 발랄한 분위기로 연기한다. "망설이지 말고 분노를 마음껏 표출하세요. 문제 행동이나 그로 인한 결과를 얼마든지 과장해도 좋아요." 래리가 말했다. "여기서 목표는 함께 웃고 즐겨서 잠잘 시간마다 고조됐던 긴장감을 해소하는 거예요. 그러니 더 많이 분노할수록 좋죠."

부모 중에는 괜히 아이들에게 문제 행동 사례를 보여주게 될까 봐 우려하는 이들도 있다. 하지만 아이들도 연극과 실제 정도는 분명히 구분할 수 있다고 래리는 말한다. "이런 식으로 놀 때 아이들은 '사례' 따위 기억하지 않아요. 사람 사이의 연결감, 창의력, 그리고 긴장이 해소된 기억만이 남게 되죠."

심화

✦ **상황극을 펼쳐라.** 드라마가 아이에게 어떻게 작용하는지는 우리 가족의 고질적 문제를 통해 알아보도록 하자. 바로 폭력이다. 이제 로지가 나를 때리면 강도가 아무리 세더라도 나는 화내지 않는다. 온 마음을 다해 무시하려고 애쓸 뿐이다. 그리고 완벽하게 무시한다. 혹시 그럴 수 없을 땐 (칼레브가 얼굴을 긁었을 때 샐리가 그랬던 것처럼) 최대한 차분한 태도로 "아프잖아"라고 짧게 말한다. 잠시 후, 우리 둘 다 진정하고 여유를 되찾으면 짧은 드라마에 돌입한다. 로지에게 다가가 날 때리라고 하는 것이다. 그리고 로지가 미끼를 물어 실제로 때리면 아까 맞고 난 후의 상황을 다시 한 번 재연한다. 단, 이번엔 아주 극적인 태도로. "아오, 아프잖아! 진짜 너무 아파!"라고 큰 소리로 외쳐 로지의 폭력으로 인해 내가 신체적, 감정적으로 상처 입었음을 보여준다.

"로지는 엄마가 싫어?" 그러면 로지의 두뇌 회전이 빨라지는 소리가 들린다. "내가 엄마한테 상처를 줬어?" 잠시 고민에 빠지는 로지. (이때 나는 로지가 날 화나게 하려던 게 아니었음을 알 수 있다. 이렇게 내 감정을 살피고 있지 않은가! 단지 자신이 때리면 얼마나 아픈지 모르고 있을 뿐이다.) 이 순간을 놓치지 않고 나는 잔뜩 과장된 어조로 고통과 슬픔에 빠졌음을 연기하며 이런 질문을 던진다. "로지는 엄마가 싫어?" 그러면 로지는 이토록 달콤하고 환상적인 답변을 내놓는 것이다. "아니, 난 엄마 사랑해!" 이어서 나는 폭력이 어떤 결과를 낳는지 로지가 잘 이해할 수 있도록 그런 행동은 아기들이나 하는 거라고 알려준다. 대화는 보통 이렇게 진행된다.

나 "로지는 아기야?"

로지 "아니, 엄마. 나는 언니지."

나 "언니들이 누구를 때리던가?"

로지 "아니, 엄마."*

로지는 입장을 바꿔서 자기가 내 역할을 하고 싶어 할 때도 많다. "날 때려, 엄마!"라는 로지의 말에 내가 엉덩이를 토닥이거나 어깨를 살짝 밀면 로지는 엄청나게 과장된 연기로 아픔을 호소한다. 소리 지르며 도망치거나 무척 서글픈 어조로 "엄마는 내가 싫어?"라고 묻는 것이다. 이 두 번째 연극이 끝날 때쯤엔 우리 둘 다 배꼽을 잡고 웃고 있다.

연극 놀이를 시작한 지 한 달여가 지나자 로지의 폭력이 강도나 횟수 면에서 현저하게 줄었다. 심지어 로지가 팔을 휘두르다 멈추거나, 내

* 바람직하지 않은 행동은 아기나 하는 것이라고 규정짓는 방법은 어린아이에게 특히 강력한 효과를 발휘한다. 이들은 언니 오빠로 인정받기를 간절히 원하기 때문이다.

팔이나 다리를 의도적으로 빗맞는 경우도 생겼다. 하지만 한 가지 분명한 건 내가 로지의 폭력에 완전히 신경을 끊은 후에야 로지도 때리는 행동을 완전히 멈췄다는 사실이다. 내 팔을 꼬집거나 얼굴을 때리는 등의 행위에 대해 '어린 아기'가 스스로 감정을 통제하지 못한 것뿐이라고 치부하는 방법을 배우자 로지는 더 이상 이 문제 행동을 '연습할' 필요성을 찾지 못했다. 그뿐인 줄 아는가? 나 역시 분노를 조절하는 연습을 더 이상 할 필요가 없어졌다.

요약

이야기와 드라마로 행동을 바꾸는 방법

기억하자

- 아이들은 속상할 때면 남의 말에 귀 기울이거나 무엇이든 배우기 힘들다.
- 아이들은 혼날 걱정도 없고 마음도 편해야 새로운 규칙을 배우고 실수도 바로잡을 수 있다.
- 아이가 특정한 일(예: 숙제)에 협조하지 않는다면 부모와 아이 간에 긴장이 고조될 확률이 높다. 놀이나 이야기를 통해 이 긴장감부터 해소해야 협력하고 더 바람직하게 행동하도록 유도할 수 있다.
- 아이들은 이야기를 통해 배우는 걸 무척 좋아한다. 실생활에서 비롯된 캐릭터, 경험 및 사물 등이 이야기에 포함돼 있으면 더 그렇다.
- 아이들은 가족의 역사 및 부모의 유년기에 대해 이야기 듣는 걸 좋아한다.
- 아이들은 사물이 살아 움직이고 또 실수하는 상황을 상상하길 좋아한다.
- 아이들은 유령, 괴물, 요정 및 다른 초자연적 생명체들이 가까이 살면서 적절한 행동을 배울 수 있도록 도와준다고 상상하길 좋아한다.
- 아이들은 놀이를 통해 배우는 걸 좋아한다. 그래야 긴장감을 해소하고 적절한 행동을 연습할 수 있다. 아이들은 자신이 저질렀던 문제 행동이나 실수, 그로 인한 결과까지 (혼날 걱정이 없어) 스트레스받지 않는 재밌는 방식으로 재연하는 것을 좋아한다.

조언과 도구

아이의 행동을 바꾸거나 특정 가치에 대해 가르치고자 할 때 온갖 훈계나 어른의 논리를 활용하는 대신 차분하고 편안한 순간을 기다렸다 다음의 도구 중 한 가지를 활용해 보라.

- **당신의 유년기에 대해 들려주어라.** 실수나 문제가 생겼을 때 당신과 부모님은 어떻게 대처했는지 설명해 주어라. 벌을 받았는가? 그렇다면 당신은 어떻게 반응했는가?
- **인형극을 상연하라.** 동물 인형 두 개 혹은 양말 한 쌍으로 인형극을 상연해 아이의 행동이 초래할 결과와 어떻게 행동하는 게 맞는지 보여주어라. 아이가 연극의 등장인물 중 한 명을 연기하도록 해도 좋다.
- **문제를 놀이 구역으로 가져와라.** "요새 숙제 때문에 우리가 좀 많이 다투는 것 같아. 이걸 게임으로 해보자. 넌 어떤 역할을 하고 싶어? 엄마야, 너야?" 그리고 말다툼 중 생긴 상황을 재밌는 방식으로 재연해 보자. 연기를 과장하고 분노를 표출하는 걸 두려워 마라. 목표는 그 문제를 둘러싼 긴장감을 해소하고 깔깔 웃어넘기는 것이다.
- **괴물 이야기를 들려주어라.** 당신 집 근처에 서식하는 괴물을 만들어내라. 아이에게 괴물이 지켜보고 있다고 하고, 만약 아이가 문제 행동을 하면 괴물이 나타나 (비단 며칠이라도) 아이를 납치해 갈 거라고 이야기하라.
- **사물에 생명을 불어넣어라.** 동물 인형, 옷가지 등의 사물을 이용해 아이가 특정 임무를 완수할 수 있도록 도와라. (인형이 양치하는 시늉을 하는 등) 사물이 직접 그 일을 하거나 (칫솔이 아이에게 양치하자고 제안하는 등) 아이에게 그 일을 하도록 요청하면 된다.

Part 4 하드자베의 육아법, 자신감

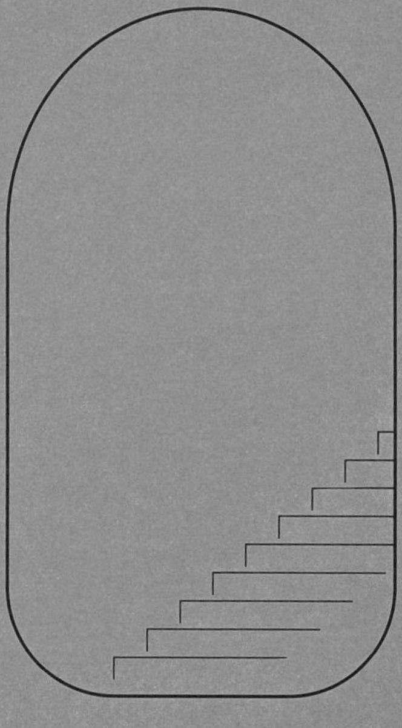

우리의
조상들은

어떻게
육아를 했을까?

사냥은 호각 소리와 함께 시작된다. 회색 줄무늬 반바지를 입고 위에는 개코원숭이 가죽을 두른 타가 모닥불 뒤에서 벌떡 일어나더니 활과 화살을 들고 호각을 불기 시작한다. 고음의 호각 소리가 오랫동안 울려 퍼진다. 휘이우, 휘이우. 개 열두 마리가 등장하더니 우리를 향해 달려온다. 갈색, 검은색, 흰색 개는 물론, 헤링본 무늬 개도 있다. 몸집이 여우만 한 개들은 하나같이 말라서 갈비뼈가 울퉁불퉁하게 드러나 있지만 돕고 싶어 안달 난 모양새다. 타가 호각을 한 번 더 분다. 휘이우. 우리 발밑에 난 자국을 따라 개가 몇 마리 더 달려온다. 친구 두 명이 모닥불에서 일어나 타와 합류한다. 다들 손에는 활과 여러 촉의 화살을 들고 있다. 세 명 모두 마라톤 선수처럼 키가 크고 호리호리하며 건장하다. 나로서는 무슨 일인지 파악하기도 전에 이들은 수풀 사이로 사라져버렸다. 개들도 땅에 코를 처박고 하늘로 꼬리를 치켜든 채 뒤를 따랐다.

"가자!" 내가 로지에게 외쳤다. 나는 무릎을 땅에 대고 앉아 로지가 업히기를 기다렸다. 저 사람들을 쫓아가려면 이 방법밖에 없었다. 그날 우리는 산등성을 몇 킬로미터 정도 오른 채 새벽을 맞았다. 해는 아직 동쪽의 다른 산 뒤에 걸려 있었지만 저 아래 내려다보이는 사바나로 따뜻한 노란 빛이 쏟아지기 시작했다.

우리는 적도 바로 이남, 세렝게티 초원으로부터 약 160미터 떨어진 탄자니아에서 겨울을 맞이하고 있었다. 대지는 건조해 먼지가 심하게 일었고 분홍색과 흰색 바위가 언덕을 수놓았다. 회색의 헐벗은 나뭇가지가 마녀의 깡마르고 기다란 손가락처럼 하늘로 감겨 올라간 가운데 오직 아카시아 나무만이 꼭대기 쪽에 여태 잎을 매달고 있었다. 덕분에 이들 나무는 마치 녹색 베레모를 쓴 프랑스인 같았다.

로지와 나는 타와 친구들을 따라잡는 데 성공했다. 통역가 데이비드 마크 마키아 역시 그들과 동행했다. 모두 바닥에서 뭔가를 발견하고 일제히 멈춰 섰다. 모래에 발자국이 나 있었다. 지금 이들이 원하는 건 개코원숭이지만 멧돼지든 영양이든 사향고양이든 눈에 띄는 건 가리지 않고 쫓을 것이었다. 사냥은 타가 가족들을 먹여 살리는 가장 중요한 수단이었기 때문이다. 40대인 타는 일곱 명의 자녀를 둔 가장이었다. 이마에 깊이 패어 나이를 가늠하게 해주는 세 줄의 주름은 사바나 전방을 주시할 때 한층 깊어졌고, 머리에는 개코원숭이 털로 멋들어지게 장식한 전쟁 모자를 쓰고 있었다. 타는 워낙에 말수가 적었는데 심지어 말할 때도 목소리를 겨우 알아들을 정도였다. 그는 말보다는 행동으로 감정을 보여주는 걸 선택했다. 로지와 내가 하드자베 캠프에 처음 도착했을 때 텐트 칠 곳을 찾아준 이도 타였다. 타의 가족 오두막에서 15미터쯤 떨어진 산비탈에 녹색의 천막 텐트를 치느라 애먹고 있을 때도 타는 우리가 편평

한 바닥에서 잘 수 있도록 돌이나 자갈을 모조리 주워 주었다. 타와 친구들은 단연 세계 최고의 사냥꾼들이라 할 수 있다. 나뭇가지를 이용해 만든 활과 화살로만 사냥을 하는 이들에게는 '명사수'라는 수식어조차 터무니없이 부족하다. 세 사람 모두 10미터 높이 나무에 앉은 작은 새의 깃털 하나까지 정확히 맞출 수 있으니 말이다. 이들은 사바나에 서식하는 동물들에 관해서라면 백과사전도 능가하는 지식을 자랑한다. 무엇을 먹고 사는지부터 어떻게 이동하며 주로 어디에 숨는지, 그리고 모래에 어떤 자국을 남기는지에 이르기까지 가히 모르는 게 없다.

오늘 이들은 땅 위의 발자국을 쫓는 게 무의미하다고 판단하고 더 깊은 숲속으로 이동하기 시작했다. 엄밀히 말하면 이들은 달리는 게 아니라 '걷는' 것이었지만 가만히 지켜보고 있으면 '활공한다'는 단어가 절로 떠올랐다. 그만큼 움직임이 매끄럽고 편안해 보였기 때문이다. 게다가 속도는 얼마나 빠른지! 로지를 업은 내가 뒤처지지 않으려면 조깅하듯 달리는 수밖에 없었다. 나는 이내 심장박동이 빨라지고 숨이 차오르기 시작했다. 우리는 바오바브나무의 전신주만큼이나 굵은 뿌리를 뛰어넘고, 미끄러운 바위를 넘어야 했으며, 몸을 잔뜩 웅크린 채 검지손가락만 한 가시로 뒤덮인 나뭇가지 밑을 지나가야 했다. 그럼에도 한 번씩 거대한 가시가 스웨터에 걸려서 한참을 씨름한 후에야 벗어날 수 있었다.

"로지, 아무래도 우리가 더 쫓아가는 건 무리일 것 같아." 내가 어깨 너머로 말했다. 네 사람은 우리를 앞서간 지 이미 오래여서 더 이상 보이지도 않았다. 그때 저 멀리서 그들이 우리를 기다리고 있는 게 보였다. 나는 마구 달려 재회에 성공했지만 모두 말은 없었다. 심지어 개들도 꿈쩍하지 않았다. 타는 손에 활을 들고 있었다. 화살을 하나 꺼내 들더니 두 손가락 사이에 끼워 넣고 나무의 꼭대기를 겨냥했다. 나뭇잎이 바람에 나부끼는데도 그가 활을 팽팽하게 잡아 당겼다 놓자 화살이 순식간에 날아가 눈으로 쫓을 수도 없었다. 모두가 숨을 죽였다. 그때 비둘기 한 마리가 우리 머리 위로 날아갔다. 놓친 것이다. 네 사람은 다시 출발했다.

타가 두 살 무렵, 그의 부친이 작은 활과 화살을 선물했다. 그는 어딜 가든 활을 지니고 다녔고 로지 나이쯤 됐을 때 이미 집 근처의 쥐, 새, 작은 파충류 등을 맞히기 시작했다. 이후 10년이 넘는 기간 동안 친구들과 하루도 빠짐없이 목표물 맞히는 훈련을 했고 십 대의 어린 나이에 어른들과 단거리 사냥에 동행했다. 불과 이십 대 때부터 영양이나 기린을 혼자서도 거뜬히 잡은 건 말할 것도 없다.

사바나를 바라보고 있노라면 타와 그의 가족이 이 땅에 정착해 살고 있다는 사실이 믿기지 않는다. 내 눈에 이곳은 건조하고 척박하기 이를 데 없기 때문이다. 하지만 타와 그의 아내는 음식은 물론, 물, 각종 도구, 옷가지와 의료품에 이르기까지 가족에게 필요한 모든 것을 여기서 조달해 낸다. 오로지 이곳에 서식하는 식물과 동물로부터 말이다. 물론, 결코 쉬운 일은 아니다. 하지만 이들 방식으로 살아가는 데에는 물을 대량으로 보관할 저장고나 작물의 성장을 도울 값비싼 비료 따위 필요하지 않기에 불가능한 일은 아니다. 화살이 부러지거나 수풀 사이로 사라져버리면 타와 친구들이 나뭇가지를 꺾어 하나 더 만들면 그만이다.

타는 탄자니아의 수렵 채집 민족인 하드자베(Harzabe)인이다. 하드자베 문화가 몇 천년의 역사를 자랑하는지 아무도 정확히 알지 못하지만 고대 석기 및 석화에 비춰 보면 타의 조상들이 이곳 사바나에서 사냥을 해온 지는 수천 년, 심지어 수만 년에 이를 것으로 추정된다. 게다가 하드자베가 지구상에서 가장 오래된 문화를 자랑하는 민족 중 하나라고 믿는 과학자들도 수없이 많다.

✚

모든 인간은 아프리카 수렵 채집 민족의 후손이다. 이곳 탄자니아의 타부터 유카탄의 마리아까지, 버지니아의 내 할아버지부터 마케도니아에 거주했던 내 남편의 조상에 이르기까지 모든 인류가 수렵 채집의 역사를 공유한다. 우리는 산딸기 열매를 따고, 야생 덩이줄기를 캐며, 더 강한 포식자들이 먹다 남긴 고기를 먹어 치우다 결국 사냥과 낚시로 살아남았던 아프리카의 기이한 유인원 무리로부터 몇백만 년에 걸쳐 진화해 왔다.

우리 조상들이 어떻게 자녀를 키웠는지 어느 누구도 정확히 알지 못한다. 구석기시대 엄마들은 식사 후 아이들에게 어떻게 정리를 시켰는지, 석기시대 아빠들은 아이들을 어떻게 제시간에 재웠는지에 관한 기록 따위 전무하다. 아이들을 잠자리로 이끄는 절차를 그린 벽화나 떼쓰는 유아를 진정시키는 비결이 담긴 암면 조각 역시 발견되지 않았다. 하지만 선사시대의 일부 육아 방식에 관해서는 합리적 추측이 가능하다. 애초에 우리의 작은 인간들을 훈육하고 동기를 부여하며 사랑해 줘야 한다는 개념이 어떻게 자리 잡았는지 알아볼 수 있다. 이를 위해서는 지구상에서 인간이 거주할 수 있는 모든 대륙의 엄청나게 다양한 문화에 대해 배우는 게 중요하다. 그중 압도적 대다수의 문화권을 장악한 육아 관행, 즉, 세월의 흐름에도 스러지지 않고 인류 역사 전반에 걸쳐 지속적으로 등장하는 관행이 무엇인지 밝혀내야 한다. 특히, 지금도 생계의 일부를 수렵과 채집으로 해결하는 문화권에 주목해야 하는데 이들이야말로 인류 역사에서 고유한 지위를 점하고 있기 때문이다.

우리 호모 사피엔스는 어림잡아 약 20만 년 전 지구상에 출현했고 그중 95%에 달하는 대부분의 시간 동안 수렵 채집 생활을 했다. 처음엔 아프리카에서 채집 생활을 했고 지구상에서 거주가 가능한 모든 대륙으로 퍼져나갔다. 만 2천 년 전쯤엔 어딘가에서 작물을 수확하고 가축을 키워 생계를 꾸리기 시작했고, 약 2백 년 전부터는 농사와 목축이 대규모로 이루어지면서 먹거리를 생산해 냈다.

따라서 우리 종의 역사를 이해하기 위해서는 두 가지 도구가 반드시 필요하다. 땅속에 묻힌 고대인의 유골과 현대의 수렵 채집 사회에 대한 연구다. 후자는 이미 앞서 언급했듯 단순히 '살아 있는 화석' 혹은 '과거의 유물'이라고 할 수 없다. 인간이 수천 년 전 어떻게 살았는가가 아니라 수렵 채집 생활로도 번영할 수 있음을 보여주는 표본이기 때문이다. 게다가 그들은 인류의 과거와 훨씬 비슷한 생활 방식으로 살아가고 있고, 서구 문화권에서는 사라진 지 오래인 고대의 육아 전통과 기술을 훨씬 많이 고수하고 있다. 한마디로 수많은 수렵 채집 사회에는 서구 부모들이 배워야 할 게 차고 넘친다.

✚

하드자베 같은 수렵 채집 사회에 대한 기사에는 '희귀'나 '최후' 같은 단어들이 자주 등장한다. 하지만 이 같은 형용사는 자칫 그릇된 인상을 심어줄 수 있다. 무엇보다 현재 수렵 채집 생활을 이어가고 있는 사람들은 전 세계적으로 수백만 명에 달한다. 인류학자들의 집계에 따르면 5백만 명에 가깝다. 이들은 지구 전체로 보면 거대한 띠를 이루는 각 대륙에 산발적으로 거주하고 있다. 오스트레일리아 서부에서 왕도마뱀을 사냥하고, 북극 툰드라 지역에서 순록을 쫓으며, 수렵 채집 인구만 백만 명에 달하는 인도에서는 고가의 약용 식물과 야생 벌꿀을 채집하는 것이다.

1995년 고고학자 로버트 켈리(Robert Kelly)는 전 세계 채집 사회에 대한 서구권의 지식을 종합해 발표했다. 그 결과물인 도서《수렵 채집 사회(The Lifeways of Hunter-Gatherers)》에는 우리가 현재 미국이라 부르는 곳에 위치한 열두 지역을 포함, 수많은 문화권에 대한 설명이 담겨 있다. 그리 오래지 않은 과거에만 해도 록키산의 쇼숀인 및 카이오와인부터 중서부의 크리인에 이르기까지 북아메리카 대륙의 많은 지역을 수렵 채집인들이 점유하고 있었다.

책에서 로버트는 수렵 채집 문화의 '보편성'뿐 아니라 현재의 놀라운 다양성까지 날카롭게 묘사하고 있다. 과거로부터 이어져 온 이 다양성이 미래까지 지속될 것이라고도 제시한다. 실제로 수렵 채집 사회 중에는 수렵이나 낚시가 주 생계 수단인 곳도 있고 대부분 채집에 의존하는 곳도 있다. 어느 민족은 대규모 정착 생활을 하는가 하면 또 다른 민족은 소규모 유목 생활을 한다. 대부분은 평등사상에 기반한 도덕 체계를 갖추고 있지만 그렇지 못한 민족도 적지 않다. 일부는 자녀를 많이 낳고 대가족을 이뤄 살아가지만 나와 매트처럼 한두 명의 자녀를 선호하는 민족도 있다. 그리고 수렵 채집 민족 전체가 근본적으로 수렵, 채집 및 낚시 이외의 생계 수단을 갖고 있다. "이들 '수렵 채집인들' 중 대다수가 직접 농작물을 수확하는 건 물론 다른 농업인들과 작물을 거래하거나 자본 경제에 참여한다는 사실을 독자 여러분은 알아야 한다"고 로버트는 적었다.

게다가 수렵 채집 문화권 중 다른 문화권의 영향으로부터 '자유롭고' '전혀 오염되지 않았으며' '고립된' 곳은 그 어디에도 없다. 모든 문화권이 인근, 심지어 멀리 떨어진 여러 문화권과 소통하고 또 거래하고 있다. 모든 문화권은 서로 배움과 가르침을 주고받으며, 다른 곳들과 긴밀하게 연결돼 있다.

탄자니아 북부의 하드자베 사회 역시 마찬가지다. 하드자베인들은 지난 수천 년간 로드아일랜드 규모의 거대 소금 호수로 둘러싸여 있는 광활한 사바나 숲에서 살아왔다. 그 기간 내내 (기린, 하마, 영양처럼) 크고, (토끼, 야생 고양이, 작은 영양, 생쥐처럼) 작은 야생동물을 사냥하는 건 물론, 사자에게서 신선한 고기를 낚아채고 나무에서 벌꿀을 채집하기도 했다. 얌 모양 덩이줄기를 캐고 타트 파이나 바오바브나무의 바삭한 열매로 끼니를 때우기도 한다. 이들의 거주지는 반구형 오두막으로 심지어 여성들도 나뭇가지와 잡초를 이용해 두 시간이면 지을 수 있는 집이다.

다시 말해, 하드자베인은 조상들이 지난 수천 년간 영위해 온 삶과 비슷하게 살아가고 있다. 하지만 이는 그들이 고립되거나 다른 생활 방식을 접해보지 못해서가 아니라, 현재 거주하고 있는 척박한 환경에서는 자신들의 방식이 최선이라고 믿기 때문이다. 그리고 이는 사실이기도 하다. 하드자베인은 유구한 시간 동안 꽤 성공적으로 살아남았다. 이렇게 멀쩡한 것을 무엇 때문에 고치려 들겠는가?

하드자베인이 이토록 성공할 수 있었던 데에는 대지와 맺은 오랜 관계의 수훈(殊勳)이 크다. 서구인은 이를 '지속 가능한 관계'라고 부른다. 가족들은 늘 주위의 동식물과 협력하기 때문에 수백 년에 걸쳐 공존하고 번영할 수 있었다. 서구인들이 주로 활용하는 통제와 변화가 아닌, 최소한의 개입과 존중을 바탕으로 관계를 맺는 것이다.* 식물 생태학자 로빈 월 키머러(Robin Wall Kimmerer)는 삶에 이렇게 접근하는 방식을 '선물 경제'라고 부른다. 대지는 하드자베인에게 작은 영양, 개코원숭이와 덩이줄기를 선사하고 하드자베인은 이들에 대한 보답으로 대지를 책임감 있게 돌보고 보존하는 것이다. 이 같은 관계는 양방향으로 작용하며 호혜를 베푼다. 명저 《향모를 땋으며(Braiding Sweetgrass)》에서 로빈은 이렇게 적었다. "선물 경제에서 선물은 공짜가 아니다. 본질적으로 일련의 관계를 창조하기 때문이다. 선물 경제의 화폐는 호혜성을 근간으로 하며, 선물 경제 내 자산에는 '책임감 꾸러미'가 따라붙는다." 다시 말해 선물은 대지로부터 인간에게 갔다가 다시 대지로 돌아오는 식의 양방향으로 흐른다. 책임감도 마찬가지다. 대지가 인간에게 선물할 때마다 인간도 대지에게 선물을 돌려줘야 한다.

하드자베 가족과 함께한 짧은 기간 동안 나는 어디서든 선물 경제를 목격할 수 있었다. 그들은 사냥한 동물을 처리하고 채집한 식물을 나눠 먹으며, 또 음식물을 포함해 쓰레기는 일절 만들지 않는 순간순간을 통해 선물 경제를 실천하고 있었던 것이다. 뿐만 아니라 하드자베의 부모는 자녀와의 관계에서도 선물 경제를 실현한다. 자녀를 통제하고 지배해 최대한 빠른 시일에 어디 내놔도 손색없는 아이로 변화시킬 목표 따위 이들에게 없었다. 그보다 중요한 건 서로 주고받는 행위 그 자체였다. 부모는 자녀에게 사랑, 동료애, 음식 등을 지속적으로 주는 한편, 자녀는

* 서구인들은 대지와 지배-피지배 관계를 맺는다. 인간은 대지를 변형시키고 거의 빛의 속도로 자원을 고갈시켜 미래 세대에 물려줄 것도 남겨두지 않는다. 선물은 일방통행으로 이루어져서 오로지 인간만이 땅과 동물을 갈취하고 통제하며 또 바꾼다.

그 대가로 '책임감 꾸러미'를 지닐 수 있어야 한다. 부모와 자녀는 최소한의 개입과 상호 존중을 바탕으로 공존하며, 그 상호성을 통해 서로 연결되고 사랑한다. 너는 너의 할 일, 나는 나의 할 일을 하는 한편 우리는 언제나 서로를 최대한 도울 수 있도록 노력하는 것이다.

오로지 하드자베 사회에서만 아이들을 이렇게 여기고 대하는 것은 아니다. 다른 수렵 채집 사회는 물론, 여러 토착 사회에서도 비슷한 가치관을 발견할 수 있다. 그리고 이 육아 방식이 이토록 특별하고 소중한 이유가 바로 이 공통성 때문이다. 수렵 채집 사회의 거대한 다양성에도 불구, 아이들을 키우고 소통하는 데 공통된 방식은 여전히 존재한다. 게다가 이 방식은 아마 수천, 아니 수만 년을 이어져 왔을 것이다. 뒤에서 알아보겠지만 이 방식은 마치 손에 꼭 들어맞는 장갑처럼 아이들에게 필요한 것을 완벽하게 충족시켜 준다. 그야말로 아름답다.

✚

탄자니아에서 사냥을 쫓아다니며 나는 이 아름다운 육아 방식의 첫 번째 교훈을 배웠다. 로지와 나는 타와 그 친구들보다 4백 미터는 뒤처져 있었고, 특히 로지를 등에 업은 상태에서 따라잡는 게 가능이나 할지 알 수 없었다. 이러다 숲에서 길을 잃는 건 아닐지 슬슬 걱정이 되기 시작하는데 로지까지 울먹이기 시작했다. "엄마, 나 불편해, 아야, 아야! 내려서 걸을래." 결국 울음을 터뜨리는 로지. "그래, 내리자." 내가 무릎을 꿇으며 말했다. "엄마 손 잡아." 나는 로지의 손목을 잡고 앞서간 이들을 따라잡기 위해 서둘러 움직였다. 로지가 바위들을 타 넘을 수 있도록 꼭 붙잡아주고, 가시가 돋친 나뭇가지 밑에서는 머리를 숙여주었다. "가시

조심!" 수도 없이 소리치면서도 좀 더 빨리 가려고 로지의 팔을 계속 잡아끌었다. 어느 순간, 목줄에 매달린 개처럼 로지를 끌고 가고 있다는 생각이 들었다.

로지가 또다시 울기 시작하자 나는 그냥 포기하고 캠프로 돌아가는 게 낫겠다고 판단했다. 통역가 데이비드에게 전화를 걸어 돌아와서 우리를 좀 도와달라고 부탁했다. 네 살배기를 포함해 두 딸을 두고 있는 데이비드는 나를 보더니 문제가 무엇인지 즉시 간파하고 주저 없이 해결책을 제시했다. 심지어 이곳 부모들이 내게 전해준 교훈과 상당 부분 비슷하고 더불어 선물 육아의 핵심까지 압축적으로 담긴 조언이었다.

"아이 손을 놓으세요. 아이 혼자 가게 둬요." 데이비드의 목소리에서 분노까지 느껴졌다. "아이가 앞장서고 당신이 뒤따라가면 되잖아요. 아이는 괜찮을 거예요." "정말요? 그렇게 생각하세요?" 내가 의심스럽다는 듯 물었다. "그럼요, 괜찮고말고요." 그가 대답했다. "네, 하지만." 내가 말을 마치기도 전에 로지가 달려 나가더니 마치 아기 개코원숭이라도 된 듯 바위를 타 넘고 다녔다. 결국 데이비드가 로지를 정확히 본 것으로 판명됐다. 내가 '놓아주자' 로지는 무려 세 시간이나 걷다 쉬다를 반복하며 끝까지 훌륭하게 쫓아다녔다.

그 순간, 나는 어린아이들에게 자율성을 조금이라도 보장해 주면 어떻게 되는지, 또 아이와 엄마의 관계는 어떻게 달라지는지 똑똑히 목격했다.

세상에서 가장

자신감 있는 아이들

탄자니아에 머문 지 3일째 되던 날 만난 한 여자아이는 아이들이 혼자서 많은 걸 할 수 있다는 것을 내게 보여주었다. 심지어 내가 로지에게 지나치게 간섭하고 있는 건 아닌지, 그래서 로지를 더 신경질적이고 제멋대로 굴게 만들고 있는 건 아닌지 걱정까지 하게 해주었다.

당시 로지와 나는 하드자베 가족들 근처에서 며칠간 캠핑 중이었다. 그때도 이미 부드러운 템포의 일상 리듬이 우리에게 구축돼 있었는데 두 가지 요소에 힘입은 바가 컸다. 바로 불, 그리고 우정이다. 하루의 시작은 매일 동일했다. 새벽이 오기 전, 여전히 반짝이는 별들 덕분에 하늘이 밝은 회색으로 빛날 때 타가 우리 텐트 옆의 나무에 올라가 내 키 정도 길이의 나뭇가지를 잘라낸다. 그리고 돌을 놓아 만든 공간 안으로 나뭇가지를 가져가 불을 피우기 시작한다. 새벽 공기는 입김이 다 보일 만큼 차서 로지와 나는 따뜻하고 아늑한 침낭 안에서 좀 더 버티고 싶었다. 하지만 잠시 후, 여러 남성들이 모닥불 옆의 타에게 몰려들었고 이들의 다정한 담소가 로지와 나를 텐트 밖으로 이끌었다. "이리 와, 로지." 내가 침낭에서 일어나며 말했다. "무슨 얘기인지 한번 가보자." 나는 로지에게 스웨터를 입힌 뒤 내가 본 중 가장 웅대한 나무 아래 모닥불을 둘러싸고 앉은 남성들을 향해 갔다.

매일 아침 아빠들은 천 년이나 된 이 거대한 바오바브나무 밑에 한 시간가량 앉아 있는다. 몸집이 2층 타운하우스만 한 이 고대 나무는 그야말로 자연의 기적이다. 얼핏 거대한 기둥 모양의 양초가 산비탈에 박혀 있는 것처럼 보이기도 하고 부드러운 고동색 나무껍질은 뜨거운 밀랍이 흘러내리는 것처럼 보이기도 한다. 꼭대기의 힘차게 뻗은 가지에는 아주 부드러운 녹색 열매가 주렁주렁 매달려 하드자베인에게 은혜로운 선물을 선사한다. 바오바브 열매와 씨앗에는 비타민과 지방이 풍부해 이들에게 필요한 열량의 상당 부분을 제공해 주기 때문이다.

나는 이 나무를 사랑한다. 그 아래 앉아 내 얼굴과 손에 닿는 불의 온기를 느끼고 있으면 마치 이 나무가 나를 꼭 안아주는 것만 같다. 로지는 빨간색 격자무늬 담요를 두른 채 옆에 앉아 내가 비행기에서 미리 챙긴 머핀을 우적우적 씹어먹고 있었다. 그때 젊은 아빠 중 한 명인 이마가 이른 아침 사냥에서 획득한 복슬복슬한 작은 동물을 등에 둘러멘 채 모닥불로 다가간다. 너구리와 집고양이의 교배종으로 보이는 이 동물을 아빠들이 다 함께 가죽을 벗기고 토막 내 모닥불 위에서 바비큐를 한다. 다 익은 고기는 역시 다 함께 나눠 먹고 불 옆에 늘어져 있는 허기진 개들에게 몇 조각 던져주기도 한다.

이 산비탈에 이렇게 앉아 있으면 저 아래 펼쳐진 파 농장과 반짝이는 소금 호수가 한눈에 들어온다. 매일 아침 이런 환경을 접하는 것만으로 정신 건강이 좋아질 게 분명했다. 느긋하게 지낼 수 있는 것도 더할 나위 없이 좋았다. 우리가 이곳에서 하루를 보내고 있으면 부모들이 한 번씩 들러 한 시간여 함께 앉아 있거나 아니면 홀로 고요하게 있다 가고는 했다. 나는 왜 항상 무슨 얘기든 떠들거나 무엇이든 해야 한다고 느꼈던 거지? 스스로 의문이 들었다.

비탈 아래쪽을 내려다보자 한 여자아이가 길을 따라 이쪽으로 걸어오고 있었다. 길 위의 바위를 타 넘을 때마다 머리가 불쑥 올라왔다 다시 내려가곤 했는데 좀 더 가까워지자 등에 뭔가를 업고 있는 게 보였다. 짧게 자른 검은 머리칼에 이목구비가 작은 여자아이는 대여섯 살 정도로 보였다. 빨간 플리스 점퍼에 회색 슬리퍼 차림, 그리고 치마의 흑백 줄무늬는 타의 반바지 문양과 완전히 똑같았다. 등 뒤로 갈색 바탕에 주황색 꽃무늬 슬링을 둘렀는데 그 안에 생후 6개월 정도 아기가 폭 파묻혀 있었다.

"제 딸이에요." 타가 데이비드를 통해 이야기했다. 타에게 아이의 이름을 물었다. "벨리예요. 저 아기는 제 막내고요." 타가 벨리의 등을 가리키며 말했다. 아, 남동생을 업고 다니는 거구나. 벨리는 모닥불 있는 데로 와서는 나와 아빠 사이에 자리를 잡고 앉았다. 가까이서 보니 마을에서 몇 번 봤던 기억이 났다. 지난 며칠간 나와 로지 근처에서 우리를 구경하던 아이였다. 1.5미터 이내로 다가오는 일은 절대 없었지만 로지에게서 눈을 떼지 못하는 모습에서 관심이 무척 많다는 걸 알 수 있었다.

그래도 오늘은 우리와 이야기하며 이것저것 알아보고 싶은지 용기를 좀 더 낸 것 같았다. 내가 "먹을래?" 물으며 비행기에서 가져온 머핀을 건네자 벨리는 천천히 받아들고 잠시 들여다보더니 조금도 흘리지 않고 한 조각을 뜯어 남동생 입에 넣어주었다. 아기가 어깨너머로 나를 쳐다보며 방긋 미소 지었다. 그리고 5분여간 벨리는 단 한 입도 남기지 않고 머핀 한 개를 몽땅 남동생에게 먹여주었다. 아무도 동생과 나눠 먹으라고 이야기하지 않았는데 스스로 그렇게 한 것이다. 이렇게 어린아이가 자발적으로 그런 친절을 베풀 수 있다니 그 모습이 너무 아름다워 눈물이 날 지경이었다. 로지라면 그렇게 했을까? 나는 저 나이에 그렇게 할 수 있었을까? 아니, 심지어 어른인 지금은? 나는 하드자베인의 친절과 존중에 대해 이제 막 배우려 하고 있었다.

✚

하드자베인은 하루를 불과 함께 시작하는 것처럼 끝날 때도 역시 불과 함께다. 매일 밤, 해가 지고 나면 타를 비롯한 아빠들이 바오바브나무 아래 모여 담소도 나누고 이야기도 들으며 노래도 부른다. 오늘 밤에는 하늘이 너무 어둡고 청명해 하얀색 붓으로 남동쪽 지평선을 가로질러 흐릿하게 그려놓은 듯한 은하수까지 볼 수 있었다.

20대 초반의 한 젊은 남성이 박으로 만든 현악기를 가져와 하드자베어 노래를 가르쳐주기 시작했다. 남자는 모두 사냥을 나가고 여자만 남은 캠프에 한 개코원숭이가 등장한 이야기를 담은 노래였다. 하드자베어는 이른바 클릭음을 사용하는, 지구상에 몇 남지 않은 언어 중 하나다. 클릭음이란 혀로 입천장을 다양하게 쳐서 소리를 내는 방법인데 하드자베어에는 입 모양 및 혀의 움직임에 따라 달라지는 세 가지 클릭음이 있다. 그리고 이 세 가지 클릭음을 화자가 각기 다른 세 가지 방법으로 수정해 총 아홉 개의 소리를 만드는데 내게는 기본적으로 모든 소리가 (말이 길을 걸어가는 소리처럼) 똑같이 들린다. 그래서인지 노래의 한두 줄도 따라 부르기 어려웠는데 로지는 클릭음 따위 아무 문제 없다는 듯, 심지어 온 열정을 다해 노래했다. 바오바브나무 아래서.

그때 젊은 아빠 중 한 명인 '푸//이우푸//이우(여기서 '//'가 클릭음이다)'가 나와 로지에게 하드자베어 이름을 지어주기로 했다. 푸이우푸이우는 20대 초반에 불과했지만 이미 훌륭한 아빠였다. 거의 매일 오후와 수많은 저녁을 이제 한 살인 아들과 껴안고 비비면서 보냈다. 아기에게 말할 때는 부드럽게, 코를 비비기도 하고 몇 시간 동안 노래를 불러준다.

푸이우푸이우가 아기를 무릎에 앉히고 통통 튕겨주면서 로지를 가리키며 말했다. "쟤는 톡오코 같아요." "톡오코는 작은 야생 고양이에요. 저 아이도 캠프에 있을 때 작은 고양이처럼 늘 뛰어다니더라고요." 고양이처럼 할퀴기도 하고, 나는 생각했다. 푸이우푸이우가 이번엔 나를 쳐다보며 미소 지었다. "당신은 혼! 오! 오코고요." "네?" 내가 웃으며 물었다. "혼! 오! 오코." 그가 몇 번이고 반복했다.

여기서 '!'는 짧게 센소리를 내라는 의미다. 그리고 마지막 '오코'에서는 센소리를 늘어뜨려야 한다. 하지만 사실 내 입과 혀로 어떻게 그런 소리를 낼 수 있는지는 도무지 수수께끼다. 내가 시도할 때마다 다들 우스워서 박장대소를 터뜨렸다. 그러고 몇몇 아빠들이 노래를 다시 시작하면 이내 모두가 다 같이 고개를 끄덕이고 미소 지으며 개코원숭이 노래를 부르고 또 불렀다. 정말 즐거운 경험이었다. 환상적인 저녁을 위해 필요한 건 모닥불과 몇 곡의 좋은 노래, 그리고 자기 손등처럼 훤히 아는 친구들뿐이라는 사실이 온몸으로 체감되기 시작했다.

마침내 노랫소리와 웃음소리가 잦아들자 나는 푸이우푸이우에게 혼오오코의 의미에 대해 물었다. "'잠깐 기다려'라는 뜻이에요." 푸이우푸이우가 눈부시게 하얗고 가지런한 치아를 드러내며 답했다. "'잠깐 기다려라고요?' 제가 왜요?" 내가 묻자 푸이우푸이우와 통역가 데이비드가 익살스러운 표정과 커다란 손짓을 섞어가며 내 이름을 두고 요란한 대화를 시작했다. 이내 다들 웃음을 터뜨리더니 심지어 몇몇은 다시 노래를 시작했다. 내가 농담거리가 되고 있음을 직감할 수 있었다.

"혼오오코는 아카시아 나무 이름이에요." 데이비드가 웃으며 말했다. "가지에 큼직한 가시가 박혀 있는 나무 아시죠? 이 가시에 걸렸을 때 잠깐 기다리면 벗어날 수 있다고 해서 이름이 '잠깐 기다려'예요." "그래서 제 이름이 아카시아 나무 이름이라고요?" 기분이 꽤 좋았다. 그렇게 아름다운 나무의 이름을 싫어할 사람이 어디 있겠는가? "네." 데이비드가 웃으며 말했다. "지난번에 사냥 갔을 때 당신 스웨터가 아카시아 가시에 계속 걸렸잖아요. 그래서 '잠깐 기다려'라고 한 거예요."

흠, 사냥할 때 로지와 나는 한참이나 뒤처져 있었는데 내가 가시에 계속 걸린 건 어떻게 알았지? 나도 모르는 새 누가 날 지켜보고 있었나? 나는 아빠들이 이 이름으로 내게 뭔가를 가르쳐주려 한다는 느낌을 받았다. 단지 사냥할 때 잠시 기다리는 것 이외에 더 큰 무언가를. 나는 웃어넘겼지만 새로운 과제가 생겼다. 왜 내 이름을 '잠깐 기다려'라고 한 거지?

다음 날 아침, 로지와 나는 조금 늦게 일어났다. 이미 동쪽의 산꼭대기에 걸린 태양이 빠르게 대기를 덥히는 사이 모닥불과 연기 향이 우리를 감쌌다. 로지와 내가 마을로 내려가자 엄마들 몇몇이 덩이줄기를 캐러 나갈 채비를 하고 있었다. 그들은 하나같이 아름다운 사롱 천을 어깨에 묶어 원피스처럼 입고 있었는데 파란색 바탕에 노란색 꽃무늬, 빨간색 바탕에 금색 이파리 무늬, 그리고 빨간색과 파란색의 격자 무늬까지 아주 다채로웠다.

우리는 모닥불에 둘러앉아 잠시 이야기를 나눴다. 서두를 이유가 어디 있겠는가? 덩이줄기는 아무 데도 가지 않는다. 그리고 잠시 후면 밝혀지겠지만 이분들이 덩이줄기를 싹쓸이하는 데 걸리는 시간은 고작 한두 시간이었다. 이내 별다른 신호도 없이 몇몇이 자리에서 일어나더니 사롱 원피스를 툭툭 털고 숲으로 향했다. 나는 로지의 손을 잡고 그들의 뒤를 따랐다. 잠시 후 오른쪽 어깨너머로 고개를 돌리자 누가 우리를 따라오고 있었는지 아는가? 귀여운 벨리였다. 벨리는 더 이상 남동생을 업고 있지 않았고 엄마와 함께 오지도 않았다. 흠, 신기하네. 나는 생각했다. 여기까지 혼자 왔다는 말이지?

15분 정도 걸어가자 엄마 중 한 명인 콰차차가 문득 걸음을 멈추고 흙 속에 작은 동전만 한 크기로 난 구멍을 가리켰다. "여기 어떻게 흙이 있는지 볼까요?" 콰차차가 빨간색의 긴 치맛자락을 붙들고 그 옆에 쭈그리고 앉으며 말했다. 20대 초반의 젊은 엄마 콰차차는 내가 본 중 가장 우아한 자태를 지니고 있었다. 머리부터 발끝까지 전신이 마치 활처럼 쭉 뻗었는데 알고 보니 역시 놀라운 사냥꾼이었다.

콰차차가 약 1미터 길이의 막대로 구멍 옆을 파헤치기 시작했다. 갈색 흙이 마구 튀는 모습을 벨리가 눈빛을 반짝이며 지켜봤다. 이내 약 60센티 길이의 도랑이 나타나자 콰차차는 잠시 멈추고 다른 여성에게 손짓으로 뭐라고 하더니 다시 파기 시작했는데 이번엔 방향을 틀어 L자

모양의 도랑을 만드는 것 아닌가. 순간 나는 완전히 혼란에 빠졌다. 대체 뭐 하는 거지? 그런데 그때 도랑 뒤쪽에서 갑자기 하얀 줄기가 튀어나왔다. 콰차차가 파던 걸 멈추고 그 줄기를 잡아당기자 등장한 건 다름 아닌 하얀 생쥐였다! "꺅!" 나는 깜짝 놀라 소리쳤다. 내가 기대한 건 덩이줄기였지 생쥐가 아니었는데. 그게 땅속에 있는 줄은 대체 어떻게 안 걸까. 땅속의 생쥐를 잡는 건 내가 본 중 가장 환상적인 기술이었다. 콰차차는 그 생쥐를 어린아이에게 건네주더니 태연하게 발걸음을 옮겼다.

한편 다른 여성들은 뾰족한 나뭇가지를 들고 인근의 나무 밑에서 덩이줄기를 캐고 있었다. 흡사 감자처럼 생긴 빨간 물체가 그들 옆으로 차곡차곡 쌓여갔다. 그때 한 여성이 내게 막대를 건네며 땅속의 깊은 도랑을 가리켜 보였다. 막대를 받아든 나는 바닥에 무릎을 꿇고 앉아 그들이 하는 대로 따라 해보려 애썼다. 엄마들은 서툴기 짝이 없는 기자를 포함해 누구든 돕는 게 몸에 밴 듯했다.

벨리를 찾아 잠시 두리번대니 마을에서부터 엄마를 따라온 어린아이 세 명을 돌보고 있는 모습이 보였다. 벨리는 한 남자아이의 신발 찍찍이를 다시 붙여준 뒤 울고 있는 다른 아이에게 다가가 얼굴을 비비며 달래주었다. 그러고는 아이들에게 점심을 먹였는데 일단 덩이줄기 하나를 집어 껍질을 까준 뒤 바오바브 열매 몇 개를 집어왔다. 칸탈루프만 한 돌멩이 한 개를 찾아 머리 위로 번쩍 들어 올렸다 퍽 하고 내리치니 열매가 쪼개지면서 그 안의 하얀색 씨앗이 모습을 드러냈다. 벨리는 아이들에게 열매를 먹이고 나머지는 나와 로지에게 주었는데 동결건조 아이스크림처럼 진하고 세븐업처럼 시큼한 맛이 동시에 느껴졌다.

며칠 후, 로지와 나는 이 엄마들을 한 번 더 만났다. 이번에는 강가로 식수를 뜨러 갔는데 생각만큼 만만한 여정이 아니었다. 가파르고 험난한 대지를 3킬로미터도 넘게 걸어가야 하는 만큼 갓난아기와 유아는 부담이 될 수밖에 없어 할머니들과 함께 집에 머물렀다. 게다가 돌아올 때는 양동이에 물을 10킬로그램도 넘게 담아 머리에 이고 와야 했으니 아이가 없어도 충분히 힘든 일임에 분명했다.

로지는 우리와 함께 갔지만 일전에 한 운동으로 너무 지쳐 있어서 내게 업혀 있는 내내 징징대며 온갖 불평을 했다. "엄마, 언제 도착해?" 아니면 "엄마, 얼마나 더 가야 돼?"를 몇 번이나 물었는지 모른다. 벨리는 달랐다. 빈 물병 한 개를 등에 메고 또 한 개는 로지가 들고 갈 수 있도록 건넨 뒤 엄마들과 함께 강가로 향했다. 벨리의 엄마나 아빠는 이번에도 동행하지 않았다. 그럼에도 아이 혼자 독립적이고 끈기 있게 행동했다.

한 시간쯤 걸어가자 저 밑으로 협곡이 보였다. 우리는 가파른 내리막길을 강하해 간 뒤 말라버린 강바닥을 가로질러 마침내 식수원에 도착했다. 젊은 여성들이 양동이에 깨끗한 물을 채우기 시작하자 벨리와 로지도 나서서 도왔다. 그렇게 5분쯤 지났을까 벨리가 문득 무리에서 떨어져 협곡 가장자리의 절벽을 기어오르기 시작했다. 무려 30미터 높이의 상당히 가파른 절벽이었다. 아하, 나는 생각했다. 드디어 벨리도 땡땡이 치고 놀러 가는구나. 쟤도 재미로 하는 게 있기는 있구나.

하지만 이런! 절벽 꼭대기에 바오바브나무가 있었다. 벨리는 그 나무로 다가가더니 영양이 풍부한 열매를 커다란 은색 식기에 담았다. 이번에도 놀러간 게 아니라 채집하러 간 것이었다. 여성들은 바오바브 열매를 깨뜨려 씨앗을 꺼낸 뒤 겨우 돌멩이 몇 개를 사용해 이들을 몽땅 가루로 만들었다. 여기에 물을 붓고 마구 휘저어 걸쭉하고 찐득한 죽을 완성하고, 이어서 박으로 만든 작은 컵에 나눠 담았다. 이게 점심이었다. 한 입 들이켜자 시큼하고 신선하고 놀라울 만큼 든든했다.

나는 벨리를 힐끗 쳐다봤다. 벨리는 쭉 편 다리를 발목 쯤에서 꼰 채 바위 위에 걸터앉아 있었다. 얼굴 표정이나 자세가 차분하고 침착하기 이를 데 없다. 우리가 이렇게 맛있고 건강한 죽을 먹을 수 있는 건 벨리의 뛰어난 상황 판단 능력과 신속한 행동 덕분이었다. 어느 누구의 지시나 도움 없이 벨리 스스로 절벽을 타고 올라가 열매를 따온 것 아닌가. 그 순간 나는 이 아이가 얼마나 놀라운 존재인지 깨달았다. 자기 자신을 챙기고 어린 동생들을 돕는 걸로도 모자라 캠프 전체가 끼니를 챙기는 일까지 돕고 있으니 말이다. 이 아이는 자신이 속한 공동체에 이미 엄청난 기여를 하고 있다. 부모로부터 받은 선물을 벌써 되갚고 있는 것이다. 심지어 그 책임에 부담감을 느끼기는커녕 오히려 즐기고 있다. 그게 벨리를 이렇게 자신감 있고 여유만만한 아이로 만들었다.

하드자베인 부모는 어떻게 아이를 이런 식으로 교육시켰을까? 그때 문득 나의 하드자베 이름에 생각이 닿았다. 잠깐 기다려. 아빠들은 내게 육아에 관한 뭔가를 가르치고 싶어서 나를 '잠깐 기다려'라고 부른 게 아닌지 궁금해지기 시작했다. 엄마로서 나는 잠깐 기다려야 하는 것일까?

TEAM 3 불안과 스트레스를 해소하기

탄자니아에 머무는 동안 나는 아이들이 누리는 끝없는 자유에 놀랄 수밖에 없었다. 아이들은 몇 살이든 상관없이 원하면 어디든 가고, 무엇이든 하며, 무슨 말이든 내뱉었다. 이에 비해 로지는 제한된, 나아가 감금된 삶을 사는 듯 보였다. 일상의 대부분을 아파트나 학교에서 보내고, 나나 매트, 혹은 선생님들의 지속적 감시에 시달려야 하며, 그 모든 과정에서 끊임없는 지시까지 받기 때문이다. 하드자베의 아이들은 심지어 감정적 자유까지 누린다. 만약 아이가 떼를 쓴다면 떼쓰도록 내버려 둔다. 서둘러 달려가 조용히 시키거나, "진정하라"고 하거나, 기분이 어떤지 묻는 이는 아무도 없다. 결국엔 엄마나 아빠, 혹은 다른 아이가 그 아이를 달래주지만 어느 누구도 조급하게 굴지 않는다.

부모는 말 그대로 갓 걸음마를 뗀 아기에게조차 이 같은 자유를 허용한다. 티티테를 예로 들어 보자. 생후 18개월의 이 여자아기는 만나본 중 가장 귀여운 아기라고 해도 과언이 아니었다. 커다랗고 둥근 눈에 통통한 볼, 그리고 장난기 가득한 미소까지. 노란색 체크 무늬의 짧은 원피스를 흔들며 당당히 캠프를 활보하는 모습은 마치 십 대 언니 같았다. 들고 있는 뭔가를 언니나 오빠가 빼앗아 가면 오히려 큰 소리로 쏘아붙이고는 곧장 다시 낚아채 왔다. 이렇게 할 일을 스스로 결정하는 티티테는 제 역할을 온전히 해내는 공동체의 일원임에 틀림없었다.*

어느 오후, 벨리가 캠프에서 4백 미터 정도 떨어진 높은 산비탈의 전망대로 로지와 나를 안내했다. 커다란 바위들을 타 넘으며 가는데 로

* 나는 챈 카아잘의 마야 마을에서도 몇 번이고 같은 생각을 했다. 그곳에서는 불과 5~6세의 어린아이들이 혼자 자전거를 타고 온 마을을 다니고 언제든지 놀이터에 가며(학교에 있지 않을 때) 자신이 할 일은 스스로 정했다. 사실, 전날 밤 피운 모닥불 씨가 여전히 살아 있고 마체테(날이 넓고 무거운 칼 - 역자 주)가 바닥에 나뒹굴며 아기들이 빠지기 쉬운 구덩이가 여기저기 있는 등 온 사방에 위험이 도사리고 있음에도 심지어 두 살배기조차 혼자 뒷마당에서 노는 게 허용됐다.

지가 떨어질 위기를 몇 번이나 넘길 만큼 경로가 험난했다. 마침내 정상에 도착했을 때도 고도가 꽤 높아서 살짝 어지러울 정도였다. 그러다 아래쪽을 내려다봤는데 바위 바로 밑에 누가 서 있었는지! 바로 티티테였다! 캠프에서부터 이 높은 곳까지 혼자 걸어 올라온 것이다. 대체 왜 혼자 이렇게 먼 곳까지 오는 게 허용되는 거지? 나는 생각했다. (그때는 티티테가 전혀 혼자가 아니라는 사실은 알지 못했다.) 처음에 나는 티티테를 비롯한 하드자베의 어린아이에게 주어진 게 '독립성'이라고 생각했다. 하지만 오랜 시간 가까이서 살피고 주의 깊게 들으면서 내가 틀렸다는 사실을 깨달았다. 하드자베의 어린이가 가진 건 독립성이 아닌, 그보다 훨씬 값진 무언가였던 것이다.

✚

보통 수렵 채집 사회는 스스로 결정할 권리, 즉 자기결정권을 중요시한다. 타인을 통제하려 드는 건 위험하다는 게 그들의 신념이고, 이 같은 발상이 육아 방식을 포함해 그들의 가치관을 뒷받침하고 있다. 이런 관점은 아이에게도 똑같이 적용돼 어린아이도 매 순간 어떻게 행동할지, 무엇을 할지 스스로 결정한다. 부모 역시 아이를 어떻게든 도와주거나, 명령 혹은 훈계할 생각은 전혀 하지 않는다. 아이의 시간을 '점령'하고 아이를 '늘 바쁘게 만들어야 한다'는 조급함도 지니고 있지 않기는 마찬가지다. 대신 무슨 일이든 아이 스스로 해결할 수 있고 또 그렇게 할 거라는 자신감이 가득하다. 그런데 간섭할 이유가 어디 있겠는가? "타인이 몇 살이든 해야 할 일을 대신 결정해 주는 건 예콰나족의 행동 규범에서 벗어난다." 진 리들로프(Jean Liedloff)는 베네수엘라의 예콰나족에 관해 이렇게 적었다. "어린이의 의지는 동기를 부여하는 힘이다."

사실, 수렵 채집 사회의 수많은 부모는 아이(혹은 어른)에게 무엇을 하라는 등의 이야기를 일절 하지 않기 위해 안간힘을 쓴다. 그렇다고 해서 아이가 뭘 하는지 관심이 없거나 신경 쓰지 않는 것은 아니다. 오히려 정반대다. 이곳의 부모나 다른 대부모는 누구보다 정확히 주시하고 있다. (사실, 하드자베의 부모들이 나보다 훨씬 치열하게 아이를 주시할 때가 많다. 심지어 내가 로지에게 끊임없이 뭔가를 지시할 때조차 이들은 지켜보고 있다. 사실 생각해 보면 내가 말하는 동안에는 아이를 제대로 지켜보기가 불가능하지 않은가?) 그리고 시작점이 전혀 다른 육아를 한다. 어떻게 배우고 자라야 할지 가장 잘 아는 건 아이들 본인이라고 믿기 때문이다. 부모의 말은 무엇이든 아이가 나아갈 길에 방해가 될 뿐이다.

"그러니까 한 살배기도 무엇이든 자신이 원하는 걸 한 시간 동안 하면서 완벽하게 행복할 수 있는 거예요." 마야의 심리인류학자 수잔 가스킨스가 말했다. "부모나 다른 대부모가 지켜보는 이유는 오로지 아이의 안전 때문이죠. 그래도 아이는 전혀 동요하지 않아요. 누군가 개입한다고 해도 아이의 생활은 바뀌지 않죠. 부모 역시 이 한 살배기에게 정당한 계획이 있음을 존중해 주고 그걸 이룰 수 있도록 도와줄 뿐이에요."

아프리카 남부의 수렵 채집 민족인 쿵족(!Kung)에게는 '배우다(n!garo)'와 '가르치다(n!garo)'를 의미하는 단어가 동일하다. 아이가 뭔가를 하는 방법을 터득하려 애쓰고 있을 때면 부모는 "아이가 스스로 가르치고/배우고 있어"라는 말도 자주 한다. 이렇게 아이들이 배우는 걸 방해할 이유가 어디 있겠는가? 하드자베의 슈퍼맘과 슈퍼대디의 경우, 아이를 통제하는 건 그야말로 최후의 수단이다. 다른 모든 방법을 동원해 본 뒤 그래도 안 되면 무엇을 할지 이야기해 주는 것이다.

중앙아프리카의 수렵 채집 민족인 바야카족(Bayoka) 역시 이 같은 믿음이 너무 강해 혹시 아이를 통제하려 드는 부모가 있으면 실제로 멈춰 서서 창피를 준다. "사실 다른 부모의 육아에 간섭하는 경우는 극히 드물죠." 심리학자 셰이나 루레비가 말한다. "아이의 행동을 진심으로 바꾸고 싶거나 아이가 원하지 않는 걸 하도록 만들고 싶은 부모가 있으면 다른 부모가 이렇게 말해요. 아이가 원하는 걸 하게 해주세요. 당신이 끼어들 문제가 아니에요. 아이를 내버려 둬요." (기억하겠지만 하드자베의 아빠들과 처음 사냥에 나섰을 때 데이비드가 내게 말해준 게 바로 이것이었다.)

셰이나는 한 연구를 통해 부모가 한 시간 동안 아이에게 몇 번이나 지시를 내리는지 세어보았는데 그 결과는 수렵 채집 사회의 육아가 어떤 모습인지 생생하게 보여준다. 셰이나는 집과 마을에서 어른들과 아이들을 9시간 동안 따라다니면서 어른이 아이에게 특정 일에 대한 지시를 내리거나 ("가서 불씨 좀 가져와" "물컵 좀 들고 있어" "가서 손 씻어") 무언가에 대해 설명하거나, 아이를 칭찬하거나, 부정적 피드백을 주는 횟수를 추적했다. (생각해 보면 칭찬 역시 아이를 통제하는 방법이 되기 때문이다.)

바야카의 부모들은 매시간 평균 몇 번의 지시를 했을까? 세 번이다. 이는 부모들이 한 시간 중 무려 57분 이상 아무 말을 하지 않았음을 뜻한다. 게다가 세 번의 지시 중 절반 이상은 어른이나 공동체를 도우라는 요청이었다. 결국 부모는 지시가 협력의 가치를 전달하는 수단이 될 때만 입 밖으로 꺼내기를 선택한 것이다. 부모는 자녀에게 어떤 규칙을 상기시키거나 그들의 행동에 영향을 미쳐야 할 때면 아주 미묘하고 간접적인, 그래서 갈등을 최소화할 수 있는 방법을 활용한다. 아이의 주체성을 지속적으로 존중해 줘 아이가 통제당하거나 지배받는 느낌을 받지 않도록 하는 것이다. 이를 위해서는 질문하거나 결과를 알려주거나 퀴즈를 내는 방법이 효과적이다. 또, 부모들이 대처 방법을 바꾸거나 (아이에게 때리지 말라고 이야기하는 대신 그 순간 아이와 거리를 둔다) 아이의 주변 환경을 바꿔주거나 (아이가 아이패드를 지혜롭게 사용하지 못하면 하지 말라고 이야기하는 대신 방에서 치운다) 안전하지 않은 상황에 대처할 수 있도록 조용히 돕는 것도 좋다. (아이가 벽에 오르면 올라가지 말라고 이야기하는 대신 곁을 지키며 다정하게 손 잡아주거나 지켜본다.) 이처럼 '이래라저래라 하지 않는', 혹은 '평등하게 존중해 주는' 정책은 부모와 자녀의 관계에 상당한 의미를 가진다. 무엇보다 갈등이 훨씬 줄어든다.

어느 오후, 모닥불 근처에서 놀고 있던 타와 벨리가 이 지점을 아름답게 실현해 주었다. 아빠와 딸은 약 두 시간 동안 나란히 앉아 타는 다음 날 사냥에 대비해 화살촉을 날카롭게 다듬고 벨리는 그런 아빠를 지켜보고 있었다. 잠깐씩 이야기하기도 했지만 대개는 조용했다. 평화롭게 공존하고 있었다. 두 시간이 넘도록 상대방에게 군림하려 들거나, 무엇을 하고 또 하지 말라고 지시하는 이는 아무도 없었다. 이 규칙을 공유하는 듯했다. "너는 너 자신을, 나는 나 자신을 통제한다."

결과적으로 두 사람 사이에는 다툼이 일지 않았다. 나와 로지 사이에 존재하는 긴장감과 불안이 이 둘에겐 없었다. 단지 서로가 곁에 있다는 사실만으로 충분한 듯 보였다. 타와 벨리가 함께 있는 모습을 보고 있자면 로지와의 사이에 갈등을 유발하는 나의 행동을 돌아보게 된다. 다시 우리 텐트로 돌아와 로지가 낮잠을 자는 사이 나는 로지에게 아무런 지시도 하지 않고 두 시간을 보낸 적이 한 번이라도 있는지 생각해 보려 애썼다. 불과 10분이라도 그랬던 적이 있었나? 그러지 못했다는 사실이 우리가 서로에게 스트레스를 주는 원인인 걸까? 로지에게 뭔가를 지시할 때마다 나는 한편으로 싸움을 걸고 있었던 것일까?

✚

미국인 엄마로서 나는 꽤 느긋한 편이라고 생각했다. 로지에게 상당한 자유를 주기 위해 매트와도 계속 노력하고 있고, 자율성과 자기주도성을 중요시하는 만큼 로지도 둘 다 갖출 수 있기를 바랐다. 하지만 하드자베나 마야의 엄마에 비하면 나는 잔소리하는 멍청이일 뿐이다. 아니, 이런 단어도 과분하다. 백번 양보해서 내 의도만큼은 칭찬할 만하다 할 수 있다. 나는 로지를 무엇이든 제대로 해내는 좋은 사람으로 키우려고 노력 중이다. 하지만 이 같은 육아 방식이 실제로는 정반대의 결과를 낳고 있는 게 아닌지 의구심이 들기 시작했다. 더 많은 걸 필요로 하고 더 많은 걸 요구하며 더 많이 의지하는 아이를 만들고 있는 건 아닌지 말이다.

하드자베의 부모들이 생활하는 모습을 보면 나는 끊임없이 뭔가를 지시한다는 사실을 깨닫게 된다. 심지어 지시할 거리를 찾아 헤맨다고 해도 과언이 아니다. "로지, 불 조심해." "바위에 너무 높이 올라가지 마." "막대를 그렇게 흔들면 안 되지." "머핀 너무 많이 먹지 말자." "얼굴 좀 닦아." "횡단보도에서는 멈춰!" 한 술 더 떠 로지에게 해야 할 말을 가르쳐주고 ("'감사합니다!' 해야지") 몸가짐에 대해 지시하며 ("로지, 엄지손가락 빨지 마") 어떤 감정을 가져야 하는지도 일일이 말해준다. ("로지, 울지 마. 화 좀 그만 내렴.") 로지가 규칙을 어기거나 문제 행동을 할 때뿐 아니라 어떤 활동을 돕거나 함께하려고만 해도 개입했다. 그리고 안전을 위한답시고 물리적으로 로지를 반경 몇 미터 안에 가둬두었다. "로지 벽에서 내려와." "로지, 보도에서 뛰면 안 돼." 로지, 로지, 로지, 로지. 그야말로 지시의 끝없는 행렬이었다.* 생각해 보면 로지에게 선택권을 줄 때조차 아이의 관심을 유도하거나 행동을 관리하는 방식으로 경험을 제한했다. 여전히 아이를 통제하려 하고 있는 것이다.

탄자니아와 멕시코에 머무는 내내 나는 하드자베나 마야의 부모가 아이에게 원하는 것을 묻는 모습을 단 한 번도 보지 못했다. 선택권을 주지 않았음은 물론이다. 하지만 나는 언제나 그렇게 하고 있다. 이유가 무엇인가? 나는 왜 로지의 행동을 이렇게 일일이 통제해야 한다고 느끼는 것일까? 로지가 세상으로 나아가는 길을 찾아주고 인도하기 위해? 매일 밤 탄자니아의 텐트 안에서 잠든 로지의 등을 쓰다듬으며 나는 이렇게 자문했다. 그리고 단순한 결론에 도달했다. 그렇게 하는 게 좋은 부모라고 믿었기 때문이다. 로지에게 더 많은 이야기를 할수록 나는 더 많이 지도할 수 있고 그 결과 더 좋은 부모가 될 수 있다. 이 모든 지시 덕분에 로지는 안전할 수 있을뿐더러 더 배려하고 친절한 사람으로 성장할 것이다. 그런데 내 지시가 실제로 도움이 되기는 할까? 아니면 오히려 역효과만 일으킬까? 이쯤에서 아이를 훈련하는 공식을 다시 한 번 떠올려 보자. 연습하고 참고하며 인정하는 것! 그런데 계속 지시만 하면 로지가 무엇을 연습하고 또 무엇을 참고할 수 있겠는가?

* 샌프란시스코로 돌아온 나는 로지에게 지시 내리는 시간당 횟수를 세어보려다 포기했다. 분당 1~2회, 한 시간이 지나자 100회도 넘게 기록했기 때문이다.

아이들에게 엄청난 자유와 독립을 보장하는 데에는 당연히 대가가 따른다. 안전 문제는 차치하고라도 매 순간 무엇을 할지 아이들 스스로 결정하게 한다면 그 행동에 따른 결과가 초래될 수밖에 없다. 나는 내가 들으려고 이런저런 명령을 하는 게 아니다. 확실히 지시하지도 않고 아이의 행동이 낳을 결과도 알려주지 않으면 결국 제멋대로인 문제아를 키우는 꼴밖에 안 되지 않겠는가? 한 심리학자의 말대로 아이들에게 자유를 선사하는 행위는 '재앙을 일으키는 지름길'처럼 보인다. 내 아이를 예의 없고 까다로운 아이로 만드는 처방전인 것이다. 〈찰리와 초콜릿 공장〉에 등장하는 베루카 솔트를 한번 떠올려 보라. "나는 지금 당장 황금 거위를 가져야겠어!"

하지만 탄자니아에 머무는 동안 나는 베루카 솔트처럼 구는 아이는 단 한 명도 보지 못했다. 마야에서도 마찬가지다. 사실 두 지역에서 목격한 아이들은 이와는 정반대였다. 서구 아이들에 비해 훨씬 덜 징징대고 까다롭지도 않으며 소리치는 일도 거의 없었다. 타인을 배려하고 친구와 가족을 돕고 싶어 하며 자신감과 호기심, 강한 의지로 똘똘 뭉쳐 있었다. 물론 이 같은 모순을 발견한 게 내가 처음은 아니다. 수많은 인류학자, 심리학자, 그리고 기자가 숱하게 관련 기록을 남겼다. 특히, 작가 엘리자베스 마셜 토마스(Elizabeth Marshall Thomas)는 칼라하리 사막의 수렵 채집 민족 줄호안족(Ju/'hoan)과 동거한 뒤 이 모순을 근사하게 표현했다. "좌절이나 불안으로부터 자유로운 … 줄호안족 아이들은 모든 부모의 꿈이다. 그 어떤 문화도 이들보다 선하고, 똑똑하며, 매력적이며 자신감에 차 있는 아이를 키워낼 순 없다."

그렇다면 대체 어찌 된 일인가? 처벌이나 규칙에서 자유로운 하드자베의 삶은 어떻게 자신 있고 협조적인 아이들로 귀결되는가? 서구 문화에서 그와 같은 자유는 방종과 이기심만을 낳는 것으로 간주되는데? 그 답은 결코 간단하지 않다. 아이가 한 병의 포도주와 같다면 최종 제품의 품질은 발효(즉, 육아)가 진행되는 동안 제조인(즉, 부모)의 방식뿐 아니라 포도가 자라는 환경(즉, 공동체의 가치)에 따라서도 달라지기 때문이다. 한편, 아이를 친절하고 자신감 있는 어른으로 키우는 데 특히 핵심적인 요소가 한 가지 있다. 하드자베 아이들에게 있는 것, 그건 자유나 독립성이 아닌 자율성이다. 바로 이 사실이 그 모든 차이를 만든다.

✚

나는 한쪽으로는 블루리지 산맥, 또 다른 한쪽으로는 D.C 외곽의 경계와 맞닿아 그 사이에 끼이듯 위치한 작은 시골 마을에서 자랐다. 지극히 미국스러운 유년기를 보낸 것이다. 말 목장과 옥수수 농장에 둘러싸인 우리 집은 양쪽으로 나무가 늘어선 막다른 거리에 위치해 있었다. 이 검은색 보도에서 아이들은 '자전거 조직'을 구성해 전속력으로 내달리며 놀았고, 십 대들은 우리 집 앞마당에서 태클 풋볼을 했다. 학교에 가지 않을 때는 오로지 한 가지를 중심으로 돌아갔는데 바로 모험이었다. 매 여름, 아침에 눈을 뜨면 시리얼 한 그릇을 얼른 비우고 청반바지를 급하게 치켜올린 뒤 문을 나섰다. 아, 그때의 기분이란! 우리 집 뒤편 개울에 들어가는 걸 너무 좋아했던 나는 이따금 맨발에 비키니 상의만 걸친 차림으로 활개를 치기도 했다. 배가 고파지면 다 함께 소목장을 가로질러 인근 편의점이나 핫도그 매장으로 가 원하는 걸 사 먹는 재미도 있었다.

당시 엄마는 아침에 집을 나선 내가 저녁 식사 시간이 다 될 때까지 어디를 그렇게 돌아다니는지 전혀 알지 못했고 알고 싶지도 않은 듯했다. 빨리 집에 와서 식사 준비나 빨래를 도우라고 말씀하신 적도 없었고, 나 역시 엄마를 도우려 해본 적이 없었다. 편의점 앞 코너에 앉아 핫도그를 먹으면서도 아침으로 먹을 우유나 시리얼을 사야겠다는 생각은 전혀 하지 못했다. 그렇다, 나는 독립적이었지만 자립적이지는 못 했던 것이다. 적어도 벨리처럼은.

자립성과 독립성은 혼동하기 쉽다. 이 책을 쓰기 전에는 나 역시 두 개념이 동일하다고 생각했다. 하지만 서로 다른 의미를 지니고 있으며 그 차이를 아는 건 수렵 채집 사회의 부모들이 자립적이고 친절한 아이들을 키우는 비결을 이해하는 데 필수적이다. 뿐만 아니라 자녀를 통제하지 않는 양육법, 나아가 자녀와 협력함으로써 편안한 관계를 만들고 아이가 불안감을 덜 느끼도록 하는 양육법을 이해하는 데에도 핵심이다.

두 개념의 차이는 연결감에서 온다. 독립성은 타인으로부터 아무런 영향도 받지 않고 필요로 하는 것도 없음을 의미한다. 독립적인 아이는 마치 고립된 행성처럼 행동하며 단절돼 있다. 주변의 가족이나 공동체에 대해 아무런 의무감을 가지지 않고 가족이나 공동체 역시 그 아이에게 아무것도 기대하지 않는다. 자기 자신 말고는 아무에게도 대꾸하지 않는 도시의 길고양이, 혹은 뜨거운 여름날 맨발로 돌아다니는 열 살의 나에게서 찾아볼 수 있는 게 바로 독립성이다.

하지만 탄자니아의 벨리나 유카탄의 안젤라는 다르다. 하드자베와 마야의 아이들은 남녀노소를 막론하고 주위의 모든 사람에게 엄청난 연결감과 의무감을 느낀다. 일상에서 연결감이 존재하지 않는 순간을 찾아보기 힘들 정도다. 심지어 자전거를 타고 마을을 돌아다니거나 저 멀리 숲속의 바위를 오를 때도 가족 및 공동체와 강력하게 연결돼 있다. 이 아이들은 고립된 행성이 아니다. 항상 서로를 중심으로 회전하면서 서로의 중력을 느끼고 그로 인해 안정되는 태양계의 행성이다. 이 같은 연결감은 두 가지 형태로 실현되는데 바로 타인에 대한 책임감과 보이지 않는 안전망이다.

타인에 대한 책임감

나가 놀거나 캠프를 배회하는 하드자베의 아이들은 자유롭다. 하지만 부모들은 자유에 다른 한 가지를 덧입힌다. 바로 아이들이 가족을 도울 것이라는 기대감이다. 나는 벨리와 함께 있는 내내 이 같은 기대감을 느낄 수 있었다. 무엇보다 엄마와 할머니가 벨리에게 도움을 요청하는 경우가 많았다. 앞서 살펴봤듯 사소한 부탁이 워낙 자연스러워서 돌멩이를 이용해 바오바브 씨앗을 가루로 빻은 한 할머니는 "벨리, 그릇 좀 갖다주렴" 하시고, 아기가 배고프다고 울기 시작하자 엄마는 "벨리, 동생을 데려다 줘" 했다. 숲에 들어가야 할 때도 엄마나 사촌들이 벨리에게 (장작이나 물병 등) 뭔가를 들어달라거나, (바오바브 열매 등) 주워달라거나, 누군가를 돌봐달라고 부탁했다. 그리고 둘러앉아 식사할 때는 벨리가 동생들과 나눠 먹는 건 물론, 동생들을 먼저 챙길 거라고 기대했다. (사실, 이곳의 부모들은 벨리가 아기일 때부터 연습하고 참고하며 인정하는 공식을 이용해 벨리를 훈련시켰다.)

여성들은 기본적으로 어떤 일을 할 때 벨리에게 작지만 필요한 일들을 도와달라고 요청했다. 물론, 그래 봐야 시간당 한두 건 정도여서 (내가 시간당 백 건 남짓의 지시를 하는 것에 비하면) 많은 건 아니었다. 엄마들은 이따금 말없이 행동만으로 벨리를 공동체와 연결시키고 공동의 목표에 기여하도록 독려했다. 다 같이 덩이줄기를 캐러 갈 때면 엄마 중 한 명이 들고 갈 막대를 내주거나 업고 갈 아기를 건네주었다. 손가락으로 양동이를 가리키며 물을 채워오라는 신호를 보낼 때도 있었다. 그때마다 벨리는 어른들을 돕고 공동체에 기여할 수 있는 게 마냥 행복한 듯 보였다.

캠프에서 벗어나 어른들과 떨어져 있을 때조차 벨리는 이 공동체를 돕는 데 열심이었다. 대체 어떻게? 티티테와 다른 아기들을 돌봐주는 것이다. 부모들은 벨리가 어린 동생을 도울 수 있도록 교육했고 벨리는 그 일을 진지하게 받아들였다. 티티테가 바위가 있는 곳까지 우리를 쫓아왔던 걸 기억하는가? 나는 티티테에게 도움이 필요한 상황이 되어서야 그 사실을 알아차렸다. 하지만 벨리는 이동하는 내내 그 아이를 주시하고 있던 게 분명하다. 내가 비로소 티티테를 목격했을 때 벨리는 이미 바위를 타고 내려가 아이를 안전한 곳으로 데려왔으니 말이다.

하드자베의 여성들이 벨리를 대하는 모습을 며칠간 지켜본 나는 아이들의 도움을 받는 게 얼마나 쉬운 일인지, 그런데 내가 얼마나 힘들게 만들었는지 깨달았다. 우선 나는 로지가 해내기에는 너무 복잡한 일만 요청해 왔다. ("거실을 치워." "빨래 좀 개줘." "설거지 좀 도와줄래?") 하지만 내가 이미 하고 있는 일을 아주 작게 세분해 그중 하나를 부탁하면 로지도 훨씬 잘해낼 수 있을 것이다. ("이 셔츠를 서랍에 넣어줘." "이 접시를 식기세척기에 넣어줘.") 이렇게 쉽게 지시하면 로지가 거부할 확률은 훨씬 낮고 그 일을 성공적으로 완수할 확률은 훨씬 높아진다.

게다가 나는 뭔가를 요청할 때 불필요한 말을 너무 많이 덧붙였다. ("로지, 저녁 식사 치우는 걸 좀 도와줄 수 있을까?" "로지, 이 커피를 아빠한테 가져다

줄 수 있겠니?") 하지만 다 먹은 식기를 로지의 손에 주며 "이걸 싱크대에 넣으렴"이라고 하거나 커피잔을 건네며 "이걸 아빠한테 갖다 줘"라고 말하는 것만으로도 충분하다, 이 얼마나 간단명료한가! 심지어 로지가 따를 확률도 훨씬 높다. 일상적 활동에 이 같은 요청을 산발적으로 끼워 넣으면 아이들 스스로 타인에게 더 관심을 가지는 건 물론, 그들을 위한 활동을 하게 된다고 심리학자 셰이나 루레비는 말한다. 평소 다른 이들에게 필요한 게 무엇인지 세심하게 살피고, 할 수 있는 건 자발적으로 나서서 돕는 습관을 들이게 된다는 것이다. 그 과정에서 아이들은 무엇이든 스스로 결정하는 법을 배운다.

한편, 언제든지 모두가 나서서 공동체에 기여할 것이라는 아주 중요한 기대감이 수렵 채집 사회 전반에 존재한다고 셰이나는 말한다. "어른, 아이 할 것 없이 모두가 자발적으로 움직여요. 아무도 지시하지 않죠. 하지만 결국엔 모두가 공동체로 음식을 가져와 다 함께 나눠 먹어요. 공동체가 항상 마음속에 있으니까요."* 이는 아주 아름다운 양육법이다. 아이들이 필요로 하고 갈구하는 두 가지, 즉 자유와 팀워크를 충족시키기 때문이다.

나는 늘 자유와 팀워크가 상반된 개념이라고 생각해 왔다. 하지만 이 양육법에 따르면 두 개념은 함께 균형을 이루면서 서로의 장점을 극

* 마야인 마을에서도 비슷한 구조를 볼 수 있다. 아이들은 마을에서 놀 때는 늘 자연스럽게 어린 동생을 세심하게 돌봐준다. 동생을 주시하며 다치지 않도록 보호해 주는 것이다. 전 연령대의 아이들은 부모에게 도움이 필요할 때를 대비해 늘 곁에서 관심을 기울인다. (이들은 아코메디도에 대한 기대를 한 몸에 받는다) 마리아의 말에 따르면 아이는 자기를 부르는 소리를 듣는 순간 가족들을 도와야 한다는 사실을 알아차린다.

대화한다. 이는 완벽하게 잘 익은 복숭아에 비유할 수 있다. 한입 깨물어 먹으면 달콤함이 입안에 가득 퍼진다. 하지만 요리사 사민 노스라트가 지적하듯 복숭아에는 시큼함이라는 다른 속성도 있어서 달콤함과 조화를 이루고, 덕분에 복숭아의 맛이 그렇게 훌륭한 것이다.

친절한 아이를 키우는 일도 마찬가지다. 자유(달콤함)만으로는 아이를 이기적으로 만들 수 있다. 하지만 여기에 팀워크(시큼함)를 더하면 자신감도 넘치면서 너그러운 아이로 변모한다. 그렇게 완벽한 복숭아가 완성된다. 샌프란시스코로 돌아온 후 어느 저녁, 식사하던 로지가 이 같은 양육법을 한마디로 근사하게 요약했다. "모두가 하고 싶은 걸 하면서도 친절하고, 함께 나누고, 또 남을 도와야 해."

보이지 않는 안전망

마야와 하드자베의 부모는 아이가 집에서 뛰쳐나가도록 두었지만 깍지 끼고 앉아 무사히 돌아오길 기도만 하고 있지 않았다. 그보다 아이들을 안전하게 지켜줄 구조를 미리 구축해 둔다. 나는 이를 보이지 않는 안전망이라고 생각하는데 아이에게 도움이 필요한 순간이 올 때까지 이 같은 안전망이 존재하는 줄 전혀 모르기 때문이다.

무엇보다 수렵 채집 사회의 부모들은 웬만해서는 어린아이를 완전히 홀로 남겨두지 않는다. 서구인의 시각에서 보면 아이가 혼자 있는 듯 보이지만 조금 더 주의를 기울이면 전혀 그렇지 않음을 알 수 있다. 심리인류학자인 수잔 가스킨스가 챈 카아잘에 대해 말했을 때처럼 누군가는 항상 주시하고 있다. 본인은 혼자라고 생각할지 모르지만 사실 사람들은 모든 걸 보고 있는 것이다. "마야인 부모에 대해 생각하면 가만히 대기하고 있다 필요한 때 거의 보이지도 않을 만큼 자연스럽게 도와주는 모습이 떠올라요." 수잔이 말했다. "그래서 어린아이들은 자기가 도움을 받았는지조차 알지 못하죠."

이는 하드자베 부모도 마찬가지로 아빠들이 특히 그랬다. 탄자니아에서 나는 '내 볼 일'을 보거나 로지로부터 분리되기 위해 여러 차례 혼자 수풀에 숨어 있었다. (적어도 그렇다고 생각했다.) 그런데 그때마다 아빠 중 한 명이 1.5미터 거리의 나무에서 갑자기 등장하거나 나를 지나쳐 인근의 산길로 사라져갔다. 대체 내가 여기 있는 건 어떻게 알았지? 그러다 캠프로 돌아와 그 아빠가 하는 말을 짜 맞춰보면 내내 나를 안전하게 지켜주고 있었음이 분명해졌다. 앞서 타와 친구들과 함께 사냥에 나섰을 때도 마찬가지다. 로지와 나는 한참이나 뒤처져서 우리가 뭘 했는지 본 사람이 아무도 없다고 생각했는데 완전한 착각이었다. 타가 워낙 조용히 움직여 내가 눈치채지 못했을 뿐, 사냥이 진행되는 내내 우리 뒤로 돌아와 길을 잃지 않는지 지켜보고 있었던 것이다. 사실, 나의 하드자베 이름인 '잠깐 기다려(혼!오!오코)' 역시 그 '보이지 않는 안전망' 덕분에 생긴 것 아닌가. 생각해 보면 타는 수풀 속에서 야생 고양이나 임팔라를 추적할 수 있는 사람이다. 그러니 '톡오코'나 그 아이의 엄마를 주시하는 것 정도는 일도 아닌 게 당연하다.

직접 아이를 지켜볼 수 없을 때는 도와줄 만한 큰 아이를 동행시킨다. 보통 아이가 걸음마를 떼는 즉시 동생을 돌볼 수 있도록 교육시키기 때문에 벨리처럼 대여섯 살만 돼도 상당히 든든한 대부모 노릇을 할 수 있다. 어린이들은 동생들을 안전하게 지켜주고, 먹여주며, 울 때 달래주는 방법을 잘 안다. 동시에 더 큰 아이들은 어린 동생을 돌봐줌으로써 그들의 선행에 보답한다. 결국 이렇게 사랑과 지지의 아름다운 위계질서가 완성된다. 십 대 아이는 어린이를 돕고, 어린이는 유아를 도우며, 이들이 다 함께 아기를 돕는 것이다.

심지어 부모들은 자녀 혼자 처음으로 심부름을 보낼 때 큰아이(혹은 다른 어른)에게 그 아이를 몰래 따라가 보도록 시키기도 한다. 이때 큰아이는 눈에 띄지 않게 조심하기 때문에 작은아이는 온전히 자신의 힘만으로 심부름을 해냈다고 생각한다. 유카탄의 마리아 역시 자녀에게 처음으로 식료품점 심부름을 시켰을 때 이 같은 전략을 사용했다고 한다. "(당시 네 살이던) 알렉사는 늘 혼자 식료품점에 가고 싶어 했어요. 그래서 그렇게 허용해 주되 언니 중 한 명이 뒤따라가게 했죠. 길을 잃을까 봐 걱정됐거든요."

결론적으로 아이에게 자율성을 보장해 주는 건 안전을 희생시키는 행위가 아니다. 눈에 띄지 않는 곳에서 조용히 지켜보며 아이들 스스로 탐험하고 배울 수 있게 해주는 것뿐이다. 그러다 아이가 진짜 위험에 처하면 그때 나서서 도와주도록 한다.

✚

연령대를 막론한 모든 아이에게 자율성을 부여하면 큰 수확을 거둘 수 있다. 수많은 연구 결과에 따르면 자율성은 아이의 내적 욕구를 일으키고, 지속적으로 동기를 부여하며, 독립성과 자신감을 키워줄 뿐 아니라 집행 기능도 강화해 준다. 결국 내가 벨리에게서 발견한 모든 특징이 자율성의 결과물인 것이다. 또 아이가 성장함에 따라 학교 및 커리어에서 더 훌륭한 성취를 이루게 해주는 반면 약물이나 알코올 중독에 걸릴 위험은 낮춰준다. "운동과 수면처럼 사실상 단점이 없는 거예요." 신경심리학자 윌리엄 스틱스러드(William Stixrud)와 교육학자 네드 존슨(Ned Johnson)은 공동 저서 《놓아주는 엄마 주도하는 아이(Self-Driven Child)》에서 말했다.

한마디로 한발 물러나 잠시 기다리면서 로지 스스로 세상과 맞서도록 했을 때 로지에게 중요한 메시지를 전달할 수 있었다. 로지도 혼자 힘으로 무엇이든 할 수 있고, 문제를 스스로 해결할 수 있으며 자신에게 주어진 일들을 처리할 수 있다고 알려준 것이다. 여기서 한 번 더 공식으로 돌아가 보자. 로지 스스로 알아서 행동하도록 함으로써 나는 독립적으로 연습할 기회를 주었고 타인을 존중하는 모범을 보여주었다. 반면, 내가 지속적으로 지시하고 어떻게 행동할지 끌어줬을 때는 아이를 도와주려는 의도였다고 해도 아이의 자신감을 손상시켰다. 나는 아이가 의존하고 요구하도록 연습하는 기회를 제공했다. 그리고 멋대로 까다롭게 구는 행동의 예를 보여줬다. 하지만 모든 걸 지시하는 나의 행동에는 또 다른 부작용이 따랐다. 로지의 신체적, 정신적 성장을 늦춘 것이다. 하드자베의 가족은 이 같은 영향을 일찍부터 알고 있었다. "우리 아이들이 어릴 때부터 더 많은 자유를 누리고 모든 활동에 참여할 수 있도록 허용되기 때문에 대부분 사회의 아이들보다 훨씬 일찍 독립심을 갖춰요." 《하드자베: 백만 개의 불꽃 옆에서(Hadzabe: By the Light of a Million Fires)》에 실린 하드자베 어르신들의 설명이다.

게다가 충분한 자율성을 갖지 못하면 아이들은 자신의 삶에서 무기력함을 느낄 때가 많다. 실제로 윌리엄과 네드의 《놓아주는 엄마 주도하는 아이》에 따르면 "많은 (미국) 아이들이 항상 그런 기분을 느낀다"고

한다. 이 같은 감정은 스트레스를 유발하고 시간이 흐르면서 만성적으로 쌓여 불안감과 우울증으로 이어질 수 있다. 결국 미국 어린이들과 청소년들이 그렇게 높은 불안감과 우울증에 시달리는 주된 이유 역시 바로 자율성 부족이라고 두 사람은 지적한다.

서구인들은 아이들에게 자율성을 보장해 주는 데 그리 능숙하지 못하다. 본인들도 그렇다고 생각하고 노력도 하지만 결국 대부분의 아이가 스스로 일상을 설계하도록 허용되지 않는 게 현실이다. 어른들이 늘 일과 및 정례 일정을 철저히 계획하고 매 순간 감독하기를 게을리하지 않는다. 한마디로 우리가 아이들의 삶을 거시와 미시의 두 관점에서 모두 관리하고 있는 것이다. 그리고 그 과정에서 아이들의 내면은 물론, 우리와의 관계까지 엄청난 스트레스에 시달리도록 만들고 있다.

자율성은 이 같은 스트레스의 '해소제' 역할을 한다고 윌리엄과 네드는 말한다. 만약 당신이 현재 직면한 상황이나 삶의 방향에 영향을 미칠 힘이 있다고 느낀다면 스트레스는 줄고, 두뇌 작용이 원활해지며, 삶도 한결 수월해진다. "부모가 자녀에게 줄 수 있는 가장 큰 선물은 다름 아닌 스스로 결정할 수 있는 기회"라고 심리학자 홀리 시프린(Holly Schiffrin)은 말한다. "아이들을 너무 많이 '돕는' 부모들은 스스로도 진이 빠지고 아이들도 성인이 될 준비를 제대로 할 수 없게 만들어요." 다시 말해, 가르치거나 지시하거나 명령하기 전에 나부터 '잠시 기다려'야 한다는 것이다. 로지는 옳은 행동이 무엇인지 스스로 배우고 이해할 수 있는 아이니까. 심지어 예상을 뛰어넘는 성장과 성취로 나를 깜짝 놀라게 할 때도 많으니까.

연습 자신감과 자율성 키우기

두 가지 중요한 방법을 통해 아이의 자율성은 키우되 갈등과 저항은 줄일 수 있다. 명령을 포함해 말로 뭔가를 제시하는 경우(질문, 요청, 선택)를 줄여라. 또한 아이들 스스로 각종 문제와 위험을 해결하도록 교육시켜라. 그러면 자연히 당신도 명령을 안 하게 될 것이다.

기초

✦ **명령은 시간당 세 개만 내리는 것부터 연습하라.** 타이머로 20분을 설정하고 그동안 아이에게 단 한 가지의 지시만 하도록 스스로 제한하라. 아이에게 뭘 하라거나, 먹으라거나, 특정하게 행동하라는 식의 지시를 하고 싶더라도 참아야 한다. 아이가 원하는 것이나 필요로 하는 것에 관한 질문도 삼가야 하기는 마찬가지다. 아이의 행동 중 꼭 바꿔야 하는 게 있다면 말 대신 행동이나 표정을 활용하라. 아이가 '규칙'을 어기거나 견딜 수 없는 행동을 하더라도 그냥 내버려 둘 수 있도록 온 마음을 다해 노력하라. 기억하라, 단 20분이다.

혹시 아이가 위험해 보이는 상황에 직면하더라도 개입하기 전에 아이 스스로 해결할 수 있는지 잠시 지켜봐라. 아니라면 가서 위험한 물건을 치우거나 아이를 다른 곳으로 옮겨라. 20분 후, 당신과 자녀의 기분이 어떤지 평가해 보자. 당신은 더 편안하고 차분해졌는가? 자녀의 경우 스트레스가 덜한가? 둘 사이의 갈등이 줄었는가?

가정에서 스트레스나 갈등을 유발하는 상황(학교 갈 채비를 하거나 잠자리에 들 준비를 할 때)을 이용해 이 같은 연습을 해보자. 아이가 당신이 원하는 행동이나 결과를 정확하게 보여주지는 않을 것이다. 머리가 산발이거나 신발을 짝짝이로 신은 채 학교에 가겠지만 온 가족의 마음이 여유로워진 걸 생각하면 그 정도는 얼마든지 용납할 수 있다.

이렇게 20분을 보내는 게 편안해지면 시간을 40분, 나아가 1시간으로 늘려서 연습해 보자. 그렇게 한 달 정도 지난 뒤에는 아이의 행동, 그리고 당신과의 관계가 얼마나 달라졌는지 가늠해 보아라. 아이의 자신감이 향상됐는가? 아이와의 사이에 갈등이 줄었는가?

✦ **앵무새 노릇은 그만하라**. 나는 하드자베의 부모를 보고 나서야 내가 얼마나 심하게 로지의 앵무새 노릇을 해왔는지 깨달았다. 그들은 아이들 대신 대답하거나, 아이에게 뭐라고 답할지 가르쳐주는 따위의 행동은 무슨 일이 있어도 하지 않기 때문이다. 반면 나는 끊임없이 로지 대신 대답하고 ("네, 로지는 유치원을 너무 좋아해요!") 뭐라고 답할지 알려주었다. ("로지, 고맙습니다, 해야지.") 내가 로지의 목소리를 앗아간 것이다.

그래서 탄자니아에서 돌아왔을 때 나는 이 같은 행동을 그만두었다. 적어도 하지 않으려고 부단히 애썼다. 그 결과 로지가 다른 사람들에게 무례하게 굴 때도 있었지만 결국엔 어떻게 행동해야 하는지 배우고 이해하게 될 거라고 확신했다. 그리고 로지가 꼭 감사를 표해야 하는 상황이라고 생각되면 추후에 "언니라면 어떻게 했어야 하지?"라고 질문하고 스스로 깨달을 수 있도록 했다.

아이가 너무 어리지 않다면 가능할 때마다 직접 말할 수 있도록 해주고 자신감과 능력이 성장함에 따라 더 많은 기회를 열어주어라. 음식점에서 직접 주문할 기회를 주거나, 방과 후 활동을 직접 계획하도록 하거나, 다툰 친구와 직접 화해하게 하는 것이다. 또, 가능할 때 선생님, 코치, 강사와 성공과 실수에 대해 이야기해 보도록 하는 것도 좋다. 만약 아이가 이 같은 상황에 스스로 대처하는 데 익숙해지지 않는다면 동행해 주어라. 단, 아이에게는 얼마든지 직접 말할 능력이 있고 당신은 아이를 믿는다고 사전에 말해준 뒤 그래도 아이가 필요로 하면 단순 지원군으로서 동행하는 것이다. 따라서 개입하고 싶은 충동은 억눌러야 한다. "매장에서, 혹은 강사나 코치와 함께 있을 때는 아이 뒤로 물러나고 눈 맞춤을 피해 이 대화의 주체는 아이라는 사실을 상대방에게 분명히 알려야 한다"고 스탠포드 대학교 전 학장인 줄리 리스콧 하임스(Julie Lythcott-Haims)는 저서《헬리콥터 부모가 자녀를 망친다(How to Raise an Adult)》에서 적었다. 줄리에 따르면 만약 당신의 아이가 부끄럼 많고 내성적이거나, 혹은 특별히 돌봐줘야 할 부분이 있다면 이야기를 좀 더 해줘야 한다. "당신의 아이를 가장 잘 아는 건 당신이다. 하지만 아이 대신 답하는 순간조차 당신은 그들이 아니며, 말 그대로 그들을 대변할 수 없다는 사실을 기억하라. 그저 '재스민이 말하기를' 혹은 '조던이 그러는데'라고 말할 수 있을 뿐이다."

어떤 환경에서든 아이 스스로 주도권을 잡고 대화를 끌어가는 역량을 선보이도록 허용해 주어라. 개입하고 싶은 욕구는 어떻게든 억눌러야 한다. 아이가 혹시 실수하거나 주제를 벗어나더라도 말이다. 말하기 전에 잠시 기다려라. 언젠가 아이 혼자 대화에 응해야 하는 때가 올 테니만큼 지금이야말로 그 기술을 연습할 기회라고 줄리는 지적한다.

✦ **다툼은 스스로 해결하게 해주어라**. 북극의 이누이트 부모는 이 조언을 몇 번이고 강조했다. 아이들 사이에 다툼이 일면 그저 한발 물러서서 간섭하지 말라는 것이다. 끼어들어 봐야 상황은 악화되고, 아이들이

화해하는 법을 배울 수 없게 방해하는 데 지나지 않기 때문이다. 개입이 필요한 순간은 아이들이 서로를 (물리적으로) 아프게 할 때 뿐이다. 만약 한 아이가 와서 다른 아이에 대한 불만을 쏟으면 고개를 끄덕이며 그냥 이렇게 말하라. "흠." 아이들도 스스로 어떻게 해야 하는지 알고 있다. 아이들에게 필요한 건 본인의 감정에 대한 확인이 아니라 자율성이다.

실전

✦ **규칙을 버려라.** 자녀가 어떤 일을 당신의 도움 없이 혼자서 하길 간절히 원하는데 당신은 매번 쫓아다니거나 말리고 있는가? 가령 자전거를 타고 학교에 가거나 길모퉁이 시장에 가는 일, 주방용 칼을 사용하거나 가스레인지로 요리하거나 파스타를 만드는 일 등을 예로 들 수 있다. 그럴 땐 유카탄의 마리아를 참고하자. 즉, 아이가 그 일을 할 수 있게 해주는 것이다. 그리고 그동안 아이 주변에 보이지 않는 안전망을 구축한다. 아이가 집을 나서면 잠시 기다렸다 몰래 쫓아가 보는 (혹은 큰 아이에게 쫓아가 게 하는) 식이다. 만약 칼 등의 도구를 사용하고 싶어 한다면 다칠 위험이 없는 상황을 만들어보라. 썰기 쉬운 재료를 주거나, 날이 무딘 칼을 준다. 이 같은 상황에서 목표는 하나, 아이가 새로운 기술을 배울 때 더 큰 자유를 허용해 실제 연습 기회를 주는 것이다.

✦ **아이 스스로 집이나 동네에서 발생하는 위험에 대처할 수 있도록 교육하라.** 서구인들은 아기, 유아, 그리고 어린이를 위험에서 완전히 차단한다. 전기 코드는 플라스틱으로 감싸고, 칼은 높은 선반 위에 올려두며, 어린아이가 그릴 근처에라도 가면 소리치며 (잠깐! 멈춰! 뜨거워!) 순식간에 달려가는 것이다. 이 같은 방어 태세가 아이들을 안전하게 해줄지

몰라도 모두에게 스트레스를 유발하는 것 또한 사실이다.

한편, 대다수 문화권의 어린아이들이 칼 사용법, 불 꺼트리지 않는 법, 난로에서 요리하는 법, 심지어 활이나 작살 쏘는 법 등을 (안전하게) 배우고 있다. 이 같은 교육의 세부 방법은 아이의 연령, 개인의 능력 및 해당 활동의 위험 수준 등에 따라 달라진다. 하지만 핵심은 어떤 분야에서든 동일하다. 연습하고 참고하고 인정하는 공식을 활용하라!

결국 아이들은 이 같은 기술을 배우는 데 목말라 있다. 간절히 배우고 싶어 하는 것이다. 부모들이 칼, 불과 전기를 이용해 멋지게 썰고, 요리하고, 조명을 켜는 모습을 지켜보는데 직접 해보고 싶은 마음이 왜 안 들겠는가?*

✦ **기어 다니는 아기와 걸어 다니는 유아의 경우**. 불과 전기를 활용해 교육시키자. 아기와 유아에게 집 안(그리고 주변)의 어떤 아이템이 '뜨거운지' 알려주자. 난로가 켜져 있을 때 손가락으로 가리키며 "뜨거워!"라고 말한 뒤 만지면 어떻게 되는지 ("아야! 이렇게 다쳐") 행동으로 보여주어라. 전기 코드를 가리키면서도 똑같이 ("뜨거워!") 알려줄 수 있다. 혹시 당신이나 가족 중 누군가 실수로 화상을 입었을 경우, 아이가 '뜨거운 것'을 조심하지 않으면 어떻게 되는지 알 수 있게 상처를 직접 보여주어라. 그리고 이렇게 말하는 것이다. "내가 조심하지 않고 난로에 손대니까 어

* 생각해 보면 아주 유용한 발상이 아닐 수 없다. 아직 말을 못 하는 아기들에게 우리는 "우유"나 "더 줘" 같은 표현을 할 수 있도록 가르친다. 그런데 "뜨거워"나 "날카로워" 같은 말을 통해 다치지 않도록 조심하는 법을 가르치지 못할 이유가 어디 있는가? 그렇게 하면 아이가 걷기 시작할 때쯤 이미 무엇을 피하고 무엇을 조심히 다뤄야 하는지 이해할 수 있게 된다. 그리고 서너 살쯤 되면 로지처럼 칼이나 불 근처에서 스스로 조심할 뿐 아니라 위험한 것을 적절하게 다루는 방법까지 배우고 싶어 한다.

떻게 되는지 봤지? 아야! 아파."

유아의 경우, 그 아이가 쓰기에는 좀 위험한 도구에 관심을 보이면 당신이 그것을 사용할 때 지켜보게 해주어라. 그 관심을 이용해 안전하게 사용하는 법을 가르쳐주는 것이다. 로지가 두 살 반 정도 됐을 때 불에 관심이 너무 많아서 남편이 어떻게 촛불을 끄는지, 어떻게 화상을 입을 수 있는지, 소화기가 어떻게 작동하는지에 대해 가르쳐주었다. 일주일 내내 들고 다닐 만큼 소화기를 좋아했던 로지 덕분에 우리는 '모기 퇴치용 스프레이'까지 저녁 식탁에 올려둘 정도였다.

✦ **대략 3세 이상 어린아이들의 경우**. 이때쯤이면 아이가 어떻게 위험을 피할 수 있는지 반드시 이해하고 있어야 한다. 그리고 이제 위험 다루는 법을 연습할 수 있다. 불의 경우, 버너에 불붙이는 법, 오븐 전원을 켜는 법, 끓는 물 저어주는 법, 팬케이크 뒤집는 법, 혹은 프라이팬에 버터 녹이는 법 등을 보여주도록 한다. 칼 사용법을 가르쳐줄 때는 톱니 모양의 스테이크용 칼로 시작해 뭉툭한 과도까지 차츰 단계를 올려라. 중요한 건 실제로 사용할 순 있지만 다치지는 않을 만큼 무딘 칼을 아이에게 주는 것이다. 그리고 아이가 점점 능숙해지는 모습을 지켜보아라. 만약 아이가 주어진 칼을 완전히 마스터해서 좀 더 날카로운 칼을 달라고 요구하면 바나나나 작은 오이처럼 썰기 쉬운 것부터 썰어보도록 한다. 하지만 굳이 서둘러 단계를 올릴 필요는 없다. 아이가 버터 칼로도 만족한다면 그대로 두어라.

심화

미국의 가족들은 대개 차가 붐비는 도로, 위험한 교차로와 낯선 이들로 가득한 동네에서 산다. 하지만 아이들은 (거의) 완벽한 자율성을 누리고 부모들은 ('시간당 3회의 지시'라는 새로운 규칙에 따르면서) 마음 편안한 공간을 발견할 수 있다. 각각의 자율성 지대에서는 동일한 전략을 적용할 수 있다. 그 공간에서 발생 가능한 어떤 위험이든 아이가 적절히 대처하거나 피할 수 있도록 교육시키는 것이다. 그래야 부모가 끊임없이 이래라저래라 할 필요 없게 된다. 이를 위해 3단계의 절차를 따라보자.

✦ **위험을 확인하라**. 처음엔 아이가 탐험하는 공간의 주변에 머물러라. 스스로 보이지 않는 안전망이 되는 것이다. 가파른 경사, 웅덩이나 날카로운 물건 등 특히 조심해야 할 게 있는지 주의 깊게 살피고 머릿속에 목록으로 정리해 두어라. 만약 아이가 이 같은 위험을 눈치채지 못하거나 아무 관심 보이지 않는다면 굳이 먼저 말할 필요는 없다. 그래 봐야 아이를 위험으로 이끄는 셈밖에 되지 않기 때문이다.

✦ **한발 물러나라**. 어딘가 앉아서 책(혹은 일거리)을 꺼낸 뒤 편안한 시간을 보내라. 아이가 자율적으로 탐험할 수 있도록 내버려 두어라. 지시를 내리는 횟수는 시간당 3회로 한정하도록 하라.

✦ **보이지 않는 안전망을 구축하라**. 아이가 위험 요소에 가까워지기 시작하면 좀 더 주의 깊게 살펴라. 아이가 그곳에 오래 머물수록 당신의 경계 태세 역시 높아져야 한다. 아이에게 달려가거나 조심하라고 소리치고 싶은 욕구는 억누른 채 가만히 지켜보아라. 혹시 아이가 위험 요소에 관심을 보이면 조용히 다가가 주의할 점을 알려주는 것도 좋다. (날카로운 물건이면 차분하고 다정하게 "날카로워. 아야. 다칠 수 있어"라고 말한다.) 아이가 이미 그 위험 요소에 대해 알고 있더라도 어떤 결과가 생길 수 있는지 상기해 주어라. (날카로운 물건이면 차분하게 "베일 수 있어. 아야, 밟으면 다쳐"라고

말한다.) 그래도 아이가 이해하지 못한다면 일단 부드럽게 아이의 손을 잡고 위험 요소로부터 멀어진 뒤 나중에 다시 가르쳐줘야 한다.

처음에는 아이들이 자율성 지대에서 매주 최소 3시간 정도씩 보내다 차츰 시간을 늘려 방과 후나 주말까지 매일 일정 시간을 보낼 수 있도록 하라. 바람직한 자율성 지대의 요건은 무엇일까? 유아나 어린아이의 경우, 탁 트인 시야 덕분에 멀리서도 아이가 보여서 일일이 쫓아다닐 필요가 없는 곳이 좋다.

- 사방이 널찍하게 트여 있는 공원
- 놀이터 (개인적으로 떨어져도 충격이 덜하도록 모래나 부드러운 흙이 깔린 곳을 선호한다)
- 해변 (바닷물에 들어가지 않도록 교육시킬 수 있다)
- 커뮤니티 가든
- 잔디밭
- 학교 운동장
- 강아지 공원
- 자택과 마당 (혹은 아파트 베란다)

큰 아이의 경우 커뮤니티의 수영장과 센터가 훌륭한 자율성 지대가 될 수 있다. 이런 공간에 아이를 데려다주고 일정 시간 후 데려가는 연습을 해보아라. 아이들이 자신을 챙기는 건 물론, 동생들까지 안전하게 보살필 수 있도록 교육시켜라.

✦ **살고 있는 마을을 자율성 지대로 만들어라**. 아이에게 몇 살쯤 자율성 지대를 선사할지는 전적으로 어떤 마을에 사는지, 그리고 안전망 구축이 가능한지 여부에 따라 다르다. 한편, 아이들은 아무리 어려도 집

주변 환경에 얼마든지 익숙해질 수 있다. 갓 걸음마를 뗀 어린아이에게도 복잡한 도로를 건너는 방법은 물론, 인근의 다른 위험 요소에 대해 조금씩 가르치기 시작해 보자. 우선 아이에게 바깥 활동을 최대한 많이 하게 해주되 당신이 테라스나 창가에서 지켜보도록 한다. 연습이 반복되면 점차 아이가 혼자 다닐 수 있는 공간의 범위를 확대해 나갈 수 있다. 이웃과도 친분을 쌓아서 안전망을 강화하도록 하자.

✦ **자녀들이 동네의 다른 아이들과 어울릴 수 있도록 격려하라**. 이웃집 아이들을 초대해 자녀와 함께 어울리게 해주자. 이웃의 부모와도 친분을 쌓아 다 같이 저녁 식사를 해도 좋다. 그러면 세 살 내외의 어린아이도 (보이지 않는 안전망 덕분에) 혼자 이웃집에 놀러 가는 게 가능해진다. 뒤에서 함께 살펴보겠지만 이웃의 가족들이 중요한 대부모가 되어 아이를 둘러싼 신체적, 감정적 안전망을 구축해 줄 수 있다.

요약

자신감 있는 아이로 키우는 방법

기억하자

- 어른과 마찬가지로 어린이와 유아 역시 지시받는 걸 좋아하지 않는다. 모든 아이들은 본능적으로 다른 누구의 개입 없이 자율적으로 배우고 싶어 한다.
- 아이에게 사사건건 지시하려 들면 아이의 자신감과 자율성은 떨어진다.
- 우리는 아이에게 자율성을 선사하고 지시를 최소화함으로써 아이들은 혼자서도 무엇이든 해낼 수 있으며 어떤 문제든 스스로 해결할 수 있다는 메시지를 전달할 수 있다.
- 불안과 스트레스로부터 아이들을 보호하는 최고의 방법은 자율성을 선사하는 것이다.
- 독립성과 자율성은 서로 다른 개념이다.
  - 독립적인 아이는 타인과 단절되어 있으며 자신 이외에는 누구에게도 책임감을 느끼지 않는다.
  - 자율적인 아이는 스스로 결정하고 행동하지만 가족 및 친구와 지속적인 연결감을 느낀다. 따라서 언제든지 이들을 돕고 나누며 친절을 베푼다.

- **자녀에게 지시를 얼마나 자주 하는지 세어보아라**. 타이머로 20분을 설정하고 그 시간 동안 아이에게 질문이나 지시를 몇 번이나 하는지 세어보자.
- **시간당 지시는 3회만 할 수 있도록 연습하라**. 아이에게 뭔가를 지시하는 행위는 시간당 3회로 제한하라. 갈등이나 다툼이 생기기 쉬운 상황(학교 갈 채비를 하거나 잠자리에 들 준비를 할 때)에는 특히 더 주의를 기울여야 한다. 지시는 누군가를 돕거나 관용을 베푸는 행위, 혹은 가족에 대한 책임 등을 가르칠 때만 활용하는 게 좋다.
- **자녀의 앵무새 노릇은 그만하라**. 자녀 대신 답하거나 자녀에게 뭘 할지 알려주는 행위를 그만둘 수 있도록 노력하라. 자녀에게 던져진 질문에는 자녀가 직접 답할 수 있도록 하고, 음식점에서 직접 주문할 기회를 주며, "부탁드려요"와 "고맙습니다" 같은 말도 알아서 할 수 있게 해주어라. 궁극적으로는 교사, 코치 및 강사와의 논의를 포함해 모든 대화를 자녀 스스로 해낼 수 있어야 한다.
- **자율성 지대를 확보하라**. 살고 있는 동네에서 유아나 어린이가 자율성을 발휘할 수 있는 공간을 찾아보자. 부모는 멀찍이서 지켜보며 최소한으로 개입할 수 있는 곳이 좋다. 우선 탁 트인 공간이 있는 공원이나 놀이터, 잔디밭이나 해변 등에 잡지나 일거리를 가져가 아이들끼리 몇 시간 정도 놀 수 있게 해보자.
- **자택 마당이나 살고 있는 동네를 자율성 지대로 만들어라**. 아이가 집 주변이나 동네에 존재하는 위험 요소들에 대처할 수 있도록 교육하라. 이웃들 및 그 자녀들과 친분을 쌓아 '보이지 않는 안전망'을 구축하라.

Part 5 단단하고 건강한 내일의 육아

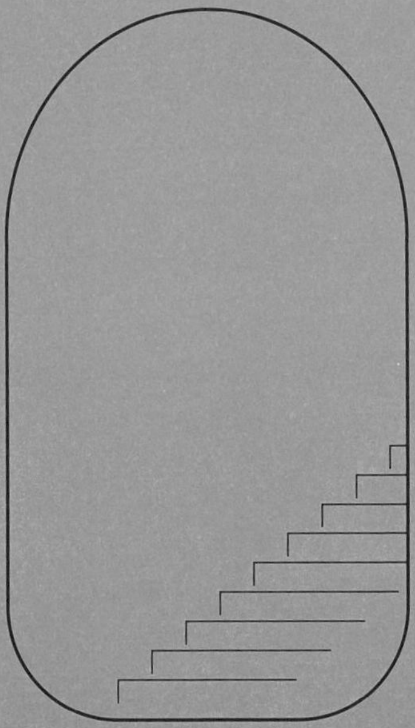

함께하는 것의

중요성

로지가 태어났을 때 우리의 삶은 완벽에 가까웠다. 매트와 나는 아파트 한 채를 살 수 있는 자금을 마침내 다 모았고, 그 아파트는 우리가 늘 꿈꾸던 집이었다. 샌프란시스코베이의 아름다운 경관이 내려다보였고, 안개가 너무 짙게 끼지 않았을 때는 버클리힐스 너머 일출도 볼 수 있었다. 크기 역시 골디락스라는 용어가 어울릴 만큼 너무 크지도, 작지도 않고 아이를 키우기에 딱 적당했다. 로지가 태어나기 전 나는 집 벽을 노란색의 커다란 부엉이와 분홍색의 '로즈메리'라는 문자로 장식했다.

게다가 매트와 나는 새로 태어날 딸아이를 위해 유급휴가도 쓸 수 있었다. 그야말로 운이 좋다고 느껴졌고 또 행복했다. 로지가 태어난 이후 첫 6주는 아무런 걸림돌 없이 평온하게 흘러갔다. 내가 모유 수유하는 법을 배우는 동안 매트가 날 위해 땅콩버터를 바르고 잼을 넣은 샌드위치를 만들어 주었다. 로지가 많이 울기는 했지만 매트와 번갈아 안아주며 달랠 수 있었고 또 언니가 방문해 10일간 머물면서 많은 걸 도와주었다. 그러다 매트가 일터로 복귀했고 그때부터 우리의 세계는 상당히 위험해졌다. 아침 8시부터 저녁 6시까지, 그러니까 매일 열 시간 정도 아파트에는 나와 셰퍼드 망고, 그리고 배앓이하며 우는 로지뿐이었다. 매 시간, 심지어 매 순간까지 분절된 듯 느껴졌다. 시간이 고통스러울 정도로 더디게 흐르기 시작한 것이다. 온종일 우리끼리 대체 뭘 할 수 있다는 말인가? 그리고 어떻게 해야 이 아이를 낮잠 재우고 나도 좀 쉴 수 있는 것인가?

제발 다른 목소리라도 듣고 싶어 라디오를 켜보기도 하고, 그나마 에너지가 남아 있을 때는 우버를 타고 샌프란시스코 곳곳의 수유 지원 단체를 방문해 보기도 했다. 또 어떨 땐 대학 동기 한 명이 갑자기 찾아와 점심을 사주기도 했지만 그게 전부였다. 그 밖의 시간에는 나 혼자였고 완벽했던 우리의 아파트는 날이 갈수록 고립된 섬으로 변해갔다. 로지가 울고, 투정하고, 생떼 부릴 때마다 안아서 달래주고 진정시켜 줄 사람이 나뿐이었다. 오롯이 나 혼자 로지에게 먹을 것도 주고 위로와 사랑도 제공해야 했다. 내가 로지의 유일한 세상이었고 하루하루 시간이 갈수록 로지는 서서히 내 차지가 되어갔다.

이렇게 가까운 관계를 글로 읽으면 너무나 아름답고 돈독해 마치 현실 속 동화처럼 느껴진다. 그것이 바로 내가 꿈꾸던 육아였고 친구들의 페이스북 사진에서 목격한 광경이었다. 더없이 평화로운 출산휴가의 행복, 그 외엔 상상조차 할 수 없었다. 하지만 현실에서는 완전한 고립과 고독이라는 어두운 이면이 숨어 있었다. 3개월에 접어들 무렵 나는 뼛속까지 탈진해 버렸다. 로지가 요람에서 자는 시간이 서너 시간에 불과해 나 역시 대개 그 정도밖에 눈을 붙이지 못했기 때문이다. 이토록 지쳤다는 건 이 작은 인간을 연명하게 하는 것 이외에 다른 어떤 일도 할 수 있는 기력이 내게 더 이상 남아 있지 않음을 의미했다. 나는 이제 과학에 대해 쓰거나 읽지 않았고, 산책하거나 요리하지 않았으며, 나의 자아감이 매일같이 피부 밖으로 미끄러져 나오는 기분만을 느끼며 살아야 했다. 그리고 결국 나는 우울증에 빠졌다. 도움이 필요하다는 사실을 알았지만 도움을 구하기가 너무나 힘들었다. 그래도 몇 달 동안 수많은 의사 및 정신과 전문의에게 전화를 걸어 알아본 끝에 운 좋게도 우리의 보험을 받아줄 정신과의사를 찾는 데 성공했다. 로지가 생후 6개월에 접어들 무렵 나는 항우울제를 복용하고 매주 정신과 상담을 받고 있었다. "로지를 함께 돌봐줄 사람이 있어야 해요." 어느 오후 담당의가 말했다. "유모를 고용하고 복직을 좀 앞당기면 어때요? 도움이 필요하잖아요."

나는 한 번 더 행운을 누렸다. 유모를 고용할 수 있었던 것이다. 또, 엄마가 정기적으로 방문하시도록 항공권도 사드릴 수 있었다. 하지만 결국 (매트와 유모가 엄청난 스트레스에 시달리고 고함을 질러댄 끝에) 로지는 전적으로 나하고만 연결감이 구축된 것으로 판명됐다, 나는 수년간 우울증과 씨름할 수밖에 없었다.

언제나 나는 이 같은 우울증의 원인이 내게 있다고 자책해 왔다. 어떤 이유에서든 초보 엄마인 내가 적응하지 못해서라고 말이다. 내게는 어린 시절부터 이어져 온 짐, 즉 유전적 결함이나 다른 결점이 있어서 로지가 태어난 직후 충분히 어울리지 못했고, 돌보는 것도 제대로 해내지 못했다고 생각했다. 하지만 하드자베 가족들과 머물면서 문제는 내가 아니었다는 사실이 보이기 시작했다. 나와는 전혀 상관없는 일이었다.

약 백만 년 전, 아프리카에서 아주 특별한 일이 벌어졌다. 신기하게 생긴 유인원이 진화해 아주 놀라운 능력을 갖춰가고 있던 것이다. 이들이 두 발로 걸었다는 얘기가 아니다. 다른 유인원 역시 두 발로 걸었기 때문이다. 칼이나 도구처럼 인상적인 도구들을 설계하고 제작할 수 있다는 얘기도 아니다. 이 역시 다른 유인원도 얼마든지 할 수 있는 일이다. 물론, 이 종의 두뇌는 컸지만 이것도 그렇게 대단한 일이라고는 할 수 없다.

이 유인원은 겉만 봐서는 두 발로 걷고 두뇌 용량이 큰 다른 종들과 꽤 비슷해 보였다. 하지만 같이 며칠만 지내보면 뭔가 독특한 양상을 감지할 수 있었다. 우선 성인들은 유달리 협조적이고 공감능력도 뛰어났다. 집을 짓거나 먹이를 쫓는 것처럼 다른 종들은 혼자서 다 하는 일을 이들은 함께했다. 게다가 다른 사람의 마음을 거의 꿰뚫어 보는 수준이어서 타인의 목표를 이해하고 달성할 수 있도록 함께 도왔다. 그리고 가장 신기한 건 아기들이 놀라울 정도로 아무것도 못한다는 사실이었다. 가엾은 암컷 유인원은 현실적인 모든 기준에서 그야말로 무력한 아기를 낳았다. 이들은 심지어 엄마의 몸에 매달려 있지도 못했다. 몇 달간 집중적으로 돌봐준 뒤에야 겨우 기어 다닐 수 있었고, 스스로 위험에서 도망치기까지 1년은 더 기다려야 했다. 하지만 이후에도 암컷 유인원의 고단한 나날은 계속됐다. 10년은 더 돌봐야 이 사랑스러운 새끼들이 웬만한 걸 혼자서 해내고 자신을 돌보기에도 충분한 칼로리를 섭취할 수 있었다.

인류학자 세라 블래퍼 허디는 이 유인원의 새끼들이 충분히 성숙하려면 생후 첫 10년간 약 1,000~1,300만 칼로리가 필요한 것으로 추산했다. 이는 땅콩버터 약 4천 병에 해당하는 칼로리다. 여기서 이 유인원이 수렵 채집 생활을 했다는 점에 유의해야 한다. 새끼를 먹이기 위해 식료품점에서 샌드위치를 구입하면 되는 게 아니라 일일이 채집하고 쫓아다녀야 했던 것이다. 그것도 몇 주나 몇 달이 아니라 몇 년, 심지어 십몇 년에 걸친 오랜 기간 동안.

세라가 확인한 대로 이 어미 유인원이 새끼에게 먹을 걸 넉넉히 제공하는 건 거의 불가능했다. 특히, 먹일 자녀가 하나뿐이 아니거나 아무것도 못하는 무기력한 아기가 곧 태어날 예정이었을 확률이 높다는 걸 감안하면 그럴 수밖에 없었다. 이 어미 유인원에게는 당장 해결해야 하는 문제가 있었다. 새끼를 그녀 혼자, 혹은 사랑하고 유능한 배우자와 함께하더라도 충분히 돌보고 먹이며 감당할 수가 없었다. 그래서 도움이 필요했다. 오랫동안 못 만난 이모가 주말에만 잠시 들르는 식이 아니라 풀타임 도우미, 즉, 매일 밤 가까이 머물러 줄 누군가가 반드시 있어야 했다. 그래서 그녀가 먹을 걸 조리하거나 산딸기 열매를 채집하거나 청소할 때 함께 도와주고, 또 큰 아이와 놀아주거나 아기를 안아줄 수 있어야 했다. 시간이 흐를수록 문제는 악화되어만 갔다. 수천 세대를 거치는 동안 이 유인원의 새끼들은 점점 더 무력해졌고 웬만한 건 스스로 할 수 있게 되기까지 점점 더 오랜 시간이 걸렸다. 여기서 80만 년을 빨리 감기하면 이 유인원이 오늘날의 인간과 상당히 흡사함을 알 수 있다. 그들이 바로 우리다.

결국 호모 사피엔스는 일부 과학자들에 따르면 '미성숙한' 아기들을 출산하기 시작했다. 이는 조산을 의미하는 게 아니다. 우리 인간의 모든 아기가 다른 유인원에 비해 미성숙하다는 뜻이다. 인간의 아기는 말하자면 아직 완전히 취약하고 운동 협응 능력도 전혀 발달하지 못했지만 두뇌만은 부지런히 움직인다. 현존하는 다른 유인원들과 비교했을 때 인간은 성인의 두뇌보다 30% 작고 가장 발달이 안 된 형태의 두뇌를 갖고 태어난다. 인류에게 가장 가까운 친척인 침팬지를 예로 들어보자. 인간의 아기가 신경학, 인지학적으로 아기 침팬지만큼 발달하려면 자궁에서 9~12개월은 더 성장해야 한다.

로지가 생후 며칠밖에 안 됐을 때 울고 싸는 것밖에 못하던 게 기억난다. 심지어 젖도 잘 빨지 못했다. 로지의 근육은 너무 물렀고, 팔, 다리, 목은 힘없이 덜렁거렸다. 매번 아이가 내 손에서 미끄러질 듯해 한순간도 긴장을 늦출 수 없었다. 호모 사피엔스는 왜 이렇게 미성숙한 새끼를 낳는지 아무도 정확히 알지 못한다. 일각에서는 인간의 두뇌가 워낙 큰 만큼 만약 자궁에서 발달을 마치면 출산 시 산모에게 심각한 문제가 발생할 수 있다는 점을 원인으로 든다. 과학자들은 어린이가 혼자서 뭐든 할 수 있을 만큼 성숙하는 데 왜 이렇게 오래 걸리는지도 알지 못한다. 언어를 배우고 복잡한 사회구조를 탐색하는 등 우리를 인간이게 하는 강력한 기술들을 배우려면 이렇게 긴 유년기가 필수인 건지도 모르겠다. 하지만 단 한 가지만큼은 확실하다. 우리 인간이 수십만 년에 걸쳐 진화해온 것처럼 우리 자녀에게도 더 많은 시간, 관심과 칼로리뿐 아니라 다른 요소까지 필요해지기 시작했다는 것이다. 그리고 이 다른 요소란 바로 돌봄, 혹은 '타인의 양육'이다.

세라의 말대로 "만약 어미들이 여기저기서 도움을 받지 못했다면 이렇게 엄청난 비용이 들고 더디게 성숙하는 새끼를 출산하는 유인원이 진화해 살아남기란 결코 불가능했다." 그리고 세라가 말한 많은 도움이란 그야말로 매 순간 빈틈없는 도움을 뜻한다. 대부모는 부모 이외에 아이를 돌봐주는 사람이면 누구든 될 수 있었다. 친척, 이웃, 친구, 심지어 다른 아이조차 환상적인 대부모 역할을 할 수 있다. 세라는 이 같은 대부모의 존재가 인류의 진화에 필수적이었다고 믿었다. 그리고 연구를 이어가는 내내 이 같은 가정을 뒷받침해 주는 놀라운 근거를 확보할 수 있었다. 인간은 아이를 돌볼 의무를 여럿이 공유하도록 진화했으며, 아이 역시 부모만이 아닌 다수에 의해 키워지고 연결되며 애착을 형성하도록 진화했다는 게 그녀의 생각이었다.

이 같은 돌봄 가족을 일컬어 '사랑의 원형'이라고 부른다는 얘기를 들은 적이 있는데 아주 적절한 용어라고 생각했다. 여기서 말하는 게 아이의 삶에 들어왔다 어느 순간 사라지는 가벼운 대행은 아니기 때문이다. 아이가 자라는 내내 부모 곁을 지키며 무조건적인 사랑을 지속적으로 제공하는 대여섯 명의 핵심 인원이다. 대부모는 네안데르탈인과 호모 하이델베르크인 등 다른 유인원이 멸종한 지난 수백만 년 동안 우리 인류와 조상이 살아남을 수 있었던 핵심 이유 중 하나일 것이다. 다시 말해, 호모 사피엔스가 지구상에서 거둔 '성공'은 어쩌면 '사냥꾼 남성'보다 '도우미 이모'와 '베푸미 할아버지' 덕분일 확률이 크다.

대부모를 뜻하는 'Alloparent'에서 'Allo'는 '다른'을 뜻하는 그리스어에서 유래됐다. 하지만 '다른 육아'라는 말로는 대부모의 역할을 제대로 담을 수 없다. 이들은 단순히 아이의 삶에서 부차적이거나 별로 중요하지 않은 역할을 담당하는 '타인'이 아니다. 오히려 사랑과 돌봄의 원천이요, 이들의 책임 역시 기저귀를 갈아주거나 잠들 때까지 흔들어주는 범위를 훌쩍 뛰어넘는다.

수천 년간 중앙아프리카의 우림 지대에서 살아온 수렵 채집 민족에페인을 예로 들어보자. 산모가 출산을 하면 다른 여성들이 즉각 그 집으로 몰려들어 아기 특수기동대를 결성한 뒤 아기가 울거나 징징댈 때마다 민첩하게 대응한다. 안아주고, 흔들어주며 심지어 먹여주기까지 한다. 인류학자 멜 코너(Mel Konner)가 적은 대로 "소란스러운 아기에게 대처하는 일은 공동체의 일"이었다. 그렇게 며칠이 지나면 엄마는 일터로 복귀하고 아기는 대행 엄마와 함께하게 된다. 생후 첫 몇 주 동안 아기는 평균적으로 15분마다 이 사람에서 저 사람으로 옮겨가며 돌봄을 받는다. 생후 3주쯤엔 대행 엄마가 물리적 돌봄의 40%를 담당하고 16주쯤에는 그 비율이 60%로 늘어난다. 이후 2년이 더 흐르면 아이들은 엄마보다 다른 이들과 보내는 시간이 더 길어진다.

이처럼 대행 엄마들 품에 안겨 포근한 시간을 보내는 건 아이들 정서에 좋은 영향을 미친다. 이들은 이 어여쁜 강아지에 대해 엄마만큼이나 잘 알고 있고, 아이들 역시 이들에게서 엄마 못지않은 편안함을 느낀다. 결과적으로 아이가 대여섯 명의 어른들과 애착을 형성할 수 있게 된다.

전 세계의 수많은 수렵 채집 사회에서 비슷한 광경을 볼 수 있다. 중앙아프리카에 거주하는 바야카인의 경우, 아이들은 하루에도 스무 명가량 되는 어른들의 돌봄을 받는다. 물론, 아기를 단순히 돌봐주기만 하는 어른도 있지만 그중 절반 정도는 먹이고 씻기는 등의 중요한 일과를 돕는다. "그러니까 서구권하고는 환경이 아주 다른 거예요. 서구에서 아기를 돌봐줄 사람은 엄마가 유일해서 모든 에너지를 쏟아부을 수밖에 없잖아요." 필리핀의 수렵 채집 민족 아그타인을 연구하는 인류학자 아비가일 페이지(Abigail Page)가 말했다.

인도 남부의 수렵 채집 민족 나야카인들은 대(代)부모를 아주 소중하게 여겨 그들을 일컫는 특별한 명칭까지 갖고 있다. 바로 손타(Sonta)로, 형제만큼이나 가까운 이들을 의미한다. 어른들은 동네의 모든 아이를 '아들'이나 '딸'이라 부르고 어르신들은 '작은 아버지', 혹은 '작은 어머니'로 칭한다.

수렵 채집 사회의 경우 친인척이 중요한 대부모 역할을 한다고 생각할 수 있다. 하지만 어떤 문화권에 속해 있든 이들 가족은 이동이 잦기 때문에 친인척과 멀리 떨어져 지내는 경우가 많다. 최근에는 가족 이외의 사람들이 대부모 역할을 하는 사례에 관한 연구가 이루어지기 시작했다. 그리고 아무 연결 고리도 없는데 가까이서 사랑을 주는 타인들의 존재가 보란 듯이 밝혀졌다. 특히, 한 연구에서는 돌봄의 놀라운 출처를 발견했는데 서구권 가족들도 얼마든지 손쉽게 활용할 수 있는 이들이었다.

이 연구는 아그타인이 수만 년간 거주해 온 필리핀의 북부 해안을 중심으로 이루어졌다. 이들은 산호초가 사는 바다에서 작살 낚시를 하고, 조수 웅덩이에서 먹거리를 채집하며, 폭력(혹은 코로나바이러스 팬데믹)으로부터 도망칠 곳이 필요하면 고산 지대로 올라간다. 아비가일 페이지와 동료들은 2~6세 사이의 아그타 아이를 대상으로 온종일 어떤 이들의 돌봄을 받는지 연구했다. 엄마는 이 중 약 20%의 시간을 담당했지만 이보다 더 오래 돌본 게 누구인지 아는가? 바로 다른 아이들이다! 스스로 책임지고 '큰 아이'처럼 행동하고 싶은 욕구가 너무나 큰 아이들! 바로 전 세계의 벨리들(그리고 1~2년 후 로지의 모습)이었다.

6~11세 사이의 이 어린 대부모들은 하루 약 25%의 시간 동안 어린아이들을 책임지고 돌봤다고 아비가일은 밝혔다. 덕분에 자유로워진 엄마들은 일터로 가거나 편안한 휴식을 취할 수 있었다. 심지어 어린 대

부모들은 단순히 동생을 돌보는 데 그치지 않았다. 이 일을 좀 더 진지하게 여겨서 적지 않은 가르침을 주기도 했다.

아비가일은 아이와 불과 다섯 살 많더라도 부모와 비교도 안 되는 최고의 교사가 될 수 있다고 말한다. 나이 많은 어른에 비해 어린아이가 지니는 장점이 훨씬 많다는 것이다. 부모에 비해 에너지 넘치고, 자연스럽게 함께 놀 수 있으며 '선생님 역할 놀이'도 가능해 훨씬 재밌게 배울 수 있다. 이들의 대체적인 기술 수준이 아이들과 비슷한 것도 장점이다.

최근 서구 문화권에서는 아이에서 아이로 전해지는 가르침의 가치를 과소평가하는 경향이 있다고 중앙아프리카의 수렵 채집 민족 바야카인을 연구하는 심리학자 셰이나 루레비가 말했다."서구인들은 더 많은 지식을 갖춘 어른만이 아이를 가르칠 수 있다고 생각해요. 하지만 제 연구에 따르면 꼭 그렇지도 않아요. 유아기가 지나면 아이 사이의 교육이 훨씬 빈번하게 일어나죠."

결국 다양한 연령대의 이들 놀이 집단은 부모에게 여유 시간을 선사할 뿐 아니라 아이에게 신체적, 정신적 자극을 주기도 한다고 셰이나는 말한다. "이 놀이 집단은 사회성을 배우고 발달하는 데 아주 중요해요. 아이들은 이 집단 안에서 사회적 감정적 기술, 또 사회에서 제 역할을 하는 방법 등을 배우면서 자신의 지평을 확장해 가죠."

✚

다시 하드자베 가족으로 돌아와 여기서도 어딜 가든 대부모를 볼 수 있었다. 매일 해 뜰 때부터 해 질 무렵까지 열두 명 정도의 성인 남녀들이 서로의 아기와 유아를 돌봐주었다. 모든 이들이 이렇게 서로의 아이들을 업고 안고 사랑해 주느라 정신없이 지내는 모습을 처음 봤을 땐 누가 누구의 실제 부모인지 구분하기가 힘들었다. 아이들 역시 너무나 편안하게 어른들 사이를 오가서 누구와 더 친한지 우열을 가릴 수 없어 보였다.

네 아이의 엄마인 수비온이 이 같은 부모 대행을 한마디로 완벽하게 표현했다. "결국 책임져야 하는 건 내 자식뿐이지만 모든 아이를 내 자식처럼 사랑해 줘야 해요." 사랑스러운 표정과 부드러운 목소리의 수비온에게서 다정하고 따뜻한 마음이 느껴졌다. 그녀는 통통한 양쪽 볼에 보조개를 만들며 자주 미소 짓고 또 크게 웃었다. 한편으로는 못처럼 강인한 엄마이기도 해서 싱글맘임에도 장애로 걷지 못하는 아들을 지극히 돌봤다. 인터뷰 전날, 나는 그녀가 물이 가득 담긴 양동이를 머리에 인 채 2미터 길이의 가파른 협곡을 오르는 모습을 보았다. 심지어 등에는 아기를 업고 있었고 치맛자락에는 그보다 조금 큰 아이가 매달려 있었다.

"수비온, 엄마로 살기 힘들다고 생각해요?" 내가 물었다. "네." 그녀가 진지한 어조로 재빠르게 답했다. "아이들을 돌보려면 열심히 일해야 하니까요. 그래도 제가 엄마인 게 자랑스러워요." 수비온이 캠프에서 아이들을 돌보는 다른 엄마들과 웃고 이야기하는 모습을 보고 있으면 하드자베의 엄마들은 서로 도움을 제공할 뿐 아니라 동지애까지 공유한다는 사실을 알 수 있었다. 나는 친구들과 일주일에 두세 시간을 함께하는 것만으로 운이 좋다 느꼈는데 매일 8~10시간씩 함께하는 이들이라니! 이들이 얼마나 의미 있고 충만한 관계를 맺고 있는지 말하지 않아도 알 것이다.

과학자들의 가설에 따르면 대부모란 부모들의 육아를 돕기 위해 발달한 역할이다. 하지만 이들이 아이들의 배를 곯지 않게 할 뿐 아니라 부모에게 필요한 다른 필수 요건, 즉, 우정까지 제공해 준다면 어떨까? 수비온과 하드자베의 다른 부모는 내 경우 엄마가 되면서 잃어버린 것, 그러니까 사회적 지지까지 풍부하게 누리고 있었다. 기분이 우울하거나 도움이 필요할 때 언제든지 의지할 수 있는 사람들의 네트워크가 대규모로 존재하는 것이다. 삶이 팍팍할 때 이들은 서로에게 기댈 수 있다.

호모 사피엔스에게 사회적 지지는 기적의 약물 같은 역할을 한다. 우리의 마음에서 우리의 심장과 뼛속까지 온몸에 반향을 일으킨다. 지난 수십 년간 이어져 온 수많은 연구에 따르면 깊은 우정과 동지애가 건강을 향상시키는 것으로 밝혀졌다. 심혈관질환 발병률을 줄이고 면역력을 강화하며 스트레스, 불안, 우울감으로부터 우리를 보호해 주는 것이다. 그리고 정신질환의 늪에 빠졌을 때 우리를 지지해 주는 가족과 친구가 있다고 믿을수록 불안과 우울감을 떨쳐버릴 확률이 높아지는 것으로 나타났다.

"설사 교감하지 못하더라도 누군가와 함께 시간을 보내면 혈압이 낮아지고 진정되는 효과를 볼 수 있다"고 외로움이 우리의 건강에 어떤 영향을 미치는지 연구하는 유타 대학교의 심리학 교수 베르트 우치노(Bert Uchino)가 말했다. 반면, 사회적 지지를 얻지 못하면 정신 건강에 문제가 생겨 일종의 눈덩이 효과를 일으킬 수 있다고 그는 덧붙였다. 외로움은 불안, 우울감 및 수면 장애를 일으켜 결과적으로 외로움이 더 깊어지는 결과를 가져올 수 있다. "사회적 지지를 받지 못하는 사람들은 신체적으로 스트레스 증상이 나타나요. 마치 주변의 모든 사람에게서 위협받고 있다고 느끼죠."

사회적 지지는 신체 건강과 상당히 밀접하게 연관돼 있어서 한 연구에서는 일상적으로 운동하거나 금연하는 것만큼 수명에도 크게 영향을 미치는 것으로 나타났다. 다시 말해, 시간과 에너지를 투자해 깊이 있는 우정을 가꿔나가는 것은 오후의 조깅(혹은 금연)만큼이나 전반적인 삶의 질을 높이는 데 중요하다.

이들 연구 중 대부분은 성인을 대상으로 이루어졌지만 아이에게는 가족의 지지가 특히 더 중요하다고 베르트는 말한다. "어린 시절 가족과 맺는 관계에 따라 어른이 된 후 외로움과 사회적 고립감에 시달릴지 여부가 결정돼요. 어려서 부모의 따뜻한 품에 의지할 수 있다고 느낀다면 그 정서를 평생 가져갈 수 있죠."

만약 그게 사실이라면 아이가 비단 자신의 부모뿐 아니라 셋, 넷, 심지어 다섯 명의 대부모에게서도 따뜻한 사랑을 받고 자라면 어떻게 될까? 일부 인류학자들은 대부모들이 아이들에게 마법 같은 일을 일으킨다고 믿는다. 세상에 대한 신뢰를 심어주는 것이다. 덕분에 아이들은 가족이, 동네 사람들이, 그리고 숲이 자신을 돌봐줄 거라고 믿는다. 만나는 모든 사람이 친절하고 따뜻해 기꺼이 자신을 도와줄 테고, 이 세상이 자신을 포용해 줄 거라고 믿어 의심치 않는다.

"아기와 대부모 간에 일찍부터 친밀한 관계가 구축되면 신뢰가 두터워지고, 이 신뢰는 다시 온 세상을 향하게 된다"고 셰이나 루레비는 말한다. 결국 어려서부터 경험하는 사랑의 원형 덕분에 아이는 더 큰 사랑, 자신감과 안정감을 가지고 세상으로 나아갈 수 있다.

샌프란시스코로 돌아온 나는 수비온을 비롯한 하드자베의 엄마, 그리고 이들이 서로의 자녀를 돌보며 함께하는 날에 대한 생각을 멈출 수가 없었다. 그리고 나 역시 그렇게 많은 도움을 받을 수 있었다면 초보 엄마 시절을 다르게 보낼 수 있었을지 궁금해지기 시작했다. 내 가족에게 대부모가 열 명은 고사하고 다섯 명만 있었다면 어떻게 됐을까? 아기 로지를 어떻게 꽁꽁 싸맬지 알려주는 가까운 이모가 있었다면, 어떻게 흔들어 재우면 되는지 몸소 보여주는 할아버지가 있었다면 얼마나 좋았을까? 혹은 로지가 배앓이로 울어대는 밤마다 어쩔 줄 모르는 우리 대신 와서 돌봐주는 이웃이 있었다면? 내 언니와 불과 일주일이 아닌 3개월간 함께 지낼 수 있었다면 어땠을까? 이 모든 손길과 온기와 마음이 합쳐졌다면 로지는 훨씬 덜 울었을 게 분명하다. 나와 매트는 또 어땠을까? 적어도 나는 젖을 만들고 기저귀를 갈아주는 기계에서 벗어나 사람다운 생활을 할 수 있었을 것이다. 매트도 덜 지쳤을 테고 말이다. 이처럼 대부모가 있었다면 우리는 정신적 신체적으로 많은 활력을 얻었을 게 분명하다. 그렇다면 산후우울증은? 그런 것도 모르고 살았을 듯하다.

결국 문제는 내가 아니라 서구 문화권에 있었다. 육아는 어떻게 해야 하며 신생아를 이 세상에 어떻게 적응시킬지에 대한 서구권의 가치관이 문제인 것이다. 서구의 문화는 새내기 부모를 고립시키고 핵가족만을 주 양육자로 지나치게 부각시킴으로써 부모를 산후 불안과 우울증으로 내몰고 있다. (그나마 이는 상당히 운이 좋아서 집과 안정적 수입, 그리고 의료보험까지 누릴 수 있는 우리 같은 가족에 해당되는 얘기다. 재정적으로 불안한 가족은? 서구권의 관행으로 그들이 얼마나 힘들지 상상만 할 수 있을 따름이다.)

그리고 우리가 살펴보고 있는 것처럼 이렇게 고립된 상태로 육아를 하는 건 애초 의도가 아무리 선했더라도 아이들에게 해롭기는 마찬가지다. 부모인 우리는 아이들이 살아가는 데 필요한 모든 걸 줄 수 있길 원한다. 하지만 어느새 학교, 성적, 그리고 성취에 지나치게 집착하게 되어 아이들을 아파트 안에만 가둬두고 내가 초보 엄마로서 느꼈던 불안과 우울감을 똑같이 느끼도록 만들고 있는 건 아닐까?

나는 지금 로지에게 필요한 게 방과 후 또 다른 과외 활동이나 주말의 보충 수업이 아니라는 사실을 깨달아가고 있다. 그보다 매트 혹은 나만큼이나 로지를 잘 알고 또 사랑하는 어른, 그리고 친구와 함께할 수 있는 시간이 필요하다. 로지에게는 신체적, 정신적으로 일으켜주고 세상에 대한 신뢰를 심어줄 수 있는 사랑의 네트워크가 필요한 것이다.

가끔은 내려놓기의 필요성

아기가 걸음마 배우는 모습을 잠시 상상해 보자. 아마 엄마 손을 잡고 한 걸음씩 떼는 모습이 떠오를 것이다. 미국에서는 보통 그렇게 걸음마를 가르친다고 수잔 가스킨스는 말한다. "아니면 앞쪽에 살짝 떨어져서 '이리 온' 하든가요." 하지만 유카탄에서는 지도 방법이 전혀 다르다. "마야 엄마들은 아기가 넘어질 때를 대비해 바로 뒤에서 양팔을 앞으로 쭉 뻗고 쫓아다녀요. 어쨌든 아기 입장에서는 누구의 도움도 없이 자기 혼자 걷고 있다고 생각하게 되죠." 수잔이 덧붙였다.

TEAM 4 개입을 최소화하기

이 책을 쓰기 시작할 때 내 머릿속에서는 몇 개의 질문이 떠나지 않았다. 유카탄의 마리아는 어떻게 아이들을 배려 깊고 예의 바르게 키운 걸까?

아이들은 그녀와 갈등을 일으키거나 심지어 반항하는 경우도 거의 없는데 대체 비결이 뭘까? 지금까지 이 질문에 답이 될 수 있는 조각들을 모아보았다. 마리아의 육아는 함께하기, (강요 대신) 격려, 자율성과 최소한의 개입을 특징으로 한다. 즉, TEAM 육아를 실천하는 것이다.

부모로의 역할은 (경제학 분야와 비슷하게) 거시 육아와 미시 육아의 두 가지 항목으로 분류할 수 있다. 거시 육아는 말하자면 큰 그림이다. 아이 일상의 틀을 어떻게 짤지, 어떤 활동을 할지, 시간 분배를 어떻게 할지 등을 의미한다. 반면, 미시 육아는 이 활동이 진행되는 매 순간 우리의 반응을 뜻한다. 무엇을 얼마나 말하는지, 아이의 행동에 영향을 미치기 위해 얼마나 노력하는지 등이 포함된다.

예를 들어 헬리콥터 부모는 아이의 전반적인 일정을 철저히 관리하고 (거시 육아). 그와 같은 일정을 소화하는 아이의 행동까지 엄격하게 관리한다. (미시 육아) 반면, 방임형 부모는 아이 스스로 자신의 일정 계획을 세우고, 그사이 어떻게 행동하고 반응할지도 알아서 하게 내버려 둔다. 거시와 미시의 두 관점에서 자유 방임 방식을 추구하는 것이다.

우리는 이 양극단의 방식에 대안이 되는 양육법을 배웠다. TEAM 육아에서 부모는 하루의 기조 및 온 가족의 스케줄을 짠다. 집과 공동체를 오가며 자신의 일을 처리하는 사이 아이들은 함께해도 좋고 아니어도 좋다. 그저 자신들의 세계를 아이들에게 활짝 열어주는 것이다.*

따라서 거시 육아의 책임은 부모에게 있다. 가족들은 각종 활동을

* 아이가 가족의 활동을 함께하고 싶어 하지 않는다면 부모는 강요하는 대신 아이를 다른 돌보미나 대부모에게 맡긴다.

함께하고 아이들에게는 전반적 일정을 결정할 권한이 없다. 하지만 가족 중심의 온갖 활동이 진행되는 동안 어떻게 행동할지는 아이 스스로 결정한다. 아이는 상당한 자율성을 누리며 부모는 거의 개입하지 않는다. 부모는 아이를 지켜보면서 개입이 필요한 타이밍을 신중하게 선택한다. (아이가 위험에 처했을 때, 혹은 돕거나 관용을 베푸는 것처럼 중요한 가치를 전달해야 할 때.) 그리고 혹시 개입하더라도 가벼운 태도를 유지한다. 처벌하거나 협박하는 대신 다양한 방법으로 격려하는 것이다. 지시나 명령을 하는 것보다 직접 모범을 보여주는 게 효과도 좋고 스트레스도 줄인다. 그리고 기회가 있을 때마다 아이의 관심이나 열정을 활용해 동기를 유발한다.

개입을 최소화하면 갈등을 줄일 뿐 아니라 아이 입장에서도 스스로 자신을 돌보고 즐겁게 지내는 방법을 터득할 수 있다. 혼자 있는 시간에 흠뻑 빠져들어 혼자 놀기의 달인으로 거듭나는 것이다. 여러 가지 문제를 풀고, 의구심을 해결하며, 게임을 만들어 즐기고, 간식이나 우유도 잘 챙겨 먹는다. 부모에게 요구하는 게 줄어든다. 한마디로 부모가 아이의 관심을 요구하거나 통제하려 들지 않으면 아이 역시 부모의 관심을 요구하거나 통제하려 들지 않는다. 나는 이 책을 통해 우리 부모들 모두 허덕이고 있다는 사실을 보여주고 싶었다. 내가 TEAM 양육법에 따르기 시작하자 계속해서 마법이 일어났기 때문이다. 나와 로지의 관계 역시, 마리아의 표현대로, '조금씩' 향상됐다.

한번은 저녁 식사를 준비하던 중 내가 그야말로 모범 답안처럼 대처한 적이 있었다. 나는 주방에서 연어를 요리하고 로지는 거실에서 라이언킹 OST에 맞춰 춤을 추고 있을 때였다. 내가 시간당 지시 세 번이라는 규칙을 철저히 지켜서인지 로지 역시 내게 요구하는 게 없었다. 우리는 (마치 모닥불가의 타와 벨리처럼) 평화롭게 공존했다. 그런데 갑자기 로지가 평화를 깨뜨리려 들었다. "엄마, 우리 거실에서 저녁 소풍 하면 안 돼? 응, 응, 엄마?" 예전의 나였다면 즉각 "절대 안 돼! 그러면 거실이 난장판이 돼"라고 쏘아붙였을 것이다. 그리고 거실의 소풍이 왜 허용 안 되는지를 놓고 말다툼을 벌였을 것이다. 하지만 지금의 나는 다르다. 흠, 로지가 상 차리는 법을 연습할 좋은 기회인데? "좋아, 로지. 하자! 네가 상 차리는 걸 도와줄래?" 내가 이렇게 말하며 접시를 건네면 로지는 받아들고 거실로 가서 러그 위에 아름다운 '소풍 테이블'을 뚝딱 완성해 낸다. 심지어 베란다에서 보라색 피튜니아까지 몇 송이 가져와 한가운데 장식해 놓을 줄도 안다. 우리는 일주일 내내 이러고 놀았다. 매일 저녁 로지가 소풍 테이블을 차린 것이다. 그리고 이후 마침내 주방으로 복귀하게 됐을 때 따로 부탁하지 않아도 스스로 식탁을 차린 게 누구인지 아는가? 바로 로지다.

미국의 부모는 자녀에게 '최적의 환경을 제공해야 한다'는 막중한 책임감에 시달린다. 아이의 일상을 온갖 활동과 즐길 거리로 빈틈없이 채워야 한다고 느끼는 것이다. 나 역시 로지에게 그렇게 해줘야 한다고 믿었다. (여전히 그럴 때도 있다.) 이 같은 믿음은 이따금 엄청난 부담감으로 어깨를 짓누를 뿐 아니라 매 순간 불안감에 시달리게 만든다. ("세상에, 토요일에는 로지랑 온종일 뭘 하며 보내지?") 하지만 또 한편으로는 부모의 의욕을 지나치게 자극해 결국 자녀에 대한 개입을 극대화하는 결과를 낳기도 한다.

"부모들은 이런 것들까지 다 의무로 받아들여요. 이유는 모르겠지만 자녀에게 반드시 최적의 환경을 제공해야 한다고 믿는 거죠." 인류학자 데이비드 랜시가 말했다. 하지만 그와 같은 양육법이 최고라는 과학적 근거는 어디에도 없다. 또, 모든 아이에게 다 좋은 것도 아니다. (로지에게는 분명 맞지 않는다.) 오히려 자율성과 탐험, 그리고 협력을 지향하는 아이들의 본성에 반한다는 주장도 많다. 그런 방식으로는 모두가 지칠 수밖에 없음은 물론이다. 부모가 자녀의 행동을 통제하려 들 때마다 저항에 직면할 확률이 높기 때문이다.

이 책을 쓰기 전 수잔 가스킨스는 내게 '최대한의 개입'은 삶을 힘들게 할 뿐이라고 경고했다. 로지의 신체적, 감정적 성장 역시 가로막을 뿐이다. "미국 부모들은 불필요한 싸움을 자처하는 것 같아요. 아이가 갈 준비가 안 됐거나 가고 싶어 하지 않는 곳에 굳이 데려가는 건 진짜 스트레스 받는 일이거든요." 수잔이 덧붙였다.

이 책을 읽으면서 부디 아이들을 그런 식으로 키울 필요 없다는 사실을 깨닫게 되길 바란다. 적어도 자녀를 자신감 있고 스스로 무엇이든 할 수 있는 사람으로 키우고 싶다면 그렇게 해서는 안 된다. 아이를 부모 뜻대로 움직이려 들지 말고 끊임없이 놀 거리를 제공하지도 말자. 무엇보다 그렇게 애쓸 필요 없다.

이제 좀 내려놓자. 아이의 행동, 그리고 부모의 의무에 대해 우리가 가지고 있는 욕심을 이제는 내려놓을 수 있다. 아이들이 성장하고 배우려면 어떻게 해야 하는지는 본인들이 더 잘 알고 있음을 확신해도 좋다. 우리는 전 세계 수백만 부모들의 대열에 합류할 수 있다. 아이 스스로 결정하고, 실수도 경험하고, 자기 방식대로 케밥도 만들어 볼 수 있도록 내버려 두고 기다려줄 수 있다. 우리는 이제 아이 뒤에서 팔을 앞으로 쭉 펴고 서서 아이가 넘어질 때를 대비해 붙잡을 준비만 하고 있으면 된다.

자연스러운
수면

교육의
기술

로지와 함께한 모든 여정을 마치고 샌프란시스코로 돌아갔을 때 나는 여전히 한 가지 의문에 시달리고 있었다. 바로 '로지는 밤에 잠드는 게 왜 이리 힘들까?' 하는 문제였다. 운동도 충분히 하고, 빛도 많이 쬐고, '자극'도 많이 받으니 분명 피곤할 텐데 잠자리에 드는 시간은 우리 가족에게 여전히 고문이었다. 매일 밤 다양한 갈등의 드라마가 펼쳐졌다. 로지와 내가 서로를 향해 고함을 질러대는가 하면 매트는 저항의 주문을 외는 로지를 쫓아 온 집안을 뛰어다녀야 했다. 저항의 주문이란 이런 거였다.

"안 자, 안 자, 안 자, 난 절대 자지 않을 거야, 절대, 절대, 절대."

로지와 내가 여행하는 동안에는 이렇게 악몽 같은 심야 드라마가 펼쳐지는 집을 단 한 번도 보지 못했다. 아이들은 잠자리에 드는 데 아무 문제가 없었다. 울거나 소리치거나 난동 부리는 아이가 없었던 건 물론, 심지어 자고 싶어서 자는 듯한 아이도 있었다.

북극에서 보낸 어느 밤에는 세 살배기 여자아이가 어른의 도움 없이 혼자 잠드는 모습까지 목격했다. 우리는 쿠가아룩에 위치한 마리아의 집 거실에 앉아 있고 아이들은 한창 비디오 게임에 열중하고 있을 때였다. 저녁 7시 반 무렵, 해가 지려면 아직 다섯 시간은 족히 남았는데 테사가 갑자기 소파에서 일어나 복도를 가로질러 가더니 돌아오지 않았다. 나는 샐리에게 테사가 침실에서 뭘 하고 있는지 물었다. "자러 갔어요." 샐리가 대답했다. "테사가 혼자 잘 수 있어?" "네, 자주 그래요. 원래 잘 자거든요." 그래, 그런 것 같구나, 나는 생각했다.

로지와 여행하는 동안 나는 어디에 가든 부모에게 아이를 어떻게 재우는지, 그리고 아이가 자기 싫어할 땐 어떻게 하는지 물었다. 이에 부모는 하나같이 어깨를 으쓱하며 재우는 게 뭐 대수냐는 듯한 반응을 보였다. "에르네스토의 경우엔 자기 전 숙제를 끝내라는 압박이 좀 필요하기는 하죠." 유카탄에서 테레사가 말했다. 그게 다라고? 진짜 다른 문제는 없다고? "다른 건 없어요." 그녀가 차분하게 답했다.

그래서 샌프란시스코로 돌아왔을 때 나는 로지의 수면 문제를 고치겠노라 마음먹었다. 물론, 로지가 하루아침에 테사가 되는 마법은 일어나지 않겠지만 얼마든지 나아질 수 있다. 그렇게 몇 주간 연구와 실험을 거듭한 끝에 나는 한계에 부딪혔다. 로지는 전혀 나아지는 기미가 없었고 심지어 어떤 때는 나의 몸부림이 상황을 악화시키는 결과만 초래했다. 결국 매일 밤의 이 심야 난투극이 우리 가족이 참고 인내해야 하는 고난임을 받아들이기로 했다. 로지도 결국엔 달라질 거야. 그리고 그렇게 심각한 것도 아니잖아?

그러던 어느 밤, 로지가 잠자리에 들기 직전 나는 식탁에 앉아 책에 들어갈 일러스트, 스케치를 그리고 있었다. 당신의 뜻대로 움직이는 아이로 훈련시키는 데 필요한 세 가지 요소, 연습 1컵 + 본보기 1컵 + 인정 1티스푼 = 기술 습득. 그런데 저녁 8시 반쯤 위층 침실에서 마치 도둑고양이가 내는 듯한 날카로운 소리가 들렸다. 나는 스케치하던 걸 내려놓고 숨을 깊이 들이마신 뒤 계단으로 향했다. 현장에 도착하자 로지는 침대에서 폴짝폴짝 뛰고 있고 매트는 로지의 파자마를 손에 든 채 그만하라고 호소하고 있었다. 내가 입을 열어 평소대로 온갖 설교를 늘어놓으려는 찰나. "로지, 지금 장난…." 연습, 본보기, 인정이라는 공식 스케치가 내 머릿속을 스쳐갔고, 순간 나는 망치로 맞은 것처럼 정신이 번쩍 들었다. 이런, 지금껏 나는 로지가 잠자리에 드는 방식을 훈련해 온 셈이야. 심지어 효과도 상당히 좋았고. 유일한 문제라면 내가 원하는 방식의 정반대로 훈련해 왔다는 거지.

✚

20년 전, 벤자민 레이스(Benjamin Reiss)는 어느 이상한 정신병원에 관한 책을 집필하다 수면에 관한 아주 흥미로운 사실을 발견했다. "19세기 이 정신병원의 의사들은 환자들의 수면을 관리하는 데 상당히 심각할 정도로 집착했어요." 벤이 말했다. 환자들이 언제, 얼마나 잘지, 그리고 수면 환경은 어때야 하는지를 의사가 결정한 것이다. 어디서 많이 들어본 얘기 같은가? 이들은 차트와 일지를 통해 환자들의 수면 상황을 꼼꼼히 추적했다. 벤은 에모리 대학교 영어학부장으로서 훌륭한 역사가이기도 하다. 생물학적 진실을 추적해 어쩌다 그게 진실로 받아들여지게 됐는지 밝혀내는 걸 좋아한다. 그래서 이 정신병원의 의사와 간호사가 환자의 수면에 왜 그렇게 관심을 가지고 집착했던 것인지 궁금해하지 않을 수 없었다.

전 세계 수면의 역사를 파고들어간 그는 이내 수면에 대한 이 같은 집착, 수면 과정을 추적하고 통제하고자 하는 과도한 욕구가 비단 이 정신병원의 문제만은 아니었음을 깨달았다. "서구 사회 전반에 만연해 있었어요." 벤이 말했다. 그리고 이는 우리 아이에게 커다란 문제를 초래했다. 서구 문화권의 사람들은 '정상적' 수면에 대해 극단적으로 협소한 시각을 갖고 있으며, 만약 '정상'을 조금 다른 기준에서 생각하면 큰일 나는 줄 안다고 벤이 말했다. "사람들은 이 엄격한 규정이 신에 의해 주어졌거나 처음부터 우리가 그렇게 태어난 거라고 생각하죠."

보통 우리는 건강을 지키려면 하루 여덟 시간을 방해받지 않고 쭉 잘 수 있어야 한다고 생각한다. 하지만 그리 오래지 않은 과거에만 해도 서구 문화권의 대다수 사람은 그렇게 자지 않았다. 19세기 말까지 '정상적' 수면은 분절돼 있었다. 대부분의 사람이 네 시간씩 두 번에 걸쳐 잔 것이다. 그중 한 번은 자정 이전, 또 한 번은 자정 이후에 잤으며 그사이에는 온갖 일을 처리했다. 역사가 로저 에커치(Roger Ekirch)는 이렇게 적었다. "사람들은 잠에서 깨 집안일을 하거나 아픈 아이들을 돌보거나 이웃의 과수원에 쳐들어갔다. 여전히 침대에 파묻힌 채 기도문을 외거나 꿈의 내용을 음미하는 이들도 있었다."

우리가 현재 알고 있는 '수면 규칙'이 널리 퍼진 건 19세기였다. 산업혁명이 한창이던 시기, 노동자들은 해가 몇 시에 뜨고 지든 상관없이 매일 아침 일정한 시간에 공장에 도착해야 했다. 그 결과 "갈수록 수면을 더 강하게 통제해야 했다"고 벤이 저서 《야생의 밤(Wild Nights)》에 적었다. 그전에 사람들은 자신의 몸이 주는 신호에 따랐다. 피곤하면 자고 충분히 휴식하면 일어났다. "이 사실은 다시 한 번 상기할 필요가 있다. 두 세기 전까지만 해도 우리가 아는 수면의 표준 모델은 사실상 존재하지 않았다"고 벤이 적었다.

실제로 인간의 잠은 꽤 유연해서 어떻게 자는 게 가장 좋은지는 사람에 따라 다르고 또 적응하기 나름이다. 수면 패턴은 심지어 문화, 지역 및 계절에 따라서도 극적으로 달라진다. 수면에 '정답'이란 존재하지 않는 것이다. 과학자들도 '평균적인' 수면 방식만 측정할 수 있을 뿐 결코 '정상'을 도출할 순 없다.

"과학자 중에도 낮잠을 자는 사람이 있고 안 자는 사람이 있다. 누구는 함께 자는 걸 선호하지만 누구는 혼자 자는 걸 좋아하고, 누구는 다 벗고 자지만 누구는 옷을 입고 자며, 누구는 모두가 보는 데서 자지만 누구는 숨어서 잔다"고 벤이 적었다. 어떻게 자야 건강한지는 사람마다 다르며 심지어 한 사람에게서도 계절마다 다르게 나타날 수 있다.

만약 모든 사람이 하루 여덟 시간씩 자야 한다고 믿는다면 다시 한 번 생각해 보라. 지난 2015년, 연구가들은 전기가 들어오지 않는 토착 사회 세 곳에서 80명이 넘는 사람들의 수면 습관을 추적했다. 탄자니아의 하드자베, 나미비아의 산, 그리고 볼리비아의 치마네 민족이 그들이었다. 그리고 결과는 세 민족에게서 놀라울 만큼 비슷하게 나타났다. 다들 매일 밤 평균 6~7시간씩 잔 것이다. (수많은 미국인의 하루 수면 양에 가깝다.)

미국인들의 수면에 이상한 점이 있다면 수면의 양 때문이 아니라 타인의 수면을 통제하려 들고 또 수면에 대해 상당히 경직된 사고를 하는 것이라고 벤은 말했다. 우리는 대개 자신과 자녀를 위한 수면 스케줄을 철저하게 계획하는데 이는 우리의 바이오리듬과 맞지 않을 때가 많다. 오히려 인위적인 이 스케줄에 따르느라 더 많은 에너지를 쏟아부어야 한다. 게다가 이 스케줄이 잘 지켜지지 않거나 아이들이 따르지 않으면 으레 불안해진다. 우리는 정상이 아니거나 좋은 부모가 아니라는 자책감에 휩싸이는 것이다. 결국 우리는 원하는 결과와 반대되는 행동을 하는 지경에 이르렀다고 벤은 말한다. 차분하고 편안한 환경 속에서 그와 같은 마음을 갖는 대신 다툼과 갈등을 유발한 것이다. 지난 수년간 우리는 밤마다 아수라장을 만들어 자야 하는 아이들이 스트레스와 불안감에 시달리도록 만들어왔다. 그리고 우리 집에서도 정확히 그런 일이 벌어지고 있었다,

✚

로지가 침대에서 폴짝폴짝 뛰면서 “절대 안 자!”라고 소리칠 때 나는 매일 저녁 8시 반 내가 아이에게 뭘 가르쳤는지 똑똑히 지켜볼 수 있었다. 이렇게 옷 벗고 소리치면서 침대에서 뛰라고 가르친 게 나였다. 잠자리에 들 시간이 곧 파티를 할 시간이라고 가르친 것이다!

연습하고 본보기가 되어주며 인정하는 공식을 다시 한 번 떠올려보자. 매일 밤 나는 로지가 말다툼하고 소리치고 이것저것 요구하는 걸 연습할 수 있게 해주었다. (“나 뭐 먹고 싶어.” “우유 줘.” “책 한 권 더 읽어줘.”) 참다못해 이래라저래라 하는 걸 본보기로 보여주었고(“당장 양치해, 로즈메리 제인”), 그릇된 행동에 지나치게 많은 관심을 보였다. 로지가 까부는 걸(부정적으로, 하지만 강력하게) 인정해 주었고 로지의 높은 에너지를 높은 에너지로 받았다. 결국 잠자리에 드는 시간은 점점 더 힘들어졌다.

세상에, 나 정말 바보였잖아, 로지가 발가벗은 채 침대에서 내려와

온 방을 휘젓고 다니는 모습을 보며 나는 생각했다. "반드시 잠자는 시간을 지키고" "하루 일과를 준수하며" 일상의 체계를 만들라고 호통치던 수많은 육아서에 속은 기분이었다. 로지에겐 그 모든 체계와 통제가 역효과만 일으켰다. 불안과 갈등을 유발해 오히려 난동이 일어나게 만든 것이다! 게다가 아이의 바이오리듬은 철저하게 무시됐다.

혹시 당신의 가족도 같은 처지라면 지친 부모여, 힘을 내라! 아이들의 위대한 점 한 가지는 변화가 빠르다는 사실이다. 당신이 파놓은 구멍이 아무리 깊다 해도 아이들은 언제든지 빠져나와 회복할 수 있다. 그것도 손쉽게. 어떻게 그게 가능하냐고? 공식을 활용하면 된다.

쿠가아룩의 어린 테사를 떠올려보자. 나는 서른이 다 될 때까지 터득하지 못한 기술을 테사는 세 살에 이미 마스터했다. 몸이 피곤할 때는 어떤 기분인지, 그래서 어떻게 해야 하는지 이미 알고 있지 않은가. 그래서 실제로 혼자서 자러 갔고 말이다. 로지에게도 동일한 기술, 즉, 피곤할 때의 신호를 파악하고 그게 느껴지면 침실로 가는 기술을 얼마든지 훈련시킬 수 있다. 하지만 그러려면, 탄자니아의 통역사 데이비드 마크 마키아가 말했듯, '로지를 놓아주어야' 한다. 로지의 수면 일정에 대한 통제권을 포기하고 일정한 시간에 재우겠다는 욕심을 버린 뒤 로지가 자신의 바이오리듬에 귀 기울일 수 있도록 내버려 둬야 하는 것이다. 로지가 그와 같은 기술을 습득하도록 돕는 것과 동시에 개입은 최소화해야 한다. 그러면 결국 로지 스스로 언제 자러 갈지 결정하게 된다.

솔직히 말하겠다. 이 같은 계획은 내 안의 악마를 겁먹게 하기에 충분했다. 그랬다 로지가 자러 갈 생각을 안 하면? 아침에 안 일어나면? 그래서 나는 딱 일주일만 그렇게 해보고 별 효과가 없다 싶으면 다시 예전으로 돌아가기로 결심했다. 무척이나 두려운 게 사실지만 눈 딱 감고 로지의 손을 잡은 채 절벽에서 뛰어내린 것이다. 그런데 놀랍게도 로지가 훨훨 날았다!

✚

공식은 내 예상보다 훨씬 빠르고 놀라운 효과를 선보였다. 처음 며칠간은 로지도 10시 반이나 11시가 되도록 안 자고 버텼지만 그래도 아침에는 별 어려움 없이 일어났다. 그러다 4일째 되던 밤, 처음으로 제시간에 자러 가더니 딱 일주일째가 되자 거의 혼자 힘으로 잠자리에 들 준비를 마쳤다. 나와 다투지도, 언성을 높이지도 않았고 야생 고양이처럼 도망치는 일도 없었다. 열흘째로 접어들던 밤, 우리 집에서 기적이 일어났다. 저녁 7시 무렵 로지가 혼자서 2층으로 올라가더니 침대에 누워 꿈나라로 간 것이다.

그날 이후 우리는 로지와 자는 문제로 실랑이하는 일이 완전히 사라졌다. 완전히! 그 공식이 로지를 잘 자는 아이로 바꿔 놓은 것이다. 이쯤에서 내가 사용한 방법을 소개하겠다.

매일 저녁 8시가 되면 나는 매의 눈으로 로지를 지켜보기 시작했다. 그러다 로지가 피곤해하는 신호가 감지되면(눈을 비비고 손가락을 빨며 부쩍 징징대는 등) 집 안의 조명을 모두 낮췄다. 어둠이 로지를 차분하게 해준다는 사실을 탄자니아에서 깨달았기 때문이다. 그리고 다음의 절차들을 실행했다.

✦ **본보기가 되어주기**. 나는 아주 차분한 목소리로 이렇게 말했다. "엄마 피곤해. 몸이 엄마한테 자꾸 피곤하다는 신호를 보내서 이제 가서

자야겠어." 그리고 2층으로 올라가 잘 준비를 했다. 양치를 하고 잠옷을 입은 뒤 침대에 누워 책을 읽으며 기다렸다.

✦ **인정하기**. 로지가 내 옆에 누우면 애정 표현을 해주었다. 안아주고, 웃으며 바라보면서 바람직한 행동을 성숙한 태도로 연결시키기 위해 한 가지 질문을 던졌다. "로지, 언니는 이제 뭘 해야 하지?" 나는 계속 침대에 누워 아이가 했으면 하는 행동을 본보기로 보여주었다. 잘 준비를 하라고 강요하지 않고 지금까지 배운 도구를 활용해 이끌어준 것이다.

✦ **연습하기**. 로지가 양치를 마치고 잠옷을 입고 왔을 때 나는 잘 잘 수 있도록 등을 쓰다듬어주었다. 계속 별 말하지 않고 압박도 주지 않았다. 로지가 뭔가 말하거나 징징대면 이렇게 대꾸했을 뿐이다. "조용히 해야 우리의 몸과 마음도 차분해지면서 잠들 수 있지, 엄마 피곤해."

매일 밤, 우리는 몸의 피곤한 상태를 오롯이 느끼고 차분하게 머무는 연습을 했다. 그렇게 며칠이 지나자 나 역시 곯아떨어졌다. 안 그래도 어려운 육아 중 가장 어려웠던 수면 문제가 3주 만에 해결됐다. 그리고 그 과정에서 나는 TEAM 육아의 기술을 단련할 수 있었다.

함께하기: 우리는 함께 잠들었다.

격려하기: 나는 로지에게 강요하는 대신 자는 게 좋다고 격려했다.

자율성: 로지는 언제 자러 갈지 스스로 결정했다.

개입 최소화하기: 나는 로지의 행동을 통제하는 대신 스스로 값진 인생 기술을 배울 수 있도록 개입을 최소화했다.

Epilogue

나는 육아의 새로운, 하지만 오래된 지혜를 만났다

내가 이 책을 쓰는 동안 로지는 정말 많이 달라졌다. 내 예상을 훨씬 뛰어넘어 신체적, 감정적으로 부쩍 성장했다. 나의 '적'이었던 때를 뒤로하고 세상에서 내가 가장 사랑하는 사람으로 거듭난 것이다.

첫째, 로지는 어느 누구보다 훌륭한 여행 메이트가 됐다. 진심이다. 40시간이나 비행기를 탄 걸로도 모자라 차를 열 시간이나 더 달려서 도착한 장소가 샤워 시설도 없고 전기도 안 들어오는 곳인데 이렇게 말할 사람이 어디 있겠는가! "엄마, 여기 마음에 들어. 너무 아름다워!" 둘째, 로지는 열정적으로 아코메디도를 습득했다. 자발적으로 요리 준비를 도왔고 잠자리를 준비했으며 심지어 어떨 땐 빨래도 했다. 한번은 "엄마, 나 이제 뭐 해야 돼?"라기에 나는 기회를 놓칠세라 이렇게 말했다. "엄청나게 많은 빨래!" 이에 로지는 보란 듯이 가서 그 많은 빨래를 들고 왔다.

하지만 무엇보다 큰 변화는 로지가 노력한다는 사실이었다. 정말이지 엄청나게 노력했다. 친절하고 차분하게 행동하려 노력했고, 또 가장 두드러지게는 나를 기쁘게 해주려고 노력했다. 몇 달 전, 로지가 화가 나 내 다리를 때린 적이 있었다. 별로 세게 때린 것도 아니었고 나도 화나지 않았다. 그런데 로지는 다른 방으로 달려가 버렸다. 내가 살짝 문가로 다가가자 로지가 손으로 얼굴을 감싼 채 고개를 흔들고 있는 모습이 보였다. 감정을 통제하지 못한 자신에게 화가 났다는 걸 알 수 있었다. 그리고 어떻게 해야 할지 고민 중인 게 분명했다. 스스로 얼마나 성장하고 싶고, 또 '언니'가 되고 싶은지 그 간절한 마음이 느껴졌다. 로지가 슬퍼하자 내 마음도 찢어지는 듯해 나는 방으로 들어가서 아이를 달랬다. 그런데 놀랍게도 오히려 로지가 날 위로해 주었다. 날 보며 이렇게 말한 것이다. "엄마 미안해. 나 다시 잘할 수 있을까?" 나는 내 감정을 통제할 수 있었기 때문에 로지를 차분하게 받아줄 수 있었다. 날 때린 사실은 잊고 실제로 다시 시작할 수 있었다. 그 순간 나는 이 책을 쓰는 동안 나 역시 상당히 달라졌음을 깨달았다.

마리아, 샐리, 타 등 슈퍼 부모들은 로지를 키우는 지혜와 관련해 놀랍도록 많은 걸 가르쳐주었다. 아이에게는 간단한 행동과 부드러운 터치가 지시보다 훨씬 강력한 효과를 발휘한다. 로지가 감정적으로 폭발했을 때 나도 똑같이 대응하면 상황을 악화시킬 뿐이지만 아이의 높은 에너지를 차분한 에너지로 받아주면 아이도 진정하고 더 이상 떼쓰지 않는다. 그들은 내가 이전에는 보지 못했던 걸 보게 해주었다. 로지를 포함해 모든 아이는 배려심 깊고 친절하게 타고났다는 사실이다. 만약 아니었다면 우리 인류는 지금껏 살아남지 못했을 것이다.

아이의 행동은 물이 절반쯤 채워진 컵에 비유할 수 있다. '반이나 채워져 있다' 혹은 '반이나 비어 있다'의 문제처럼 아이 역시 '절반은 관대하다' 혹은 '절반은 이기적이다' 중 어떻게 바라볼지 직접 선택해야 한다. 내 경우 관점을 바꿔 로지의 선한 의도와 돕고자 하는 열의를 볼 수 있게 되자 그와 같은 성향을 더욱 증폭시킬 수 있었다. 아이의 선한 특성이 계속 커지고 또 강해져 가더니 결국 로지라는 유리컵이 남은 반 잔마저 채워져 투명했던 액체가 사랑과 빛으로 반짝이기 시작했다.

나는 로지가 날 의도적으로 '화나게 만들거나' '멋대로 조종하려 했다고' 생각하지 않는다. 이상한(WEIRD) 문화권의 규칙을 이해하기 위해 최선을 다한 것뿐이라고 믿는다. 그리고 나 또한 그렇게 했을 뿐이다. 명저 《아무것도 하지 않는 방법(How to Do Nothing)》에서 제니 오델(Jenny Odell)은 사람들이 새를 보기 시작하면 어떤 일이 벌어지는지 적었다. 새의 날갯짓을 보고 새의 지저귐을 들으려 하다 보면 우리의 감각 체계가 바뀐다. 우리를 둘러싼 모든 소리에 더 민감해지는 것이다. 그리고 마침내 새의 지저귐이 일상적으로 들을 수 있는 최고의 교향곡임을 깨닫는다. "물론 새는 늘 거기서 지저귀고 있었다. 하지만 주의를 기울인 뒤에야 나는 새들이 매일같이 항상 거의 모든 곳에 있었음을 깨달았다."

아이와 친절함도 마찬가지다. 아이의 행동을 지나치게 많이 바꾸려 들지 않으면 아이의 사랑을 알아보는 당신의 감각 역시 발달한다. 자전거 타다 넘어진 친구를 도우러 달려오는 아이, 저녁 식사를 위해 나무에서 라임 열매를 따는 아이가 보인다. 당신의 손에서 주걱을 낚아채며 "엄마, 팬케이크 반죽은 그렇게 하는 게 아냐. 내가 하는 걸 잘 봐"라고 말할 때 아이의 눈에서 돕고 싶어 하는 간절한 마음을 읽을 수 있다.

로지의 친절함은 늘 거기에 있었다. 하지만 주의를 기울이기 시작한 뒤에야 나는 거의 모든 곳에 있었음을 깨달았다.

감사의 글

이 책을 집필하는 내내 나는 이 책의 탄생을 가능하게 해준 모든 분들께 감사의 마음을 전하고자 애썼다. 자신의 집으로 우리를 맞아준 멋진 가족과 부모들, 이 분들을 더 잘 알 수 있게 도와준 통역사들, 그리고 이들의 양육법이 어째서 효과가 있는지 설명할 수 있게 해준 과학자에 이르기까지. 그분들의 시간, 전문성, 그리고 사려 깊은 논의에 무한한 감사를 드린다.

게다가 이 프로젝트가 결실을 맺기까지 보이지 않는 곳에서 엄청난 노력을 쏟아준 분들도 빠뜨릴 수 없다. 편집자 캐리 프라이는 이 책의 모든 페이지에 그녀의 놀라운 기술, 영혼과 지성을 갈아넣었다. 엘라 트루피요는 활자 속에서 영맥을 못 추던 여러 사람과 아이디어를 그녀의 따뜻하고 아름다운 예술로 깨웠고, 코리나 크레이머는 내 논리 곳곳의 구멍들, 그리고 서구인 엄마로서 여전히 잘못하고 있는 점에 대해 상당한 인내심과 다정함을 갖고 설명해 주었다. 편집자이자 출판인 조피 페라리 아들러는 이 책을 단연 최고로 만들고, 또 여기 담긴 모든 아이디어가 마치 민들레 홀씨처럼 저 멀리까지 확산될 수 있도록 알렉산드라 프리미아니와 밤낮으로 지치지 않고 일했다.

탁월한 문학 에이전트 알렉스 글래스가 아니었다면 이 모든 일은 애초에 일어날 수 없었을 것이다. 그는 "육아서 집필에 대해 생각해 본 적 있으세요?"라고 묻는 한 통의 메일로 (그리고 나의 계속되는 거절에도 굴하지 않고 몇 달간 설득을 거듭함으로써) 프로젝트에 시동을 걸었다.

마지막으로 작가이자 엄마로서 내가 내놓는 아이디어를, 워낙 터무니없어서 처음엔 (그리고 종종 눈을 굴리며) 못마땅해했을지언정, 언제나 지지해 준 나의 파트너 매튜 다우클레프에게 고마운 마음을 전한다.

아, 육아란 원래 이런 거구나!

초판 1쇄 발행 2022년 4월 25일
초판 3쇄 발행 2023년 11월 15일

지은이 마이클렌 다우클레프
옮긴이 이정민

펴낸이 김진규
경영지원 정동윤
책임편집 김민영

펴낸곳 (주)시프 | 출판등록 2021년 2월 15일(제2021-000035호)
주소 경기도 고양시 덕양구 권율대로668 티오피클래식 209-2호
전화 070-7576-1412
팩스 0303-3448-3388
이메일 seepbooks@naver.com

ISBN 979-11-977377-7-0 13590